1828/29년 헤겔 미학강의

1828/29년 헤겔 미학강의

초판 1쇄 발행 2025년 9월 10일

–

지은이 게오르크 빌헬름 프리드리히 헤겔
옮긴이 박정훈
펴낸이 이방원

책임편집 배근호   **책임디자인** 손경화
기획 김명희·박준성   **마케팅** 최성수   **경영지원** 이병은

–

펴낸곳 세창출판사
　　　　신고번호 제1990-000013호   주소 03736 서울시 서대문구 경기대로 58 경기빌딩 602호
　　　　전화 02-723-8660   팩스 02-720-4579   이메일 edit@sechangpub.co.kr   홈페이지 http://www.sechangpub.co.kr
　　　　블로그 blog.naver.com/scpc1992   페이스북 fb.me/Sechangofficial   인스타그램 @sechang_official

–

ISBN 979-11-6684-435-5 93160

ⓒ 박정훈, 2025

이 책에 실린 글의 무단 전재와 복제를 금합니다.

1828/29년
헤겔 미학강의

게오르크 빌헬름 프리드리히 헤겔 지음

박정훈 옮김

Vorlesungen zur Ästhetik

Vorlesungsmitschrift Adolf Heimann (1828/1829)

세창출판사

헤겔이 1828/29년 겨울학기 베를린 대학에서 행한 마지막 미학강의를 담은 이 책은 수강생 아돌프 하이만A. Heimann이 받아 적은 노트를 알랭 패트릭 올리비에A. P. Olivier와 안네마리 게트만-지페르트A. G.-Siefert가 편집하여 2017년에 출간한 단행본의 우리말 번역이다. 여기서 '강의講義'라 일컫는 독일어 'Vorlesung'은 준비된 원고를 '학생들 앞에서Vor- 읽기-lesung'를 뜻한다. 하이만의 이 필기록은 우리가 오랫동안 헤겔 미학의 정본正本으로 간주해 온 호토판 『미학강의』[1]에 직접 반영되었다. 헤겔 사후 그의 동료와 제자들(이른바 '고인故人 친우회')이 공동 출간한 최초의 헤겔 전집 10권에 호토H. G. Hotho가 편집한 이 책이 수록되어 있다. 호토에 따르면 책을 편집할 때 28/29년 겨울학기 강의의 필기록 가운데 다섯 개를 직접 활용했는데 그 가운데 하이만의 것도 포함된다.[2] 고전문헌학과 독문학을 전공한 하이만은 투키디데스에 관한 논문으로 베를린에서 박사 학위를 취득한 후 런던 유니버시티 칼리지UCL에서 독문학과 교수가 되었다. 1834년 영국으로 건너가기 전에 그의 필기록이 호토에게 전달된 듯하다. 아마도 호토의 유품과 함께 보관되어 있었을 이 원고는 이후 동양학자 프리츠 홈멜F. Hommel의 수중에 들어갔다. 그의 아들인 고전 문헌학자 힐데브란트 홈멜H. Hommel이 이 원고의 가치를 깨닫고는 친분이 있던 가다머H.-G. Gadamer에게 전했고 가다머는 그 복사본을 보쿰 대학의 헤겔 아카이브Hegel-Archiv에 전달했다. 원자료는 현재 망실되었기 때문에 하이만의 원고는 저 복사본으로만 전해진다.

1. 헤겔의 미학강의

1818/19년 겨울학기부터 베를린 대학에서 강의를 시작한 헤겔은 (1831년 11월 14일 급작스러운 서거로 인해) 1831년 여름학기까지 만 13년, 그러니까 총 26학기 동안 학기당 두 개의 '강의'를, 총 51개의 강좌를 주당 4회 혹은 5회(각 1시간씩) 실시하였다.[3] 헤겔은 하이델베르크 대학 재직 시절에 자신이 출간한 교본[4]을 통해 자신의 철학 체계를 공표하였다. 헤겔 철학은 '논리(이념)-자연-정신'이라는 삼대 주요 항목을 아우르는 거시 체계로 이루어져 있는데, 강의는 바로 이 체계의 항목들을 주제로 하였다. 13년 동안 헤겔은 철학 체계의 개요를 다루는 강의를 2회, 철학 체계의 1부에 해당하는 논리학(형이상학) 강의를 13회, 그리고 자연철학에 대한 강의를 6회 실시하였다. 헤겔 철학 체계의 제3부에 해당하는 정신철학의 경우 주관적 정신에 관한 강의(인간학 혹은 심리학 강의)를 5회, 객관적 정신에 관한 강의(법철학 및 역사철학 강의)를 10회 실시하였으며, 마지막으로 절대적 정신에 관한 강의(미학, 종교철학 및 철학사 강의)를 15회 실시하였다. 그 가운데 미학강의는 총 4회, 자세히 말하자면 20/21년 겨울학기(10.24.-3.24. 주당 5회, 최대 50명 수강), 23년 여름학기(4.21.-8.14. 주당 5회, 최대 47명 수강), 26년 여름학기(4.24.-9.1. 주당 4회, 최대 73명 수강), 28/29년 겨울학기(10.27.-4.2. 주당 5회, 최대 86명 수강)에 각각 실시되었다. 정확한 강의 명칭은 20/21년 겨울학기의 경우 "예술철학으로서 미학Aesthetik, als Philosophie der Kunst"이었고 나머지 세 번은 모두 "미학 혹은 예술철학Aesthetik oder Philosophie der Kunst"이었다. 헤겔이 강의하던

당시 베를린 대학의 철학 강좌는 학기마다 10개 이상에서 20개 이하 정도가 개설되었다. 헤겔의 여러 강의 중에 미학강의의 수강생이 특별히 많지는 않았지만 해당 학기에 개설된 다른 철학 강좌들 가운데 헤겔의 강의는 언제나 수강생이 많은 편이었다. 헤겔의 역사철학 강의와 철학사 강의의 경우에는 100명 중후반의 학생이 수강하였고, 29년 여름학기에 개설된 종교철학 강의에는 200명이 수강하기도 하였다. 강의를 거듭하면서 헤겔의 명성은 점차 높아졌고 수강생 수도 늘어 갔는데, 1829년 가을부터 약 1년 동안 베를린 대학의 총장을 역임한 사실도 이와 무관하지 않을 것이다.[5] 헤겔이 강의하던 당시 다른 동료 교수들도 미학에 관한 강의를 여러 차례 개설하였으나 대체로 헤겔의 강의만큼 호응을 얻지는 못하였다.[6]

베를린 시기 이전에도 헤겔은 미학적 사유의 단서들을 포착하여 다각도로 개진하였다.[7] 미학을 본격적으로 다루는 강의를 이미 하이델베르크 대학에서도 개설한 바 있으며 강의를 위한 원고 또한 그가 마련했던 것으로 보인다. 호토에 따르면 헤겔은 뉘른베르크의 김나지움에서 강의할 때 이미 미학을 구두로 강의할 목적으로 자신의 원고를 마련하였다. 하이델베르크 대학의 경우 1817년 여름학기 및 1818년 여름학기에 "미학Aesthetik"에 대한 강의 편성 내역이 기록으로 남아 있다.[8] 당시 강의 계획서에는 "듣고 받아쓰기 방식에 따라nach Diktaten" 진행된다고 쓰여 있는데, 아마도 헤겔은 자신이 생전에 강의 교본으로 생각하고 직접 출간한 저서들, 그러니까 『철학 백과 개요』나 『법철학 강요』의 구성대로 내용을 절(§)로 세분하여 본항을 (한 구절 내지 한 문장씩) 불러 주면서 받아 적게 한 뒤 이에 대한 상세한 설명을 주석으로 덧붙이는 방식의 수업을 구상하였고 이에 따라 원고를 준비했을 것으로 생각된다.[9] 호토는 당시 헤겔이 강의에 사용한 원고 및 수강생들의 여러 필기록을 확보하고 있었던 것으로 보이나 자신이 편집한 『미학강의』에 이를 반영하지 않았으며 그 원고들은 망실되었다. 따라서 그동안 헤겔의 하이델베르크 미학강의에 대한 전모를 파악하기가 어려웠다. 그런데 지난 2022년 독일 바이에른주(州)에 위치한 뮌헨 프라이징 대주교 아카이브에서 헤겔의 철학 체계 전반을 아우르는 다수의 강의에 대한 카로베(F. W. Carové)의 필기록 단편이 대거 발견되었고 이 가운데 미학강의의 필기록도 포함되어 있다. 원자료에 대한 검토가 마무리되는 대로 출간될 것으로 보인다.

헤겔은 이 원고를 면밀하게 개정하여 자신의 첫 번째 베를린 강의에 사용하였고 그 이후 강의가 있을 때마다 매번 원고를 개정했다. 호토에 따르면 23년 여름학기 강의와 26년 여름학기 강의를 위해 기존 원고를 대대적으로 개정하였고, 28/29년 겨울학기 강의의 경우 그보다는 경미한 수준의 개정이 이루어졌다.[10] 『미학강의』를 출간할 때 호토는 하이델베르크 강의 원고와 20/21년 강의 원고는 적극적으로 반영하지 않았다고 말한다.[11] 호토는 『미학강의』를 편집하면서 23년 여름학기는 자신이 직접 수강하면서 필기한 노트만을, 26년 여름학기는 세 개의 필기록을 활용했으며, 앞서 말한 대로 28/29년 겨울학기는 하이만의 노트를 포함하여 총 다섯 개의 필기록을 활용했다고 밝혔다. 호토의 수중에 헤겔의 저 강의 원고들이 모두 있었던 것으로 보이나 현재 우리에게는 전해지지 않는다.

앞서 하이만의 원고 취득 경위로 짐작할 수 있듯이, 호토가 편집한 『미학강의』의 출간 이후에도 수강생들의 필기록들이 여러 경로로 다수 발굴되었다. 온전한 형태로 전해진 필기록들 가운데 이미 단행본으로 출간된 것도 많으며 근래에는 헤겔 비평본 전집판에 발굴된 필기록 가운데 상당수가 수록되었다.[12] 개별 필기록의 현황 및 출간 과정, 그리고 우리말 번역본의 출간 현황을 소개하겠다.

20/21년 강의의 필기록 가운데 온전하게 전해지는 것으로는 빌헬름 폰 아셰베르크의 노트가 유일하다. 이 원고는 삭스 판 테르보르흐가 다시 정서하면서 미텐도르프의 필기를 보충한 편집 노트의 형태를 띠고 있으나 필기록의 작성자는 아셰베르크로 되어 있다. 헬무트 슈나이더가 편집하여 이를 단행본으로 출간한 바 있고 이를 대본으로 하여 우리말로 번역되었다. 또한 이 원고를 니클라스 헤빙이 편집하여 비평본 전집에 수록하였다. 애초에 테르보르흐가 재편집한 원고로 전해진 이 강의록의 경우 두 편집본 사이의 심대한 차이점은 없다.

— Hegel, *Vorlesung über Ästhetik. Berlin 1820/21. Eine Nachschrift. I. Textband*, hrsg. v. Helmut Schneider, Frankfurt a. M. u. a.: Lang, 1995.

— 헤겔, 『미학강의: 베를린 1820/21년』, 서정혁 옮김, 지식을만드는지식, 2013.

— Hegel, Gesammelte Werke[이하 GW], Bd. 28,1., *Vorlesungen über die Philosophie der Kunst I. Nachschriften zu den Kollegien der Jahre 1820/21 und 1823*, hrsg. v. N. Hebing, 2015, S. 1-214.

23년 강의 필기록 가운데 온전하게 전해지는 것으로는 호토가 직접 수강하면서 작성한 노트가 유일하다. 호토의 필기록은 헤겔의 강의 원고와 수강생의 필기록을 선별한 전집의 2권으로 처음 출간되었다. 이 책의 편집자 게트만-지페르트는 헤겔 미학 연구를 위한 여러 논점을 제공하는 방대한 편집자 서문을 수록하였으며 이후 개별 단행본으로 별도 출간할

때에는 이를 대폭 축약한 서문으로 대체하였다. 축약된 서문과 함께 게
트만-지페르트의 이 책이 우리말로 번역되었다.

— Hegel, Bd. 2., *Vorlesungen. Ausgewählte Nachschriften und Manuskripte,
Vorlesungen über die Philosophie der Kunst Berlin 1823*. Nachgeschrieben von
Heinrich Gustav Hotho, hrsg. v. A. G.-Siefert, Hamburg: Felix Meiner, 1998.
— Hegel, *Vorlesungen über die Philosophie der Kunst*, hrsg. v. A. G.-Siefert,
Hamburg: Felix Meiner, 2003.
— 헤겔, 『헤겔 예술철학: 베를린 1823년 강의. H. G. 호토의 필기록』, 한동
원·권정임 옮김, 미술문화, 2008.

호토의 이 필기록은 아래의 비평본에도 수록되어 있는데, 두 편집본
사이에 의미 있는 차이는 발견되지 않는다.

— Hegel, GW, Bd. 28,1., *Vorlesungen über die Philosophie der Kunst I.
Nachschriften zu den Kollegien der Jahre 1820/21 und 1823*, hrsg. v. N.
Hebing, 2015, S. 215-511.

23년 강의 필기록으로 그 외에도 당시 강의의 일부만을 담고 있는 크
로마이어C. Kromayr의 노트, 그리고 누군가가 작성한 필기록을 프랑스어
로 요약한 버전의 익명 노트가 (하이델베르크에서 헤겔이 친분이 있던) 빅토
르 쿠쟁의 유고와 함께 남아 있다. 전자는 저 비평본 전집에 함께 수록되
어 있는데, 호토의 기록과 상호 대조를 위해 의미 있는 차이가 발견되는
대목을 편집자 헤빙이 주석으로 삽입하였다. 프랑스어로 된 강의 요약본

은 올리비에가 편집하여 아래의 단행본으로 출간하였다.

— Hegel, *Esthétique. Cahier de notes inédit de Victor Cousin*, présentation et
notes A. P. Olivier, Paris: Vrin, 2005.

1826년 강의록의 경우 여러 버전이, 그러니까 켈러C. H. V. von Kehler, 폰
데어 포르텐P. von der Pfordten, 그리스하임K. G. J. v. Griesheim, 가르친스키S.
Garczynski, 뢰베J. C. C. Löwe 등의 필기록이, 그리고 익명의 필기록 하나가
전해진다. 이 가운데 켈러의 노트는 게트만-지페르트와 콜렌베르크-플
로트니코브B. C.-Plotnikov가 편집하여 단행본으로 출간하였고, 폰 데어 포
르텐의 노트도 게트만-지페르트, 권정임, 베르K. Berr 등이 단행본으로 출
간하였으며 이 책의 편집자인 권정임 교수가 우리말로 번역하였다.

— Hegel, *Philosophie der Kunst oder Ästhetik. Nach Hegel. Im Sommer 1826.*
Mitschrift Friedrich Carl Hermann Victor von Kehler, hrsg. v. A. G.-Siefert
& B. C.-Plotnikov unter Mitarbeit von F. Iannelli & K. Berr, München:
Wilhelm Fink, 2004.
— Hegel, *Philosophie der Kunst. Vorlesung von 1826*, hrsg. v. A. G.-Siefert, J.-I.
Kwon & K. Berr, Frankfurt a. M.: Suhrkamp, 2005.
— 헤겔,『헤겔 예술철학: 1826년 강의』, 권정임 옮김, 세창출판사, 2023.

비평본의 편집자 헤빙과 예시케는 그리스하임의 필기록을 대본으로
하되 가르친스키, 켈러, 뢰뵈, 폰 데어 포르텐 및 익명의 필기록 가운데
의미 있는 차이가 있는 대목을 편집자 주석으로 달아 놓았다.

— Hegel, *GW*, Bd. 28,2., *Vorlesungen über die Philosophie der Kunst II. Nachschriften zum Kolleg des Jahres 1826*, hrsg. v. N. Hebing & W. Jaeschke, 2018, S. 515-897.

28/29년 미학강의 필기록으로는 하이만의 노트 외에도 여럿 발굴되었다. 그중 리벨트K. Libelt의 것이 잘 알려져 있는데 이 노트에는 군데군데 기록되지 않은 부분이 많다. 이 원고에는 한 익명 필기자의 언급이 원고 곳곳에 함께 삽입되어 있다. 또한 롤랭H. Rolin의 필기록도 있는데 제3부가 시작하는 부분까지만 남아 있다. 아울러 근래에 익명의 노트 한 편과 뮐러F. Müller의 노트까지 발견되었다. 예시케와 헤빙은 하이만의 원고를 대본으로 하되 리벨트의 노트와 그 속에 삽입된 익명 필기자의 기록을, 그리고 롤랭의 노트를 함께 대조하는 주석을 달아 비평본에 수록하였다.

— Hegel, *GW*, Bd. 28,3., *Vorlesungen über die Philosophie der Kunst III. Nachschriften zum Kolleg des Wintersemesters 1828/29*, hrsg. v. W. Jaeschke & N. Hebing, 2020. S. 909-1166.

본 번역서는 이보다 3년 먼저 출간된 아래 단행본을 대본으로 삼았다.

— Hegel, *Vorlesungen zur Ästhetik. Vorlesungsmitschrift Adolf Heimann (1828/1829)*, hrsg. v. A. P. Olivier & A. G.-Siefert, Paderborn: Wilhelm Fink, 2017.

2. 28/29년 미학강의

하이만의 필기록을 통해 우리는 28/29년 미학강의가 갖는 특징을 확인할 수 있다. 특히 호토가 자신이 편집한 『미학강의』에 해당 학기 강의의 내용을 반영할 때 참조한 다섯 개의 노트 가운데 하이만의 것만이 현존하는 까닭에, 이 노트는 호토판 미학과 개별 강의 필기록을 비교하면서 내용을 검토하기에 더없이 좋은 원자료 역할을 할 수 있다.

헤겔의 마지막 미학강의가 갖는 특징 가운데 우선 언급할 것으로는 강의의 편제를 들 수 있다. 이 강의는 서론 뒤에 등장하는 본론이 3부 구조로, 즉 "보편적allgemein" 부문, "특수한besonder" 부문, "개체적individuell" 부문으로 구성되어 있다. 이전의 세 강의(20/21년 겨울학기, 23년 여름학기, 26년 여름학기)가 모두 보편적 부문과 특수한 부문으로 이루어진 것과 대조된다. 『미학강의』를 편집하면서 호토가 본문을 "예술미의 이념 혹은 이상"[보편], "예술미의 특수한 형식들을 향한 이상의 전개"[특수], "개별적einzel 예술들의 체계"[개별] 등으로 구분한 것을 보면 호토는 마지막 미학강의의 편제를 수용했음이 확인된다. 호토 자신이 확보한 원자료들이 모두 마지막 강의의 편제에 따라 편집되다 보니 동일한 내용이 중복 서술되는 경우가 빈번했다.

다만 마지막 강의에 등장하는 이런 형식적 변화가 실질적 내용의 변화를 뜻하는지에 대해서는 면밀한 검토가 필요하다. 말하자면 2부 구조에서 3부 구조로의 전환이 예술에 대한 헤겔의 철학적 사유에서 결정적 분기점을 실제로 제공하였는지에 대해 숙고할 필요가 있다. 헤겔은 우리가 예술 혹은 예술작품이라고 부르는 사물 혹은 사건을 그렇게 부를 수 있도록 해 줄 원리 같은 것을 "예술미" 혹은 "이상Ideal"이라고 하였다. 말하자면 '이상'은 미학의 대상인 예술의 (보편적) 개념에 해당한다. 그리고 헤겔은 동서고금의 모든 예술은 내용(의미)과 형식(표현)의 조합 관계로 성립한다고 생각하면서 예술의 이러한 형상화 방식을 크게 세 가지(상징적-고전적-낭만적) '형식'으로 분류하였다. 여기까지가 기존 세 강의의 제1부, 그리고 28/29년 강의의 제1부와 제2부에 해당한다. '이상'과 세 가지 '예술형식들'은 예술의 본질적 개념 및 그 개념이 갖는 특수한 규정성에 해당한다. 반면에 현실적으로 존재하는, 그래서 우리의 눈과 귀를 통해 수용되고 심중의 관념을 통해 그 의미가 되살아날 직접적 사물(사건)은 예술작품이라는 '개체'의 심급으로 존재한다. 이러한 "개별적 예술들"을 살피는 일이 기존 세 강의의 제2부, 그리고 마지막 미학강의의 제3부에 할애된다. 강의의 편제를 '보편-특수'로 나누든 아니면 '보편-특수-개체(개별)'로 나누든 간에, 다시 말해 예술형식에 대한 논의가 보편적 부문에 속하든 아니면 특수한 부문에 속하든 간에, 더 나아가 예술의 개체에 대한 논의가 특수한 부문에 속하든 아니면 개체적 부문에 속하든 간에, 예술을 형상화하는 방식과 '개별성' 내지 '개체성'을 지닌 예술 실존은 범주상 명확히 구분되어야 하고 네 차례 강의를 통해 실제로 구분되어 왔다. 하이만의 강의록을 통해 우리는 헤겔 미학의 편제가 갖는 의의에 관해 숙고할 기회를 얻게 되었다.

마지막 베를린 미학강의의 내용 가운데 좀 더 주목할 만한 특징으로서 저 '이상理想' 개념에 대한 해석에서 새로움이 발견된다는 점을 지적할 수 있다. 강의의 서론 부분(《7》)에서 헤겔은 작품에 형상화된 '의미'를 일종의 '상징'으로 이해하려는 시도를 보인다. 이런 시도의 연장선상에서 헤겔은 '이상'을 규정하는 주요 요소 가운데 '반어(아이러니)'를 언급한다(《22》). 이러한 서술은 '이상'을 '고전적인 것'과 연결하려는 일반적 시각을 넘어서서 헤겔의 예술미 규정을 해석하기 위한 단서를 제공한다.[13]

헤겔의 이 마지막 미학강의는 마지막 강의인 만큼 그의 철학적 체계가 더욱 정교해졌음은 물론이요, 예술사의 전개 양상 내지 여러 예술 이론을 섭렵할 기회가 그에게 더 주어졌을 때 실시된 강의다. 『철학 백과 개요』가 27년에 전면 개정되면서 예술 항목에 대한 헤겔의 서술 역시 양적, 질적으로 진전되었는데 그 후 헤겔의 미학강의는 28/29년 학기에만 이루어졌다. 또한 당시의 연구 환경과 관련하여 한 가지만 사례를 들자면, 폰 루모어C. F. von Rumohr의 『이탈리아 연구』 1-2권이 1827년에 나왔는데, 28/29년 강의에서 헤겔은 이 책의 주요 구절을 바탕으로 강의의 면모를 더욱 다채롭게 만들었다. 칸트의 『판단력 비판』에 대한 상세한 설명이 수록된 것도 이 강의록의 특징 가운데 하나다. 23년과 26년 강의에는 이에 대한 언급이 극히 적었다. 20/21년 강의에도 칸트에 대한 언급이 많지만 호토가 이 강의를 자신이 편집한 『미학강의』에 거의 반영하지 않은 점을 고려하면 28/29년 강의에 수록된 칸트에 대한 논의는 의미가 크다. 이 학기에 칸트에 대한 언급이 많아진 것은 당시 베를린 학술원이 '칸트의 미'에 관한 논문을 현상 공모했으며 그 수상자 가운데 이 강의의 수강생이었던 카롤 리벨트와 브루노 바우어B. Bauer가 있다는 점과 무관하지 않을 듯하다.

무엇보다도 헤겔이 학문적으로 황금기를 구가하던 1820년대의 베를린은 정치, 경제, 사회 전반에서 그 비중이 점차 커졌고 이 도시에서 예술 문화를 향유할 여건 또한 획기적으로 나아졌다는 점을 상기할 필요가 있다. 이런 정황 가운데 하나를 예로 들자면, 탁월한 음악 연주는 감상자에게 악기가 마치 신체 기관이 되어 연주자와 한 몸이 된 듯한 느낌을 전한다고 헤겔이 서술하는 대목이 있는데(《125》), 기악 음악에 대한 전향적 평가를 내보이는 헤겔의 이런 태도는 전무후무한 천재 바이올리니스트 파가니니N. Paganini의 연주를 베를린에서 직접 감상한 결과일 가능성이 높다. 또한 28/29년 강의의 제3부에는 조각을 다룬 후 회화로 이행하기 전에 화폐(주화) 주조술을 독립 항목으로 다루고 있는데, 당시 고대로부터 전해지는 보석 가공품에 대한 관심이 높아진 정황과 무관하지 않을 것이다.

28/29년 미학강의의 특징으로 언급해야 할 마지막 논점은 당대의 예술 현실에 대한 헤겔의 진단이다. 그에게 예술 경험의 기회가 증대되면서 그런 만큼 고대의, 혹은 당대의 예술에 대한 숙고의 기회 또한 그에게 더 많이 주어졌다.[14] 헤겔 미학 연구에서 가장 중요한 논점으로 언급되는 이른바 '예술의 종언(과거성)' 논제에 대해 그가 숙고한 결과물이 이 강의록에 더욱 분명하게 담겨 있는 것도 저런 정황과 관련이 깊다. 종교적 혁명(개신교), 학문적 혁명(계몽주의), 정치적 혁명(시민혁명) 등을 거치면서 예술에 호의적이지 않은 환경이 조성되어 가는 즈음 강단에 선 헤겔은 오히려 "예술의 한계는 예술에 놓여 있지 않다. 우리에게 놓여 있는 것이다"(《15》)라고 말한다. 시대의 변화에 따라 예술 또한 변화하면서 거듭 생성된다. "예술의 한계"는 오직 예술 이후를 내다보는 "우리"의 눈에 보일 뿐이다. "우리"의 눈에 그 "한계"가 보일지언정 예술 자체가 소멸되거나 해체되지는 않는다. 특정한 예술적 실존이, 특정한 예술 사유가 생명을 다할 뿐이다. 이와 관련해서 특히 주목할 것은 괴테J. W. v. Goethe의 『서동시집』(1819)이 지닌 가치를 인식하고 이 책에 대한 긍정적 평가를 이 강의에서 처음 내놓고 있다는 사실이다. 기존의 예술 해석이 내보이는 민족주의적 혹은 유럽주의적 성향을 극복하기 위해 "동방의 여운"을 서구인에게 환기하려는 괴테의 시도에서 헤겔은 당대의 "우리"가 누릴 "정신의 최고 자유"(《37》)를 발견(기대)한다.

[1] *Georg Wilhelm Friedrich Hegel's Vorlesungen über die Aesthetik.* Hrsg. von Heinrich Gustav Hotho, in: *Georg Wilhelm Friedrich Hegel's Werke.* Vollständige Ausgabe durch einen Verein von Freunden des Verewigten, Berlin 1835(Bd. 10,1), 1837(Bd. 10,2) und 1838(Bd. 10,3); zweite Auflage: Berlin 1842(Bd. 10,1), 1843(Bd. 10,2-3). '호토판 미학'의 신빙성에 대한 의혹과 더불어 헤겔 미학의 주저를 새로 출간하려는 움직임이 있었고 그 시도 가운데 라손의 비평본(*Georg Wilhelm Friedrich Hegel: Die Idee und das Ideal.* Nach den erhaltenden Quellen neu herausgegeben von Georg Lasson, in: *Sämtliche Werke,* Bd. Xa, *Vorlesungen über die Ästhetik. 1. Halbband,* Leipzig 1931)이 특기할 만하다. 하지만 라손의 기획은 미완에 그쳤고 호토판을 온전히 대체할 새로운 판본은 나오지 않았다. 현재『미학강의』는 호토가 편집한 저 친우회판을 현대 정서법에 맞게 새로 조판하여 주어캄프 출판사에서 펴낸 판본(*Vorlesunegn über die Äthetik I-III,* in: *Werke in zwanzig Bänden. Theorie Werkausgabe.* Auf der Grundlage der Werke von 1832-1845 neu editierte Ausgabe. Redaktion: Eva Moldenhauer & Karl Markus Michel, Frankfurt a. M.: Suhrkamp, 1970-, Bd. 13-15)을 주로 가리킨다. 이 책에는 서지 사항 및 인명에 대한 편집자의 많지 않은 주석이 달려 있다. 근래에 번역된『미학강의』(3책, 이창환 역, 세창출판사, 2021-22)도 이 판본을 대본으로 삼았으며 이보다 먼저 나온『헤겔 미학』(3책, 두행숙 역, 나남출판사, 1996) 및『헤겔의 미학강의』(3책, 두행숙 역, 은행나무, 2010)도 명확한 언급은 없지만 이를 대본으로 삼은 것으로 보인다.

[2] H. G. Hotho, "Vorrede des Herausgebers", in: *Georg Wilhelm Friedrich Hegel's Vorlesungen über die Aesthetik,* zweite Auflage, Bd. 10,1, S. XIII.

[3] 베를린 대학에서 헤겔이 강의한 현황에 대해서는 다음 책을 참조하였다. Wolfgang Virmond (Hg.), *Die Vorlesungen der Berliner Universität 1810-1834. Nach dem deutschen und lateinischen Lektionskatalog sowie den Ministerialakten.* Herausgegeben im Auftrag des Zentrums Preußen-Berlin der Berlin-Brandenburgischen Akademie der Wissenschaften und der Humboldt-Universität zu Berlin, Berlin: Akademie, 2011. 1830년 겨울학기에 개설 예정이던 강좌 두 개 가운데 하나(법철학 강의)가 취소

되었다.

[4] *Encyklopädie der philosophischen Wissenschaften im Grundrisse. Zum Gebrauch seiner Vorlesungen von D. Georg Wilhelm Friedrich Hegel, Professor der Philosophie an der Universität zu Heidelberg*, Heidelberg, in August Oßwald's Universitätsbuchhandlung, 1817. 흔히 '엔치클로페디'라 불리는 『철학적 학문의 백과사전 개요』(줄여서 『철학백과 개요』)는 1827년에 대대적으로 개정되었고 1830년에 다시 개정판이 나왔다.

[5] 헤겔과 친분이 두터웠던 낭만주의 예술이론가 졸거(K. W. F. Solger)는 1819년에 서거하기 전까지 베를린에서 강의하였고, 피히테(J. G. Fichte)와 함께 베를린 대학 창설을 주도했던 슐라이어마허(F. D. E. Schleiermacher)의 변증법, 심리철학, 도덕철학, 국가철학 등에 관한 강의에는 대개 헤겔의 강의보다 더 많은 수강생이 몰렸다. 쇼펜하우어(A. Schopenhauer)도 『의지와 표상으로서 세계(Die Welt als Wille und Vorstellung)』를 출간한 이듬해인 1820년부터 베를린 대학에서 강의를 시도했으나 첫 강좌 말고는 그 이후 열세 차례나 개설을 시도했던 모든 강좌가 수강생 부족으로 폐강되었다.

[6] 헤겔이 오기 전까지 베를린 대학의 미학강의는 졸거 교수가 주로 담당하였는데, 베를린 대학의 초대 총장을 역임했던 피히테가 서거한 이후 급격히 위축된 철학과의 분위기 때문이었는지 일곱 차례 개설된 졸거의 미학강의의 수강생은 딱 한 번 20명을 겨우 넘겼을 뿐이었다. 20년부터 31년 사이에 틸켄(E. H. Toelken) 교수는 열한 차례, 카이저링크(H. W. E. v. Keyserlingk) 교수는 세 차례 미학강의를 개설하였으나 폐강이 빈번했고 수강생 규모도 작았다. 호토는 27/28년 겨울학기 및 30/31년 겨울학기에 각각 미학사 및 시학을 주제로 한 소규모의 강의를 진행하였다. 슐라이어마허도 19년 여름학기와 25년 여름학기에 미학을 강의했는데 이에 대한 학생들의 호응이 컸다.

[7] 헤겔의 베를린 미학강의가 있기 전 그의 미학 사상이 지나온 궤적에 관한 간명한 설명으로는 다음을 참조. G. W. F. Hegel, *GW*, Bd. 28,4., *Vorlesungen über die Philosophie der Kunst IV. Anhang. Editorischer Bericht und Anmerkungen*, hrsg. v. B. C.-Plotnikov, Hamburg: Felix Meier, 2023, S. 1181~1185.

[8] 하이델베르크 대학 미학강의에 대한 기록에 대해서는 다음을 참조. *Anzeige der Vorlesungen der Badischen Ruprecht-Karls-Universität zu Heidelberg: Anzeige der Vorlesungen, welche im Winterhalbenjahre 1815/1816 bis Sommerhalbenjahre 1820 auf der*

Großherzoglich Badischen Ruprecht-Karolinischen Universität zu Heidelberg gehalten werden sollen, Heidelberg, 1815-1820 (https://doi.org/10.11588/diglit.2696).

[9] 잘 알려진 바와 같이 헤겔은 베를린 대학으로 자리를 옮긴 후 『철학 백과 개요(Encyklopädie der philosophischen Wissenschaften im Grundrisse)』(1817, 21827, 31830)나 『법철학 강요(Grundlinien der Philosophie des Rechts)』(1821)처럼 미학을 위한 단행본을 출간할 계획을 갖고 있었다. 이에 대해서는 다음을 참조. "Hegel an Friedrich Creuzer", *Briefe von und an Hegel*, hrsg. v. J. Hoffmeister, Bd. 2. Hamburg: Felix Meiner, 1953, S. 266. 그가 구상한 대로 이 단행본이 출간되었다면 아마도 저 두 저작과 같이 구성되었을 것으로 보인다.

[10] H. G. Hotho, "Vorrede des Herausgebers", S. X.

[11] H. G. Hotho, "Vorrede des Herausgebers", S. XI.

[12] G. W. F. Hegel, *GW*, Bd. 28,1.-3., 2015-2020. 아래에서 소개하는 개별 필기록의 현황에 대해서는 주로 다음을 참조하였다. *GW*, Bd. 28,4., *Vorlesungen über die Philosophie der Kunst IV. Anhang. Editorischer Bericht und Anmerkungen*, S. 1187-1212.

[13] 이에 대해서는 이아넬리(F. Iannelli)의 다음 서평을 참조. "Georg Friedrich Wilhelm Hegel, Vorlesungen zur Ästhetik. Vorlesungsmitschrift Adolf Heimann (1828/1829). Hg. von Alain Patrick Olivier und Annemarie Gethmann-Siefert. Fink, Paderborn 2017. 254 S., €69,-", *Arbitrium*, Vol. 38 (1), De Gruyter, 2020, S. 104. (https://doi.org/10.1515/arb-2019-0053)

[14] 이 강의에서 확인되는 '예술의 종언' 논제와 관련한 헤겔의 생각에 관해 올리비에는 다음의 글을 통해 상세히 설명하고 있다. Alain Patrick Olivier, "Hegel's Last Lectures on Aesthetics in Berlin 1828/29 and the Contemporary Debates on the End of Art", *Proceedings of the European Society for Aesthetics*, Berlin, 2017, pp. 385-397. (https://hal.science/hal-01705884)

차 례

역자 해제   v

일러두기   xxiv

글머리에   xxix

편집자 서문: 미학 혹은 예술철학을 위한 헤겔의 강의   xxxi
(알랭 패트릭 올리비에 / 안네마리 게트만-지페르트)

미학　서론   1

[I. 미학의 범위]   3

[II. 1. 예술과 자연의 관계]   5

　　[2. 예술과 도덕의 관계]   6

　　[3. 예술과 학문의 관계]   8

[III. 1. 미 개념]   14

　　[2. 미의 존재. 존재로부터 개념의 개진에 대하여]   15

　　[3. 미 개념을 표상에서 도출하는 비학문적 방법]   16

　　[4. 기존 해명에 대한 비판]   17

[IV. 우리의 미학적 의도. 1. 정신적 삶의 권역에서 미학의 위치,
그리고 미학의 필연성]   25

　　[2. 내용과 상술의 구분]   26

　　[3. 주객 대립]   27

　　[4. 대립의 지양]   29

　　[6. 예술, 종교, 철학]   33

　　[7. 예술 이후]   38

미학 미학의 보편적 분류 … 43

제1부 이상에 관한 지식 … 73

[I. 이상 자체에 관하여] … 75

[II.] 정신적 내용으로서 이상에 관하여 … 91

[III.] 이상의 규정성에 관하여 … 99

제2부 특수한 예술형식들에 관하여 … 153

[I.] 상징적 예술형식에 관하여 … 155

I. 상징 일반에 관하여 … 160

　1. 의미〔와〕 현시의 직접적 통일성 … 162

　2. 내면이 자연의 직접성과 맺는 차이와 연관 … 165

　3. 판타지적 상징법, 숭고의 상징법 … 169

　　[a.] 범신론 · 169　　　　　[b. 유대주의] · 171

　4. 좀 더 명확해진 상징법 … 172

　　[a.] 이집트 예술에 관하여 · 175

　5. 의식적 상징법, 두 형식의 분리, 산문, 예술적 형식 … 179

　　[a.] 이솝 우화, 비유담 · 180　　[b.] 비유담, 교훈담 · 182

　　[c.] 변신담 · 183　　　　　　[d.] 수수께끼 · 184

　　[e.] 경구 · 185　　　　　　　[f.] 알레고리 · 186

　　[g.] 은유 · 186　　　　　　　[h.] 직유 · 187

　　[i.] 이미지 · 189

[Ⅱ.] 고전적 예술형식에 관하여 190

〔Ⅲ.〕 낭만적 예술형식에 관하여〕 212

　[1.] 낭만적 예술의 종교적 내용에 관하여 214

　〔2.〕 낭만적 예술의 세속적 내용에 관하여〕 219

　　[a.] 명예 · 220　　　　[b.] 사랑 · 221　　　　[c.] 충성 · 223

　〔3.〕 성격의 형식성〕 224

　　[a.] 행위 · 227　　　　[b.] 추상적 소재 및 외면적 대상 · 229

제3부　예술작품들의 특수한 형상화에 관하여 265

[Ⅰ.] 건축술 269

　〔1.〕 상징적 건축〕 269

　[2.] 고전적 건축술 279

　　[a.] 가옥 · 279　　　　[b.] 도리스식 · 284

　　[c.] 이오니아식 · 284　　　　[d.] 로마 건축 · 284

　[3.] 낭만적 건축술 286

[Ⅱ.] 조각 289

　[1.] 조각상의 본성 290

　[2.] 얼굴 형태에 관하여 295

　　[a.] 이상화된 얼굴의 표현 · 298

　[3.] 조각상의 의복 301

　[4.] 부속물에 관하여 305

　[5.] 군상 306

　[6.] 조각의 질료 308

　[7.] 화폐주조술 312

[III.] 회화   315

  [1.] 역사화   322

  [2.] 회화의 이상성에 관하여   327

  [3.] 독일 회화   338

  [4.] 채색   342

[IV.] 음악   347

  [1.] 음악의 힘   349

  [2.] 조음   350

  [3.] 추상적 규정   351

  [4.] 구체적 음악   355

  [5.] 음악의 이해   358

[V.] 시문학에 관하여   363

  [1.] 시문학의 분류   369

  [2.] 서사시, 서정시, 극시   370

    [a.] 서사시 • 371   [b.] 서정시 • 378   [c.] 극시 • 382

참고문헌 목록(편집자)   433

역자 후기   439

그림 목록   444

찾아보기   452

일러두기

1. 이 번역서의 대본은 하이만의 필기 수고를 올리비에(A. P. Oilivier)와 게트만-지페르트(A. G.-Siefert)가 해독, 편집하여 빌헬름 핑크(Wilhelm Fink) 출판사에서 출간한 판본이다. 이 책에 기록된 것과 상이한 다른 필기록 가운데 의미 있는 것은 선별하여 역자주로 소개하였다. 이를 위해 헤겔 전집 비평본(*Gesammelte Werke*)(G. W. Fr. Hegel) 에 수록된 1828/29년 강의록 *Vorlesungen über die Philosophie der Kunst III. Nachschriften zum Kolleg des Wintersemesters 1828/29*[Hrsg. von. W. Jaeschke, und N. Hebing, in Gesammelte Werke(GW), 28, 3, Meiner, 2020]을 참조하였다.

2. 리벨트의 기록은 "Li"로, 롤랭의 기록은 "Ro"로, 그리고 한 익명 필기자의 기록은 "As"로 각각 표기하였다. 또한 비평본의 편집자(Jaeschke & Hebing)가 다르게 해독한 하이만의 노트 가운데 의미 있는 구절은 "JH"로 표기하여 역자주에 소개한다.

3. 편집자가 추가한 주석 및 삽입 구절 가운데 번역상 큰 차이가 없는 사항이라든가, 대본의 편집상 오류는 별도의 언급 없이 변경 또는 생략하였다. 또한 편집자주의 몇몇 구절은 필요에 따라 생략하였다. 편집자주와 의견을 달리하는 경우 역자주에 그 내용을 언급하였다. 겹화살괄호(《 》) 안의 숫자는 하이만의 필기록 수고(Ms.)의 페이지 표기이다.

4. 본문 가운데 작은따옴표(' ')와 대괄호([ ])는 필요에 따라 역자가 추가한 부호이다. 대괄호 내의 소괄호 및 대괄호도 마찬가지로 역자의 추가이다. 또한 특수괄호(⟦ ⟧)는 원문의 편집자가 추가한 것이다. 그 외의 부호 및 강조 표시는 모두 원문에 따른다.

5. 본문의 난외주에 적힌 날짜는 하이만이 해당 날짜의 강의가 끝난 후 다음날 강의가 시작되는 부분에 적어 놓은 것이다. 즉 그 날짜의 강의 내용은 그 윗부분에 해당한다.

6. 편집자의 주석 및 역자의 주석은 각 챕터가 끝난 부분에 수록하되 상호 구분을 위해 역자주 번호에는 대괄호([ ])를 추가하였다.

7. 필요할 경우 호토가 편집한 『미학강의』의 페이지를 추가하였다. 이는 주어캄프판 *Werke in 20 Bänden*(hrsg. von. E. Moldenhauer und K. M. Michel)에 따랐다. 『미학강의』의 1-3권은 각각 주어캄프판의 13-15권에 해당한다.

8. 본문 목차 가운데 서론 및 제1부의 장황한 목차 항목은 역자가 간명하게 수정·재구성하였다. 이 강의의 필기자 하이만은 강의 전반부(《51》까지, 그리고《89》)에 해당 강의의 핵심 내용을 표제화하여 여백에 삽입하였고, 이와는 별도로 원고 상단부에 별도의 장황한 표제를 (《20》까지) 기입하였다. 이 단행본의 편집자는 이를 반영하여 책의 서두에 목차로 항목화하였다. 본 번역서에서는 장황해진 이 목차를 다소 간명하게 재구성하였다. 원래 목차에 포함된 내용은 본문의 난외주 혹은 박스 처리된 표제를 통해 확인할 수 있다.

9. 원문에 열나눔이 다르게 되어 기록되어 있는 곳(《110》, 《118》)이 있는데, 이를 통상적 열나눔으로 수정하였다.

1828/29년 헤겔 미학강의

글 머리에

헤겔의 마지막 베를린 미학강의의 필기 노트를 담은 이 텍스트의 출간은 독일 연구재단이 후원한 독일관념론 미학 연구과제의 차원에서 이루어졌다. 편집자들은 귀 재단의 후원에 감사를 표한다. 또한 헤겔 미학의 영향 및 결과에 대한 국제 학술대회를 여러 차례 재정적으로 지원해 준 알렉산더 폰 훔볼트 재단 및 하겐대학에도 감사를 표한다.

함께 초고를 교정한 안나 요한나 게트만 씨에게도 감사한 마음이다. 교정 절차를 진행하면서 텍스트를 표준화하고 조판 작업을 한 도라 차토우라 씨에게 각별히 감사의 뜻을 표한다.

필기 노트의 소유자인 힐데브레히트 홈멜의 유고를 연구할 수 있도록, 그리고 하이만의 원고를 출간할 수 있도록 허락해 준 비르기트 홈멜(튀빙겐) 씨에 대한 감사 또한 빼놓을 수 없다.

오랫동안 보쿰대학의 헤겔 연구소장을 역임한 오토 푀겔러 교수에게 이 책을 바친다.

레오 폰 클렌체, 〈아테네의 아크로폴리스와 아레오파고스의 이상적 광경〉(1846),
뮌헨 노이에피나코테크.

미학 혹은 예술철학을 위한 헤겔의 강의

이 책은 1828/29년 겨울학기에 헤겔이 베를린대학에서 행한 "미학 혹은 예술철학" 강의에 대한 기록이다. 헤겔은 미학강의를 1818년 여름학기에 하이델베르크대학에서 처음으로, 그리고 나서 베를린대학에서 네 차례, 그러니까 1820/21년 겨울학기, 1823년 및 1826년 여름학기, 마지막으로 1828/29년 겨울학기에 각각 실시하였다. 이 네 차례 베를린 강의의 내용은 당시 수강생들의 필기 노트[1]로 인해 온전하게 전해졌고 여기에 더해 헤겔의 메모들 및 그의 강의 원고 단편들이 일부 발굴됨으로써 연결되지 않던 몇몇 구절들이 해명되었다. 각 강의마다 최소 하나의 문헌이 단행본으로 출간되었다. 빌헬름 폰 아셰베르크의 [필기 노트를 바탕으로 한] 1820/21년 강의록이 이미 1995년에 나왔다.[2] 뒤이어 1998년에는 하인리히 구스타프 호토의 직필 노트[3]에 따른 1823년 강의록이 나왔고,[4] 2005년에는 빅토르-쿠쟁 도서관에 있던 익명의 필기 노트[5]에 따른 1823년 강의록이 (이와 약간 상이한 칼 크로마이어의 필기 노트와 함께) 나왔다.[6] 2004년과 2005년에는 1826년 강의에 대한 빅토르 폰 켈러의 필기 노트와 P. 폰 데어 포르텐의 필기 노트가 각각 나왔다.[7] 아돌프 하이만의 직필 노트에 따른 1828/29년 강의에 대한 이 기록으로 인해 강의 원자료의 단행본 출간은 완결되었다.[8]

헤겔 미학강의의 원자료들은 사후에 호토가 편집한, 즉 헤겔이 사망한 후 친우회親友會판 전집을 통해 세 권으로 출간(1835-1837)된 미학 인쇄본[9]의 대안이 된다는 의미를 갖는다. 호토는 당시 자신의 수중에 있던 베를린 미학강의의 자료들을 취합하였고 — 하이만의 노트 또한 이용하였다 — 헤겔의 다른 출판물들은 물론 호토 자신의 출간물까지 여기에 삽입하였다. 호토는 더 이상 셸링 미학과 자웅을 겨룰 필요가 없을 헤겔 미학의 체계를 후세에 전하려 했고 이런 의도에 따라 헤겔 미학을 조직화하는 이러한 편집 작업을 수행했다. 호토는 헤겔의 체계 구상을 자신의 사변적 예술사의 토대로 받아들였다. 헤겔 사후 헤겔에 이어 호토가 미학강의를 했는데, 호토의 1833년 강의의 텍스트가 임마누엘 헤겔[10]의 필기 노트로 남아 있다.[11]

강의 원자료들의 출간으로 인해, 구술 기록으로 전승된 것과 체계적으로 편집된 인쇄본의 비교가 가능해졌다. 이리하여 호토의 편집판이 원자료를 대대적으로 변형했다는, 어쩌면 훼손했을지도 모른다는 점이 부각되었다. 내용상 공백이 있다고 여긴 곳에 무언가를 삽입하고 자의에 따라 추론했으며 구어체를 전면적으로 가다듬어 수사적 효과를 도모하였다. 이런 개입으로 인해 헤겔의 강의와 [호토의] 인쇄본 사이에는 생각의 차이에 따른 내용의 차이가 커 보인다. 말하자면 호토는 기독교적이고 독일적인 예술의 역사 및 예술 판정으로 귀결될 "민족적이고 종교적인" 노선을 관철하고자 했던 반면에 헤겔은 — 괴테의 뜻에 따라 — "세계시민적인", 이로써 "인문주의적인" 예술에 대한, 그리고 철학이 스며든 예술에 대한 구상을 내보였다. 호토의 인쇄본이, 본격적으로는 그 재판[12]이 그 이후 출간된 판본 및 발췌본의 유일한 전거로 제시되어 온 까닭에 저 근본적 차이에 대한 조명은 이루어지지 못했다.

"헤겔의" 미학은 어느 정도 완결된 체계를 갖춘 인쇄본으로 확대되었다.[13] 이로써 강의 원자료들이 제공하는 정보가 간과되었다고는 볼 수 없으나, 이런 산출을 통해 원자료에는 근본적 변화가 생겼다. 구술 강연을 품격 있는 표현으로 가다듬는다는 의미에서든, 혹은 (호토로서는) 마뜩잖은 헤겔의 예술 판단을 (받아들이기 힘들었던 까닭에) 가다듬는다는 의미에서든 말이다. 헤겔 자신이 출판한 저작에, 그리고 비평본으로 출간된 저작에[14] 들어 있는 예술 논의들이 구조와 구상 면에서 강의 자료들과 서로 합치하는 반면 호토의 편집물과는 합치하지 않는다. 오랜 시간 동안 인쇄본과 원전 자료 사이의 불합치에 대한 전면적 수정이 이루어지지 않고 있으나 그 불가피성이 드러나고 있는 것이다.

발간 연혁

헤겔 르네상스의 제1기인 1900년경 이후, 그리고 독일에서 빌헬름 딜타이가 처음 칸트의 저술에 대한 역사적, 비평적 저작 발간을 시도한 이후[15] 베를린 강의에 대해 새롭게 관심을 갖는 이들이 생겨났다. 그 첫째로 1931년 게오르크 라손은 헤겔 사후에 출간된 미학강의 판본의 신빙성에 의문을 제기하면서 새로운 비평판의 출간을 시도했다. 그렇지만 이 첫 번째 미학강의 비평본은 제1권이 나온 직후 중단되었고,[16] 심지어 한스-게오르크 가다머는 이 비평본이 "실패했다"고 보았다.[17] 물론 라손이 출간한 제1권으로 인해 강의 원자료가 인쇄본과 얼마나 다른지가 알려졌다. 다만 라손은 총 다섯 권의, 1823년 및 1826년 강의의 필기 노트를 확보했을 뿐이다. 당시에는 1828/29년 강의의 원자료는 전혀 확보할 수 없었다. 그래서 라손은 인쇄본에도 의지하면서 저 노트들의 구절과 합치하는 부분을 표시하였다. 그의 판본에는 호토의 인쇄본 목차도 들어 있다. 반면 호토가 전거로 삼은 노트는 열 권이었으며 여기에는 1828/29년 마지막 베를린 강의의 원자료도 있었다. 라손의 구상이 상이한 시기의 여러 기록을 수합한 첫 전집의 원리에 따라 실현된 것이다. 호토의 것이 그러했듯 라손의 것 또한 강의의 발전상을 기록할 수 없었고 이에 대해 게오르크 루카치는 다음과 같이 아쉬움을 표했다. "호토 자신은 헤겔 미학의 탄생사에 눈꼽만큼도 신경을 쓰지 않았다. 그에게 중요한 것은 오직 이 하나였다. 헤겔 강의에 대한 잘 읽히는 책을 만드는 것 말이다. 이는 물론 이루어졌다. 그렇지만 헤겔 미학의 <u>탄생</u>에 대한 가장 중요한 기록은 사라졌다."[18]

이에 필적할 만한 비평 작업은 그 이후 발견되지 않고 있다. 요하네스 호프마이스터는 호토판을 확실한, 신빙성 있는 원자료로 간주해야 한다고 역설하였다. 구절 하나하나가 충실하지는 않지만 이로써 헤겔 사유의 "정신"이 반영될 수 있었다는 것이다.[19] 역사철학이나 법철학의 강의록들이 간행될 당시 에두아르트 간스는 이에 자의적으로 개입한 바가 전혀 없었던 반면, 미학강의를 위한 이런 역사적, 비평적 판본은 최근까지도 유예되었던 것이다.

1968년 헤겔 연구소가 보쿰대학의 소속 기관이 된 후 라인-베르트팔렌 학술원의 새로운 비평적 전집의 차원에서 모든 강의 원자료를 집성하는 작업이 시작되었다.[20] 1820/21년 강의의 편집 노트 하나가, 더 근래에는 1823년 강의에 대한 호토의 직필 노트 하나가 확보되었을 뿐이었기 때문에, 1828/29년 강의의 경우에도 하나의 원자료를 (1826년 여름학기의 경우 두 개의 원자료를) 강의록으로 만드려는 계획이 추진되었다. "독일관념론 미학" 연구 계획의 차원에서 독일연구재단 및 하겐대학의 지원을 통해, 그리고 알렉산더 폰 훔볼트 재단이 후원한 수많은 학술대회를 통해 귀중한 1828/29년 강의 원자료를 기록한 이 단행본이 결국 완성되었다.

마이너 출판사 및 조셉 브랭 출판사(1823년 강의), 주어캄프 출판사(1826년 강의) 및 핑크 출판사(1826년 및 1828/29년 강의)에서 강의의 문고판이 나왔다. 이제 학업과 연구에 결정적인 기회가 제공된 셈이다. 헤겔 미학강의를 직접 듣고 적은 신빙성 있는 정보를 확보할 수 있게 되었으니 말이다.

헤겔 이해의 걸림돌

오늘날에도 악영향을 주고 있는지 모를 여러 전제 및 편견이 인쇄본 "미학"의 출현 때부터 줄곧 이 텍스트의 공평무사한 검증을 방해했는데, 현재의 수용에도 그 여파가 있으며 그 영향을 결코 간과할 수 없다.

호토가 편집한 인쇄본이 더할 나위 없는 신빙성을 지녔다는 오해는 초판에 수록된 호토 자신의 설명을 통해 예비되어 있었다. 그의 주장에 따르면 오늘날 확보 가능한 원자료 외에도 "가장 확실한 자료가 되어 준",[21] 그러나 현재는 더 이상 손에 쥘 수 없는 더 많은 텍스트가 그의 손에 있었다. 호토는 헤겔의 베를린 강의 노트를 갖고 있었음에도 여기에 그다지 크게 의존하지 않았다. 그러니까 호토는 1818년 하이델베르크 강의 노트[22]에 대해서는 미련을 두지 않았고 1821년 첫 번째 베를린 강의에 대해서도 주목하지 않은 채 1823년, 1826년 및 1828/29년 강의에 의존하였다.[23] 강의를 준비하면서 헤겔 자신이 이전 강의의 수강생 노트를 활용했기 때문에 언뜻 이것이 문제는 아니라고 여길지 모르겠다. 그러나 호토가 1820/21년 강의를 거의 조회한 바 없다는 점, 호토가 작성한 1823년 강의 노트조차 정작 인쇄본에서 그 흔적이 거의 보이지 않는다는 점 등은 그 자체로 큰 문제다. 인쇄본 미학을 단념할 수 없다는 주장의 논거로서 호토가 오늘날에는 망실된, 가장 가치 있는 정보를 포함한 일련의 자료들을 이용할 수 있었다는 점을 들곤 한다. 그렇지만 좀 더 자세히 살펴보면 망실된 듯 보이는 자료들 가운데 상당수의 정보는 호토의 출간물에서, 특히 호토 자신이 행한 미학강의에서 발견된다.[24]

인쇄본 미학의 가치를 인정하도록 영향을 미친 논거가 그 이후 두 개 더 나왔지만, 이 또한 결국에는 더 정확한 논증을 방해하고 말았다. [첫째로] (뢰디거 부브너의 말에 따르면) "헤겔의 사유 및 그 영향을 직접 접한" 호토가 작업했기 때문에, ㅡ 호토 자신이 원했던 바와 같이 ㅡ 호토야말로 헤겔 철학의 "정신"을 신빙성 있게 재현할 수 있었다고 한다. 호토가 헤겔의 취미판단에 찬동하지도 않았고 그렇다고 해서 대안을 제시하지도 않았음에도 인쇄본 미학에 대한 비평은 출간된 이후 거의 이루어진 바가 없다.[25] 물론 인쇄본의 초판에서 호토는 다음과 같이 항변한다. "인쇄된 이 강의를 헤겔의 수강생들이 직접 작성한 노트와 대조해 본다면, 그리하여 이따금 논지의 변화를, 중요한 서술상의 차이를 발견한다손 쳐도, 더 잘 이해시키려는 편집자의 뜻으로 인해 이런 차이가 생겼으리라 헤아려 줄 것이다."[26] 자신의 판본에 대한 이런 항변 말고도 호토는 제2판에서 원자료 전체를 정확하게 선보일 것이라 약속하였지만 실행에 옮기지 않았다. 그 사이 호토는 자신의 약속을 지킬 정도로 진지하게 비평 작업을 수행해야 할 필요성을 상실한 듯하다. [둘째로] 헤겔 강의의 수강생은 아니었던 칼 로젠크란츠 같은 이는 헤겔의 원고가 워낙 난해한 까닭에 노트에 의존하여 호토판이 출간된 것이라고 주장했다.[27] 결국 이런 점을 염두에 두고 라손은 [호토판이 아니라] 미학강의의 가장 확실한 원자료인 필기 노트에 의존하였던 것이다.

그러나 그렇다고 해서 인쇄본에 대한 의혹이 커지지는 않았다. 오히려 반대였다. 호토가 편집한 헤겔 미학이 심미적으로 한결 매력적인 언어로 작성되었기 때문에 — 호토에 따르면 헤겔의 글에는 "평이함, 유려함, 우아함" 등이 부족했다 — 문체가 우아한, 체계적 완결성 면에서 완성된 그 논증으로 인해 헤겔 미학의 수용사에 치명적인 선입견이 생겨났다. 호토는 편집 작업을 하는 자신을 "충실한 고화古畵 복원가"[28]로 소개한다. 오늘날에는 복원 작업을 구상한다 해도 호토의 시대처럼 더 아름답게 치장하는 작업으로 여기지는 않는다. 신빙성 있는 원본 및 원자료를 재구성하는 작업으로 여길 따름이다. 이 점을 고려한다면 호토의 저 강변이야말로 원자료에 대한 비평적 전승이 얼마나 긴요한지를 역설적으로 보여 준다.

베를린 강의에 반영된 헤겔의 예술 규정

헤겔 미학강의를 받아 적은 기존의 원자료에 기초하여 헤겔의 체계 구상, 예술형식들 사이의 위계, 여러 예술판정 등에 관한 연구가 있었다.[29] 헤겔이 말한 바에 대한 수강생들의 기록을 다른 출판 저작물에서 헤겔이 직접 표명한 예술철학과, 그리고 근대 예술에 대해 헤겔이 부여한 의미와 견주어 보면 헤겔의 사유가 일관성 있게 전개되었다는 사실이 입증된다. 체계적으로 일관될 뿐만 아니라『철학적 학문들의 백과사전』[30]의 1827년 제2판에서 (또한 마지막 미학강의에 뒤이은 1830년 제3판에서) 헤겔이 최종 수정한 것이 1828/29년 강의에도 들어 있음을 알 수 있다. 헤겔의 그런 생각은 개별 예술작품에 대한 언급이 크게 증가한 1826년의 강의에서 준비되고 있었다.『백과사전』에서 개편된 체계 구조에 따라 헤겔은 1828/29년 강의를 — 강의 시간의 확대와 더불어 — 3부로 편성하였다.[31]

헤겔의 베를린 미학강의를 문헌학적으로 해명하는 일은 그의 예술철학에서 예술 및 예술사에 대한 여전히 시의적절한 철학적 성찰을 얻으려는 체계적 관심으로 인한 것이었다. 그러니까 — 디터 헨리히[32]에 따르면 — 자신의 마지막 강의에서 헤겔이 명시적으로 예술의 종말[33] 테제를 포기했다는 단서를 통해 "헤겔 미학의 현재성"을 구제할 수 있으리라는 희망을 품기 시작했다는 것이다. 1828/29년 강의에서 헤겔은 "객관적 유머"가 낭만적 예술의 최종 단계이자 또한 낭만적 예술 극복이라는 구상을 했다. 같은 해 헤겔이 하만에 대한 논평에서 유머의 의미에 천착하였다는 사실로 인해서도 이 점이 입증되는 듯하다. 그렇지만 헤겔은 이미 1820/21년 강의에서 "객관적 유머"에 천착했고 강의를 거듭하면서 이 의미를 가다듬어 나갔다. 특히 1828/29년 강의의 이 원자료는 그리스 고전기가 — 또한 "기독교 세계"가 — 예술의 "번영기"였다는 테제[34]를, 즉 역사적 의미에 대한 성찰과 더불어서만 예술이 오늘날에도 실효성을 갖는 까닭에 "우리가 보기에" [예술의] "이후"가 있다는 테제[35]를 『철학적 학문들의 백과사전』의 개정에 발맞춰 더욱 정교화하였다는 사실을 전하고 있다.

헤겔 해석에서 흔히 제기되는 비판, 즉 '헤겔이 무엇보다도 아름다운 고전적 예술에만 관심을 가졌다'는 식의 비판 또한 잘못된 것임을 베를린 강의의 전개 과정을 통해 알 수 있다. 물론 헤겔은 1828/29년 강의 서론에서 알로이스 히르트,[36] 마이어,[37] 괴테 등의 이른바 "고전주의적" 미 규정을 미 이해의 실마리로 받아들이고는 있다. 그렇지만 헤겔은 1826년부터 상징적 예술형식에 특별히 주목했고 마지막 강의 시점에서는 헤겔 미학을 "고전적" 미학이라든가 "낭만적" 미학이라기보다는 차라리 "상징적" 미학이라 말할 수 있을 정도가 되었다.[38] 미를 의미성으로 보는 괴테 및 마이어의 규정조차 궁극적으로 헤겔이 상징을 대하는 방식에 따라 이해될 수 있다.[39] 종교철학 강의의 논조와 마찬가지로 상징적 예술은 지극히 특별한 것으로 서술된다. 그리고 헤겔은 무엇보다도 이 예술 형식이 당대의 작품에 얼마나 반영되어 있는지에 관심을 가졌다. 1826년 및 1828/29년 강의에서 헤겔은 셰익스피어 문학이, 특히 괴테의 『서동시집』이 근대 세계의 조건 아래 상징적 예술을 자신의 근간으로 삼는다는 점을 설명하였다. 무엇보다 『서동시집』은 예술의 세계시민적 지향이라는 괴테의 요구를 충족한다.[40] 각자가 처한 세계로서는 낯선 세계관 및 생활방식과 화해하고 예술을 통해 다양한 문화를 중재하는 일이 관건이 되었다. 즉, "서유럽인 괴테가 동양을 수용하여 『서[동]시집』을 썼다. 여기에는 동방의 여운이 본질적 특성을 이룬다. 나중에 이런 특성이 점차 발전하는바, 자신과만 관계함으로써 정신의 최고 자유가, 감각 자체에 깃든 정신의 자유가 완연해지는 것이다. 그러면서도 실체적인 것이 우리가 보기에 두루 현재한다."[41]

또한 더 이상 아름답지 않은 예술을 "고전주의" 미학에 입각하여 비판할 수 없다는 판정이 1827년 『철학적 학문들의 백과사전』 이후 등장한다. 아름답지 않은 회화에 대해서는 논란이 있겠으나 헤겔은 문학에서는 의당 가능할, 더 이상 아름답지 않은 그런 예술의 사례에 천착한다. 이때 그는 가령 십자가에 못 박힌 신의 묘사에 대해 판정하면서 이를 아름답게 묘사하는 것은 무의미하다고 지적한다. 실러의 희곡에서는 예술의 근대적 의미로 부각되는 추醜의 사례를 목격한다. 아름답지 않은, 추한 예술이 계몽 시민에게 제격이며 직관에서 반성으로 나아갈 계기를 부여한다는 것이다.[42] 이런 판단을 통해 확인되는 바는 결국 다음과 같다. 헤겔은 예술의 종언에 대한 자신의 테제를 포기하지는 않았으나 — 1823년 강의에서 그가 정식화한 것에 맞게 — 그 테제를 다변화했다. 말하자면 근대 세계에서 예술은 "이후"를 갖는다. 즉 계몽주의 이래 변모한 이성 및 철학이 예술의 의미에 제약이 되긴 하지만 그렇다 해서 예술의 기능 자체가 불필요해지지는 않았다는 것이다. 예술은 "형식적 교양"[43]이라는 역할을, 다시 말해 인간의 자아실현에 있어 대안적인, 따라서 비판적인 가능성을 직관적으로 매개하는 역할을 맡는다.

예술이 그 최고 가능성 면에서 볼 때 "과거성"을 갖는다는 ― 말하자면 그 내용을 드러낼 때 신상神像이라든가 표상의 형식을 넘어설 수는 없다는 ― 테제에도 불구하고 근대 계몽 국가에서 예술이 갖는 역할은 결코 포기될 수 없다. 법철학 강의에서도 헤겔은 이점을 분명하게 언급한다.

근래에 출판된 문헌을 통해 예술의 종언 혹은 죽음이라는 테제의 원 저작자에 대해 종래의 통념과는 다른 정보가 제공되었다. 예술이 "완전히 죽었다"[44]라는 발언은 헤겔의 것으로 알려져 왔다. 그러나 이런 언급 및 이에 대한 펠릭스 멘델스존 바르톨디의 비판은 헤겔이 아니라 호토를 향한 것이었음이 밝혀졌다.[45] 말하자면 호토가 보기에 당대의 예술작품 은, 특히 장르화처럼 "산문적 내용"을 지닌 작품은, 또한 더 이상 아름답지 않기도 한 예술 일체는, 가령 상징적 예술형식의 작품은 과거의 아름다운 기독교 작품을 옹호하기 위해 마땅히 배척될 사례들이다. 이런 구상을 호토는 그 자신이 행한 미학강의에서, 또한 예술작품에 대한 수많은 개별적 비평들에서 개진하였다. 호토 자신의 출판물에 들어 있는 예술 판단들이 종종 인쇄본 [헤겔] 미학에서 분명하게 발견되는데, 헤겔의 예술 판정의 결함을, 따라서 보완의 필요성을 느낀 호토의 저 판단은 헤겔의 판정에 대한 ― 대체로 혼란을 야기한 ― 교정이었다.

알랭 패트릭 올리비에 (낭트)   안네마리 게트만-지페르트 (하겐)

*****

1828/29년 강의

헤겔은 1828년 10월 27일부터 1829년 4월 2일까지 (12시에서 13시 사이에) 주당 5시간씩 "미학 혹은 예술철학"에 대한 자신의 마지막 베를린 강의를 했다. 여름학기보다 겨울학기의 기간이 더 긴 까닭에, 이 강의의 분량은 1823년 및 1826년의 분량보다 더 많다. 호프마이스터에 따르면 수강생 수는 86명에 달했다.[46] (12시에서 13시 사이에) 하이만의 이 필기록에는 수업시간이 끝났을 때마다 강의 날짜가 표시된 까닭에 강의 달력을 정확하게 재구성할 수 있다. 이 달력에 따르면 강의 시간은 94시간 정도였다.

		월	화	수	목	금
1828년	10월	27일	28일	29일	30일	31일
	11월	3일	4일	5일	6일	7일
		10일	11일	12일	13일	14일
		17일	18일	19일	20일	21일
		24일	25일	26일	27일	28일
	12월	1일	2일	3일	4일	5일
		8일	9일	10일	11일	12일
		15일	16일	17일	18	19일
1829년	1월	5일	6일	7일	8일	9일
		12일	13일	14일	15일	16일
		19일	20일	21일	22일	23일
		26일	27일	28일	29일	30일
	2월	2일	3일	4일	5일	6일
		9일	10일	11일	12일	13일
		16일	17일	18일	19일	20일
		23일	24일	25일	26일	27일

		월	화	수	목	금
		16일	17일	18일	19일	20일
	3월	23일	24일	25일	26일	27일
		30일	31일			
	4월			1일	2일	

　헤겔은 강의를 통해 여러 미학적인, 그리고 학문적인 논쟁에 대해 자신의 입장을 표했는데 강의 날짜가 있는 덕분에 당대의 여러 사안에 대한 그의 입장 표명을 날짜별로 확인할 수 있다. 가령 카를 프리드리히 싱켈이 완공한 박물관, 샤도프 화파의 전시회, 멘델스존 바르톨디가 발굴하여 재연주한 바흐의 『마태 수난곡』, 니콜로 파가니니의 베를린 연주, 프리드리히 뤼케르트가 쓴, 그리고 번역한 시의 출간, 카를 프리드리히 폰 루모어의 이탈리아 미술사 저작, 데시레 라울-로세트의 고고학 강의, 루트비히 티크가 출간한 칼 빌헬름 페르디난트 졸거의 유고 등이 그것이다.[47] 이런 논평들은 앞선 강의들과 차별화되는 것으로서 이 강의의 자산이다.

　헤겔의 미학강의가 그의 철학 체계의 토대 및 예술사와 관계가 있을 뿐만이 아니라 더 나아가 예술비평 및 비평 저널리즘과도 관계가 있다는 점이 발견된다. 베를린 시기에 헤겔은 직접 『학문 비평 연보』에 논문을 실었고 『슈넬포스트』에 실러 및 라우파흐에 대한 기고문을 실어 저널리즘에 이바지한 바가 있다. 그의 졸거 논평이 1828/29년 강의에 기반을 제공하였고, 이에 따라 그는 그 결과 (이미 1826년 강의에서도 수행된) 낭만주의의에 대해 [또한 낭만적 반어에 대해] 비판하는 데 머물지 않고 반어의 원리를 [1828/29년 강의의 제1부인] '보편적 부문'의 '이상적인 것'에 대한 논의에 포함하였다.[48] 아울러 헤겔은 강의를 통해 한편으로는 범신론에 대해, 다른 한편으로는 칸트의 미에 대해 각각 이론적인 질문을 던졌는데, 이는 베를린 학술원이 현상 공모한 주제였다. 두 공모에 선정된 수상자 가운데 1828/29년 헤겔 미학강의의 수강생이었던 카롤 리벨트와 브루노 바우어가 있다. 칸트 미학이 칸트 철학과 모순되는지 여부를 다룬 바우어의 논고[49]가 수상작이 된 것은 헤겔의 제안 덕분이다. 헤겔 스스로 자신의 마지막 강의의 서론에서 이 문제에 천착했는데, 앞선 강의들에서는 ─ 원자료에 따르면 ─ 그저 간략하게, 간접적으로만 칸트 미학을 다루었을 뿐이었다.[50] 범신론에 대해서는 헤겔이 『철학적 학문들의 백과사전』, 종교철학 및 그의 철학 체계 전반에 걸쳐 다룬 바 있다.[51] (톨루크 같은) 신학자들의 공격은 주로 미학에 가해졌다. 이에 헤겔은 1826년 및 1828/29년 강의에서 동방의 시가 갖는 특징을 중심으로 범신론과 관련하여 반론을 폈다. 동방의 시는 톨루크 자신이 다루었던 대상이기도 했다. 헤겔에게 관건은 진정한 범신론이 ─톨루크의 오해와는 달리─ 참된 철학 및 자유로운 시문학과 불가분하게 결부되어 있다는 점을 내보이는 일이었다.

헤겔 강의의 청중은 매우 다양했다. 즉 수강생으로 공무원, 신학자 등이, 특히 마지막 강의에는 더 나아가 예술가, 시인, 역사가, 철학자 등이, 가령 폴란드 출신 카롤 리벨트, 벨기에 출신 이폴리트 롤랭 등이 있었음이 확인된다. 이 둘이 1830년 6월 혁명 당시 정치적 운동에 참여했다는 사실 또한 결코 우연은 아닐 것이다. 마지막 강의의 수강생으로 또한 펠릭스 멘델스존 바르톨디, 브루노 바우어, 요한 구스타프 드로이젠, 프란츠 쿠글러, 벨헬름 파트케, 하인리히 하이네 등이 있었다. 이 강의는 미학, 음악, 예술사, 문학, 역사, 신학 등의 영역에 걸쳐 이들에게 영향을 미쳤다. (이 강의를 받아 적은) 하이만의 [전공 분야인] 영국의 독문학에, 그리

【그림 2】 프란츠 테오도어 쿠글러, 〈강단에 선 헤겔〉(1828), 베를린 쿠퍼슈티히카비네트(동판화 보관소), 1828/29년 베를린대학 미학강의를 수강했던 미술사학자 쿠글러가 남긴 강의 현장 스케치.

고 영문학에 이 강의가 큰 영향을 미쳤다. 헤겔 미학의 저 수강생들이 교류했음을 알려 주는 유명한 쿠글러의 그림이 있는데, 이는 그가 1828년 ─ 아마도 "현장에서" ─ 미학강의 중에 스케치한 것이다.[52]

호토의 보고에 따르면 헤겔은 미학강의를 위해 1818년 하이델베르크 시기의 노트를 활용했고 1820년 10월에는 얼개를 새로 짜면서 이에 맞는 노트를 준비했다. 이 노트는 그 이후 강의의 기반이 되었다. 1828/29년까지 수정 내용 및 부연 설명이 ─ 호토에 따르면 ─ "4절지와 전지全紙 낱장에 적혀" 1820년 노트에 "첨부, 삽입"되었다.[53] 그러니까 헤겔이 베를린 시기 동안 "10년간의 노력"을 기울여 자신의 강의를 수정하고 부연했음은 호토가 보기에도 명백했다. 물론 호토는 자신의 판본에서 수정 및 부연에 따른 차이들을 보정하고자 했다. 호토는 1823년에서 1826년으로 이행하면서 헤겔 미학의 정점에 도달했다는 자신의 생각을 증명하려 했다. 그는 다음과 같이 말한다. "해가 거듭되면서 쌓인 안 좋은 경험들로 인해 헤겔은 점차 대중적 서술을 기하는 방향으로 나아간 듯하다. 어려운 지점들을 명료하게 능히 전개함으로써 소기의 목적을 달성하고자 했으나 학문적 방법의 엄정함은 점차 누그러졌다." 그러함에도 호토는 1828/29년 강의 노트를 여러 권 이용했으며 미학을 두 부문으로 나눈 기존 분류 대신에 이 강의에서의 분류를 인쇄본에 채용하였다.

두 부문으로 나뉜 기존의 강의들과 달리 1828/29년 강의가 세 부문으로 되어 있는 것이 눈에 띈다. 제1부 "이상에 관한 지식"은 미학의 보편적 규정들을 담고 있다. 제2부 "특수한 예술형식들에 관하여"에서는 상징적, 고전적, 낭만적 예술형식 등으로 구분된다. 제3부 "예술작품들의 특수한 형상화에 관하여"에서는 상이한 예술들로, 즉 건축, 조각, 회화, 음악, 시문학 등으로 구분된다. 마지막 강의에서 헤겔은 새로운 부문을 추가하거나 강의의 골자를 수정한 것은 아니다. 1826년 강의의 "보편적 부문"에 속한 두 편을 독립적인 두 부문으로, 즉 "보편적" 부문과 "특수한" 부문으로 다루었고 1826년 강의의 "특수한" 부문을 마지막 강의에서는 "개별적" 부문으로 다루었던 것이다.

호토 자신의 보고에 따르면 1828/29년 강의의 경우 "학위 소지자 바우어 씨"(브루노 바우어), 아돌프 하이만, "루트비히 가이어 씨" 등의 "상세한 노트"를, 그리고 "D. 드로이젠 교수", "학위 소지자 파트케 씨" 등의 원자료를 이용했다.[54] 바우어, 가이어, 드로이젠, 파트케 등의 필기 노트는 오늘날 망실된 것으로 보고 있다. 그러니까 하이만의 필기 노트야말로 호토가 언급한 것 가운데 남아 있는 유일한 원자료다. 이 원자료들 외에 호토는 알지 못했던 다른 노트들이 그 사이에 더 발견되었다. 카롤 리벨트,

이폴리트 롤랭 등의 필기 노트, 그리고 베를린 국립도서관에 소장된 익명의 수고가 그것이다.[55] 리벨트의 직필 노트[56]는 맨 마지막 이틀의 강의를 제외하면 온전하다.[57] 이 강의의 발췌본이 출간된 바 있다.[58] 이폴리트 롤랭의 필기 노트는 서론, 제1부 및 제2부를 담고 있다.[59] 가장 근래에 확보된 익명의 필기 노트[60]는 간략하나마 강의 전체를 기록하고 있다. 아마도 이 익명 노트는 직필 노트가 아니라 — 기존의 강의 기록물처럼 — 선행하는 또 다른 노트의 정보를 받아들인 사후 개작물로 보이며 1828/29년의 다른 원자료들에서 확인할 수 없는 정보가 들어 있다.

마지막 강의의 필기 노트 가운데 가령 펠릭스 멘델스존 바르톨디의 것이 망실된 것은 유감이다. 첼터의 판단에 따르면 베를린대학 학생이었던 이 젊은 작곡가는 이 강의를 열심히 받아 적었고 — 헤겔 또한 이 점을 인정하였다 — 이를 괴테에게 건넸다.[61] 오늘날까지도 이 노트가 아직 연구를 위해 확보된 바가 없기 때문에, 하이만의 필기 노트는 현재 "이 강의로서는 최고의 전승"[62]으로 제시된다.

아돌프 하이만의 필기 노트

이 노트의 필기자로 "하이만"이라는 이름이 쓰여 있다. 미학 초판(1835)의 서문에서 호토는 "D. 하이만 씨"의 노트를 원자료라 칭하고 있으며 에두아르트 간스는 역사철학 판본을 위해 "하이만 박사"의 노트를 사용했다.[63] 아돌프 하이만은 1833년 베를린대학에서 『투키디데스의 연설에 대하여』를 주제로 박사학위논문을 썼다.[64] 간략한 이력으로 하이만은 자신이 1808년 프로이센의 포젠(=포즈난)에서 태어났다(다른 원자료에 따르면 1809년 8월 17일로 되어 있다)고 적고 있다.[65] 하이만은 베를린 김나지움의 학생이었고 그 이후 논리학, 형이상학, 자연철학, 정신철학, 예술철학, 종교철학, 철학사 등에 대한 헤겔의 강의를 들었다.[66] 헤겔이 자신에게 미친 영향에 대해 그는 다음과 같이 큰 의미를 두었다. "나에게 가장 중요한 이는 프리드리히 헤겔이다. 이 탁월한 철학자이자 친애하는 나의 선생님은 내가 논리학(형이상학), 자연철학, 인간 정신의 철학, 예술, 종교 및 철학의 역사에 대한 강의를 수강할 때 수업이 끝날 때까지 내게 관심을 기울여 주셨다."[67] 그 외에도 하이만은 아우구스트 보에크, 카를 하이제 등의 강의를, 카를 리터의 지리학 강의를, 에두아르트 간스의 법철학 강의를, P. 에르만의 물리학 강의를 들었다. 헤르베르트 바렌의 보고에 따르면 하이만은 베를린대학 및 라이프치히대학에서 간스, 헤겔, 사비니, 카를 라흐만 등에게 배웠다.[68] 찰스 워즈워스(1806-1892)는 베를린에서 하이만과 면담 시간을 가졌다.[69] 워즈워스는 하이만이 유대 혈통이며 자신과 함께 영국으로 가기 위해 1834년 베를린을 떠난 것으로 기억하였다.[70] 1837년 하이만은 런던의 유니버시티 칼리지의 독문학과 교수직을 지원했고[71] 이후 평생을 이 대학의 교수로 재직했다.

1833년 하이만은 자신의 박사학위논문을 프리드리히 오페르트에게, 그리고 단테에 관해, 로세티의 단테 해석에 관해 논문을 쓴 요제프 멘델스존에게 헌정한다.[72] 1840년 하이만은 멘델스존의 작업물 두 권을 보내기 위해 가브리엘레 로세티에게 편지를 썼다. 이탈리아어 공동 수업을 위해 하이만은 런던의 유니버시티 칼리지의 동료인 로세티에게 독일어 시간을 제공했다. 로세티 집안사람들의 서신 교환에서 하이만은 그 집안과 매우 돈독한 친구로 언급된다.[73] 하이만은 헨리 테일러의 영어 희곡 『필립 판 아르테벨데』의 영어 번역을 라이프치히에서 출판하였다. 1843년 하이만은 젊은 유대인 여성 아멜리아 바르나르트와 결혼하였다. 그리고 1874년 런던에서 사망하였다.

그의 행적에 대해서는 남아 있는 것이 거의 없다.[74] 하지만 하이만 교수의 자녀들이 제정한 하이만 상賞이 1875년부터 지금까지도 유니버시티 칼리지의 1학년 가운데 우등생들에게 수여되고 있다.

원고의 출처

이 원고는 헤겔의 1828-1829년 강의의 현장에서 아돌프 하이만이 직접 적은 노트로서 서론에는 여백에 —강의가 끝날 때마다 작성한 듯한— 삽입구가 들어 있다. 나중에 하인리히 구스타프 호토는 다른 원자료들과 함께 이 원고를 헤겔 (친우회판) 전집에 수록된 헤겔 미학강의 판본에 활용하였다.[75] 다른 필기 노트와 마찬가지로 이 원고는 호토가 갖고 있었던 듯하다. 하이만의 이 원고는 1873년 호토가 사망한 뒤 경매되었으리라 추측된다.[76] 호토의 유산이었던 다른 자료들 또한 그러했다. 그리하여 호토의 1823년 [헤겔] 미학강의 필기 노트는 F. 마르티가 구입했고, 음악 및 여타 자료들은 E. 프리거와 베를린 도서관이 확보했다. 하이만의 필기 노트는 동양학자 프리츠 홈멜(1854년 안스바흐 출생, 1936년 뮌헨 사망)의 소유였다가 나중에는 그의 아들, 즉 튀빙겐대학 고전 문헌학 교수 힐데브레히트 홈멜 박사(1899년 뮌헨 출생, 1996년 에벤하우젠 사망)[77]의 소유가 되었다. 원고의 첫 장에 추가로 다음과 같이 표시되었다. "프리츠 홈멜 뮌헨 (아버지의 유고에서)". 프리츠 홈멜의 아버지는 안스바흐 지방법원 판사를 역임하면서 교회 성가 및 예배 연구자였던 프리드리히 홈멜(1813-1892)이었다.[78] 아헨 도서관에서 헤겔 미학의 필기 노트가 발견되었다는 『프랑크푸르트 알게마이네 차이퉁』 신문의 기사를 접한 힐데브레히트 홈멜은 원고의 첫 장에 다음과 같은 신문 기사 발췌를 붙여 놓았다. "알려지지 않았던 1826년 G. W. F. 헤겔 '미학'강의의 정서 노트 수고가 아헨 국립도서관 소장품 상자에서 발견되었다."[79] 이렇게 홈멜은 자신이 소유한 원고의 의미를 깨닫게 되었던 것이다. 그는 자신의 친구이자 동료인 한스-게오르크 가다머(1900-2002)와 정보를 공유했고 가다머는 그의 허락을 얻어 보쿰대학 소재 헤겔 연구소에 보관할 사진을 찍었다. 가다머가 헤겔 연구소 소장이었던 오토 피겔러 교수(1928-2014)에게 이 소식을 전했다. "학술원 회원이신 홈멜 씨가 소유한, 1828/29년 헤겔 미학강의를 하이만이 듣고 쓴 말끔한 노트를 건네받았습니다. 홈멜 씨는 아헨에서의 발굴 소식을 듣고 자신의 소유물이 중요한 것일 수 있겠다는 생각을 처음 하셨고 자연스레 이 원고를 흔쾌히 내어 주셨습니다. 다만 제가 볼 때 이것을 우편으로 부칠 수는 없고 인편에 부치거나 아니면 일단여기 하이델베르크에서 복사를 맡기는 게 좋겠습니다. 당대 예술에 대한 헤겔의 입장 변화에 대해 관심이 있다면 이 원고는 분명 장차 출간해야 할 만큼 큰 의미가 있을 것입니다."[80] 하이만의 직필 노트는 이런 식으로 헤겔 연구의 장에 들어섰다. 다만 그 원고 자체는 힐데브레히트 홈멜이 사망한 후 망실되었지만 말이다. 그의 딸인 비르기트 홈멜의 전언에 따르면 자신의 아버지는 그 원고를 가다머가 있는 하이델베르크로 보냈다.[81] 튀빙겐에 소재한 힐데브레히트 홈멜의 유고에서도, 마르바흐에 있는 가다머의 유고에서도 그 원고는 보이지 않는다. 그러니까 이 필기록 판본은 찍어 둔 사진 덕분에 제작될 수 있었다.

원고에 대한 설명

힐데브레히트 홈멜은 이 필기록의 겉장에는 물론 원고 내에도 몇 구절을 추가했다. 이를 소개하면 다음과 같다.

> 프리츠 홈멜 뮌헨 (아버지의 유고에서)
> 게오르크 빌헬름 프리드리히 헤겔
> 1770.8.27. 슈투트가르트 - 1830.11.14. 베를린

"미학/헤겔의 강연/하이만 씀/1828/29년 겨울 학기"[82]라고 하이만이 달아 놓은 제목 아래 다음과 같은 구절이 있다.

> 1828.10.26.-1829.9.1. (주 6시간 강의[83])
> 4절판 141쪽
> Vgl. H. Hotho. *Hegels Ästhetik*. Berlin 1835-1838, 3 Bde.

힐데브레히트 홈멜이 기입한 날짜[84]는 강의가 끝날 때마다 하이만이 기록한 날짜와 다르다. 여기에는 첫날이 10월 27일로 되어 있다. 실제로 1828년 10월 27일 월요일에 강의가 시작되었다. 하이만은 강의가 시작된 곳이 아니라 종료된 곳에 날짜를 적었다는 사실을 유념해야 한다.

첫 장에는 『프랑크푸르트 알게마이네 차이퉁』의 기사 일부를 찍은 사진도 "71년 10월 27일"이라는 홈멜의 글씨와 함께 붙어 있는데, 그 내용은 다음과 같다.

> 알려지지 않았던 1826년 G. W. F. 헤겔 "미학"강의의 수작업 필기록이 아헨 국립도서관 소장품 상자에서 발견되었다. F. A. Z.[85]

이 기사는 1826년 헤겔 미학강의에 대한 익명의 필기 노트를 발견한

소식을 다루고 있으며, 이 노트는 다른 강의 원자료들과 함께 하겐대학의 헤겔 연구소에서 옮겨 적었다.[86]

텍스트 내의 삽입 표제들을 이 판본에 함께 실었다. 세 손가락 너비를 비워 둔 페이지 상단에 기입한 이 표제를 하이만은 나중에 목차를 나누는 지점으로 삼았다. 이 목차를 하이만은 서론에만 달았다. 즉 서론 이후를 적은 노트에는 이 상세한 표제가 들어 있지 않다.[87]

원고의 각 페이지마다 하이만이 기입한 난외주欄外註가 실려 있다. 이 주석들이 각 강의가 종료되었을 때마다 기입한 것인지 아니면 수강 중에 기입한 것인지는 적혀 있는 것만으로는 확정할 수 없다. 두 경우 모두 다 가능하다. 하이만의 판본에 고문서체로 되어 있던 그리스어는 교열을 통해 고쳤다.[88]

이 정서 노트는 전반적으로 매우 말끔하다.[89] 하이만이 엄청나게 많은 축약어를 사용했기 때문이다. 텍스트에는 이것들을 별도의 언급 없이 없앴다. 편집자가 개입한 그 밖의 사항은 별도로 표시하였다. 고문서체를 기반으로 한 판본을 인쇄를 위해 표준 판본으로 작성하였다.[90]

알랭 패트릭 올리비에(낭트)

편집자 서문: 미학 혹은 예술철학을 위한 헤겔의 강의

[1] Nachschrift: 수업 현장에서 수강생이 직접 작성한 직필 노트(Mitschrift) 혹은 이를 사후에 수정한 노트.

2 G. W. F. Hegel: *Vorlesungen über Ästhetik*. Berlin 1820/21. Eine Nachschrift. 1. Textband. Hrsg. von H. Schneider. Frankfurt a.M. 1995; ders: "Neue Quellen zu Hegels Ästhetik". in: *Hegel-Studien*. 19 (1984), 9-44.

[3] Ausarbeitung: 기존 강의 노트를 재편집한 노트.

4 G. W. F. Hegel: *Vorlesungen über die Philosophie der Kunst*, Berlin 1823. Nachgeschrieben von Heinrich Gustav Hotho. Hrsg. von A. Gethmann-Siefert, Hamburg 1998.

[5] Mitschrift: 수강생의 현장 필기록.

6 G. W. F. Hegel: *Esthétique*. Cahier de notes inédit de Victor Cousin. Hrsg. von A. P. Olivier mit einem Vorwort von A. Gethmann-Siefert. Paris 2005.

7 G. W. F. Hegel: *Philosophie der Kunst. Vorlesung von 1826*. Mitschrift von P. von der Pfordten. Hrsg. von A. Gethmann-Siefert, J. I. Kwon, K. Berr. Frankfurt a.M. 2005; G. W. F. Hegel: *Philosophie der Kunst oder Ästhetik. Nach Hegel. Im Sommer 1826*. Mitschrift von Carl Hermann Victor von Kehler. Hrsg. von A. Gethmann-Siefert, B. Collenberg-Plotnikov. unter Mitarbeit von F. Iannelli und K. Berr. München 2004.

[8] 네 차례의 베를린대학 미학강의들에 대한 필기록 외에도 1818년 하이델베르크에서 행한 미학강의의 필기록 단편이 근래 발굴되었고 이를 엮은 단행본이 출간될 예정이다. 온전한 형태의 베를린 미학강의 필기록들의 단행본 출간 외에도 학술원판 헤겔 전집(*Gesammelte Werke*. Hrsg. von der Rheinisch-Westfälischen Akademie der Wissenschaften)으로 근래 발굴된 필기록을 총망라한 비평본도 최근 완간되었다.

9 *Georg Wilhelm Friedrich Hegel's Vorlesungen über die Ästhetik*. Hrsg. von H. G. Hotho. in: *G. W. F. Hegel's Werke*. Vollständige Ausgabe durch einen Verein von Freunden des Verewigten, Berlin 1835-1837, Bd. 10, 3.

[10] 임마누엘 헤겔(Immanuel Hegel, 1814-1891): 헤겔과 마리아 폰 투허(Maria Helena Susanna von Tucher, 1791-1855) 사이에서 태어난 둘째 아들이다.

11 H. G. Hotho: *Vorlesungen über Ästhetik oder Philosophie des Schönen und der Kunst.* Berlin 1833, Nachgeschrieben von Immanuel Hegel. Hrsg. und eingeleitet von B. Collenberg-Plotnikov, Stuttgart/Bann Cannstatt 2004.

[12] *Georg Wilhelm Friedrich Hegel's Vorlesungen über die Ästhetik.* Hrsg. von H. G. Hotho. in: *G. W. F. Hegel's Werke.* Vollständige Ausgabe durch einen Verein von Freunden des Verewigten. Zweite Auflage, Berlin 1842-1843, Bd. 10, 3.

[13] 헤겔의 강의록, 그의 메모, 수강생의 필기록 등을 총망라하여 호토가 편집한 "인쇄본"은 초판 기준으로 1593쪽에 달하였다.

[14] 헤겔이 직접 출간한 주요 저작 가운데 예술을 본격적으로 다루고 있는 곳으로 『정신현상학』(1807)의 "예술종교(Kunstreligion)" 장, 그리고 『철학적 학문들의 백과사전』 초판(1817)의 "예술의 종교" 장, 그리고 이 책의 재판(1827) 및 삼판(1830)의 "예술" 장이 있다. 베를린 미학강의의 비평본 출간에 대해서는 아래 "발간 연혁"을 참조.

15 A. Gethmann-Siefert: "Hegel Archiv und Hegel Ausgabe". in: *Zeitschrift für philosophische Forschung.* Bd. 30, Heft 4, 1976, 609.

16 G. W. F. Hegel: *Die Idee und das Ideal.* Nach den erhaltenden Quellen neu herausgegeben von Georg Lasson, Leipzig 1931. (*Sämtliche Werke*, Bd. Xa: *Vorlesungen über die Ästhetik.* 1. Halbband) Xa권에 이어질 Xb권(Erster Teil, 2. Abteilung: *Das Ideal und die Formen seiner Gestaltung*)에 대한 미출간 원고는 있다. 그러나 이 원고는 인쇄 준비가 되었음에도 출판되지 않았다. 그 복사본이 낭트대학(Université de Nantes)에 있다. 편집자들[Ollivier & G.-Siefert]은 이 원고를 라손의 것으로 보지만, 푀겔러는 이를 인정하지 않았다.

17 H.-G. Gadamer: "Die Stellung der Poesie im System der Hegelschen Ästhetik und die Frage nach dem Vergangenheitscharakter der Kunst". in: *Welt und Wirkung von Hegels Ästhetik.* Hrsg. von A. Gethmann-Siefert und O. Pöggeler. Bonn 1986, S. 213 (*Hegel-Studien*, Beiheft, 27).

18 G. Lukács: "Hegels Ästhetik" [1951]. in: G. W. F. Hegel: *Ästhetik.* Mit einer Einführung von G. Lukács, Frankfurt am Main. o. J. Bd. 2, 597. 루카치의 말은 다음과 같

이 계속된다. "최근에 게오르크 라손이 미학의 새로운 판본을 편집하기 시작했는데, 그 성패는 호토의 보충으로부터 헤겔의 원전을 얼마나 분별할 수 있는가에 달렸다. 1823년 강의와 1826년 강의 사이에 편제상 차이를 그가 일부 짚어 내기는 했다. 다만 미학의 제1부에 대해서만 그렇게 할 수 있었다. 그래서 헤겔 미학 탄생의 결정적 국면에 대해서는 여전히 답을 구하지 못한 상황이다."

19 J. Hoffmeister: "Vorwort des Herausgebers". in: *Geschichte und System der Philosophie* (G. W. F. Hegel: *Sämtliche Werke*. Kritische Ausgabe. Bd. XVa: *Vorlesungen über die Geschichte der Philosophie*). Leipzig 1944, VI; "네 차례의 본격적 강의로부터 얻은 예술철학 강의의 경우 오늘날에도 비할 데 없이 가장 좋은 원자료라 할 만한 형태를 갖춘 것은 단 하나다. 그 편찬자의 작업 덕분에 헤겔의 정신과 방법이 이 안에서 하나가 되어 있다." 그러니까 다른 편집자들은 호토만큼 해낼 수 없었다는 것이다. "헤겔이 말하고 쓴 모든 것을 관통하는 영혼과 내적 생명이 그 다종다양한 자료로 조합된 텍스트에서 다시 숨 쉬고 있다." 호프마이스터는 여기에서 호토를 인용한다("alte Ausgabe, Bd. X, XIV"). 1820/21년, 1823년 및 1826년의 원자료가 출현한 이후에도 이런 평가가 대세를 이루어 왔다.

20 G. W. F. Hegel: *Gesammelte Werke*, Hamburg 1968ff. - 연도별로 상이한 미학강의를 하나로 묶어 출판하는 작업이 전집판 차원에서 이루어지고 있다. 그 텍스트들의 제1권이 나왔으나 이에 대한 비평 작업은 아직 이루어지지 않았다[앞서 설명한 바와 같이, 그 사이 네 차례 베를린 미학강의에 대한 온전한 형태의, 혹은 단편적 형태의 필기록 및 이에 대한 비평적 주석까지 수록한 학술원판 비평본이 완간되었다(G. W. F. Hegel, *Gesammelte Werke*, 28.1-4, 2015-2023)]. 이 책에는 아셰베르크의 필기 노트에 따른 (헬무트 슈나이더가 작업한) 1820/21년 강의록, 그리고 호토의 필기 노트에 따른 (안네마리 게트만-지페르트가 작업한, 크로마이어의 편집 노트를 포함하되 필기 노트에 대한 빅토르 쿠쟁의 언급은 제외한) 1823년 강의록이 들어있다(G. W. F. Hegel: *Vorlesungen über die Philosophie der Kunst* I, Nachschriften zu den Kollegien der Jahre 1820/21 und 1823. Hrsg. von N. Hebig, Hamburg 2015).

21 H. G. Hotho, "Vorrede des Herausgebers". in: *Georg Wilhelm Friedrich Hegel's Vorlesungen über die Ästhetik*. Bd. 10, 1. Berlin 1835, VII.

[22] 앞서 설명한 바와 같이, 이에 대한 강의 필기록이 2022년에 발굴되었다.

23 Ebd.

24 Vgl. A. Gethmann-Siefert: "Einleitung. Gestalt und Wirkung von Hegels Ästhetik". in: G. W. F. Hegel: *Vorlesungen über die Philosophie der Kunst*. Berlin 1823. Nachgeschrieben von J. G. Hotho. Hamburg 1998, XV-CCXXIV. 인쇄본 미학과 관련된 그런 "다른 자료들"로 인해 호토의 저술을 분명하게 연구할 수 있다. Vgl. dies.: G.-Siefert: H. G. Hotho: "Kunst als Bildungserlebnis und Kunsthistorie in systematischer Absicht. Die entpolitisierte Version der ästhetischen Erziehung". in: *Kunsterfahrung und Kulturpolitik im Berlin Hegels*. Hrsg. von O. Pöggeler und A. Gethmann-Siefert, Bonn 1983, 229-261, Sowie auch dies.: G.-Siefert: "Das 'moderne' Gesamtkunstwerk: die Oper". in: *Phänomen versus System*. Zum Verhältnis von philosophischer Systematik und Kunsturteil in Hegels Berliner Vorlesungen über Ästhetik oder Philosophie der Kunst. Hrsg. von A. Gethmann-Siefert, Bonn 1992, 165-230(*Hegel-Studien*. Beiheft, 34). 끝으로 *1833*. 호토의 헤겔 미학강의 편집본 또한 "망실된 원자료"로 추정되는 것에 대한 정확한 검증에 매우 귀중한 자료다.

25 J.-P. Lefebvre: "Présentation". in: *Hegel, Cours d'esthétique* I(Edition Hotho). Paris 1995, XIII.

26 H. G. Hotho, "Vorrede des Herausgebers", S. IX.

27 Karl Rosenkranz: "G. W. Fr. Hegel's Vorlesungen über die Aesthetik". Hrsg. von. D. H. G. Hotho (Schluß). in: *Jahrbücher für wissenschaftliche Kritik*, Nr. 3., Januar 1836, 19f.

28 H. G. Hotho, "Vorrede des Herausgebers", S. VI.

29 [헤겔의 미학강의 노트와 그의 미학적 구상이] 체계상 일관성이 있다는 주장으로는 다음의 개론서 참조. A. Gethmann-Siefert: *Einführung in Hegels Ästhetik*, München 2005.

[30] 이 부분에 대해서는 서론 미주 60번 참조.

31 A. Gethmann-Siefert: "Die Kunst (§§ 556-563)", in: *Hegels 'Enzyklopädie der Philosophischen Wisssenschaften'* 1830. Ein Kommentar zum Systemgrundriß von H. Drüe, A. Gethmann-Siefert, C. Hackenesch, W. Jaeschke, W. Neuser und H. Schnädelbach. Frnkfurt a.M. 2000 (*Hegels Philosophie*. Kommentare zu Hauptwerken. 3), 317-374.

32 D. Henrich: "Zur Aktualität von Hegels Ästhetik". *Stuttgarter Hegel-Tage* 1970. Hrsg. von H. G. Gdamer. Bonn 1974 (*Hegel-Studien*. Beiheft 11). Siehe auch: "Zerfall und

Zukunft. Hegels Theorem über das Ende der Kunst". Wiederabgedruckt in: *Fixpunk-
te. Abhandlungen und Essays zur Theorie der Kunst*. Frankfurt a.M. 2003, 156-162.
— "Kunst und Kunstphilosophie der Gegenwart. Überlegungen mit Rücksicht auf
Hegel". in: *Immanente Ästhetik. Ästhetische Reflexion*. Hrsg. von. W. Iser. München
1966. Wiederabgedruckt in: ebd., 126-155.

[33]　Ende der Kunst.

34　《15》: "그럼으로써 특히 15-16세기 회화가 페리클레스 시대의 예술이 그러했듯
정점에 도달하였다."

35　Ebd.: "예술에도 예술이 이행해 갈 진리인 자신 '이후(Nach)'가 있으며 예술 스스로
더 높은 것으로 이행한다. 예술 자체의 영역에서조차 예술에 제약이 있다. 실체
적인 것이 심상, 표상 등을 통해 감각적으로 드러나게끔 절차탁마하다가 결국 예
술을 넘어서게 될 때, 우리가 보기에 저 제약이 예술의 위치를 결정하는 것이다."
이러한 생각은 강의 마지막에서도 발견된다. 그러니까 1829년 4월 2일 강의는 다
음과 같이 마무리된다. "우리가 보기에 예술철학은 필연적이다. 우리가 예술 너
머에 있는 까닭에 그러하다."

[36]　서론 미주 67번 참조.

[37]　서론 미주 66번 참조.

38　Vgl. A. P. Olivier: *Hegel, la genèse de l'esthétique*. Rennes 2008, pp.159-225.

39　Vgl. 《7》.

40　A. Gethmann-Siefert, B. Stemmrich-Köhler: "Faust: Die 'absolute philosophische
Tragödie' — und die 'gesellschaftliche Artigkeit' des *West-östlichen Divan*". in: *Hegel-
Studien* 18 (1983), 23-64. Sowie auch dies.: A. P. Olivier: "Hegel und der Geist des
Islamismus". in: *Kunst — Religion — Politik*. Hrsg. von A. P. Olivier und E. Weis-
ser-Lohmann. München 2013. 309-318.

41　Vgl. 《37》.

42　헤겔 미학에서 추의 의미에 대해서는 다음을 참조. F. Iannelli: *Die Bestimmung des
Häßlichen in Hegels Vorlesungen zur Ästhetik und ihre Rezeption bei den Hegelianern*,
München 2005.

43　형식적 교양(도야)(formelle Bildung)에 대해서는 다음을 참조. J.-I. Kwon: *Hegels Be-
stimmung der Kunst*. Die Bedeutung der symbolischen Kunstform in Hegels Ästhetik.

München 2001; Kwon: "Die Metamorphosen der symbilischen Kunstform", in: Phänomen versus System. (S.O. Anm. 15, 14-89) E. Weisser-Lohmann: "Sittlichkeit, Epos und Tragödie. Hegel und die Rolle der Kunst im modernen Staat". in: *Hegels Ästhetik als Theorie der Moderne*. Hrsg. von. A. Gethmann-Siefert et al. Berlin 2013 (Wiener Reihe), 165-177.

44 F. Mendelssohn Bartholdy: Reisebriefe. Zitert in: *Hegel in Berichten seiner Zeitgenossen*. Hrsg. von G. Nicolin. Meiner 1970, 430.

45 F. Mendelssohn Bartholdy: *Sämtliche Briefe*. Bd. 2. Juli 1830 bis Juli 1832. Hrsg. von A. Morgenstern und U. Wald. Kassel/Basel/London 2009, 264: "괴테와 토르발트센이 살아 있고, 베토벤이 불과 몇 해 전에 죽었는데, 호토가 독일 예술은 완전히 죽었다(mausetot)고 주장하다니, 이는 미친 짓이다." Vgl. A. P. Olivier: "Hegel et la familie Mendelssohn". in: *Musique nationale*. Philosophes et musiciens dans l'Europe du XIXe siècle. Hrsg. von P. Grosos. Rennes 2016, 50.

1828/29년 강의

46 G. W. F. Hegel: *Berliner Schriften, 1818-1831*. Hrsg. von Johannes Hoffmeister. Hamburg 1956, 747.

[47] 이에 대해서는 순서대로 제3부 미주 227, 207, 300, 326, 제2부 미주 339, 제1부 미주 5, 제3부 미주 196, 제1부 미주 52번 참조.

[48] Vgl. 《23》.

49 "칸트 철학에서 미의 원리에 대하여. Über das Prinzip des Schönen nach der kantischen Philosophie. Ut doctrinae de pulchro principia a Kantio in ea philosophiae parte, quam Crisin facultatis animi judicatoriae esse voluit, prolata exponantur et cum fundamentis, quibus universa auctoris hujus philosophia nititur, comparata dijudicentur". G. W. F. Hegel: "Preisfragen". in: *Berliner Schriften*, 670,

50 B. Bauer: *Über die Prinzipien des Schönen (De pulchri principiis): eine Preisschrift*. Hrsg. von D. Moggach und W. Schultze. Mit einem Wort von V. Gerhardt. Berlin 1996.

51 "Questio philosophica: In Pantheismi naturam ita inquiratur, ut si qua vel inter ipsum et Spinozismum intercedat diversitas, indicetur, in primis vero qua sua ipsius, non ex

religione lemmatice (ad lemmatis modum) desumta ratione, philosophia sibi pantheismi periculo vel criminatione caveat, explicetur. Prof. Hegel 22. Juli 1826." in: *Berliner Schriften*, 668f.: "이 상(賞)은 1828년 6월 12일 학부 회의에서 헤겔이 내린 평가에 따라 포젠 출신의 철학과 학생 카를 리벨트에게 수여된다." 리벨트의 박사학위논문이 『범신론에 대하여(*De Pantheismo*)』이다. Siehe 664f.

52   "강단에 선 헤겔(Hegel am Katheder) / 프란츠 쿠글러가 1828년 현장에서 스케치하여 석판 인쇄함 (Nach der Natur gezeichnet 1828 und lithographiert von F. Kugler", in: F. Nicolin: *Hegel*. Schiller-National-Museum Marbach, 64).

53   H. G. Hotho: "Vorrede des Herausgebers", VII.

54   A.a.O. XI.

[55]   리벨트(Li), 롤랭(Ro), 익명의 필기자(As) 등의 원고 또한 필요한 경우 역자주로 소개한다.

56   K. Libelt: *Aesthetik nach Pf Hegel im Wintersemester 1828/29*. 292 Seiten. Krakau, Bibliotheka Jagiellonska Kraków. Vgl. A. Gethmann-Siefert: "Ästhetik oder Philosophie der Kunst. Die Nachschriften und Zeugnisse zu Hegels Berliner Vorlesungen", in: *Hegel-Studien*. 26. 1991, 101: "맞지 않는 표현이 일부 있긴 하지만 이 필기 노트는 헤겔의 강의가 갖는 의미를 잘 전달한다. 다만 하이만의 정서 노트에 비하면 헤겔 사유에 대한 심도 있는 이해가 부족하다."

57   Vgl. Gethmann-Siefert, a.a.O.: "마지막 날짜가 3월 31일로 되어 있다."

58   G. W. F. Hegel: *Die Musik*. Ein Kapitel der Berliner Vorlesung über Ästhetik oder Philosophie der Kunst von 1828/29. Mit einem Wort und Anmerkungen von A. Olivier, Anuario Filosofico, Barcelona 1996. Bd. 29. I, 195-231. 서론과 제1부가 헬무트 슈나이더에 의해 다음과 같이 출간되었다. "Hegels Vorlesung über Ästhetik 1828/29 (Einleitung)". Hrsg. von H. Schneider, *Jahrbuch für Hegelforschung*, Bd. 10 (2006), 49-86; "Hegels Vorlesung über Ästhetik 1828/29. Allgemeiner Teil". Hrsg. von Helmut Schneider, *Jahrbuch für Hegelforschung*, Bd. 12-14 (2010), 3-68.

59   H. Rollin: *Philosophie der Kunst. Prof. Hegel angefangen d. 27. 8ber Berlin 1828/29*. Nachgeschrieben von Rollin. Gent, Universitätsbibliothek. Ms. 1582 (2). 98 Seiten.

60   *Aesthetik von Hegel*. Berlin, Staatsbibliothek zu Preußischer Kulturbesitz. Ms. Germ. Qu. 2328. Acc. Ms. 2004i, 99 Seiten.

61 K. F. Zelter, Zitiert in: G. Nicolin (Hrsg.): *Hegel in Berichten seiner Zeitgenossen*, Hamburg 1970, 392.

62 Gethmann-Siefert, a.a.O. 101.

63 E. Gans: "Vorrede des Herausgebers". in: *Georg Wilhelm Friedrich Hegel's Vorlesungen über die Philosophie der Geschichte*. Berlin 1837, XXI (*G. W. F. Hegel's Werke*, Bd. 9).

64 Hermann Mundt: *Bio-bibliographisches Verzeichnis von Universitäts- und Hochschuldrucken*, Leipzig 1934.

65 L. A. Willoughby: *Dante Gabriel Rossetti and German Literature*. Oxford Lectures on Literature 1907-1920. London, New York 1912, p.23: "아돌프 하이만은 1809년 8월 17일 포젠에서 유대인 부모에게서 태어났다. 그는 베를린대학과 라이프치히대학에서 철학, 고전 문헌학 및 독문학을 공부했고 간스, 헤겔 등의 지도를 받으며 [⋯]"

66 A. Heimann: "Vita". in: *De Thucydidis orationibus*. Dissertation. Berlin 1833, 46f.

67 Ebd.

68 Willoughby, a.a.O. 9.

69 C. Wordsworth: *Annals of my Life, 1806-1847*. Ed. by W. Earl Hodgson. London, New York 1893, p.142.

70 Ebd.

71 A. Heimann: *To the Electors of the German Professorship at London University College*. Library University College London. Manuskript, University College London Heimann 1837/4041, AM/5.

72 하이만이 로세티(G. Rossetti)에게 보낸 다음 편지를 참조. Winchester, June 3d 1840. in: G. Rossetti: Carteggi. Vol. 4 (1837-1840). Napoli 1996, p.367: "저는 요제프 멘델스 존 씨(Jeseph Mendelssohn)가 베를린에서 행한 두 강연의 복사본을 저자의 요청으로 보내드리고자 합니다."

73 *The Letters of Christiana Rossetti*, Ed. by A. H. Harrison. Vol. I. 1843-1873. Charlottesville/London 1997, p.4.

74 Willoughby, a.a.O. 9. 위 사실들을 유니버시티 칼리지를 통해 확인하였다. 아돌프 하이만의 경력에 관한 수작업 문서의 복사본 및 여러 정보를 제공해 준 수잔 코드 씨와 베스 라이더 씨에게 감사를 표한다.

75   Hotho, "Vorrede des Herausgebers", XI.

76   가령 역사철학에 대한 하이만의 직필 노트는 간스도 이용했고 그 후 경매되었는데, 이 노트는 최근 발굴되어 클라우스 피베크에 의해 출판되었다. G. W. F. Hegel: *Die Philosophie der Geschichte*. Vorlesungmitschrift Heimann (Winter 1830/31). Hrsg. von K. Vieweg, München 2004.

77   E. Heck: "Hildebrecht Hommel". in: *Gnomon. Kritische Zeitschrift für die gesamte klassische Altertumwissenschaft*. Bd. 69. München 1997, 651–656.

78   E. Weidner: "Hommel, Fritz". in: *Neue Deutsche Biographie*. Hrsg. von der historischen Kommission bei der Bayerischen Akademie der Wissenschaften, Bd. 9. Berlin 1972, 591.

79   Siehe: *Frankfurter Allgemeine Zeitung* 27. 10. 1971.

80   "가다머(H. G. Gadamer)가 푀겔러(O. Pöggeler)에게 보내는" 1971년 11월 10일 편지. 1971년 가다머는 홈멜과 함께 하이델베르크대학의 교수였고, 헤겔 판본의 책임을 맡은 헤겔 협회(Hegel-Kommission) 소장이었다. 푀겔러는 가다머의 지도로 교수 자격 취득논문을 썼고 1968년 이래 보쿰대학의 헤겔 아카이브(Hegel Archiv)의 소장이었다. 한스 게오르크 가다머 유고 문서를 전해 준 마르바흐 소재 독일 문학 연구소에 감사를 표한다.

81   홈멜(B. Hommel)이 튀빙겐에서 지페르트에게 보낸 2010년 9월 20일 편지.

[82]   Li: "미학 / 헤겔 교수. 1828/29년 겨울학기", Ro: "예술철학 / 헤겔 교수가 10월 27일에 시작"

83   정확히는 5시간 강의다.

[84]   10월 26일

[85]   『프랑크푸르트 알게마이네 차이퉁』

86   Siehe: A. Gethmann-Siefert, a.a.O. *Hegel-Studien*. 26. 1991, 99.

[87]   이 책에서는 본문에 박스 처리하였다. 서론 이후 제1부의 도입부까지 이 표제가 실려있다.

88   그리스어 텍스트의 교정본을 만들어 준 쟈바토(Angelo Giavatto) 박사에게 감사를 표한다.

[89]   구술 강의를 빠르게 받아적은 글인 까닭에 대부분의 단어가 가령 "Indivi", "gg", "st", "d" 등의 약자로 적혀 있다. 이를 편집자가 각각 "Individuum", "gegen", "ist",

"die" 등으로 읽어 내고 있다. 이러다 보니 오독의 가능성이 상존한다.

90   서문(XII 이하) 및 편집자 해설(XXI 이하)에 여러 도움을 준 슈미트 암 부쉬(Hans-Christoph Schmidt am Busch) 교수에게 감사를 표한다.

미학

서론

【그림 3】
프란츠 크뤼거, 〈베를린 오페라 극장 광장에서의 퍼레이드〉(1824/30),
베를린 구 국립미술관.

I. 미학의 범위
a. 미학과 학문 활동의 관계, b. 학문과 예술의 관계,
c. 판타지와 자연의 관계에 대하여[1]

미학

[I. 미학의 범위]

미학 Ästhetik 이라는 영역에는 미 das Schöne[2]가 자리한다. 미학은 감각 Sinn[3]의 학문이다. 미학은 미에 대한 느낌 Empfindung 을 다룬다.[4] 이 용어는 독일에서 기원하였다.[5] 그러니까 이 새로운 학문이 볼프학파 Wolffsche Schule 에서 나왔다.6 이와 다른 이름을, 가령 '칼리스틱 Kallistik7 같은 것을 사용하는 이도 있다. '에스테틱'[8]이라는 표현이 실생활에서 갖는 의미와는 무관하게 그 명칭만을 가져온다. 우리가 보기에 이 명칭은 미를, 미와 예술 Kunst 을 표현한다.[9]

철학적 이념은 아직 논외로 한 채 우리의 표상 Vorstellung 이나 느낌을 취한다면, 과연 미를 학문으로 다룰 수 있는지[10]에 대한 의문이 들 수는 있다. 느낌이라는 것이 우리에게 알려진 바를 논하려는 것이다.[11] 예술에 대한 학문을 논할 때 드러나는 바를 과연 학문으로 다룰 수 있는지 살펴야 한다. 미를 포착하는 기관은 학문이 아니다. 무언가를 제작하기 위해서는 합법칙성을 넘어서는 자유가 필요하다. [예술에서는] 사상의 음

미학의 범위

미학의 학문일 수 있는가?

미학의 다종다양함

영이 드리워진 내면이 아니라 활력이 발견된다. 미 형상의 영역에서 무한한 다종다양함이 고찰되는 까닭에 사상으로는 이 광대함을 아우를 수가 없다. 우리가 자연미를 제하고 오직 예술미로만 미의 범위를 한정한다면 이에 대한 고찰이 용이해지는 면이 있다. 그도 그럴 것이 아직은 자연물의 미를 보는 시각을 포착한 일도 없고 이에 대한 학문을 정립한 이도 없으니 말이다. 질병에 대처할 때 쓰이는 자연물의 유용성이 부각되었으며 이런 관점에서 자연물이 고찰되었다. 그러나 자연이 미의 관점에 따라 편성된 적은 없다. 이렇게 하려면 자연의 이러저러한 아름다움을 분별할 기준이 불명확하다는 것을 이내 깨닫는다. 예술작품에 천착함으로써 우리는 이런 난점을 완화할 수 있겠다. 자연이 제아무리 다종다양하다 해도 그보다 더 무제한적인 자유로운 판타지[12]가 예술작품의 원천을 이루고 있으니 말이다. 판타지의 면모는 무진장하다. 필연성과 관계할 뿐인 학문으로서는 필연적이지 않은 것을 제할 수밖에 없고 판타지에서 유래한 것에 대해서도 그렇게 할 수밖에 없다. 우리가 자연에서 미를 추출한다 해서 이로부터 얻을 것은 없다. 자연 자체에 이미 법칙이 존재하며 자연과는 판타지보다 학문이 더 친근하다.

판타지는 자못 자의적인 듯하며 학문적 고찰[13]과는 동떨어져 있다. 아름다운 자연에서 눈을 돌려 예술작품을 고찰한다고 할 때[14] 자연의 모방이라는 잘 알려진 최고 원리를 맞닥트리며 그 순간 우리는 자연으로 되돌아온다. 이러한 모방을 우리는 본질적 목적으로 이해하면서 그런 식의 현시[15]가 달성되

서론 II.
a. 예술과 자연의 관계, b. 예술과 도덕의 관계

[II. 1. 예술과 자연의 관계]

우리가 모방을 목적으로 삼는다면 객관적 미는 사라진다. 모방되어야 할 것의 면모가 아니라 그것의 정확한 모방이 관건이 될 테니 말이다. 예술의 관건이 모방이라면, 모방의 원리를 따른다면 무엇을 대상으로 선택하든 달라질 게 없을 것이며 미추의 구분은 주관의 판단에 맡겨질 것은 명약관화하다. 어떤 대상이 모방되어야 하는지 에 대한 척도가 부재하니 말이다.

척도의 결핍, 그 결과

인간의 취미는 지극히 상이하다. 민족마다 의 취미가 지극히 다양하다는 점이 눈으로 확

취미의 상이성

인된다. 호텐토트[17] 여인은 유럽인의 맘에 들지 않는다. 인도인의 판타지에서 가장 숭고한 신상神像은 그들에게야 아름답게 비치지만 우리로서는 언짢다. 미를 특칭적[18]인 취미 차원에 〔한정하면서〕 모방을 최고의 원리로 한다손 쳐도 모방을 추상적으로 받아들여서는 안 된다. 제욱시스 Zeuxis(BC 435년-BC 390년)의 포도[19]는 늘 예술의 영광이 되어 왔다. 원숭이가 풍뎅이 그림을 물어뜯게 될 수도 있다.[20] 그러나 비둘기나 원숭이에게

없는 취미가 우리 인간에게 있다. 나이팅게일의 지저귐을 모방[21]하는 기술품Kunststück은 예술작품Kunstwerk이 아니다.[22]

다른 예술들에서 이 점을 살펴보자. 예술작품이 되기도 하는 건축에서 자연을 유형화하는 일은 발견되지 않으며 시문학에서도 자연의 모방은 발견되지 않는다. 모방 원리는 진리가 아닌 개연성에 대한 규정으로 격하될 수밖에 없는 것이다. 자연과 예술의 관계는 자연을 예술 모방해야 한다는 저 추상적 방식보다는 훨씬 더 규정된[23] 방식을 띤다.

외람되게도 예술을 학문적으로 분석하려 든다면, 예술은 학문에 의해 다루어질 가치조차 없어질 수 있다. 예술이 호의적인 형태[24]를 띤다 해도, 설사 그것이 호의만을 베푼다손 쳐도, 해가 될 일이 없다손 쳐도, 그러함에도 예술은 삶에 대해서는 [없어도 그만인] 잉여가 되며 그런 한에서 [삶의 진지한] 목적을 저해하는 한낱 유희로 전락할 수도 있다.[25]

[2. 예술과 도덕의 관계]

도덕과의 관계 때문에 예술이 옹호되어야 한다는 이들이 여럿 있었다.[26] 이에 관한 여러 저술이 있었는데 그 내용은 다음과 같다. '예술은 유해하다고는 할 수 없으나 장점이 단점보다 더 많다고 할 수도 없다. 예술은 감성과 사유, 경향성과 의무 사이의 중재자다. 예술은 이 두 요소가 반목하지 않도록 화해를 시도한다. 의무의, 실체적 목적의 존엄에 직면한 예술에 도덕적 사명이 덧대어진다.' 그렇게 한다 해도 예술이 도덕과 융화를 이루지 않는다고 말하는 이가 있다. '주관성의 면에서 예술은 순수함 그 자체를 요구한다.[27] 우연한 [즉 순간적인] 유희로 현상하는 미와 예술이 [필연성을 요하는] 도덕에 이바지하는 수단이 될 때도 있겠으나 그렇게 되는 만큼 그것은 불순해지며 그 의미가 모호해진다는 것이다.' ⑶

b. 예술과 도덕의 관계
c. 예술과 학문의 관계; 이 관계의 두 방식:
α. 예술 지식에서,
β. 반성을 통한 예술 이론에서. — 예술 소양에 대하여

[또 다른 이들은] '그러므로 예술이 한층 진지한 목적에 이바지한다 해도 예술은 일종의 기

도덕의 목적에 이바지하는 예술

만에 의거하고 있다.[28] 아름다움은 가상[29]에 연원을 두기에 가상과 미가 연계된다. 그러나 참된 목적이 기만을 통해 달성될 리 없다. 목적의 위엄에 걸맞지 않은 수단이 있는 셈이니 말이다'라고 말한다. 일반적[보편적][30] 교양을 갖춘 우리의 관점으로는 대체로 그러하다. 이 문제에 관해서는 프랑스인의 저술이 많다.[31] 그 가운데 참된 사실을 담은 것도 있지만, 그리고 보편적 미

예술을 도덕의 수단으로 보는
프랑스인의 견해

충동이 담겨 있긴 하지만, 사실로부터 추론된 특칭적인 것에 불과한 까닭에 미의 일반적 법칙〔의 수용〕이 저지되곤 한다. 천재는 규칙을 떠난다. 예술이 일종의 사치[잉여]와 결부됨으로써 불순해졌다. [물론] 고대의 습속은 점차 퇴색하였다. 그러나 예술의 조력으로 인해 예술이 도덕적 목적을 소환하면서 예술에 〔도덕적 목적을 촉진해야 한다는〕 사명이 생겼다.

[3. 예술과 학문의 관계]

구분 및 상이성이라는 범주를 떠올리면서 마치 한편에 미와 예술이 있고 다른 편에 있는 학문이 예술의 구체성을 다룬다는 식으로 생각해서는 안 되며, 학문이 미에 대한 사상에 전념하여 구체적인 것에서 사상을 내놓는다 한들 미에 대한 이런 추상적 일반성은 예술과 무관하다. 이런 구분은 예술 연구에 두 가지 방식이 있는 듯한 인상을 준다. 1. 예술사로부터, 현존하는 예술작품에 대한 지식으로부터 예술작품에 대한 일반적 관점을 제공하는 이론이 도출될 수 있다는 생각, 그리고 2. 현존하는 것을 도외시한, 오직 이론적일 뿐인 미 반성Reflexion[32]이 그것이다.

이 두 방식은 예술과 학문의 구별에 따른 것이며, 이를 바탕으로 좀 더 상세히 살펴보자.

개별 예술작품에서 출발하는 첫 번째 방식에 따르면, 예술 지식인이 되려는 자는 경험에서 출발해야 한다. 예술 소양에 관한 일반적 이론을 갖는 일이 우리 시대의 요구가 되어 있다. 사유까지 이르렀다고는 할 수 없을 그런 소양 말이다. 현존하는 것에 대한 이런 지식이 실제로 있다면, 이는 사라져 버린 것이든 아니면 우리가 글을 통해서야 알 수 있을 낯선 것이든 간에 고금古今의 그런 예술작품에 대한 광범위한 숙지를 요한다. 아주 많은 작품을 보아야 하며, [작품의] 감각적 요소를 감각적으로 직관한다. 예술 지식인이 보아야 할 것은 지극

【그림 4】 히에로니무스 프랑켄 2세, 〈예술 애호가의 갤러리〉(1621), 브뤼셀 왕립미술관.

히 광범위하다. 이로부터 광대한 지식이 생긴다. 예술작품마다 특별하고 특수한 면을 갖는다. 어떤 민족에 속하는, 특정 시대에 의존함이 없지 않은, 역사적으로 존재하는 특정 목적 및 사명을 갖는다. 따라서 특정 역사에 대한 지식이 이에 속한다.

　이러한 소양에는 기억이, 견실한 판타지가

필요하다. 형상의 특징을 붙잡고는 이에 대해
자신이 품고 있는 심상을 다른 것과 비교하기 위해서다. 역사라는 이 첫
번째 기반에서 떠나 더 나아가 보자. 상이한 관

점들을 양산하면서 이것으로 예술작품을 대하
는, 예술 이론의 산출 근거로서 일반적 척도가 되는 일반적 명제를 대하는 그런 판단으로 나아가 보자. 일반적인 관점을 취하는 이론이 형성

된 것은 이미 오래되었다. 이런 문헌이 꼭 미학적인 것만을 다루는 것은 아니다. 주지하듯이, 아리스토텔레스Aristoteles(BC 384-BC 322)는 비극론[33]을 썼고, 그 다음으로 롱기누스Longinus(AD 10C)가 숭고에 관해 잘 알려진 저서 하나를 썼다.[34](4)

서론. 예술에 대한 지식에 기인한 이론들, 그 결함 및 추상성 등에 대하여

호라티우스Horatius/Quintus Horatius Flaccus(BC 65-BC 8)의 시학 서한[35]도 이에 속한다. 영국의 이론은 말하기[수사] 면에서 의술醫術에 비해 훨씬 애매한 처방을 내린다.[36] 다만 예술작품의 면모를 다각적으로 드러내 보이는 과정에서 미를 환기하는 취미가 형성되었다고 볼 수 있겠다. 우리 시대에는 가르베〔가 서문을 쓰고〕마인하르트가 번역한 홈Henry Home(1696-1782)의 『비평의 원리』,[37] 라믈러가 번역한 바퇴Charles Batteux(1713-1802)[의 책][38] 등이 많이 읽혔고 엥겔Johann Jacob Engel(1741-1802), 에버하르트Johann August Eberhard (1738-1778) 등[39]이 뒤이어 이론서를 썼는데 이들의 논의는 예술작품에

대한 제한된 지식[40]에서 추출한 것이었다. 그런 규정들은 소소한 것에 머무는 경우가 많다. 특정한 것을 목적으로 삼은 상태에서 일반성에 이르는 일은 없으니 말이다. 이와 반대로 호라티우스의 시학 서한은 보편적인 것을 적절히 언급

하였으나 무언가를 특정하여 언급하지는 못했다. 이런 이론들은 예술가가 준수하기 위해 주목해야만 하는 보편적 규칙이 있다는 식의 과한 요구를 하기도 했는데 이는 부당하다. 예술가는 앙상한 규정이 아니라 구체적인 상을 오롯이 눈앞에 두어야 하기 때문이다. 설사 그런 규정이 실천에 소용되는 면이 있다 해도 그 자체만으로는 손에 잡히는 바가 없다. [특정한 것에 대한]

수칙이 이렇듯 [일반적 규정으로] 확장되는 일이 독일에서는 강력하게 거부되었는데, 무엇보다도 이런 일은 생동하는 시문학[41]이 들고 일어나 천재의 권리가 이론이라는 대세의 저 공허한 월권에 맞서 타당성을 얻음으로써 일어났다.

이 당시 천재와 취미의 대립은 공고했다. 천재를 통해 구속 없이 자유롭게 생산하는 반면, 취미는 규칙에 얽매인다. 규칙은 고려하지 않되 [천재를 지향함 없이] 오직 자신만의 취미를

산출하자는 중재안이 나름의 정당성을 얻기도 하였다. 그렇지만 [독일 민족이 아닌] 다른 근대 민족들은 아름답고 자유로우며 심오한 시문학을 사랑하고 주목하기 시작했다.[42] 예전에는 셰익스피어 William Shakespeare (1564-1616)의 작품을 좋지 않다고 여길 만큼 취미가 조악했으나 점차 이를 인정하고 존중하였다. 이렇게 하여 낭만적

예술이 인정받았고 예술의 종류가 늘어났다.[43]

따라서 미 개념이 더욱 심오하게 포착되어야 했다. 사유하는 정신은 예술의 본질에 대한 근본적 파악의 욕구를 넘어서서 그보다 더 심오하게 [미 개념을] 철학적으로 인식해야 했다. [예술의 역사 및 작품에 대한 지식을 추구하는] 옛 방식을 비판하고 이론을 제시하는 [두 번째] 방식에 변

화가 생긴 것이다. 옛 예술 소양의 가치는 여전하되 이런 소양의 시야에 놓인 예술사가 정신적 감수성의 발전에 따라 확장되어 왔다.

개개의[44] 예술작품을 미학적으로 평가하는 일, 그리고 기교적인 면〔을 염두에 두면서〕 작품의 외적 정황까지 인식하는 일이 예술사 및 예술 소양에 필요하다. 가령 깊이가 있으면서도 섬세한 감각을 갖춘 괴테

Johann Wolfgang von Goethe(1749-1832)[45]는 예술 소양에 관한 글을 써서 예술작품의 의미를, 그리고 감각과의 관계를 해명했다. 그는 역사적인 면도 잘 알고 있었으나 이 측면에 매몰되지는 않았다. 예술 소양에 대한 독자적 이론화가 목적은 아니었던 것이다.[46] 역사적인 면에 아랑곳하지 않고 추상적 범주와 원리

로 나아가는 경우가 왕왕 있는데, 그리해서는 안 된다. 구체적 대상을 눈앞에 두어야 한다. 이런 방식의 고찰에서 예술 소양에 대한 철학적 숙고가 동반된다. 물론 철학은 추상성과 ⑸ 관계한다.

서론. 예술에 내한 추상석 반성
γ. 두 방식의 관계, 그리고 개념을 통해
예술의 일면성을 지양함.
Ⅲ. a. 미 개념에 대하여

그러나 철학은 구체적이며 내용이 풍부한 까닭에 현실적인 내용에

상응한다. 다만 예술철학에서 우리는 예술작품의 인식에 [본격적으로]
관여하지는 않는다. 오직 개념이 필연적으로 요구하는 한에서만 관여
한다.

눈앞의 특칭적인 것이 예술사의 기반을 이루며 경험을 통해 증명됨으
로써 이로부터 이론이 나온다. 이 반대편에 미
에 대한 추상적 반성이 있다. 미 이념을 이 자체
를 통해 인식하려는 일을 추상적 반성의 내용으로 한다. 그런 연후에 대
상을 그 특수성 속에서 수용하지 않고 그 보편
성 및 유類에서, 그 이념에서 포착하는 식의 고
찰이 이루어진다. 여기서는 아름다운 인간이나 선한 인간이 아니라 아
름다움의, 참됨의, 선함의 유가 파악되어야 한다. 이념이 인식되어야 한
다면,[47] 사유 개념이 이를 수행한다. 그런 다음에 이념 일반의, 특수하게
는 미의 논리적 [형이상학적] 본성이 [인식] 과제가 된다. 이념에 대한 이
런 [즉 논리적인] 고찰이야말로 최고의 고찰[48]이지만 동시에 이는 추상
적 형이상학이 될 소지가 있다. 플라톤Platon(BC
428/427-BC 348/347)을 그 선구자라고 한다면,
논리적 이념에, 보다 심오하면서도 구체적으로 포착되어야 할 논리적 이
념[을 파악하기]에 플라톤적 추상으로는 불충분하다.[49] 플라톤적 이념의
몰내용성은 우리 정신의 충만함을[50] 더 이상
충족하지 못한다. 그는 사랑, 아모르가 미의 원
천이라고 말했는데[51] 이것이 판타지에 호소하는 바가 있다.[52] 그러나 그
런 형식으로는 풍요로운 이념을 담을 수 없다. 따라서 우리는 추상적인
플라톤적 이념에 기대지 않는다.

지금 언급되는 원칙으로 두 개가, 즉 특수한 것[작품]의 파악이 있고 추

상적 미 이념의 파악이 있다. 철학 특유의 개념은 양자 중 하나에 머물지 않고 이를 통합하는 매개가 되어야 한다. 형이상학적 이념을 특정한 것과 결부함으로써 그 자체로 풍요로워진다. 경험적인 것의 맹목성이 불식된다. 말하자면 이행의 필연성을 통해 맹목성에서 벗어남은 물론 형이상학적 추상성에서도 벗어난다. 구체적 개념만이 참된 원리에 이른다.

[Ⅲ. 1. 미 개념]

이 학문의 분류 계획

미 개념이 전제될 수 없다

[미] 개념을 확립한 연후에 우리는 전체의 분류로, 철학적 학문을 통해 개념에서 나와야 할, 결코 외부에서 취해서는 안 될 그런 계획으로 나아간다. 미 개념은 어디에서 취해야 할까? 미 개념을 규정하는 일에서 시작해야 한다. 물론 이는 전제 내지 확신일 뿐이고 따라서 직접적인 것일 따름이지만 그 필연성을 철학으로 입증해야 한다.[53] 이 시작은 전제로 있기 때문에 [그 필연성을 입증할] 철학을 요하는 것이다. 이런 어려움[54]을 제거해야 한다. 모든 학문은 자신의 대상을 갖는다. 그러한 대상이 존재한다는 것이 우선 고찰되어야 하고, 그 다음에는 그것이 어떤 면모를 지니는지, 다시 말해 그것이 무엇으로 존재하는지τὸ τί [ἦν] εἶναι[55]가 고찰되어야 한다. 첫 번째에 관해 비철학적 학문은[56] 그다지 큰 어려움을 호소하지 않는 편인데, 가령 수학에서는 삼각형이 존재하는지에 대해 의심하지 않으며 물리학에서도 마찬가지다.[57] ― 그렇지만 물질과 상이한 주관적인 것[58]이 존재하는지에 대해 [의심의 여지 없이] 알고 있지는 못한 심리학 같은 학문이 있다. 《6》

[2. 미의 존재. 존재로부터 개념의 개진에 대하여]

감각적 욕구에 관여하는 모든 학문도 사정이

〔신이라는〕 대상이 존재하는지

같다. 그다음으로 신을 대상으로 하는 신학에

서도 신이 존재하는지가 입증되어야만 할 테다. 사람들은 신이 존재한다

는 것을 믿는다. 그러나 [신의 존재에 대해] 사유하는 반성도 권리를 갖

는다. ─ 앞서 언급한 학문들에서는 제일 먼저 주어지는 보편적 대상을

증명해 보이는 일 없이 〔가리켜〕 보인다.[59] 대상이 오직 정신 안에서만

나타나는 주관적 종류의 것이라면 정신 활동을 통해서 산출될 수도 있

다. 신은 그 정신 안에서만 인식된다. 그 다음에 반성이 뒤따른다. 이 대

상은 우리 안에 있는 까닭에 이것이 존재하는지, 이 견해가 오직 우리에

게만 속할 뿐 모든 이에게 속하는 것은 아닌지, 주관적 견해가 참된 것인

지 등이 확실치 않다. 미 또한 그것이 현존하는지, 순전한 주관적 표상은

아닌지 등이 입증되어야 한다.

미가 존재할 필연성을 내보이려면 ─ 이 필

10월 29일

연성이 선행하는 것의 결과라는 점을 내보여야

한다. 이 점을 예술의 학문에서 논할 필요가 없도록 말이다. 예술의 내용

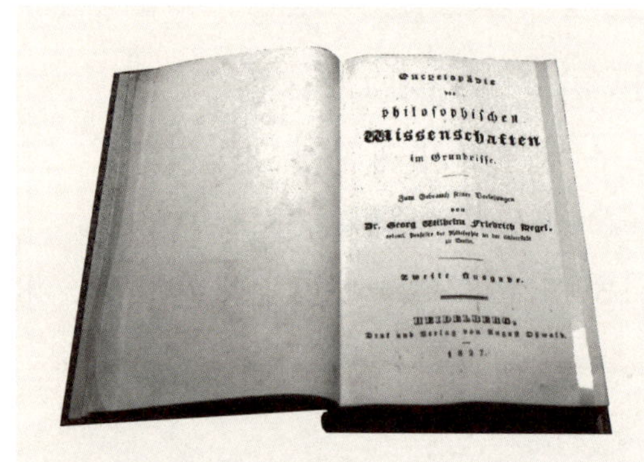

【그림 5】 게오르크 빌헬름 프리드리히 헤겔, 『철학적 학문들의 백과사전 개요』 제2판 원본(1827), 슈투트가르트 헤겔하우스. 논리(이념), 자연 및 정신을 아우르는 헤겔 철학 체계에 대한 저술인 이 책의 논의를 근거로 하여 예술미의 개념을 도출한다.

은 [미학이 아닌] 다른 학문[60]에 속한다. 그러니까 여기서 고찰하지 않는 것을 전제로 하여 [미학강의가] 시작된다. [선행하는] 개념을 부명제副命題[61]로 취해 보자. 철학의 모든 분과가 다 그렇게 한다. 철학은 모든 것을 자신으로부터 전개해 나간 후 이를 자신으로 수렴하는 보편성을 지닌 까닭에 오직 자신으로 되돌아간다. [전개된] 각 부분이 그 보편성 안에 있는 까닭에 그런 부분일 수 있다. 전체의 원[62] 가운데 하나의 점으로서 선행한 것과 후속할 것을 갖는 이 하나가 온전하게 있다. 필연적 연관으로 인해 더 높은 것이 뒤이어 나온다. 미 이념을 입증하기 위해서는 선행한 것을 살펴야 하겠으나 더 높은 것을 산출할 계기는 물론 이 계기가 나나살 곳 또한 입증되지 않고 가리켜질 따름이다.[63]

[3. 미 개념을 표상에서 도출하는 비학문적 방법]

이와는 다른, 비철학적 학문의 길도 있다. 이 경우 표상[64]에 기대어 미에 대해 알고 있다고

16

말하면서 미를 간직한 채〔- 그렇게〕받아들인 - 표상을 탐구한다. 미를 정의하면서 우리가 이에 대해 어떤 표상을 지니고 있는지를 살피는 것이다. 미는 단순한 표상이다. 미에 대한 규정은 각양각색이며〔그렇기 때문에〕미가 그렇게 단순하지는 않다고 생각할 수도 있다. 이렇게 개진된 규정을 다루고자 한다. 이런 절차는 불확실하다. 표상은 당연히 주관적이기 때문이요, 상

이한 규정들이 있어도 본질적인 것에 대한 규정은 이루어지지 않았기 때문이다.

[4. 기존 해명에 대한 비판]

학문은 다양한 정의를 비판적으로 다루어야 한다. 역사적으로 접근하려는 것이 핵심은 아니다. 미 표상을 규정해 주는 요소들에 대해 알고자 하는 것이다. 관심을 끄는 정의가 몇 개 있으나 볼프학파로부터 나온 것은 언급할 필요가 없다.[65] 맘에 드는 것 따위를 제시하는 정의 말이다. 플라톤의 견해에서 깊이 있는 것을 발견할 수 없다는 점은 이미 살펴본 바 있다. 미에 대한 볼프학파의 규정을 뛰어넘은 괴테, 마이어Johann Heinrich Meyer(1759-1832),[66] 히르트[67] 등의 규정은 살펴볼 필요가 있다.

[a.] 히르트Aloys Hirt(1759-1839)는 『호렌 97』제 7부[68]에 예술미를 규정하는 논문을 실었다. 여

기에서 그는 여러 예술의 미를 논하면서 그 보편성을 파악해 내는데 예술미의 토대로 성격화[69]를 언급하였다. 이로 인해 우리에게 유익한 규정 하나가 주어지게 되었다고 한다. 히르트가 말하길,[70] [성격화에 따라] 규정된 개체성이, 그러니까 [예술로 표현하기 위해] 심중에 품은 그 대상이

그렇게 요구하기라도 한듯이 형태, 표현, 고유색, 명암[71] 등에 의해 차별

화된 규정성이 주어진다. 그가 면밀히 살피면서 판단한 것인 만큼 관심을 자아낸다. 미의 본질이야말로 예술의 목적이다.[72] 성격화 속에 내용이 깃든다. 역사적 소여 혹은 개개의 성격화가, 그리고 이런 것들이 묘사되는 방식이 그 내용을 이룬다. ⟨7⟩

서론. d. 해명에 대한 비판
α. 히르트: 성격화; β. 마이어; γ. 괴테. 내용의
의미성이 뜻하는 바; δ. 기존의 두 해명의 동등성

저런 성격화의 관건은 다음과 같다. 모든 특수자는 내용을 언표하는 데 쓰이며 그것의 모든 요소를 통해 내용이 표시된다.[73] 이 기본 규정을

이 해명을 희곡에 적용하면

좀 더 논해 보자. 극시劇詩[희곡][74]에서의 성격화를 생각해 보자. 어떤 역경을 이겨 내는, 어떤 대화를 나누는, 어떤 음식을 먹는 인간을 통해 성격화가 이루어진다. [그딘네]ㄱ 어떤 것이든 다른 것과[75] 직접적으로 관계하는 바는 없다. 그러니까 내용을 표하지 않는, 내용과 무관한 것은 모두 솎아 내야 한다. [극시의] 모든 진행은 핵심 주제와 관계가 있어야 한다. 내용과 관계해서 볼 때 [극시 안의] 그 어떤 것도 무의미하지 않다.

이에 대한 마이어의 견해

[b.] 『그리스 조형 예술의 역사Geschichte der bildenden Künste beiden Griechen』(1824)76에서 마이

어는 '[성격화라는] 이런 생각은 흔적도 없이 사라지고 희화화[캐리커처 Karikatur]되었으며 예술가가 이런 규정을 따라야 하는 듯이 여겨지고 있다'라고 말한다. 하지만 미의 철학에서 이런 수칙을 부여하는 일이 관건일 수는 없다. 눈앞의 아름다운 것을 파악하는 일이 관건이다. [마이어에 대한] 비판의 요체는 이러하다. 그의 견해에는 규정이 극한에 이른, 그러나 이로써 성격화

가 과도해져서 그 본질적 성격이 퇴색하고 변질된 그런 회화적인 것이 담겨 있다. 희화화를 추의 현시로 이해하기도 한다. 그러나 성격화된 것도 추할 수 있다. 성격화되었어야 함에도 그렇지 못한 채 형식만 남은 것도 성격화의 내용이 될 수 있는 것이다. 마이어는 그리스를 염두에 두고 미를 논하되 미에 대한 보편적 규정 또한 논하였다. 그의 말에 따르면 미는 멩스Anton Raphael Mengs(1728-1779)[77]와 빙켈만Johann Joachim Winckelmann(1717-1768)[78]에 의해 고대의 원리[에 대한 규정]인 이상적理想的인 것이 되었다. 이상적인 것이 잘못 추구되는 경우에 대해서는 나중에 언급하겠다. [c.] 마이어는 멩스의 개념화를 거부하지도 수용하지도 않으면서 괴테의 다음과 같은 말을 따른다. '예술에서 고대인의 최고 원칙은 의미성Bedeutsamkeit인바 이는

미를 성공적으로 다룬 결과 중 최고[였다.'[79] [미와 의미의] 이런 연관 짓기가 꼭 필요하다 할 수는 없을 테다. ─ 의미가 무엇인지는 내용에, 사안에, 사안의 현시 방식에 달렸다. [어떤 것이든,] 그 무언가든 우리의 감각에서 자신을 나타낸다. 그러면 우리는 그것이 무엇을 의미하는지, 그 [감각적] 외면의 내면이 무엇인지를 묻게 되고 그 결과 외면이 영혼을 가리키게 된다. 따라서 외면 자체가 그와는 다른

무언가를 대변한다. 독수리 상징은 독수리와는

다른 무언가를, 강함을 대변한다. 상징은 의미다. 모든 단어의 의미는 그 소리 너머에 존재한다. [가령 '물'을 뜻하는 독일어] '봐써Wasser'는 '아쿠아 aqua', '히드로ὕδωρ'로 발음될 수도 있으나 본래의 의미는 [단일하게] 존재한다. 얼굴, 눈, 살갗 등은 인간의 직접적 현상이면서 살갗 따위가 아닌 영혼을 의미한다. 의미 있는 것이란 이렇게 존재한다. 평면과 곡선으로 이루어진 예술작품에서도, 직접적인 것에서도 이렇게 존재한다. 음악에 서 직접 감각되는 것은 그 소리지만 여기에는 이와 다른 영혼 및 내용이 들어 있다. 이를 의미라 한다. 미에는 의미가 있다. 의미 있는 것과 성격

화된 것은 매한가지다.[80]

이곳에서 우리는 내면을, 내면의 성격화인 외 면을 발견한다. 아름다움은 가상과 긴밀한 연관을 갖는다. 그러니까 외 면은 타자를 통해서가 아니라 자기 자신을 통해 내면이 가상화[81]되도 록[82] 한다.[83] ― [d.] 미 규정의 역사에서 관심을 끄는 것이 하나 더 있는 데 칸트의 규정이 그것이다. 『판단력비판Kritik der Urteilskraft』(1790)에서 칸 트는 미를 다루었는데,[84] 칸트의 미 규정은 본질적인 면을 지니고 있다. ⑻

서론. 2. 칸트 미에 대한 그의 네 범주
1. 자연 산물을 위한 예술미; 2. 추상적 보편성을
위한 예술미; 3. 미와 합목적성

판단의 원리[85]에 대해 논하면서 칸트는 우리의 판단력을 위한 주관적 준칙이, 즉 그 자체로는 현실적이지 않으나 우리가 판단을 수행할 때 따

르는, 주관이 객관을 이끌도록 하는 그런 준칙이 있다고 말한다. [86]

칸트는 자연의 아름다움을 고찰하였다. 그는 지성의 원칙에서 출발한다. [87] 보편적 규정이, 또한 [특수한] 판정 주관이 있다. 주관의 속성을 분석하면 그로부터 보편적 규정이 나온다. 양자가 [즉 특수한 주관과 보편적 규정이] 결부되

어 판단이, 자연 및 예술의 아름다움이, 보편적이면서도 특수한 것이, 즉 특수자와 직접적으로 동일한 보편자가 있게 된다. 추상화를 통해 보편자를 얻는 능력을 일컬어 지성이라 한다. 보편자가 규칙이 되어 특수자에 적용되면, 보편자가 특수한 것이 아니라 개별적으로 인식될 수 있다. 그런데 칸트는 감각적으로 규정하는 지성[88]을 상정하여 이를 보편자와 결부한다. 자연 산물의 외면 가운데 영혼과 내적으로 상응하지 않는 것도 있다. [반면] 영혼은 스스로 자신을 규정하며 스스로 질료가 된다. 그가 말하길, 예술미는 인식의 유희[89]를 통해 유발되지만 [이런 유희는] 예술미 자체를 통해 충족된다. [90] [이때] 지성은 특수자를 보편적 표상으로 인식하는 태도를 취하지 않는다. 보편자를 충족할 개념이 없으니 말이

【그림 6】 칸트, 『판단력비판』 초판본(1790), 프리드리히 실러의 소장본, 마르바흐 실러 국립박물관. "유희(Spiel)" 개념이 등장하는 곳 옆에 실러가 "변화(Veränderung)", "중재(Beilegung)" 등의 단어를 적어 놓았다.

다. 예술미에서는 개별자가 개념을 거부하며 개념과 무관하게 가상화된다.[91] [예술미의] 질료는 자유로운 실존이되 보편적 규정에 걸맞게 현상한다.

직관적 지성은 [개별자가 아니라] 특수자를 보편자와 결합한다. 칸트가 말하길, [미에 대해서는] 우리가 이런 식으로 판단한다.[92] 자신의 범주에 따라 그는 미로 다가가서 네 가지 근본 범주에 따라 상세한 규정을 제시한다.[93]

1. 아름다운 것에 대한 만족에서는 일체의 관심이 없다.[94] 즉 의지와 무관하다. 외면은 우리의 욕구와 관계할 때 그 가치가 생긴다. 한편에 대상이 있고, 그런 다음에 이것의 보편적 존재 방식에 대한 규정이 내 안에서 발견된다. 우리 바깥에 먹고 마실 대상이 있다. 자연적 규정에 따르는 주관은 대상 바깥에 있다.[95] 미에서의 만족은 주관 바깥의 규정에 따를 수 없다. 그가 우리에게 말하는 바는 [아름다운] 대상이 자유롭기에 주요 규정을 자신 속에 갖는다는 점이다. 우리는 대상에 대해 관심을 갖지 않는다. 우리의 욕구를 충족한다고 저 만족이 생기는 것은 아니다.[96]

2. 아름다운 것에는 개념이 없되 보편적 만족의 객관[97]으로 존재하며 보편적 만족을 주어야 한다. 아름다운 것을 향유하기 위해서는 교양[98]이 필요하다. 보편자는 일단 추상적이다. 즉자대자적으로[99] 참된 것은 선함이, 법이 그러하듯 보편타당하지 않을 수 없다. 우리가 법에 대해 갖는 개념에 하나의 행위가 상응한다면 이 행위에는 법에 맞는 면이 있는 것이다. 그런데 칸트가 '보편적 만족의 대상이 있음에도 이에 대한 개념[100]을 결코 상정하지 않는다'라고 말할 때, 이 대상은 개별자를 보편

자에 포섭할 때의 대상과는 아예 다르다. 따라서 아름다운 것에 대한 판단에서는 [개별자와 보편자가] 분리되지 않는다.[101]

3. 아름다운 것은 합목적성의 형식을 갖는다. 다만 합목적성을 목적의 표상 없이[102] 살피는 한에서 그러하다. 그 정황은 2에서와 마찬가지다. 즉 자연 산물의 목적은 그 자체로 합목적적이다. 아름다운 대상 또한 그러하며, 그러면서도 우리가 실존에 가두어진 목적 표상을 갖지는 않는다. 《9》

3. 아름다운 것은 합목적성을 갖는다. 다만 우리가 목적을 고려하지는 않는다. 자연 산물과 대비되는 점이다

서론. ε. 칸트. 3. 미와 합목적성;
4. 미에는 개념이 없다.
Ⅳ. 미학에 관한 우리의 의도. 1. 정신적 삶의
권역에서 미학의 위치, 그리고 미학의 필연성

인간의 행동에서는 목적과 질료가 분리된다. 집은 질료로 이루어져 있다. 거주가 그 목적이다. 목적이 어디에 있든 그것은 질료와 [직접적으로는] 아무런 상관이 없으며, 마찬가지로 질료 또한 목적과 [직접적으로는] 아무런 상관이 없다. 어떤 목적으로 사용되든 금속이라는 질료는 똑같다. 따라서 목적과 질료는 분리된다. 아름다운 것에서는 그렇지 않다. 목적을 실현해 주는 것과 목적이 분리되지 않는다. 신체의 목적은 생명성이다. 신체의 모든 부분에 이 목적이 깃든다. 목적이 사라지면 부

아름다운 것에서 목적은 질료와 분리되지 않는다. 하나는 다른 하나로 인해 성립한다. 질료는 목적에 대비된다

분들은 유지되지 않고 그것의 질료가 갖는 속성을 잃는다. 그러니까 생명체에서 목적은 질료와 통합된다. 그래서 외면은 오직 목적을 통해서만, 목적이 그 속에 있음으로써만 존재한다.[103] 따라서 아름다운 것은 합목적적인 것으로 간주되는, 그런 합목적성의 형식을 갖는다. 〔그리하여〕 사물에 내재한 본성이 있다.[104] 질료에 목적이 있다 해도 그 목적은 질료 밖에 놓여 있다. 반면 생명체에서 목적은 자기 자신에 있다. 따라서 이미 아리스토텔레스가 행한 내적 목적과 외적 목적의 구분이 있는 것이다.

아름다운 것은 필연적 만족의 대상이며 이 대상에 개념은 없다.[105] 필연성은 결과 없이는 생각 불가능한 원인을 갖는다. 아름다운 것은 자신 속에 필연성을 갖는다. 그러함에도 개념을, 지성 규정을 떠나 있다. 합규칙성으로서[106] 우리에게 호감을 안기는 것은 우리에게 개념 및 필연성으로서 만족스러운 것이다. 가령 똑같은 창문들처럼 말이다. 아름다운 것이 우리에게 만족스러운 까닭은 그렇게 규정된 실체적 통일성 그 이상이 우리 안에 있기 때문이다. 우리에게 만족스러우면서도, 추상적인 것으로 환원되지 않으면서도 필연적이다.

무릇 칸트는 우리 의식 속에 상이하게 현존하는 것들의 불가분성을 말한다. 아름다운 것에서 대립이 지양된다. 아름다운 것은 보편적이면서 특수한 외면으로서 두 규정이 불가분하게 결합되도록 하는 방식을 취한다.

[IV. 우리의 미학적 의도. 1. 정신적 삶의 권역에서 미학의 위치, 그리고 미학의 필연성]

미가 정신계 전체에서 하나의 특별한 위치를 점하며 이로써 필연성을 갖는다는 점을 고찰할 때 이러한 미 개념은 확장된다. 미에 대한 철학적 연역을 통해 미의 그런 위치가 다루어진다. 이 위치에 대해 좀 더 논의되어야 한다. ― [철학적 체계에서] 미는 자신의 앞과 뒤를 갖는다. 물리적, 정신적 욕구가 이루는 거대한 권역Kreis이 있다. 가령 공업, 해운업 등[107]의 거대 직능 체계가 있다. 사법 재판 체제를 통해 법[권리], 소유 등이 다양한 방식으로 제 역할을 한다. 혹은 만물을 포괄하는, 다방면의 지식에 걸친 학문적 삶이 있다. 의술, 자연학, 종교 등 상이한 권역이 있으며 교회 및 여타 욕구들[이 종교에 속한다.] 따라서 미에 대한 욕구가 발견되는 권역도 많다. 이 권역은, 그리고 미의 산물은 얼마나 되는가? 그 권역들은 각각 상이한 까닭에 미 권역의 필연성에 대해 언급해 두어야 하겠다.

이 권역들은 서로 어떻게 연결되어 있는가? 공업은 인간에게 유용함을 안기며, 이런 식으로 인간은 외적으로 연결된다. 내적 필연성 면에서 볼 때 이런 권역들은 서로를 완성시킨다.[108] 다른 것을 보완하고 채워 줄 더 높은 방식의 활동으로 성립하는 권역이 있는 것이다. 이것이 내적 필연성이다. 《10》

서론. 2. 미를 부명제로 해명함. 내용의 가상;
3. 내용, 그리고 추상적 내용의 상세화 =추상과 구체.
통일성과 다양성 = 주관성과 객관성;
4. 이런 대립의 지양에 대하여

[2. 내용과 상술의 구분]

미는 가상화된 표현의 내용이다

미 개념이 우리에게 제시되었다.[109] 미는 내용이자 그 표현이다. 표현에 내용이 삼투한다. [표현된] 모든 것이 내용의 현시에 관여한다. 우리가 내용이라 부르는 것은 단순하며 극소수의

다양성 속 통일성

규정으로 환원되는 대상이다. 책 한 권의 내용을 몇 마디 말로 제시하지만 이런 내용 그 이상이 그 책 전체에 들어 있다. 본질은 주제에 있다. 내용의 서술은 단순하고 추상적이다. 상술됨으로써 구체화된다. 합규칙적

합규칙성 또한 단순성을 갖지만 원의 통일성과 같은 규정을 갖는다

인 것 또한 단순성일 수 있다. 직선은 하나의 방향성을 갖는다. [한 건축물의] 여러 기둥을 아우르는 하나의 규정이 있다. 균등함, 삼각형[110]에도 하나의 규정이 있다. 여러 방향성을 갖는 불규칙한 곡선에는 규정이 여럿이다. 곡선이 원처럼 규칙적이면 반지름의 균등성이라는 하나의 규정을 갖는다. 타원에는 이런 합규칙성이 없다. 각 점과의 거리가 지극히

타원의 규정에는 규정 속 다양성이 있다

다양하고 서로 다르다. 그럼에도 불구하고 타원은 합규칙적인 선이다. 모든 점이 하나의 규정[111]을 통해 규정된다. 그러니까 다양성 속 통일성이다. 원에서와 같은

26

형식적 균등함이 아니기 때문에 이 균등함은 좀 더 높은 질서를 갖는다. 여기에 규정의 통일성이 있다. 미를 파상선의 형상으로 제시하기도 하였다.[112] 단어의 철자들은 추상적 통일성을 지닌다. 이것과 다양성은 다르다. 추상적 통일성이든 다양성이든 저 통일성과는 다르다.

이러한 구분에서 좀 더 주목할 점이 있다. 구분된 이것들은 서로 무관할 수 없다. 나란히 있는 두 직선은 서로 무관하다. 그 내용은 [서로 무관하게] 그 자체로 타당하다. 내용이 상술될 수도 있고 아닐 수도 있다.

[3. 주객 대립]

다만 추상적이고 단순한 것은 상술됨으로써 다양하게 실재할 수 있다. 이때 당위의 규정이 등장한다. 즉 내용은 상술되어, 즉 추상적인 것이 구체화되어 이 두 측면이 서로 무관하지 않게 병존해야 한다. 하나는 주관적이라 불리며,

이른바 단순하게 있다. 이에 대응하는 객관적인 것이 있다. 주관적인 것이 객관화되어야 한다. 감정은 주관적이다. 이는 객관화되어야 한다. 물리적인 혹은 정신적인 우리 삶은 이러한 대립으로 점철되어 있다. 이를 극복하는 일이 우리의 관심사다. 우리는 호기심을 충족하려는 관심도 갖고 있다. 이 또한 주관적인 것을 객관화하는 일이라 할 수 있다. 주관적인 것은 하나의 규정을 갖는다. 하지만 여기에는 우리가 객관적이라 부르는 규정 하나가 없다. 식욕은 주관 안에 있다. 욕구는 결핍으로 인해 성립한다. 이 안에 자

연의 생명성이 들어 있지는 않다. 먹으려는 우리의 충동이 실현될 때 주관적인 그것이 객관화된 셈이며 이로써 주관적 객관성이 생겨나는 것이다. 주관 안에 [식욕과 같은] 통일성의 규정이 있다 해도 주객의 대립 자체로 인한 결핍과 고통이 생긴다. 그 결핍은 주관 자신에게 있다. 음식을 보면 나는 기꺼이 먹으려 든다. 돌멩이에 대해서는 식욕이 생기지는 않으며 이로써 내 안에 [돌멩이를 도외시하는] 태생적으로 주관적인 추상이 생겨난다. '먹는다'라는 내용은 우리 안에 있다. 그러나 이 주관적 객관성 안에는 하나의 제한 및 부정이, 결핍이 있다. 느끼고 깨닫는 나와 마주하는 대상이 있다. 돌멩이를 깨부순다 해도 이는 돌멩이의 한계와는 무관하다. 반면 그 결핍은 나에게 있다. 나에게 대립이라는 표상이 있을 테니 말이다. 고통을 느낀다는 것이야말로 정신의 전유물이다. 악이 이 세계에 현존하는 까닭이 바로 이것이다. 《11》

【그림 7】 윌리엄 호가스, 〈화가와 퍼그〉(1745년), 런던 테이트 브리튼. 영국의 대표적 풍자화가 호가스와 그의 반려견인 퍼그 종 '트럼프'의 초상화이다. 팔레트 부분(우)에 서명과 함께 "아름다움과 우아함의 선(The LINE of BEAUTY And GRACE)"이라 불리는 파상선 하나가 보인다.

서론. 4. 주객 대립의 지양에 대하여.
α. 충족; 지식과 충동에서. 충동의 상대성

돌멩이가 모순을 감내해야 할 리 없다. 또한
산은 염기를 만나면 중화된다. 반면에 생명체

는 모순을 감내해야 하고 [그로 인해] 몰락할 것이다. 이런 모순에 대해
서는 나중에 논하기로 하자. [정신적이지 않은] 대다수의 것은 모순을 감
내할 수 없다.

[4. 대립의 지양]

그런데 이 모순은 지양될 수밖에 없다.[113] 주관적인 것은 객관화되지
않을 수 없는 것이다. 무언가를 먹는 중에 나는 내 일면성을 지양한다.
이때 나에게는 긍정적인 것이 존재한다. 이를 충족이라 부른다. 모순의
본질은 스스로 긍정으로 고양된다는 점에 있다. 주객의 대립을 지양한다
함은 일단 추상적이다. 즉 주관적인 것을 객관화하는, 양자를 화해시키
는 일은 추상적이다. 지극히 다양한 내용이 이 주관성 속에 존재하니 말
이다. 주관적인 내용 가운데 최고는 자유다. 자

유는 스스로 자신에게 내용을 부여한다. 자유

또한 내용 면에서 단순하다. 이를 좀 더 상세히 규정함으로써 이성적인
것, 도덕적인 것이 된다. 사유란 자유의 활동이요 순수한 자존[114]이다.
윤리적 사상도 그 일단–端이다.[115] 자유가 자연필연성에서 충족되도록

하는 욕구가 최고의 욕구다. [116]

자유의 거주지는 정신이다. 순수한 정신일수록 자유 또한 순수하다. 충만한 질료에 비한다면 자유는 추상적이다. 추상적 정신은 의지, 의지 법칙, 선함 등으로 자유를 갖는다. 추상적 정신 스스로 절대시하는 것이 있으니 권리, 의무 등이 그것이다. 의무는 스스로에 의거하며 바로 의무인 까닭에 행해야 한다.[117]

의무는 심정 및 충동[118]에 대립한다. 인간의 구체적 심정은 이런 충동으로 이루어져 있다. 이 대립이야말로 인간의 관심을 끌며 모순으로, 조정되지 않을 듯 보이는 그런 투쟁으로 치닫는다. 정신의 그 모든 동경이 이 모순을, 이 대립을 낳는다. 동물은 스스로 만족한다. 인간은 양서류처럼 양면성을 지

닌 존재여서 어느 하나만으로는 충족되지 않는다. 우리는 현실에 묻혀 살면서도 자유로운 사유로 고양된다. 우리를 감싸는 질료에 의해 엄습하는 감각을 지니고 있으면서도 사유를 자유의 세계로 고양한다. 현실이 이런 사유에 생기를 부여한다.[119] 보편적 추상체[120]를 사유가 살아 있게 만드는 것이다. 의무의 나라에는 심정이 필요치 않다. 그러니까 현실 속 공고한 대립이 완연함을 사유로 인식한다. 철학은 의무와 심정의 대립을 있는 그대로 보편성 속에서 파악한다.

인간은 충족을 추구하며 이에 도달한다. 충족은 상대적이다. 철학은 충족의 단계를 세분화한다. 그 어떤 것으로도 완전한 충족에는 이르지 못한다. 충족이 상대적인 까닭에 그러하다. 지식을 통해, 사유를 통

해 이론적 충족이 이루어진다. 내면의 사유는

외부로 나타나지 않으며 이에 대립이 존재한다. 우리는 외부에 의존하며 산다. 무릇 지식욕이 있다면 이 세계의 내용을 자신의 것으로 삼고자한다. 태양 운행의 법칙은 외적 존재의 방식이다. 이 존재 방식을 안다는 것은 이것의 내용을 갖고 있다는 것이며 나는 이 내용과 달리 자유롭게 존재한다.[121] 이로써 나는 충족됨을 느낀다. 의지, 욕구가 충족되면 결국 자유가 실현되었다 할 수 있다. 나는 내 자유에

욕구 충족

현존을 부여하려는 의지를 갖는다. 타인은 나
의 이 자유를, 나의 것으로 [승인되어] 있는 까닭에 나의 것인 이것을 주목한다. 승인을 거친 이 점유물에 깃든 내 자유를 존중하는 것이다. 공공 생활[122]에서의 충족은, 이성의 자유는 바로 이렇게 존재한다. 범행을 저지르려는 의사 또한 자유이긴 하지만 이는 이성적이지 않다. 《12》

서론. α. 상대적 충족에는 결핍이 있다;
β. 최고 대립 ― 자유와 필연성 ― 에서의 충족. 최고 진리인
a. 종교를 통해 b. 철학을 통해

이성적 법칙을 준수해야 자유가 충족되었다

상대적 충족

고 할 수 있다. 충족에는 모두 상대적인 면이 있
다. 자유가 외면성과 빚는 모순의 해소 또한 일면성이 있는 것이어서 유한하고 따라서 부정적이며 [재차] 모순이 자리한다. 그러므로 이런 충족은 상대적이다. 이 세계에서 누리는 충족 가운데 최고는 공공 생활에서의 충족이다. [공공 생활에서] 나는 나의 인격성이 승인받는 것을 목격한

다. 나의 소유물은 [타인에 의해] 존중된다. 이런 대상에 제한은 있다. 나는 외면적으로도 존재하기에 나의 내용에 제한이 있는 것이다. 나의 인격성을 이렇게 느낀다. 말하자면 제한된 감정인 것이다. 그런 까닭에 이 충족은 상대적이다.

개개의 대상마다 내용이 있고 이 대상은 여전히 언제나 상대적이며 제한을 갖는다. 각 단계마다 나름의 충족은 있겠으나 그 어떤 것에든 결핍이 있다. 우리는 국가처럼 빈틈없이 짜인 체계에 대한 의무감을 갖는다. 그러나 이런 책무만으로는 인간의 공동생활을 영위하기에 부족하다. 신념, 종교 등의 조력이 필요하다. 양심이나 법에는 한계가 있다. 여기에 대립이 있기 때문이다. 이에 맞서 행위할 때 나는 자유롭다.

[5. 자유와 필연성의 화해]

모든 관심에는 대립이 근본 규정으로 놓인다. 그 어떤 충족에서든 모순이 상존함을 우리는 목격하였다. 그렇기 때문에 최고의 영역에서, 최고의 진리에서 추구되는 해소가 최고다. 진리 또한 한계를 지닌다. 대립에서 벗어나 충족이 생길 때 나는 진리를 갖는다. 음식을 먹음으로써 나는 허기에서 벗어나 충족이 생긴다. 즉 이는 주관적이며 이로써 결핍은 여전하다. 내가 주관으로 존재하지 않는 해소책을 추구한다. 나는 최고 모순의 규정을[123] 위해 최고 진리를 추구한다.

대립하는 자유와 필연성이 각각 별도로 해소되고 만다면 자유도 필연성도 존재하지 않으며 진리가 존재하지 않는다. 자유 자체를, 필연성 자체를 취[해야] 한다. 의도가 강하든 그렇지 않든 이 각각을 모두 거부하는 식의 극단에 서 있을 수는 없다. 철학은 이것의 비진리성을, 그리고 조화를 통해 성립하는 진리를 보여 준다.

통상적 의식은 이런 조화에 대해 의구심을 품으면서 자신만의 방식을 찾아 나선다. 철학은 사상, 개념 및 본질에 따라 이를 포착한다. 개념을 갖는 한에서 내용을 갖는 것이다. 각자가 본연의 진리 속에 있으면서 서로 모순되지 않으면서 화해한다. 보편성에 이르는 이런 통찰을, 그 사유를 함양하는 일이 의식의, 최고 진리의, 종교 및 철학의 사안이다.

[6. 예술, 종교, 철학]

종교는 절대적 진리를, 모순의 해소인 최고 충족을 포함한다. 이런 해소의 영역 반대편에

서는 자유든 필연성이든 [자신만의] 절대성을 주장한다. 이런 일면성의 지양은 화해를 통해 이루어진다.

표상 및 사유에서의 진리에, 이른바 축복이라 불리는 것에 종교가 있다. 종교는 보편적 고요함이 발견되는, 정신의 그런 진리를 위한 보편적 방식이다.[124] 다만 의식마다 종교의 형태는 상이하다. 믿고 있는 것은 또한 앎의, 의식의 대상으로 존재한다. 그래서[125] 이 진리를 안다. 진리의 방식들 가운데 하나가 예술이다.

철학에서는 개념이 그 자체로 있는지, 정신[126]

에 속하는 실존이 각기 별개로 보이고 마는지
가 관건이다. 가령 생명체는 하나의 주체이면서도 일종의 과정으로 존재

하며 무기체 자연과 연관되면서도 결국 내면과 절대적으로 본질적인 관계를 [갖는] 개체[로 존재한다]. 그리하여 외적 자연과의 관계 속에 현상한다. 《13》

서론 IV. 5. 개념과 그 실존의 연관:
상이한 세 형식에 따른, 정신의 세 단계에 따른 철학:
감각과 직관: 표상: a. 순수 사유;
b. 이 세 형식에서 예술의 위치

서로 외재적인 이런 관계들이 하나의 개념을 이룬다. 개념은 주관적인 것으로 존재하지 않고 개념이 실존하는 바대로, 외재적 관계를 갖는다. 개념의 참된 실존 여부는 이 실존이 주관적 통일성 자체를 통합하는지에 따라 가늠된다. 의식으로서는 이것이[127] 더 높은 영역에 자리한 진리다. 추상적이지 않은 구체적 보편자가, 종교에서 참된 현실성이 본질적인 진리로 의식에 표상된다. 인간은 종교를 통해 자신의 본질에 이른다. 그 모든 특수자에 대해 절대적 태도를 지닌 이런 통찰에 처음 도달한 것은 종교에서의 의식이다. 이 형식에는 세 종류가 있다.[128] 이를 먼저 전제하여 다음과 같은 점을 염두에 둘 수 있겠다.

1. 직접적 직관, 감정, 감각, 직관, 외적 감성

2. 표상의 형식. 직관 중의 저 직접적 규정도 여기에 내재화되어 있으며 표상의[129] 내용을 내재화한다. 내용은 더 이상 감각되지 않고 직관 자체에 표상되는 식으로 나타난다. 반성[130]이 등장하며 사유 또한 확고한

규정은 없이 표상 및 직관의 내용과 혼합되어 나타나니 이른바 직관과 사유의 혼합[131]이 있다.

3. 순수 사유의, 개념적 파악의 형식. 자기 자신을 규정하는 사유. 자유로움 속의 정신. [자신에 의해] 규정된 그것은 [감각을 통해] 주어지지 않는다. [자신의] 규정이 내용을 이루며 그 소재가 된다. 사유는 자유로우며 자신의 규정을 발산한다.

진리는 의식의 이런 세 형식으로 의식에 현상한다. 하나는 예술이라는 형식에서의, 다른 하나는 종교에서의, 마지막으로는 철학에서의 진리를 포함한다. 그러니까 예술은 절대적 진리의 내용을, 정신 충족을, 축복받은 정신의 감정을 갖는다. 그 내용을 종교와 철학도 공유한다. 결국 하나의 구역에 이 세 형식 모두 해당한다. 이 구역의 진리가 예술, 종교, 철학에 포착된다. 예술이 우리 의식에 어떻게 주어지는지, 예술이 어떻게 하여 자신의 형식을 띠는지에 대해서 여기서는 논하지 않겠다. 그 어떤 것에든 예술 형식이 적용될 수 있다. 종교 형식도 그러하다. 그 어떤 인간이든 경건할 수는 있다. 북쪽[132] 사람들은 배가 좌초하게 해 달라고 신에게 기도한다. 마그데부르크라는 도시를 정복한 틸리도 경건했다.[133] 어떤 것이든 철학의 대상이 될 수는 있다. 좋지 않은 것에 대해서도 경건할 수 있듯이, 어떤 것이든 궤변적일 수 있다.[134] 어떤 내용에든 예술이라는 형식이 이용될 수 있다. 이에 대해서 지금은 논하지 않겠다. 느낌의 의식에 현상하는 바로서 참된 절대적 내용을 예술로 취한다. 종교에서도 직관의 이런 측면이 이용되어야 한다. 종교 또한 사변적으로 고찰될 수 있다. 사유하는 사유 또한 그렇듯이 말이다.[135] 가장 성숙한 자존적 정신이 종교에 존재한다. 예배를 통해 사람들은 사유에 이른다. 다른 한편 종교는 느낌과, 판타지에 의한 형상화와 관계하면서 예술을 사용하기도 하

며 이로써 직관의 요소가 취해진다. 종교에 예술이 사용된다면, 그 예술은 좀 더 높은 관점에서 취해진 것이라 할 수 있다. 예술이 최고의 완성에 이른다면 예술을 통한 진리의 제시 또한 최고에 이른다. 그리스 예술에서 신성이 판타지를 통해 표상되었듯 말이다. 그 이후 [그리스 시대 이후] 종교에는 그런 형상화가 다소간 부족하다. 형상화의 방식이 압도적이고 전면적이며 불가결하였기에 그리스인에게 시인과 예술가는 종교면에서 민족의 교사[136]였다. 호메로스Homeros(BC 10C-8C)와 헤시오도스Hesiodos(BC 8C 이전)가 그리스인에게 신을 만들어 주었다.[137] 즉 신에 대한 명확한 표상 및 종교의 내용을 선사했던 것이다. 《14》

예술가는 신성을 표상에 이르게 하였다. 즉 이해하고 가르치는 작업 자체에 시인이 이미지[138]라는 옷을 입혔는데, 이를 물리학에서처럼 명제 및 내용이 추상적이고 산문적으로 주어진 후 이에 외재적으로 [예술이라는] 장식이 덧붙여지는 식으로 생각해서는 안 된다. 비밀스런 종교의 사제들 또한 교리를 추상적으로 깨달은 후 그 비밀의 이미지를 대중에게 전한다. 따라서 시인이 종교적으로 사유한다고, 이 추상적 사상을 염두에 두고 이것의 외양을 갖춘다고 생각해서는 안 된다. 오히려 시인은 진리를 자신들이, 혹은 타인이 [감각적으로] 의식할 수 있도록 그 내용을 개진한다. 이것이야말로 정신 본연의 필요인 예술의 위상이다. 그 내용 면에서 예술은 정신의 절대자를 선연하게 해 주는 최고의 방식이었다. 그런 한에서 분명코 예술은 그 당시에 최고의 완성에 이르렀다.

내용과 형상화 방식을 분별하고 내용을 진리로 규정함으로써 우리가 알 수 있는 바는 다음과 같다. 한편에 진리가 있고 다른 한편에 내용에 상응하는, 이를 표현하는 형식이 있으니, 이로써 의미를 지닌, 성격화된 표현을 볼 수 있다.[139] 그리하여 예술의 완벽함은 형식이 내용에 상응하고 최고의 형식을 갖춘 예술에 이를 때 성립하는 듯하다. 형식은 내용에 속한다. 형식이 더 완벽할수록 그만큼 내용이 더 구체적[140]이다. 그리하여 내용 속에 본질적 계기가 존재한다.

거듭 새로워지는 내용을 하나의 형식으로 확

고하게 형상화할 수는 없다. 같은 내용이라 해도 이에 아름다운 형식을 부여하는 민족이 있고 인도인처럼 그렇지 못한 민족도 있다.[141] 형식의 미에 정통한 민족도 있었고, 규정도 형식도 없이 내용을 취함으로써, 진리 내용을 가장 낮은 단계에서 취함으로써 진리를 온전히 취하지 못한 민족도 있었음은 분명하다. 무형의 내용에 대한 형식이 완벽할 수는 없다. 형식이 완벽해질수록, 그 내용은 더욱 진중해진다. 형식의 규정성은 또한 내용의 규정성이기도 한 것이다.

[7. 예술 이후]

　정신적 삶 및 학문 전반에서 예술이 점하는 위치는 이런 식으로 규정될 수 있겠다. 물론 낮은 구역에서 고양될 때 예술에서의 상대적 충족이 있다고 말할 수 있다. 예술에도 예술이 이행해 갈 진리인 자신 '이후'[142]가 있으며 예술 스스로 더 높은 것으로 이행한다. 예술 자체의 영역에서조차 예술에 제약이 있다. 실체적인 것이 심상, 표상 등을 통해 감각적으로 드러나게끔 절차탁마하다가 결국에는 예술을 넘어설 때,[143] 우리가 보기에 저 제약이 예술의 위치를 결정하는 것이다. 진리가 의식에 이르는 본질적 질료는 직접성의 계기를 갖는다. 내용이 형식과 더불어 규정됨으로 하여 예술의 진리가 직접성이라는 직관의 계기 속에 있게 되고 그럼으로써 아직은 내용이 정신으로 순화되지는 않았으며 신 표상이 성상聖像으로 존재하는 까닭에 이는 아직 참된 표상이 아니다. 여기에서는 다수성이 생겨남으로써 각각 흩어진 다수가 외면성에 속하며 다수성 또한 그러하다. 이런 요소의 진리가 신성 자체의 내용을 이루지만 아직 참된 정신의 내용은 아니며 예술은 사유 본연의 방식을 취하지 않는다. 이

보다 더 높은 곳에 위치한 방식에서 신은 정신 속에서 정신적인 것으로 생각되어야 한다. 결국 사유는 예술로부터 등을 돌린다. 유대교와 마호메트교가 성상을 허용치 않는 등 이런 방식의 예술을 거부했음을 알고 있다.[144] 또한 크세노크라테스[145][146]의, 그리고 예술 표상에 대한 여러 방식의 반론이 제기되었다.[147] 《15》

서론 IV. 7. 세 번째 단계의 관점에서 본 예술의 무실화에 대하여, 그리고 그리스 및 15세기 예술의 전성기에 대한 설명

그[148]가 말하길, 인간은 신을 인간으로 표상한다. 이렇게 생각하는 이들이 또 있었다. 가령 플라톤은 시인을 자신의 공화국에서 추방했는데[149] 이들의 신 표상이 플라톤에게는 탐탁지 않았으며 신을 예술적으로 현시하기 때문이다. 그런 까닭에 그는 예술에 대한 반론을 폈던 것이다. 예술이 번성했던 한 민족과 그 시대가 있었다. 그러나 외면성이 적극적 계기로 존재하는, 신인神人[150] 그리스도가 인간 주변에 있는, 직접성의 계기가 포함된 기독교 세계에서 예술은 살아남았다. 그리하여 예술이 직접성 속에서 형성되었다. 그럼으로써 특히 15-16세기 회화가 페리클레스 시대의 예술이 그러했듯 정점에 도달하였다. 그러나 플라톤은 예술에 반대한 바 있고, 태생적으로 예술과 친근했던 교회로부터 학문적 정신은 벗어났다.[151] 종교개혁으로 인해 심정 내면의 표상으로 되돌아왔고 예술의 터전인 감성에서 벗어났다. 이로써 예술 '이후'가 있게 된다. 이제 예술은

【그림 9】 율리우스 휘브너. 〈루터가 95개조의 반박문을 붙이다〉(1878), 비텐베르크 루터하우스.

정신성의 형식에서 충족에 이른다. 외면성을 통해 규정되는 감각적 방식은 [이제 이런 형식 속에서] 완성된다. 불완전한 예술은 예감에 휘둘린다. 내용이 완성되지 않은 채 직관을 향해 있으며 그런 까닭에 신비롭다. 예술은 동경을 소환한다. 반면에 [예술 '이후'에] 완성된 예술은 내용을 완벽하게 현시하는 가운데 심정의 자기 충족이 이루어진다. 그러나 정신은 자신을 예술과 맞세운다. 여기에 예술 '이후'가 있는 것이다. 예술을 우리의 의식 아래 두는 우리 시대에 예술이 점하는 위치는 이러하다. 예술은 점점 완벽해진다. 그러나 예술은 형식이 [더 이상] 표상의 최고 욕구일 수 없는 그런 완성까지 이를 수 없다. 우리의 교양에는 지성적 소통이, 사상과 반성의 범주가 지배적이다. 이런 사유 형식은 산문적이다. 힘, 근거, 결과 등의 규정은 유한한 사유의 범주 및 방식이며 의식의 영혼을 이룬다. 예술이 우리의 욕구[152]는 아닌 까닭이 바로 이것이다. 우리

40

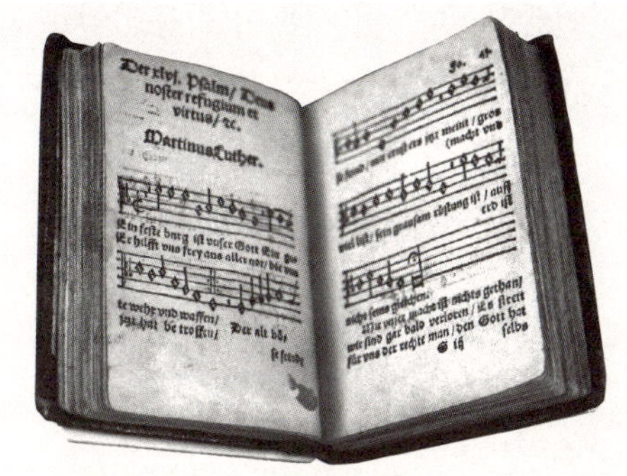

【그림 10】 루터가 만든 찬송가 〈우리의 주는 강력한 성채〉, 『요제프 클루크 찬송집』(개정판, 1533), 루터하우스. 이는 루터가 1527년 이전에 만든 것으로 추정되며, 이후 바흐가 이 곡을 바탕으로 같은 이름의 칸타타를 만들었다. 종교개혁 이후 신에 대한 시각적 형상화에 대한 반발이 일어났고, 루터는 음악을 신앙과 결합하려는 시도를 했다.

【그림 11】 프란츠 호겐베르크. 〈1566년 8월 20일 칼뱅주의자들의 성상파괴 소요〉(1588), 영국 박물관. 종교개혁 이후 신에 대한 시각적 형상화에 대한 반발이 일어났고, 루터는 음악을 신앙과 결합하려는 시도를 했다.

로서는 진리를 정신의 내용 및 형식에서 구해야 한다. 성부聖父나 팔라스[아테네]가[153] 제아무리 훌륭하게 묘사되어 있다 한들 우리는 더 이상 그것들에 무릎을 꿇지 않는다. 그것들은 지금의 시문학적 심정을 더 이상 충족해 주지 못한다. 예술의 한계는 예술에 놓여 있지 않다. 우리에게 놓여 있는 것이다.

지금까지 우리 학문의 서론을 언급하였다. 이 서론이 학문적일 수는 없고 그 전제만을 담고 있을 따름이다.

서론의 끝[154] 《16》

미학의 보편적 분류

I. 보편적 부문; II. 특수한 부문; III. 개체적 부문

I. 이상에 관하여;

II. 미의 형식들. 형식 및 내용에 따라,

1. 상징적, 2. 고전적, 3. 낭만적 예술형식.

첫 번째 형식의 성격.

내용의 불명확함으로 인한 형식과의 부적합성.

두 번째 형식의 성격.

형식의 완성 이후 내용의 임의성으로 인한

형식과의 부적합성

미학의 보편적 분류

우리는 미학을 보편적 부문, 특수한 부문, 개체적 부문,[155] 이렇게 3부[156]로 나눈다. 제1부에서는 이념을 이상理想 및 예술미로 간주하면서 좀 더 상세히 규정한다. 미와 자연의 관계가 논의될 것이며, 예술이 어디까지 자연의 모방인지에 대해, 그리고 주관이, 즉 천재, 모티브, 성격 등이 이상과 갖는 연과에 대해 개괄적으로 논의될 것이다.

제2부는 특수자를 포함할 것이다. 여기에는 미의 종류, 즉 분류가 포함되며 그 근거는 [미의] 개념이다. 개념은 진리를 내용으로 포함하며 그 내용을 외적으로 가상화하는 형식을 갖는다. 내용이 형식과 관계하는 방식마다 특수성을 갖는다. 이 관계로는 세 가지가 있는데 다음과 같다. [1.] 진리가 규정되지 않은 채 추상적으로, 막연하게 개괄적으로 있음으

로써 그 자체에는 형식이 부재한다. 규정되지 않는 것은 참된 형식이 아니다. 진리는 규정을 지녀야 할 테니 말이다. [규정되지 않은 진리의] 요소는 외적이고 유한하다. 이런 요소는 현상하는 면보다 더 많은 것을 현시하고자 한다. 이에 형식을 찾아 배회한다. 이 외면성에 합당한 것에 대한 규정이 없음으로 하여 급기야 가늠할 척도가 없어지고 만다. 외면성을 그대로 수용한, 직접적 소재를 갖는, 미 규정에 일치하지 않는, 외면이 내면에 일치하지 않는 그런 상징적symbolisch 예술이 된다.

11월 6일

이런 외면은 척도가 없는 형상으로 나아가 기형적 외면이 생겨난다. 척도가 부재한, 과도하고 과장된 내용으로 인해 외면에는 부정성이 표현된다. 소재들은 호사스러운 장식에 소모되며 척도가 부재한 것이 표상에 들어온다. 보편적 내용을 지니고 있으나 그 의미가 존재해야 할 바에 걸맞지 않게 주조됨으로써 터진 포대 자루처럼 되어 버리는, 바로 그 숭고함이 이곳에 자리한다. 그 외에 자연에서 관찰되는 대로[157] 취하는 방식도 등장하는데, 그런 형상화에 대해서는 설명이 이루어지며, 좀 더 고상하고 재치가 넘치는 의미가 담긴 우화 같은 것은 현존하는 자연에 도덕적 측면을 부여하려는 의지의 본질적 규정을 〔강조한다.〕 그런 규정이 각종 자연 현상에 주어진다. 따라서 이러한 예술형식을 상징적이라 한다. 여기에서는 실체적인 것으로부터 숭고함이 형상화되고 온갖 것이 기이하게, 몰취미하게 진행되면서 존재자에 존재하는 것보다 더 높은 의미를 부여한다. 상징도 형상과 의미를 담고 있고, 그래서 이 양자는 분리되어 의미가 외면에 나타나지 않는다.[158] 형상을 추구하는 일이 여기서는 주요 사안이다. 동방의 [즉 상징적] 예술 형식 전반이 완벽하지 않은 형식을 띤다. 아직 내면 자체에 형식이 부재하기 때문이다.

46

[2.] 두 번째 예술형식은 내면이 외면에 자유롭게, 적실하게 현시된 고전적klassisch 예술형식이다. 본질적 규정은 이러하다. 이상에, 그 현상에 도달했다. 완벽한 걸맞음에 통달하여 이를 달성하였다. 즉 인간 형상이 예술을 통해 최고도의 완성을 달성하고, 실체가 동시에 주체가 되어 정신으로 존재하여 참된 실체가 정신적인 것으로 존재한다. 정신적인 것이 어떻게 감각적으로, 조형적으로bildlich 직관될 수 있는지는 오직 인간 현상에서만 [확인] 가능하다. 《17》

미학의 보편적 분류. 두 번째 형식의 성격.
그리고 첫 번째 형식처럼 격하된 까닭에 외면을
자의적으로 내면에 맞추는 세 번째 형식의 성격.
Ⅲ. 개체적 부문의 내용. 개별적 예술 장르의 분류

인간 형태로 실체적인 것을 표상하게 되었다. 그렇게 되었다 해서 이 실체가 우연한 것이어서는 안 된다. 한층 높은 실체로, 예술을 통해 감각적으로 현시될 참된 정신으로 존재함으로써[159] 인간 형상에 정신성이 현상해야 한다. 동식물은 정신을 갖지 않는다. [인간 형상에 대한] 저 표상이 우연하지 않은 것은 [정신이 있기] 때문이다. 영혼은 추상적이고 우연한 규정에 따라 움직인다. 생리학은 [이를] 규정으로 삼아야 할 터, 동물적인 것은 인간 형상에서도 지속되기 때문이다. 따라서 실체는 정신으로 있고 정신은 의인화[160]되어야 한다. 그 완성에 대해서는 나중에 이상을 논할 때 다루겠으나, 여기서는 정신이 특칭적으로 있게끔 구체화되어 그 자체로 자유롭게, 인간 형상에 실존하는 것으로 현상한다.[161] 고전적인 것은 내면이 외면과 동등해질 수 있어야 한다고 규정된다. [3.] 세 번째로는 낭만적 예술형식이 있다. 여기서 정신은 감각을 통해서 아니라 자신의 본질에 따라 정신으로 현시된다. [정신이] 예술을 넘어서되 예술 내에서 낭만적 예술로 존재한다. 고전적 예술은 모든 것을 달성했으나 진리가 실재하기 위해 감각적인 것을 취한다는 제약을 지니고 있다. 이제 감각적인 것을 뛰어넘어 정신 자체의 내면성 자신만을 외면에 가상화할 수 있음으로 해서 정신은 내면을 외면 속에, 그러면서 자신으로 복귀한, 스스로 자유로운 존재로 표현한다. 이 외면에는 숭고함이, 축복의 가상화가 들어 있다. 숭고함은 가치가 덜한 것이 된다. 숭고함은 정신성의 요소가 되지 못하고 정신과 투쟁한다. 외면은 우연하고 자의적이고 환상적이며 심정의 자기 화해를 이루었다. 내면은 자신과 맞지 않는 외면과 투쟁한다. 아름다운 것이 내적으로 자기 자신과 화해를 구하려니 이제 아름답지 않은 것이 나타난다. 두 측면의 화해가 추구되며 그러하다 보니 외면이 희생된다.

이 세 번째 기본 형식을 살펴보면 이는 이상의 두 계기, 즉 실체[162] 및 실재성과 관계한다. 제3부에서는 예술작품의 장르가, 그 일면이 아닌 온전한 개별성을 띤 장르가 다루어진다.

분류를 통해 경험되는 잡다한 예술들이 유와 종에 이른다. 이를 이런 식으로 다루어서는 안 된다. 우리는 철학적으로 작품에 접근할 뿐 우연하고 조악하게 독단적으로 상정하지는 않기 때문이다. 질료, 돌, 금속, 색채 등에 따라서[도] 예술이 분류된다. 한편으로 질료는 외적 측면을 이루는바, 이에 우연성이 개재되긴 하지만 외적 관계 자체의 특질이 있게 됨으로써 내면으로 다가가게 된다.[163] 따라서 다른 한편으로 질료는 우연한 것이기도하다.

어떤 예술작품로 하나의 권역이 형성되는지
규정할 차례다. 첫 번째는 자유롭지 않은, 직접
적이고 외면적인 것에 속한다. 이런 외면성, [부]자유는 제 목적을 타자
와의 관계 속에 두는 무기체 자연에 있다. 이에 상응하는 것이 상징적 규
정이다. 두 번째는 [즉 고전적 예술은] 내적 존재가 외면성으로 자기 자
신을 표현하는, 그렇게 자기화하는 예술작품 그 자체다. [내면과 외면이]
무차별적으로 있지 않고 내적 규정이 외면에 들어감으로써 서로 하나가
된다. 세 번째는 내면적이고 그 자체로 독자적이다. [그러니까] 외면으로
쏟아지지 않고 주관성 안에 복귀한다.[164] 《18》

> 미학의 보편적 분류. Ⅲ. 개별적 부문:
> a. 상징적 예술. 건축; b. 질료에 맞서 정신의 고요가
> 비쳐 나오는 완결된 예술작품. 조각. 객관적 예술;
> c. 내면과 외면이 구분되는 주관적 예술,
> α. 면과 색으로 구분되는 회화

여기에서 [즉 낭만적 예술에서] 특칭성이 나타나 외적 주관성이 존재
한다. 반면 첫 번째에는 [상징적 예술에는] 객관적 외면성이 존재하였다.
[외면과 내면이라는] 이 양 극단을 저 가운데[두 번째]가 포함하여 추상적
으로 모든 것이 하나의 총체성을 이룬다.

저 첫 번째가 건축인데, 이 예술작품에서는 이를 위한 외부 환경이 [건

축의] 외면성 및 내면성과 관계한다.[165] 사원이 건립되는 것이다. 무기체 자연이 자유로운 형상과 [즉 조각(신상)과] 적절한 관계를 맺어야 한다. 질료.[166] 건축은 상징적인바, 건축의 의미가 타자에 놓여 있기 때문이다. 의미라는 개념 규정성이 여전히 건축에는 없다. 두 번째인 조각은 [사원 내에] 서 있는데, [이에 대해서는] 나중에 논하기로 하자. 물론 고전적 건축은 물론 낭만적 건축도 있다.[167] 그러나 건축 자체에는 [의미가 없고 오히려] 타자에 의미가 있다. 타자를 위해 조성된 이것[건축]에 신의 형상이 들어온다.[168] 이 외면에 개체성의 섬광이 번쩍인다. 개체성 스스로 외면을 규정한다. 외면은 오직 질료이되 이것을 마주하면서, 이것을 떠나서 조각이라는 규정을 갖는다. 내면, 개념, 영혼 등은 이제 영원한 고요에 [이르렀다.] 그리고 내면이 자기 통일성을 위해 현존하는 한에서만 외면성이 이 내면에 자리한다. 내면이 자기 자신에 의거하여 고요하게 있음으로써 외면성이 성립한다. 질료는 추상적으로 [즉 무형의 덩어리로] 외부에 존재한다. 형상은 여전히 고요한 정신으로 있으면서 오직 공간성의 형식에서만 현상하되 공간을 채우는 내용 없이 추상적으로 있다. 오직 공간을 형식으로 해서만 내면이 표현될 수 있다. 조각은 곧 내면을 드러내는 기호다. 내적 고요는 추상적이기 때문에 공간의 외면성은 그 세 차원에 따라 추상적이다.

세 번째로 주관적인 것 전반이 있다. 추상적으로 고요한, 조각이라는 저 예술작품과 달리 이 세 번째에서는 내면과 외면의 구분이 다종다양한 특칭성을 갖고서 이곳저곳에 서로 어우러져 제 모습을 내보인다. 상징은 그 의미가 외부에 있다. [반면] 여기서는 내면이 주관적이다. 스스로 자유로우면서도 그 자체로 자신의 현상을, 자신의 가상화에 이르도록 해 주는 질료를 갖는다. 신적[169]이면서 스스로 고요한 이것은 느낌과 행위로 움직임을 준다. 좀 더 상세하게 규정하자면 추상적으로 나타났던 공간 차원이 이제 주관화됨으로써 그 세 차원 가운데 하나가 정리되면서 평면의 차원이 빛 속에 존재한다. 색을 통해 잡다한 현시가 나타난다. 회화에 심정 및 느낌의 이런 특칭성이 있다. 건축가는 색에 연연하지 않는다. 조형 예술작품의 현상을 규정하기 위해 취하는 대리석이나 금속 등은 [색의 차이가 없는] 동형성을 띤다. 소리의 방식[을 취하는 음악]은 주관성을 띤다. 그러니까 그 자체가 추상적인 소리, 울림이요 질료 자체의 진동이며 질료에서 벗어난 관념이다. 소리는 표상 및 느낌의 기호다. 감각적인 것은 공간적 규정으로, 순수한 질료, 소리, 색채로 출현한다. 예술은 보고 듣는 등의 이론적 감각을 위한 것이지 개체가 대상에 변화를 가하거나 이를 파괴할 때의 그 실천적 감각을 위한 것이 아니다. 《19》

미학의 보편적 분류.

Ⅲ. c. β. 음악, 소리를 통한 내면의 표시

γ. 표상 속에 규정된 소리인 내면의 표시, 시문학.

제1부. 이상에 관하여. Ⅰ. 이상 자체; 이념의 객관적 규정.

이념이란 개념과 실재성의 결합이고

주관적 진리이며

오직 생명 속의 이념으로만 현상한다.

예술작품은 오직 시각과 청각을 위해 존재한다. 공기 중에 냄새가 퍼져 나가면서 사라지는 까닭에 후각은 실천적이다. 이와 마찬가지로 촉각에서는 질료의 저항이 있고 미각에서는 화학적 용해가 있어 의당 이것들을 실천적 감각이라 부를 수 있다. 소리는 규정되지 않은 표상의 기호다. 주관적 규정을 갖는 세 번째로는 소리이되 표상을 명확하게 나타내는 기호인 시문학이, 이를 감각적으로 현상케 하는 언어[170]가 있다. 공간의[171] 이러한 총체성이 역동적 공간에 들어가 서로 어우러진다. 분절화된 언어인 한 소리는 [감각이 아니라] 표상 및 사유에 상응한다. 예술의 나라 전체에 대해 언급하자면 다음과 같다.

외적인 예술로 건축이 있다. 객관적 예술로 조각이 있다. 주관적 예술로 회화, 음악, 시문학이 있다. 시문학의 [하위] 규정으로는 세 개가 있는데 이에 대해서는 나중에 논하겠다. 시문학은 가장 완벽한 예술이다. 이는 가장 자유로운, 온 내용을 자신 속에 묶어 두어 가장 풍부한 내용을 갖는 것에 대한 표상으로서 정신의 외화라 하겠다.

건축이 상징적 예술의 구심점을 이룬다. 고전적인 예술에서는 조각이 가장 완성되어 있으며 낭만적 예술에서는 음악, 시문학, 회화 등이 그러하다.

■ 미주

서론

[1] 서론부터 제1부의 도입부까지 박스처리된 표제는 원고 윗부분에 하이만이 기록해 놓은 것이다(《xxxvii》 참조).

I. 미학의 범위

[2] 'das Schöne', 'Schönheit' 등은 문맥에 따라 '아름다운 것', '아름다움' 혹은 '미'로 번역한다.

[3] 감각(Sinn): Li – "느낌의 감각(Sinn des Empfindens)." 'Sinn'은 '감각', '감관' 혹은 '의미' 내지 '맥락'으로, 'Empfindung'은 '느낌', '감각', '감응' 등으로 번역한다.

[4] 미학은 … 다룬다: Li – "예술작품은 느낌의 관점에서 고찰된다."

[5] 미학이라는 용어가 처음 등장한 곳은 바움가르텐(A. G. Baumgarten)의 교수자격 취득논문 『시와 관계된 몇몇 사항에 대한 철학적 성찰(*Meditationes philosophicae de nonnullis ad poema pertinentibus*)』(1735)이다.

6 크리스티안 볼프(Christian Wolff, 1679-1754): 철학자. 철학적 예술론의 옹호자들 가운데 특히 알렉산데르 고틀리프 바움가르텐(Alexander Gottlieb Baumgarten, 1714-1762), 요한 야콥 엥겔(Johann Jacob Engel, 1741-1802), 요한 아우구스트 에버하르트(Johann August Eberhard, 1739-1809), 모제스 멘델스존(Moses Mendelssohn, 1729-1786) 등이 볼프의 추종자에 속한다. 느낌의, 그러니까 감각적 인식의 학을 나타내는 명칭인 미학은 1750년 출간된 바움가르텐의 미완성 라틴어 저작 『아이스테티카(*Aesthetica*)』에서 사용되었다. 그렇지만 헤겔은 자신의 강의에서 엥겔 및 에버하르트의 저작을 다룬다(서론 미주 41번 참조).

7 Kallistik(그리스어로 미의 학문을 뜻함). 미의 이론을 나타내는 명칭으로 채용되었으며 이 외에도 Kalliästhetik, Kalologia, Kalleologie 등이 사용되었다. 이에 대해서는 다음을 참조하라. Gottlieb Philipp Christian Kaiser: *Ideen zu einem Systeme der allgemeinen reinen und allgewandten Kalliästhetik: ein Versuch zu einer Vereinigung der ent-*

gegengesetzten Meinungen auch zum Selbst-Unterrichte in dieser Wissenschaft, Nürnberg 1813.

[8] 오늘날 '미학'이라는 학명의 창안자인 바움가르텐은 '감성적 인식의 학(scientia cognitionis sensitivae)'이라는 의미로 '아이스테티카(Aesthetica)'를 주창하였다. 칸트(I. Kant)는 『순수이성비판』에서 인간의 근본적 인식능력 가운데 하나인 '감성(Sinn-lichkeit)'의 선험적 원리에 관한 인식 이론의 차원에서 '초월론적 에스테틱[감성학/감성론, transzendentale Ästhetik]'을 다루었으나, 제3비판서인 『판단력비판』에서는 '에스테티쉬(ästhetisch)'한 표상이 인식론적 맥락 외에 미학 이론의 맥락에서도 언급되어야 한다는 결론에 도달한다. 이리하여 칸트에게 '순수한 취미판단'은 대상의 미에 대한 '미감적(ästhetisch)' 판단이 된다. 이런 배경으로 인해 칸트 이후 여러 논자는 (자연의, 혹은 예술의) 미에 대한 이론을 특정하기 위해 '아름다움'을 뜻하는 고대 그리스어 '칼로스(κάλλος)'를 동원하기도 하였다. 헤겔은 '에스테틱'을 사용할 때 이를 둘러싼 맥락을 떠나 오직 예술을, 혹은 예술미를 다루는 이론으로 사용하고자 한다. 요컨대 헤겔은 '미학'이라 쓰고 '예술철학'이라 읽는다.

[9] 우리가 보기에 … 표현한다: Ro – "예술의, 예술미의 철학이라는 말도 이에 상응한다."

[10] 미를 학문으로 … 있는지: Ro – "예술을 학문적으로 고찰할 수 있는지"

[11] 느낌이라는 것이 … 것이다: Ro – "서론 단계에 걸맞은 외적 고찰은 일반적 전제가 될 교양으로 의식에 수용된다. 우리가 그런 교양이라고 알고 있는 바를 보여주는 일이 주요 목적이다."

[12] Phantasie: 기본적으로는 '상상(想像)' 혹은 '구상(構想)'의 능력을 뜻한다. 그러나 이 말은 단순히 대상(자연)에 대한 경험으로부터 얻은 기존의 관념(표상)을 상기하여 연결하는, 단순히 재생하는 '연합(association)'의 능력에 머문 것을 가리키지 않는다. 그러니까 자연의 필연적 인과 구조로부터 자유로운 심상을 만들어 내는 창조적 상상력을 가리킨다. 다만 법칙으로부터 자유로운 '환상'에는 '공상' 혹은 '망상'의 가능성이 상존한다. 헤겔은 그런 가능성을 가령 고대 인도의 '판타지적 상징법'에서 발견한다.

[13] 학문적 고찰: Li – "학문적 고찰에 근거를 둔 필연성 범주"

[14] 아름다운 자연에서 … 할 때: Ro – "따라서 예술미에 천착한다고 할 때"

[15] Darstellung: 서술, 묘사, 재현, 표현, 혹은 현시[나타내(顯)- 보임(示)]

[16] 이러한 모방을 … 바란다: Li – “모방 자체만으로 만족을 낳으며 감관을 속이는 일이 생겨난다고 한다.”

II. 1. 예술과 자연의 관계 / 2. 예술과 도덕의 관계 / 3. 예술과 학문의 관계

[17] Hottentot: 네덜란드인들이 아프리카 식민지 원주민을 비하하면서 사용한 말. 유럽에 끌려가 전시된 이 지역의 한 여인을 ‘호텐토트의 비너스’라 부르기도 하였다.

[18] 개인마다의, 혹은 민족마다의. “partikulär”는 특수한, 개별적인, 특정한 등의 의미를 갖는다. ‘partikular’와 더불어 주로 ‘특칭적인’ 혹은 ‘특화된’ 등으로 번역한다.

19 자연에 충실하게 그려 참새들이 속아 이를 쪼아 먹었다 하는 제욱시스(Zeuxis, BC 435-390)의 포도 그림은 모방 논쟁에서 중요한 역할을 하는 사례다. 헤겔이 언급한 이 일화는 플리니우스(Plinius, 23/24-79)의 『박물지(*Naturalis historia*)』, XXXV권 65쪽, 대(大)세네카(Seneca Maior, BC 55-AD 40)의 『논쟁(*Controversiae*)』, V권, XXV번 논쟁 등을 통해 상이한 해석들이 전해진다

20 Vgl. *Kehler 1826*, Ms. 15[《15》]: “블루멘바흐는 린네의 제자인 늙은 뷔트너의 이야기를 전한다. 그는 모든 돈을 책 속에 숨겨 놓았는데, 『곤충들의 향연』에도 그렇게 끼워 두었다. 〔…〕 채색 동판화가 [거기에 있었는데] 우리가 접할 수 있는 가장 아름다운 것이라 할 수 있다. 원숭이 한 마리가 풍뎅이가 그려진 종이를 갈기갈기 찢으며 갉아 먹고 있는 것을 그가 발견했을 때, 원숭이를 속였다는 만족감으로 인해 화를 삭일 수 있었다.” 이 일화는 괴테의 다음 글에 있다. 「예술작품의 진리와 개연성에 대해. 하나의 대화(*Über Wahrheit und Wahrscheinlichkeit der Kunstwerke*)」 (1798). (Goethe: *Sämtliche Werke*. Bd. 13, 175-181, hier: 179f). — 아우구스트 요한 뢰젤 폰 로젠호프(1705-1759)는 『곤충들의 향연』에서 토종 곤충들 및 각종 담수 동물들의 생애를 묘사하였다. (August Johann Rösel von Rosenhof: *Insektenbelustigungen*. Nach dessen Tode von Christian Friedrich Karl Kleemann fortgesetzt. 4 Theile. Nürnberg 1741-1761).

21 Vgl. *Kehler 1826*, Ms. 15[《15》]: “나이팅게일의 지저귐을 인간이 모방할 수 있다. 칸트가 말하길, 인간이 그렇게 한 것을 우리가 알아채는 순간 그것은 몰취미한 것이 되고 만다.” 다음을 참조. (*) Immanuel Kant: *Critik der Urtheikskraft*. Berlin und Lindau 1790, §22, §42.

[22] 나이팅게일의 지저귐을 … 아니다: Li – “나이팅게일의 지저귐을 아주 잘 모방한

다 해도 사람들은 이에 금방 싫증을 낸다. 이는 기술품일 뿐 예술작품은 아니다. 사람들은 그 이상을, 다른 음악을 기대한다.”

[23] bestimmt: 특정된, 특정한, 명확한, 분명한.

[24] Form: 이 책에서 ‘Form’은 형식 혹은 형태로, ‘Gestalt’는 형상으로 번역한다.

[25] 여기까지 10월 27일 강의에 해당함. 원래는 다음 단락이 시작되는 부분에 표기되어 있으나, 10월 27일 강의가 종료된 지점은 여기고 다음 단락부터는 다음 강의(“28/10”)가 시작되는 지점이기에 혼동을 필하기 위해 앞으로는 강의 날짜 표기를 해당 강의가 종료된 지점으로 옮긴다.

[26] 이와 관련된 인물로 레싱(G. E. Lessing), 고트세트(J. chr. Gottsched), 실러(F. Schiller) 등을 들 수 있다.

[27] 주관성의 면에서 … 요구한다: Li – “주관으로서는 그 자체로 순수하고 오롯한 도덕만큼 의무가 순수할 것을 요구한다.”

[28] 그러므로 예술이 … 있다: Ro – “예술 자체가 이런 기만에 의거한다는 점은 모든 면에서 불리한 듯하다.”

[29] Schein: 〔빛이〕 비침, 빛남, 드러남(현현함)이라는 기본 의미에서 더 나아가 외양(겉모습), 그리고 더 나아가 기만, 허위 등의 의미를 갖는다. 이 단어는 예술과 관련하여 헤겔에게 중요한 개념으로 부각된다. 즉 예술이라는 가상이 진리(본질)를 드러낸다는 점에 헤겔이 주목하는 것이다. 이에 대해서는 가령 『미학강의』 제1권 21쪽 이하 참조.

[30] allgemein: 경험을 통해 도출되는 귀결을 가리킬 때는 ‘일반적’이라는 번역어도 선택된다. 또한 ‘allgemein’ 혹은 ‘im allgemeinen’은 ‘대략적으로’ 혹은 ‘전반적으로’ 등의 의미를 갖는다.

[31] 이와 관련된 인물로 바퇴(Ch. Batteux), 부일로(N. Boileau-D.) 등을 들 수 있다.

[32] Reflexion: ‘성찰’, ‘숙고’ 등으로도 번역될 수 있다. 헤겔은 종종 추상적인, 형식화된 ‘반성’(추론)을 구체적, 현실적 ‘사유’와 구별한다.

33 Aristoteles: *Poetik*. in: (*) *Aristotelis Opera omnia*. Basilae 1531.

34 (*) Diogenes Longinus: *De Sublimitate, ex rec Zach Pearcii c. vers, Lat. ed. S.F.N. Morus*. Leipzig 1768. (Pseudo-Longinos: *Vom Erhabenen*. Griechisch und deutsch, Von Reinhardt Brandt. Darmstadt 1966.) 1786년에서 1787년 사이 헤겔은 이 책의 그리스어 원전을 번역하였으나 지금은 전해지지 않는다.

35 헤겔은 BC 18년에 나온, 『시학(*Ars poetica*)』이라는 이름으로 전해지는, 호라티우스의 『피소 부자에게 보내는 서한(*Epistola ad Pisones*)』을 가리키고 있다. 여기에는 예술작품의 산출 규칙에 대한 요구에 여러 관점이 추가적으로 설명되고 있다. 헤겔은 18세기 이후 대중화된 게스너판 텍스트를 소유하고 있었다. (*) *Horatius*, ed. Baxter, add. J. M. Gessner. Lipsiae 1772.

[36] 영국의(englisch): JH – "그러한(dergleichen)"

37 (*) 헨리 홈(Henry Home, 1696-1782): Aus dem Engl. übersetzt von Joh. Nikolaus Meinhard. 2 Bde. Leipzig 1772. *Grundsätze der Kritik*[nach der 4. Aufl. bearbeitet von Garve und J. J. Engel].

38 샤를 바퇴(Charles Batteux, 1713-1780): 『단일한 하나의 원리로 환원되는 아름다운 기예들(*Les beaux-arts réduits à un même principe*)』, Paris 1746; *Cours de belles-lettres, ou principe de la littérature.* 5 Bde. Paris 1747-1750; (*) 카를 빌헬름 라믈러(Karl Wilhelm Ramler, 1725-1798): *Einleitung in die schönen Wissenschaften.* Nach dem Französischen des Herrn Batteux mit Zusätzen vermehrt. 3. Aufl., Bd. 1-4. Leipzig 1769.

39 요한 야콥 엥겔(Johann Jacob Engel, 1741-1802): 『아름다운 기예 및 학문의 이론(*Theorie der schönen Künste und Wissenschaften*)』. Halle 1783. (*) 요한 아우구스트 에버하르트(Johann August Eberhard, 1738-1778): 『아름다운 기예 및 학문의 이론. 강의판(*Theorie der schönen Künste und Wissenschaften.*)』. Zum Gebrauche seiner Vorlesungen herausgegeben zweite verbesserte Auflage. Halle 1786. 엥겔과 에버하르트는 볼프학파에 속했다(서론 미주 5번 참조).

[40] 지식: JH – "권역"

[41] 이성과 규범에 의해 고착화되지 않은, 추상적이지 않고 "생동하는(lebendig) 시문학"은 '질풍노도(Sturm und Drang)' 시기의 문학을 가리키며, 보다 일반적 차원으로는 "판타지", "자유" 혹은 "천재" 미학의 대표적 사례가 된다.

[42] "그렇지만 다른 … 시작했다: Ro – "근대의, 혹은 낯선 민족의 시에 대한, 이제서야 인정받기 시작한 인도의 시에 대한 감수성이 이로 인해 생겨났다."

[43] 예술의 종류가 늘어났다: Li – "지금까지는 고전적 예술만이 인정을 받아 왔다."

[44] individuell: 개별적인. 이 책에서 'Individualität'는 '개체성', '개별성', '개성' 등으로, 'Einzelheit'는 주로 '개별성'으로 번역한다. 단, 문맥에 따라 'individuell'과 'einzel-' 모두 '개개의', '각각의' 등으로 번역하기도 한다.

45   요한 볼프강 폰 괴테(Johann Wolfgang von Goethe, 1749-1852).

[46] 헤겔 또한 괴테의 예술 관련 논고들을 읽었다. 가령 괴테의 고딕 건축론(《88》 이
      하 참조), 작품의 의미성(《7》 이하 참조) 등에 대한 헤겔의 언급이 이 강의에서도
      발견된다. 그러나 헤겔은 괴테의 정신이 예술보다는 자연에 더 친근했다고 보
      았고, 예술 이론에 깊은 관심을 보인 실러가 이 점에서 괴테와 대비된다고 생각
      했다.

[47] 이념이 인식되어야 한다면: Ro - "미가 즉자대자적으로 승인되어야 한다면"

[48] 고찰: Li - "미 고찰"

49   Plato: *Werke*. 헤겔은 자신의 『철학사 강의(*Vorlesungen über die Geschichte der Philosophie*)』
      에서 고찰한 내용을 이 강의에 집약화하고 있다(Vgl. G. W. F. Hegel: *Vorlesungen über
      Platon〔1825/26〕*. Hrsg. und eingel. von Jean-Louis Vieillard-Baron, Frankfurt a.M./Berlin/Wien
      1979).

[50] 충만함을: Ro - "성숙한 요구를"

51   Plato: 『파이드로스(*Phaidros*)』, 251.

[52] 사랑, 아모르가 … 바가 있다: Ro - "특히 그는 아모르(amor), 에로스(ερος)의 서술
      로부터 미의 동력을 얻었다."

Ⅲ. 1. 미 개념

[53] 예술 혹은 예술미를 우리에게 곧장 주어진 것으로 상정하여 이를 규정하지만, 사
      실 미학이라는 학문의 대상은 헤겔의 철학 체계에서 '절대정신(der absolute Geist)'에
      속하며 다른 '정신들', 즉 국가(세계사), 종교 등과 필연적 연관을 갖는다. 논리(로
      고스), 자연 및 정신을 아우르는 헤겔 철학의 체계 전반을 다룬 저작이 『철학적 학
      문든이 배과사전』이다.

[54] '존재(실존/현존)'에서 출발해 이것의 필연성을, 다시 말해 이것의 '본질'을 입증해
      야 하는 어려움

55   Vgl. Aristoteles: 『형이상학(*Metaphysik*)』 I. in: *Aristotelis Opera omnia*.

[56] 비철학적 학문은: Li - "경험적인 학문은 오히려"

[57] 가령 수학에서는 … 마찬가지다: Ro - "가령 수학에서는 삼각형이 존재하는지에
      대해 의심하지 않으며, 공간이, 태양이 존재하는지 등에 대해 그 어떤 의심도 생
      기지 않는다."

[58] 물질과 상이한 … 것이: Ro – "정신, 영혼, 물질로부터 독립된 자립체, 프시케
(ψυχη)가"

2. 미의 존재. 존재로부터 미 개념의 개진에 대하여

[59] nicht bewiesen, sondern 〔auf〕gewiesen: (대상이) 입증됨 없이 제시된다.

60 　헤겔은 미학의 체계적 기반을 1817년 하이델베르크에서 처음 출간한 자신의 『철
학적 학문들의 백과사전 개요(*Enzyklopädie der philosophischen Wissenschaften im Grundris-
se*)』에서 개진하였다. 미학강의와 교차적으로 수행된, 체계적 해명이 담긴 『백과
사전』에 대한 베를린 강의를 가리키고 있다(Enzyklopädie 1827, §§556-563).

[61] lemmatisch: 'Lemma'는 본제(本題)를 증명하기 위해 상정하는 보조 명제 혹은 예비
정리(定理)로서 '부명제(副命題)' 혹은 '보조 정리'라 불린다. 또한 '표제(title)'의 어원
이 되는 개념이다. 'Lemma' 자체에 대한 증명은 선행하는 논의에서 이미 이루어
졌다고 보고 이를 전제로 하여 지금 논의되는 대상의 해명에 활용한다. 이제 예
술에 선행하는 것을 체계 전체에 대한 철학적 논의를 통해 이미 입증된 것으로
보아 이를 부명제로 삼고 이를 바탕으로 예술미의 참된 개념인 '이상(Ideal)'으로
진입하기 위한 교두보를 이 서론에서 마련한다.

[62] Kreis des Ganzen: 전체 권역. 철학의 대상을 이루는 논리, 자연, 정신 등을 통칭
한다.

[63] 물리학, 심리학 등의 다른 비철학적 학문은 대상의 존재를 입증함 없이 그저 전
제할 따름이다. 미학강의의 대상인 미 혹은 예술은 단순히 그런 식으로 전제될
수 없다. 헤겔의 철학 체계를 보면 예술은 객관정신의 결론에서 도출된 결과이자
절대정신 가운데 첫 번째 부분으로서 두 번째 부분인 종교로 나아간다.

3. 미 개념을 표상에서 도출하는 비학문적 방법

[64] Vorstellung: 여기서는 역사적, 문화적, 관습적으로 형성된 통념을 뜻한다.

4. 기존 해명에 대한 비판

[65] 관심을 끄는 … 없다: Li – "바움가르텐, 에버하르트, 멘델스존, 엥겔 등 볼프학파
에 속한 이들은 진부하다 할 범주들을 내놓았다."

66 　요한 하인리히 마이어(Johann Heinrich Meyer, 1759-1832): 화가이자 예술작가. 조형

예술의 분야에서 괴테의 긴밀한 협력자였다.

67 알로이스 히르트(Aloys Hirt, 1759-1839): 1796년 고고학 교수로 초빙되어 로마에서 베를린으로 건너가 헤겔과 친분을 맺었다. 히르트는 베를린 박물관 구상을 공표했는데 이 박물관은 실제로 착공되어 1830년에 개장하였다.

[68] 『호렌(Horen)』은 1795년부터 1797년까지 총 12권이 나왔다. 여기서 언급되는 히르트의 논문은 1797년에 나온 11권 중 7부에 실렸다.

[69] Charakteristik: 한 개체의 특유한 점을 강조하여 표현하는 일. 이런 맥락에서는 'das Charakteristische'를 '성격적인/성격화된 것' 내지 '성격화'로 번역한다. 단 'Charakter'는 '성격' 외에도 문맥에 따라 '〔등장〕인물', '개성', '특색', '특징' 등으로도 번역한다.

70 (*) Aloys Hirt:「예술미에 대한 시론(Versuch über das Kunstschöne)」, in: *Die Horen: eine Monatschrift*. Hrsg. von Friedrich Schiller. 3. Jg., 7. Stk. Tübingen 1797, 34f: "성격화를 나는 말하자면 규정된 저 개체성으로 이해하며 이를 통해 형태, 운동, 몸짓, 표정, 표현-고유색, 명암, 농담 및 색조- 등이 구분된다. 그리하여 왜곡된 대상의 그 모습처럼 된다."

[71] 형태, 표현, 고유색, 명암: Li - "형상, 명암, 농담(濃淡)" / Ro - "형상화된 색, 행위 및 용모"

[72] 미의 본질(Wesen)이야말로 예술의 목적이다: Li - "특유성의 형성(Formung der Eigentümlichkeit)이야말로 예술의 궁극목적이다."

[73] 이를 표시한다: JH - "이와 관계된다."

[74] Drama: 드라마 혹은 희곡. '극적 시문학(dramatische Poesie)'이라고도 부른다.

[75] 다른 것과: JH - "극시와"

76 (*) Johann Heinrich Meyer: *Geschichte der bildenden Künste bei den Griechen*. 3 Bde. Dresden 1824, Bd. 1, 206: "다만 두 견해는 흔적도 없이 사라졌다. 예술을 위해 이렇게 생각해 볼 만하다. 즉 첫 번째 견해는 아마도 희화적인 것으로, 두 번째는 부자연스러운 것으로 나아간다."

77 안톤 라파엘 멩스(Anton Raphael Mengs, 1728-1779): 독일 화가 및 예술 이론가.

[78] 요한 요하임 빙켈만(Johann Joachim Winckelmann, 1717-1768): 미술사학자. 고대 그리스의 미술에서 엿보이는 이상적 아름다움을 '고귀한 단순함, 고요한 위대함(Edle Einfalt, stille Größe)'으로 정식화한 것으로 유명하다. 헤겔의 '고전적 이상(Ideal)' 개념

과 밀접한 관련이 있는 인물이다.

79 Johann Wolfgang von Goethe:『예술과 고대에 대하여(*Über Kunst und Altertum*)』2. Bandes, 1. Heft. Stuttgart 1818, 182. Zitiert von Meyer,『조형예술의 역사(*Geschichte der bildenden Künste*)』. Bd. I, 205: "고대의 최고 원칙은 말하자면 의미성이었으나, 성공적 취급의 최고 결과는 아름다움이었다."

[80] 의미 있는 … 매한가지다: Ro - "이제 우리가 모든 것을 고찰한다면 다음과 같은 것을 보게 된다. 즉 의미 있는 것이란 성격화된 것 외의 그 어떤 것을 말하는 게 아니며, 이로써 마이어의 정의는 그가 거부했던 히르트의 정의와 합치한다."

[81] 'scheinen'은 통상적으로는 '…인 듯 보이다', '…로 비치다' 등의 의미를 갖지만, '가상(비침)을 통해 진리를 현현(顯現)토록 한다'는 맥락을 나타낼 때는 '가상화하다'로 번역한다. 《3》서론 미주 30번도 참조.

[82] 내면의 빛이 외면으로 비쳐 나오도록

[83] 그리하여 외면은 … 한다: Li - "따라서 내면을 가상화한 외면(아름다운 것), 외면을 통해 자신을 가상화한 내면, 이 둘은 구분될 수 있되, 외면은 결코 내면에 타자로서 관계하는 식으로 현존해서는 안 된다."

84 Vgl. (*) Immanuel Kant: *Critik der Urtheilskraft*. Berlin und Lindau 1790. 1828/29년 강의에서 헤겔은 이전 강의에 비해 훨씬 상세하게 칸트를 다루었다.

85 "경험 법칙 일반 아래 자연 사물의 형식에 관한" 판단력의 선험적 원리를 칸트는 "잡다함 속 자연의 합목적성(Zweckmäßigkeit der Natur in ihrer Mannigfaltigkeit)"(KU, XXVIII)이라 규정하였다. 이 원리는 오직 "반성하는 판단력에 그 근원"(같은 곳)을 갖는다. 특수자가 보편자 아래 개념적으로 포섭되는 것이 아니라 판단력이 주어진 특수자를 위한 "보편자를 발견해야만 하기"(KU, XXVI) 때문에 그러하다.

86 『판단력비판』의 서문(Vorrede)에 다음과 같이 쓰여 있다. "자연의 합목적성이라는 이 초월론적 개념은 자연개념도 자유개념도 아니다. 객관(자연)에 첨부하는 것은 전혀 없고 그저 일관된 경험이라는 의도 아래 자연 대상을 반성하기 위한 유일한 방식을 대변할 뿐이요 이는 결과적으로 판단력의 주관적 원리(준칙)인 까닭에 그러하다"(KU, XXXIV).

[87] 지성(오성)(Verstand)은 사안을 특정한 관점(기준)에 따라 분별하여 이를 개념화하는 능력 일반을 뜻하며 대중적, 일반적, 상식적 이해 가능성의 필요조건을 이룬다. 칸트에게 지성은 경험된 것에 통일성을 부여하고 이에 대해 판단하는 능력이

다. 순수 지성 개념(범주)의 체계를 찾아낼 때, 그리고 현상에 객관적 타당성을 부여하는 판단의 가능성을 증명할 때 칸트는 지성의 원칙에서 출발한다.

[88] 칸트 인식론에서 대상에 대한 직관은 오직 '감성(Sinnlichkeit)'을 통해서만 가능하기 때문에 오직 '감성적 직관(sinnliche Anschauung)'만이 가능하다. 지성은 다종다양한 직관에 통일성을 부여하여 이를 규정한다. 즉 우리 인간에게 직관은 감성이, 규정은 지성이 맡는다. 그런데 헤겔은 칸트가 전제하는 '감성과 지성의 상호작용'에서 "감각적으로 규정하는(sinnlich bestimmend) 지성", 즉 "직관적(intuitiv) 지성"을 발견한다. 칸트가 현상을 규정하는 인식에서 배제한 — 목적론적 자연 고찰에서 다시 상정하는 — '직관하는 지성'이 칸트의 취미판단 이론에서 작동하고 있다는 점을 헤겔은 강조하고 있는 것이다.

[89] "인식능력의 자유로운 유희(Spiel) 상태"를 말한다. 취미판단을 할 때 "상상력(Ein-bildungskraft)과 지성의 자유 유희로 인해 이 상태에 이른다." 이 두 능력은 "이로써 자유로이 유희하는데, 특수한 인식규칙에 이 둘을 제한할 그 어떤 개념도 규정되지 않기 때문이다"(KU, §9).

[90] 예술미는 인식의 … 통해 충족된다: Ro- "인식력의 유희가 예술을 통해 유발된다." / 예술미는 주관의 유희를 통해 일깨워지는 것이지만 그러한 유희의 원인 자체가 대상(예술)의 그 아름다움이다. 즉 예술미 자체가 주관을 유희로 이끈다.

[91] 예술미에서는 개별자(Einzelnes)가 … 가상화된다: Ro - "예술미에서는 특수자(das besondere)가 보편적 개념에 상응하며 이에 걸맞다. 칸트의 추상적 원리는 바로 이러하다." / 통상적 인식에서 특수자는 보편적 개념으로 파악된 개별자이지만 미의 고찰에서 그 대상은 그러한 개념으로 포착되지 않는 보편성을 갖는다.

[92] 직관적 지성은 … 판단한다: Li - "이를 표하는 말이 직관적 지성이다. 직관적 지성은 시유히면서 지관히며 특수자와 보편자를 결합한다. 우리가 판단하기에 직관적 지성에 걸맞은 무언가가 있다." / Ro - "이런 점을 내포하고 있는 것을 직관적 지성이라 볼 수 있다. 칸트가 말하길 이제 이것이 판단력의 준칙이다."

93 "미 분석론"에서 칸트는 질, 양, 관계, 양태 등에 따른 『순수이성비판』의 판단표 및 범주표에 기대어 취미판단("x는 아름답다")을 분석한다(KU, §§1-22).

94 헤겔은 여기서 아름다운 것에서의 만족의 "무관심성"이라는 유명한 정식을 언급하고 있다. (쾌적한 것 내지 좋은 것에서의 만족과는 달리) 아름다운 것에 대한 취미는 "유일무이하게 무관심적이면서 자유로운 만족이다. (…) 왜냐하면 감관의 관심이

나 이성의 관심은 찬동을 이끌어 내지 못하기 때문이다"(KU, §5).

[95] 의지와 무관하다 … 있다: Li – "대상을 사용하고 이용하려는 감각적 욕망과 무관한 것이다. 이 대상은 그 자체로 인해서가 아니라 우리의 욕구로 인해서 우리에게 중요하다. 감각적인 것은 그러한 욕구의 규정에 따라 가치를 갖는다. 현존하는 대상이 한편에 있고 규정, 보편자, 내 안의 상이한 규칙이 다른 편에 있다. (즉 내가 대상을 소비할 때 이 욕구는 내 안에 있으며 자연물이 스스로 갖는 규정은 이와 다르다)"

96 칸트는 아름다운 것에서의 만족을 "그런 대상에 대한 욕구가 감각을 통해 유발되는"(KU, §3) 그런 쾌적한 것에서의 만족과 구분한다.

97 헤겔은 『판단력비판』에서 질에 따른 취미판단 분석의 도입부에 해당하는 6절의 표제, 즉 "미란 개념 없이 보편적 만족의 객관으로 표상된다"(KU, §6)를 거의 그대로 인용하고 있다.

[98] Bildung: 도야, 교육, 형성

[99] an und für sich: 즉자적(卽自的)이면서 동시에 대자적(對自的)인. 'an sich'와 'für sich' 모두 일상 독일어에서 '그 자체로' 정도로 번역 가능한 말이지만 헤겔에 의해 전문 용어로 특화되었다. '즉자적'이란 '자기 자신'에 '즉하여' 그 자체로 있는 본래의 상태를 뜻한다. '대자적'이란 즉자적 면모가 외화되면서 타자와 관계를 맺고 이 속에서 '자신에 대해' 있으면서 '즉자'에 대한 앎에 도달한 상태를, 즉 그런 앎을 통한 즉자적 개념의 실현 상태를 뜻한다. 모든 존재는 타자와 마주하는 '대타(對他) 존재(Sein für Anderes)'가 되어 그 관계를 통해 자신과 타자의 차이를 인지함과 동시에 그 관계와 더불어 자신과의 관계로 진입하는 것이다. 모든 존재는 순전히 즉자적인 한에서는 무매개적, 직접적 자기동일성 속에 있으나 타자와의 관계 속에서 자기 자신의 본래 모습으로 되돌아옴으로써 대자적 존재가 된다. 타자 관계를 통해 결국 자신의 본모습과 마주한다는, 즉 자기 자신과 매개한다는 점에서 대자적 존재는 곧 독자적(獨自的) 존재다. 즉자적일 뿐인, 대자화되지 않은 상태는 아직 자기 본연의 모습이 구체적으로 전개되지 않은 상태, 아직 잠재되어 있을 뿐 현실화되지 않은 추상적 본질을, 주관적 의식이 아직 파악하지 못한 ― 사유 과정의 전체 과정을 조망하는 '우리에 대해(für uns)' 있을 뿐인 ― 상태를 뜻한다. 그런데 그런 미발(未發)의 상태가 명시화되어 도달된 '즉자대자적 존재'란 자신의 '즉자'에 대한 온전한 자각에 도달한 상태라 할 수 있다. 이 책에서는 가독성을 고려하여 가능한 선에서는 문맥에 어울리는 다른 표현을 선택할 것이다.

100 취미판단은 논리적 판단이 아니다. 논리적 판단은 판단 대상에서 무언가 보편화
    가능한 속성과 관계하면서 이 속성을 개념에 따라 분류할 수 있다(§6). 양에 따르
    면 이는 단칭판단이다. 취미판단에서 요구되는 보편타당성은 "객관에 세운 보편
    성"에 놓인 그런 개념적, 논리적 보편타당성이 아니라, "이 판단에는 주관적 보편
    성 요구가 결부되어야 한다"(§6). 순전히 사적인 "감관취미"가 아니라 "반성취미"
    에 터전을 둔(§8) 주관적 보편성은 "모든 이의 동의를 요청하지 않으며 (그런 일은
    근거를 제시할 수 있는 논리적인 보편적 판단만이 할 수 있기 때문이다) 그저 모든 이의 동
    의를 요망할 따름이다"(§8). 주관적 보편성의 근거는 상상력과 지성의 자유 유희
    에서 성립한다. "취미판단에서 표상종류의 주관적 보편적 전달 가능성은 규정된
    개념을 전제하지 않고 생겨야 하는 까닭에 상상력과 지성이 (인식 일반에 요구되는
    만큼 양자가 부합하는 한에서) 자유롭게 유희하는 심성상태가 아닐 수 없다"(§9).

[101] 따라서 아름다운 … 않다: Ro – "따라서 다음과 같이 말할 수 있다. 아름다운 것
    에는 보통 우리의 판단에서 출현하는 분리가 있지 않다" / '판단(Urteil)'이란 '근원
    적 분할' 행위다. 즉 개별자(주어)와 보편자(술어)를 분리한 후 전자를 후자와 연관
    짓는 행위다.

102 『판단력비판』 10-17절에서 칸트는 목적과의 관계에 따라 취미판단을 분석한다.
    "아름다운" 대상의 판정은 인식력의 자유 유희를 유발할 목적에 따른다. 합목적
    성은 순전히 형식적이어서 좋음이나 유용함과 같은 내용에 대한 목적을 개념화
    하지 않는다. 이에 따라 미는 "목적의 표상 없이 한 대상에서 지각되는, 대상의
    합목적성의 형식"(KU, §17)이다.

103 "목적 없는 합목적성"의 사례를 칸트는 유기체 자연에서 발견한다. 여기의 자연
    현상은 마치 어떤 계획을 지닌 지성 하나가 이 현상을 자신의 합목적적 구조에
    따라 전개하고 창출한 듯이 그렇게 서술될 수 있다. 이런 연관에서 칸트는 "형식
    에 따른 합목적성"(KU, §10)이라는 정식을 사용한다. 이런 연관에서 칸트는 『판단
    력비판』에서 "자연목적"을 언급한다. 자연물이 "스스로 … 원인이자 결과"(KU, §
    64)일 때 이를 언급할 수 있다. 1818/19년 자연철학 강의에서 헤겔은 이와 유사하
    게 "유기체는 자기목적이다"(V 16, 140)라고 말한다.

[104] 사물에 내재한 … 있다: Li – "합목적성은 사물 자체에 내재한 본성이다. 내적 합
    목적성이 있다."

105 취미판단의 네 번째 계기인 양태에 대한 분석을 통해 칸트는 다음과 같은 결론에

도달한다. "개념 없이 필연적 만족의 대상으로 인식되는 것은 아름답다"(KU, §22).

[106] 합규칙성(Regelmäßigkeit)으로서: JH - "합규칙성으로 인해"

IV. 우리의 미학적 의도

[107] 공업, 해운업 등: Li - "우리의 편의, 활동 등을 위한 물리적 욕구의 체계로 있는 공업, 해운, 상업 등의 체계"

[108] 공업은 인간에게 … 완성시킨다: Ro - "우선 요구의 충족이 있다. 그러나 더 높은 연관이 다음과 같은 필연성을 갖는다. 즉 하나의 권역이 다른 권역을 완성하며, 따라서 처음 권역에서 충족되지 않았던 욕구를 다음 권역이 충족한다. 이것이 내적 연관이다."

[109] "미를 부명제로(lemmatisch) 해명"한다는 말의 의미에 대해서는 《6》에서 이미 언급된 바 있다. 그런데 여기서는 《6》에서와는 다소 다른 맥락을 갖고 있다. 즉 앞에서는 철학 체계에서 선행하는 개념이 'Lemma'로 언급된 반면, 여기서는 이를 미에 대해 익숙하게 받아들여진 '통념'으로 이해하고 있다. 호가드의 '미의 선'이 언급되는 이유도 그런 맥락에서다. 『미학강의』 제1권의 다음 대목을 보면 이 두 맥락을 함께 고려해야 함을 알 수 있다. "따라서 우리가 출발하는 미 이념을 증명하는 일, 즉 학문에 따를 때 미 이념의 모태인 선행 전제에서 미 이념을 필연성에 따라 도출하는 일은 우리의 당면 목적이 아니라 전체 철학 및 그 특수 교과들의 백과사전적(enzyklopädisch) 전개의 소임이다. 우리에게 미와 예술의 개념은 철학체계를 통해 주어진 전제다. 이러한 체계를, 그리고 예술이 그것과 맺는 관계를 여기서 해명할 수 없기 때문에, 우리는 미의 개념을 아직은 학문적으로 갖추고 있지 못하며, 다만 우리에게는 미와 예술에 관한 여러 생각들 가운데 이미 통념이 된, 혹은 그렇게 파악된 바 있는 측면과 요인들이 눈앞에 있다. 우리는 여기에서 시작할 것이며, 그런 다음에야 비로소 앞서 말한 견해를 좀 더 근본적으로 고찰할 텐데, 이로써 우선은 우리의 대상에 대한 통념을 상기하고 간단히 비판함으로써 추후 다루게 될 보다 높은 규정들에 대한 식견을 예비한다는 장점이 있기 때문이다"(《43》).

[110] 균등함, 삼각형: JH - "균등한 [정]삼각형"

[111] 타원은 두 초점으로부터 떨어진 길이의 비가 균등한 점들로 이루어져 있다.

112 윌리엄 호가스(William Hogarth, 1697-1764): 영국의 화가, 특히 동판화 작가이자 예

술 이론가로 『미의 분석(*Analysis of Beauty*)』(London, 1753)이라는 예술론 저작에서 '미의 선(line of beauty)'에 대한 이론을 개진하였다.

[113] 지양하다(aufheben): 우리말에서 지양(止揚)이라는 말이 지닌 함의('…를 위해 …를 지양한다!')가 그러하듯, 헤겔에게 이 말은 현재의 한계를 부정(폐기)하되 그것의 내실을 보존하여 더 나은 것으로 상승하는 일을 뜻한다. "일단" 부정의 국면만을 가리킬 때는 이 말이 "긍정적인(affirmativ) 것"의 내용을 도외시한 채 이를 "추상적"으로 폐기한다는 의미를 갖지만, 거시적인 맥락에서는 그것의 "일면성"을 극복하여 "스스로 긍정적으로", 즉 "이성적인 것"으로 "고양"된다. 이런 맥락을 고려할 필요가 없는 경우에는 앞으로 '폐기', '부정', '제거' 등으로도 번역한다.

[114] Beisichselbstsein: 자기 곁에 존재함, 자기 거주. 타자와의 관계 속에서 자존(自存)함.

[115] 'moralisch'는 '도덕적'으로, 'sittlich'는 '윤리적'으로 번역한다.

[116] 자유가 자연필연성에서 … 욕구다: Ro - "자유를 충족하려는, 투쟁을 지양하여 화해시키려는 욕구가 최고의 욕구다" / 이런 화해를 파악하고 서술하는 일이 헤겔이 보기에 철학의 최고 욕구다. 윤리성(Sittlichkeit)은 높은 수준에 도달한 화해의 한 단면을 보여 준다.

117 아마도 헤겔은 『윤리형이상학 정초(*Grundlegung zur Metaphysix der Sitten*)』 제2부에 있는 칸트의 요구를 언급하고 있는 듯하다(*Kants Werke*, Akademie Ausgabe. Bd. IV., Berlin 1968, 406).

[118] Herz und Trieb: 칸트 윤리학에서 말하는 '경향성(Neigung)'에 해당한다.

[119] 현실이 이런 … 부여한다: JH - "이런 사유가 현실에 생기를 부여한다."

[120] 질료

[121] 자연의 필연성을 안다는 것은 법칙에 구속받는 자연과 달리 자유롭게 존재하는 것을 뜻한다

[122] Leben im Staat: 직역하면 '국가에서의 삶'이 된다. 헤겔에게 국가는 단지 통치 조직을 뜻하는 것이 아니라 개인의 현실적 삶에 본질 내지 실체를 이루는 면을 온전히 구현해 주는 장으로서 윤리성(인륜성)의 최고 심급을 뜻한다.

[123] 규정을: JH - "해소를"

[124] 표상과 사유에서의 … 방식이다: Ro - "따라서 진리는 우리의 모든 충족이 귀결되어야 할 지점이다. 진리를 감지할 때 축복이 있다."

[125] 그래서: JH - "종교는"

[126] 정신: JH – "개념"

[127] 이것이: Li – "주관성과 객관성의 통일성이 진리다. 다시 말해"

[128] 헤겔의 철학 체계에서 절대자를 포착하고 현시한 절대정신에는 예술, 종교, 철학이 있다. 본질적으로 예술은 감각적 직관의 형식을, 종교는 표상의 형식을, 철학은 개념적 사유의 형식을 취한다. 그런데 "일반화해서 표시"하자면 이 셋 모두 "종교"로 통칭될 수 있다(『철학적 학문들의 백과사전』, §554).

[129] 표상의: JH – "직관의"

[130] 내면에 대한 성찰

[131] 헤겔에게 '표상(Vorstellung)'은 더 이상 직관이 아니지만 그렇다고 아직 사유에는 이르지 않은 정신 형식을 가리킨다. 이에 대해서는 『철학적 학문들의 백과사전』, §451 이하 참조.

[132] 북쪽: JH – "북해(Nordsee)"

133 이에 대해서는 다음을 참조. 실러(F. von Schiller): 『30년 전쟁사(Geschichte des Dreißig-jährigen Krieges)』. 헤겔은 황제군의 수장인 틸리 백작이 마그데부르크라는 도시를 불태워 버린 이야기를 가리키고 있다.

[134] 어떤 것이든 궤변의 … 있다: Ro – "말하자면 철학도 궤변이 될 수 있으며 좋지 않은 관심에 이용되는 식으로 전락할 수 있다."

[135] 사유하는 사유 … 말이다: JH – "종교 또한 사유하는 것이다. 그 이유는 다음과 같다."

136 헤겔은 이른바 『가장 오래된 독일관념론 체계기획(Ältestes Systemprogramm des deut-schen Idealismus)』(1797)에서 이미 슐레겔(F. Schlegel)의 예술규정으로 알려진 '민족(Volk)의 교사'론[『그리스 시문학 연구에 대하여(Über das Studium der griechischen Poesie)』, in: Schlegel. Bd. 1, 217-367, heir 351]을 자신의 철학 구상을 통해 집약화하였다. 이와 더불어 헤겔은 실러를 계승하여 '민족교육의 이상'을 개진하려는 시도를 이어나간다(Vgl. Briefe von und an Hegel. 1785-1812, Bd. 1. Hrsg. von Johannes Hofmeister. Hamburg 1969, 20, 24f). 헤겔은 이를 실러의 『인간의 미학 교육에 대한 편지(Briefe über die ästhetische Erziehung des Menschen)』와 연계하였고 루소에 반대하면서 실러의 편에 섰다. 자연이 아니라 문학(Dichtung)이 인간성의 함양을, 윤리성의 형성을 보장한다(Schiller: Werke. Bd. 20, 337)는 실러의 구상을 헤겔은 횔덜린(Hölderlin)과 토론하면서 '민족교육의 이상'으로 발전시켰다. 미학강의에서 헤겔은 또한 레싱(Lessing)의 구

상을 간접적으로 가리키고 있다.

137 이에 대해서는 다음을 참조. 헤로도토스(Herodot, BC c. 495-c. 425): 『히스토리아 (Historien)』 II, 53. (Bd. 1, 246-249)

[138] Bilder: 기본적으로 '상(像)'을 뜻하는 말인 '빌트(Bild)'의 복수형. 이것이 마음에 있으면 '심상(心象)'이고 외부에 있을 때는 '형상(形像)'이다. 'bildlich'는 '조형적(造形的)/구상적(具象的)'을 뜻한다. 따라서 'Bild'는 그림(소묘, 초상, 장면, 화면, 사진, 영상), 이미지(관념, 표상), 화신(化身), 상징(비유), 조형물[조소(彫塑)] 등 다양하게 번역될 수 있다.

[139] 《6》 이하 참조.

[140] 구체적: Ro - "본질적"

[141] 거듭 새로워지는 … 있다: Li - "형식이 완벽하지 않으면 내용의 진리 또한 완벽하지 않다. 인도인과 중국인은 그리스인만큼 형식의 미에 이르지 못했다."

[142] Nach: 철학 체계상 예술 다음에 등장하는 '종교' 및 '철학'을 가리킨다.

143 헤겔은 예술이 절대자에 대한 지성적 직관으로서 최고의 철학적 대상(철학의 기관)이라는 프리드리히 빌헬름 요제프 셸링(1775-1854)의 견해를 비판한다. 이미 예나(Jena)의 저작 및 그 성찰을 통해 헤겔은 이런 식으로 자신을 셸링과 차별화하였다. 예술의 내용상 제약성을 언급하면서 말이다 [가령 다음 저작을 참조. 『피히테와 셸링의 철학 체계상 차이(*Über die Differenz des Fichte'schen und Schellung'schen Systems der Philosophie*)』, in: Hegel: Gesammelte Werke, Bd. 4, 75-77] 「철학적 관계에서의 단테에 대하여(Ueber Dante in philosophischer Beziehung)」(Schelling: *Ueber Dante*, 486-493)라는 글에서 셸링은 우주 일반을 고찰하는 유형으로 제시된 절대자를 예술작품에서 직관하는 일의 "역사적 구성"(같은 곳, 490)을 개진하였다. 이에 대응하는, 절대자 지관이 "사변적 구성"을 셸링의 초월론적 관념론 체계에서 철학의 보편적 기관의 연역 차원에서 예술을 규정할 때 나타난다. (*Friedrich Wilhelm Joseph von Schellings sämtliche Werke. Erste Abtheilung. Dritter Band. Stuttgart und Augsburg 1859, 612*) 사변적 구성을 셸링은 필기록으로만 그 전거가 남아 있는 1802/03년 예나 미학강의에서도 논하였다. (*Schellings Ästhetik in der Überlieferung von Henry Crabb Robbinson [1802/03]. Hrsg. von Ernst Behler. in: Philosophisches Jahrbuch, 83 [1976], 133-183*) 또한 절대자 직관이라는 예술 규정은 학술원 연구 방법에 강의 중 14번째 강의에서도 개진된다. (*Schellings. Sämtliche Werke. Erste Abtheilung. Fünfter Band. Stuttgart und Augsburg 1859, 344-352*)

144 이런 성상숭배 금지에 대해 "자연적인 것의 모방"에 대한 비판과 연계된 1826년 강의록을 참조. von der Pfordten 1826, 55. 제임스 브루스(James Bruce, 1730-1794)는 영국의 탐험가이자 『1768, 1769, 1770, 1771, 1772, 1773년 나일강의 기원 발견 기행(*Travels to discover the source of the Nile in the Years 1768, 1769, 1770, 1771, 1772 and 1773*)』(Edinburgh O. J. dt.: *Zu den Quellen des blauen Nils*. Die Erforschung Aethiopiens 1768-1773. Hrsg. von Herbert Gussenbauer, Stuttgart/Wien u. a. 1987)로 유명한 작가이다. 이 책의 첫 번째 독일어 번역 출간본은 다음과 같다. *James Bruce Esq. Reisen nach Abyssinien die Quellen des Nils zu entdecken*. aus dem Englischen in einem zweckmäßigen Auszug aus dem Originalwerk von Samuel Shah. Esq. Erlangen 1792.

145 이는 명백한 청취 오류다. 크세노크라테스가 아니라 크세노파네스(BC c. 500)로 알려져 있기 때문이다. (Vgl. Hotho 1823, 176) 크세노파네스는 그리스인들의 의인화된 신 표상을 비판했다. (*) *Xenophanis reliquiae carm.*, *de vita ejus et studiis*. Ed. J. Karsten. Bruxellis 1830.

[146] 크세노크라테스(Xenokrates, BC 396/5-314/3)는 고대 그리스 철학자로서 플라톤 아카데미아의 교장이었다. 하지만 이 기록은 크세노파네스(Xenophanes, BC 570-480)의 오기로 보인다. 다만 리벨트의 노트(Li)에도 크세노크라테스트라 되어 있다. 고대 그리스의 철학자 크세노파네스는 특히 의인화된 신 관념을 강하게 비판하였다.

[147] 또한 크세노크라테스의, … 제기되었다: Li - "예술의 극성기 그리스의 사상가는 예술에 반대했으며 크세노크라테스는 신의 현시에 대해 사자에게 신은 사자로 표상된다고 일갈하면서 의인화된 것(das anthropomorphistische)을 자연성에 귀속했다."

[148] 크세노파네스.

149 Platon: 『국가(*Politeia*)』, X, 607a.

[150] Gottmensch: 신이자 인간.

[151] 인문주의 및 계몽주의 운동을 가리킨다.

[152] "욕구" / Ro: "최고 욕구"

[153] 기독교의 신이나 고대 그리스의 신들이.

[154] 이후 등장하는 "미학의 보편적 분류"까지 서론에 속한다.

미학의 보편적 분류

[155] 보편적(allgemein), 특수한(besonder), 개체적(individuell) Vgl. 개별적(einzel) / 《4》 서론 미주 44번도 참조.

156 1820/21년, 1823년 및 1826년 강의에서는 헤겔이 보편적 부문과 특수한 부문으로 양분하였으나 이제는 여기에 세 번째로 개체적 부문을 추가하였다. 이 강의의 이런 삼분법이 훗날 호토의 전집판 미학강의에 반영되었다.

[157] 가령 부리가 긴 두루미, 혹은 걸음이 느린 거북이를 관찰한 결과를 가리킨다.

[158] 상징도 형상과 … 않는다: Ro – "그리스인들은 상징적 예술을 숙지했으며 그들의 두 번째 성격으로 자리잡았다. 외적 형상 및 그 의미는 내면적이다."

[159] 인간 형태로 … 존재함으로써: Li – "인격화(Personification)란 실체적인 것에 인간의 외면이 부속할 때 이를 인격화라 한다. 오직 정신만이 참으로 실체적이다. 이것이 감각적으로 직관되려면"

[160] 《45》 제2부 미주 8번 참조.

[161] 그 완성에 … 현상한다: Li – "여기서의 완성은 아직 절대적 정신에게 존재하는 그것은 아니고, 오히려 특칭성을 갖는, 인간 형상에 현상하는 정신에게 존재한다."

[162] 실체: Ro – "진리"

[163] 이에 우연성이 … 된다: L – "이는 본질적으로 규정될 수밖에 없다. 질료는 개념의 규정과 상세한 관계를 갖는다."

[164] 복귀한다: Ro – "복귀한다. 그리고 그 외화와, 그 현시와 구분된다. 따라서 세 번째는 주관성의 규정이다. 첫 번째는 객관적이고 두 번째는 두 측면의 합일이다."

[165] 이면성 및 … 관계한다: Li – "이 형상과 관계한다 즉 이것을 감싸는 환경은 이 형상의 내면 및 외면과의 관계를 통해 만들어진다."

[166] 건축은 질료의 비중이 압도적인 예술이다.

[167] 물론 고전적 … 있다: Li – "건축은 다시 상징적, 고전적, 낭만적 건축으로 삼분된다. 예술작품의 모든 장르에 이 세 가지 예술형식이 적용된다."

[168] 타자를 위해 … 들어온다: Ro – "두 번째 예술작품을 통해 신 자체의 형상이 순수하게 규정된다."

[169] göttlich: '신적(神的)'이라는 말은 단순히 '초월적' 따위를 뜻하는 것이 아니라, 인간

이 초월적 존재가 갖는 속성으로 생각하고 있는 '내용'을 뜻한다. 헤겔의 이 말은 신의 현존을 단순히 긍정한다는 의사의 표현이 아니라 동서고금의 인간이 저마다의 관점에 따라 떠올린 신성의 총합을 가리킬 때가 많다. 아울러 헤겔이 생각하는 참된 '신성'은 자연을 통해, 무엇보다도 인간 정신을 통해 자신을 구체적으로 실현한다. 따라서 헤겔에게 신성은 참된 인간성과 불가분의 연관을 갖는다.

[170] Rede: 시문학(Poesie)의 질료로서 헤겔은 또한 'Wort'를 언급한다.

[171] 물리적으로 제한된 공간이 아니라 인간의 관념(표상)이라는 공간에 실현되는 총체성.

제1부

이상에 관한 지식

【그림 12】
라파엘로 산치오, 〈파르나소스〉(1511), 바티칸 박물관.

[I. 이상 자체에 관하여]

이념 자체. 미의, 그리고 이상의 이념[1]

이상理想은 일단 객관적이다. 이런 규정은 이

11월 10일

념으로부터 주어진다.[2] 개념이 실재성Realität에

합치하여 [그렇게] 현시된 대상으로 존재한다. 영혼은 육체에서 실재성을 갖는다. 그런데 영혼에서 육체성이 어떻게 현시되는지는가 개념적으로 파악되어야 한다.[3] 행위가 개념으로, 그리고 내용 혹은 의미로 존재한다. 이 개념은 내용으로서만 현상해야erscheinen 한다. 다시 말해 개념이, 이념이, 개념과 실재성이 내용을 이룬다.[4] 현시된 것이 [주관의] 표상과 일치한다면 이념을 진리라 부를 수 있다. 이런 것을 진리라 할 수 있다. 그러나 이때의 진리는 주관적이다. 객관적 진리가 되려면 이것이 보편적이어야 한다. 한 대상에 대한 정확한 표상을 진리라 부를 수도 있겠으나 이 표상이 실재성과 상이하다면 그것은 참된 내용을 가질 수 없다. 따라서 이념은 참된 현실Wirklichkeit이며 이때 내면[개념]은 외면[실재]과 일치한다. 범죄 행동은 그 실존Existenz 여부를 떠나서 [참된] 현실이 아니다. 형벌을 통해 그것이 바로잡혀야 한다.

예술에서의 이념은 일상적 삶에서의 이념과 상이하다. 어떤 사안에 대해 주관적으로 불명확한 표상만 갖는다면 여기에는 이념이 존재하지

않는다. 이념에 따라 예술적으로 작업이 이루어질 때 이념을 명확하게 설명할 수 있게 된다. 우리 시대에서 가장 큰 탐구 성과를 낸 학식 있는 전문가인 [폰] 루모어Carl Friedrich von Rumohr(1785-1843)의 『이탈리아 연구 Italien Forschungen(1827-1831)』[5]에 미 전반에 대한 논구가 처음 나타난다. 《20》

I. 제1부, 이상 및 이념 일반에 관하여.
철학적 이념에 대해 '이념은 명확하지 않으며
예술가는 불명확한 표상만을 갖는다'라고
논박하는 루모어.
이념은 생명으로서 직관을 위한 진리인 미이거나
사유를 위한 진리인 사상이다.
루모어의 세 가지 미 범주를 논박함.

[폰] 루모어의 논박은 [예술 제작에 관한] 실천적 관심에서 출발하였다. 실천적 의도에서 저들[예술가들]이 선호했으나 잘못된 길에 이른 생각Vorstellung에 대해 루모어는 갖고 있었다. 그의 논박은 오해에 기반을 두고 있는데 자신에게 낯선 표현으로 된 저 표상에 대해 무지했던 것이 그 이유다. 그는 이념을 불명확한[6] 무언가로 보고 이에 반대했다. 그는 이념에 대한 철학적 규정을 잘 알지 못했다. 이념을 불명확한 표상으로 간주한 그는 예술가가 이념을 우선시하면서 이에 따라 작업한다고 말했다.[7] 이념이 불명확한 것이라고 하자. 예술가가 그 불명확한 표상에 따라 작업하려 들 경우 그의 책 어디로부터도 벗어날 길이 없을 테다. 이런

불명확성에 반대하여 그는 자연의 진리를 내세운다. 그러나 우리가 보기에 이념은 명확한[8] 것이며 우리가 철학에서 규정한 이념은 예술가의 저 불명확한 표상과는 전혀 무관하다.

그런데 사유 속 이념은 실존하며 여하한 생명 혹은 진리로 존재한다. 이런 맥락에서 우리는 대지, 태양, 동물의 생명을, 그리고 스스로 활력을 지닌 인간 정신의 생명을 논한다. 영원히 실재하면서 자기 자신을 창조하는 신이야말로 최고의 생명을 지니고 있다. 신 자체의 실존은 신을 통해서 성립하며, 신에 대한 이런 규정은 신 자체의 존재가 가상으로 존재함으로써만[9] 외재적인 것이 된다. 따라서 생명은 무릇 이념이요, 항성계에서 개체로 현상하듯 그렇게 자신을 개진하는 개념이다. 생명 자체가 아름답다. 생명과 아름다움은 같다. 생명체는 아름답다. 아름다움이란 스스로 자신을 외화한 개념이다.[10] 그래서 자신의 진리에 깃든 이념인 생명은 아름다움으로 존재한다. 진리 자체가 미의 형식을 띠며 양자의 내용은 동일하다. 진리는 사유를 위한 내용을, 미는 직관을 위한 내용을 제공한다. 이렇듯 미가 진리와 나뉘기도 한다. 미가 사유에 의해 포착된다면 이는 미에 대한 철학적 규정이다.

폰 루모어 씨는 다음과 같이 말한다(145쪽 이하). 일반적 의미에서 미는 시각적 매력을 안기는, 시각을 통해 영혼의 분위기를 자아내어 정신을 흥겹게 하는 모든 속성을 내포한다. 하나의 속성이 눈의 감각에 영향을 미치고 나면 이것이 (척도, 균형 등의 규정을 갖는) 공간적 관계 특유의 감각에 영향을 미치며 제3의 속성이 지성 및 감정에 귀착된다. (불명확한 술어인) 이 세 번째가 가장 중요한 속성인바, 이는 (척도와 같은) 감각적 관계에 의존하지 않는, 어떤 윤리적·정신적 만족을 환기하는 형식에 의거한다. 이런 만족은 표상의 기쁨에서 나오기도 하고, 아니면 판명한 인식이

일깨우는 기쁨에서 나오기도 한다.[11]

이런 방식으로는 우리를 충족시키지 못한다. 그 본질적 규정, 저 세 가지 속성, 이에 의해 나타나는 만족의 여러 범주 등은 흥겨움을 일깨우는 데로 귀착되는데, 이미 칸트가 〔이 범주들을〕 멀리한 바 있다. [칸트는] '보편적으로 만족을 준다'는 식의 외람된 요구를 하지 않으면서도 보편적 만족을 논했던 것이다.[12] 만족이라는 범주는 [감각적으로] 쾌적한 감정이라 규정되는 식의 것에 해당한다. 그런데 추상적으로 보면 이는 일종의 찬동이다. 감정을 감정으로 만드는, 감정의 그 내용이 개념적 파악의 목적이다. 그런데 감정의 이런 내용을 명시하기 위해 사람들은 그 감정에 머물지 않고 더욱 깊이 몰입하게 마련이다.[13] 감정은 주관적이다. 《21》

나의 것으로 삼은 대상은 나의 감정 속에 있게 된다. 종교, 신 관념 등의 대상이 나에게 속하는 것이다. 그것이 나의 마음으로 영원히 존재한다면, 〔그것이〕 내 성격에 속한다면, 이는 내 보편적 자기감정 속에, 심정 속에 있으며 그 무엇이든 가능한 그런 주관적인 것으로 있다. 내 종교적 감정은 고대인들의 그것처럼 잘못된 것일 수도 있다. 관건은 감정 속에 있는 내용이다. 범죄자조차 증오, 궁핍 같은 감정을 갖는다. 관건은 그 감정의 내용이다. 감정은 모든 것을 자신 속에 수용하는 형식으로서 참될 수도 있고 아닐 수도 있다. 이 형식은 추상적이다. 만족은 여전히 불명확하다.[14] 범주가 결여된 까닭에 이 형식은 추상적이고 피상적이다. 감정은 내용으로 규정되어야 한다. 그리고 감정은 사유를 통해서만 규정되어야 한다.

11월 11일

[생명에 대한 또 다른 규정이] 다음과 같이 전개된다. 주체성[15]은 자신 속에 다수의 개별적 생명을 내포하되 이 개별성 각각은 특수성을 부정하면서 보편성을 이룬

다.[16] 그러니까 여기서 부정성은 무한자로 나타난다.[17] 유한성에 제한이 있다는 것은 한계에 갇혔다는 뜻이다. 반면 주체적 통일성은 이런 부정적 규정으로 있으면서도 타자와의 관계가 아니라 자기와의 관계를 갖는다. 이런 부정성의 최고 형식을 자유라 한다. 나는 절대적으로 부정적인 통일성이다. 이에 따르면 생명은 생명체다. 자아의 이런 무한성은, 자유는 자존적이어서 그 어떤 타자도 필요치 않으며 따라서 한계가 없다. 이런 통일성으로 인해 생명은 현실적이다. 생명 그 자체가 실존하는 것이 아니라 생명체라는 규정을 지녔을 때 비로소 생명을 현실화한다. 이념은 본질적으로 주체적이다. 미와 예술작품은 본질적으로 이런[18] 통일성을 요구한다. 예술작품을 이루는 모든 것이 의존하는 규정이 현존하지 않는 한 예술작품의 영혼은 부재한다. 생명이 생명체임으로 해서 생명은 실존한다. 이런 통일성이 미와 관계가 있다. 이념이 태양계라면 미에 해당하는 것은 행성이다. [다만] 하늘의 행성들이 태양계의 실재성을 이룬다 해도 이것들은 살아 있지 않다. (이것들이 살아 있다고 말하지만 이는 추상적 규정일 뿐이다.) 행성 운동은 [통일성의] 개념에 따라 성립하지만 이 개념이 이 운동에 영혼을 불어넣지는 않는다. 따라서 이 행성들은 통일성을 이루되 살아 있지는 않다. 동식물, 인간은 [살아 있는] 하나의 주체다. 동물의 차별성은 개념에 의해 성립하며 따라서 [보편성 없는] 특수자로 현상하지 않는다. 미는 주관적 통일성으로 있다. 바로 여기에 미가 생명체와 구분되는 점이 있다. 미는 주관적 통일성으로서 이상으로 파악되어야 하는 것이다.

생명체는 주관적이고 개별적이다. 그 자체로 현존하고 개별성이 정립되며 다른 주관적 자립체를 감싼다.[19] 인간은 정신이요, 생명체요, 주체로 있으며 정신인 한에서 이성적이다. 인간은 타자와 관계를 맺음으로하여 주관의 유한성으로 진입한다. 그래서 삶의 산문[20]을 이루는 것이 나타나는바, 미가 어떻게 이런 삶으로 빠져들지 않는지 살펴보아야 한다. 미 자체는 이상적이니 말이다.

생명이 주체로서 타자와 관계한다는 점으로 인해 온갖 의존성이 나온다. 인간이 현실적인 까닭에 자연은 미를 안다.[21] ― 이는 자기 자신과 참된 관계 맺음이 아니라 타자와 맺은 관계다.[22] 개별 생명체는 실존하는 개체에 영향을 미치는 타자에 의존한다. (22)

그러니까 개별 생명체 안에는 개념에 따라 정립되는 바와는 다른 규정이 들어 있다. 인간은 이런저런 기후의 영향을 받는다. 인간의 형체라든가 피부색이 이에 따라 변한다. 이때 비단 자신의 생명[23]만이 아니라 타인의 것에 의해서도 산출되는 바가 그를 결정한다. 영양 결핍이나 영양 과다도 영향을 미친다. 인간의 움직임도 그 신체 구조에 이익이 될 수도 있고 아니면 해악이 될 수도 있다. 인간은 공동체 속에 있다. 무릇 이에 공통적인 것이 목적이 된다. 공통적인 이 목적의 용무는 사상에 따라 명확하게 구분되고 분류된다. 그럼으로써 개인에게는 전체를 위한 행위가 있을 뿐이고 전체의 부분이 된다. 주체가 산출하는 그 행위가 그 자신에게는 온전한 전체이겠으나 [실제로는 전체의] 일부[일 뿐이]다. 전시에는 주인[지도자]들[24]이 모든 것을 행하지만, [평시에는] 모든 이가 국가의 용무를 [함께] 맡는다. 개인 누구나 공동체 내에서 고도로 분업화된 행위를 한다. 목적한 바를 수행하지 않는 개인은 살아 있다 할 수 없다. 전시에는 [행위가] 개인 모두에서 출발하지는 않는다. 명하는 자가 있고 따르는 자가 있다. 따르는 자에게는 결정 권한이 없다. 그러니까 [따라야 할 일을] 하나의 전체로부터 할당받는 것이다. 이는 미의 근본 규정과는 배치되는바, 미는 다종다양한 것 모두가 하나의 영혼을 통해 주관적 통일체로 규정되기 때문이다.

타자 관계에 따른 이러한 정황들 가운데 사유도 있다. 유한하지 않은 사상이라도 그 내용은 유한하다. 개인의 추상적 힘이 외화된 것에 들어 있으니 이는 내면의 힘이기도 하며 그 안에서 외화가 이루어진다. 따라서 여기에 [내면의] 보편자와 [외화된] 특수자의 구분이 생긴다. 이때 힘이 필수 요소로 표상됨과 동시에 유한성의 [내면성과 외면성이라는] 두 관계가 존재한다. 외면성 내지 유한성의 이 두 연관이 우리에게는 가득하다. 반면 타자를 대하면서 주관성을 함양할 때에는 [타자에 의존적인] 사유의 실천적 삶[25]이 그 유한성에 부여된다.

이와는 다른 더 높은 영역에서 형성되는 것도 있다. 내면으로부터 성립하지 않는, 개념이 현실과 완벽히 합치하지 않는 영역에는 비진리가 들어 있다. 번다한 잡사를 넘어서야 저 다른 영역에 이른다. 추상적인 미가 아닌 미 자체의 본질을 이루는 그런 아름다운 것의 작용은 바가 바로 여기에 있다. 저 유한성이 지양되어야 이상이, 여하한 미가 존재한다.

이상이라는 말에 마뜩잖은 점이 있다. 도달될 수 없는 무언가를 떠올릴 수밖에 없으니 말이다. 아름다운 것은 일단 이상적인 것으로 있다. 미는 인간 정신에 의해 태어난 것으로서 생명체처럼 그 자체로 아름답다. 온갖 제약에 갇힌 정신이라도 이로부터 벗어날 수 있다. 예술작품은 이때 생겨난다. 미의 이런 자유를, 이상 자체의 이런 축복을 다음과 같은 세 가지 규정으로 살펴볼 수 있다. [1] 명랑함, [2] 반어[아이러니], [3] 자연이 그것이다.

[1.] 특수한 것 속에서 자기 자신에 부합하게

있는 것을 이상이라고 한다. [이상은] 실존하는
생명성이 아닌 정신적 생명체로서 자신의 무한성으로 되돌아가 이를 유지한다. 자족성 및 충족으로부터 명랑함Heiterkeit이 나온다. 실러가 말하

길, 삶은 진지하며 예술은 명랑하다.[26][27]

예술이 명랑하다는 말에 질색하는 이들도 있을 테다. 물론 예술은 진지하기도 하다. 실러도 그렇게 보았다. 다만 이는 명랑한 진지함이다. 자유라는 사명을, 그리고 자유가 구체적으로 승리한 바를 ⑵ 고대의 진지한 고요함Ruhe에서 발견한다. 우리는 이러한 고요함이 추상적 극단으로 치닫기도 한다. 운명에 내맡겨진 영웅을 통해 자유가 부각된다. 영웅의 실존이 [운명에] 완전히 휩쓸려 그 내면에까지 생채기가 날 때, 그러한 심정은 자존적으로 오롯한 자신으로 되돌아오며 자기 자신에 충실한 그 주관은 자신의 온 생명을 내던지면서도 자기 자신을 잃지 않는다. 운명에 휩싸여 꺼져 가는 인간은 자신의 생명을 잃을지언정 자신의 자유는 잃지 않는다. 이러한 자기 충족은 자유로울 뿐만 아니라 그리스 신들처럼 명랑하다. 근대에는 분열이 계속되고 있다. 대립의 골은 더[28] 깊어진다. 고통은 내면으로 더욱 깊게 들이친다. 정신은 점점 더 자신 속으로 깊게 들어간다. 부정성이야말로 더 큰 수난이다. 하지만 이런 고통에도 인간은 집중력을 잃지 않으면서 비할 데 없는 그 종속 상태에서도 자유롭게 자신을 확보한다. 태도를 잃은 인간은 혐오와 비웃음의 대상이 된다. 어찌할 바를 모른 채 울고 있는 아이는 웃음을 자아낸다. 박약함만이, 실속 없는 유치함만이 있기에 그러하다. 이 웃음은 충족감을 토로하는 또 다른 [즉 고대인과는 다른] 표현이다.[29]

명랑함이란 눈물 속 웃음이다.[30] 현실에서는 화해에 이르지 못했음에도, 그런 고뇌 속에서도 화의和議에 이른 마음이다. 눈물 속 명랑함이 얼마나 아름다웠는지, 고통 속에서의 그 화의가 얼마나 명징한지에 대해 노래한 시인[31]이 있다. 『마탄의 사수Der Freischütz』[32]에서 사냥꾼의 합창으로 표현된 웃음은 종잡을 수 없으며[33] 태도의 표현에 그것이 나타나지 않는다. 구름 위에서 유유자적하는 신들이 종달새마냥 웃을 때라야 명랑함이 생긴다. 이런 축복이야말로 예술작품의 근본 특징을 이룬다. [이상적] 예술작품에는 이런 축복이 배어 있다. 이런 내면의 화해는 자유의, 안도의, 솔직담백함의 성격을 갖는다. 옛 독일[34]의 회화가 쾌의 감정에는 이르지 못했을지언정 심정의 화해를 표현했듯이 말이다. 심정의 고통이 아름다운 곡조로 표현됨으로써, 즐거움은 그저 내지르는 소리로 들리지 않고 오히려 창공의 종달새[가 지저귀는 소리]가 그러하듯 자신으로 되돌아온, 자기 자신을 청취하는[35] 즐거운 소리로 들린다. 자기 자신을 청취하는 이런 축복이야말로 이탈리아 회화[36]와 같은 예술에 존재한다. 따라서 이런 자유는 이상의 근본 특징을 이룬다.

【그림 13】 요제프 브로트만, 〈카를 마리아 폰 베버가 소유했던 포르테 피아노〉(1810), 베를린 악기박물관. 베버가 『마탄의 사수』를 작곡할 때 이 피아노를 사용한 것으로 알려져 있다.

[2.] 대상의 또 다른 규정의 요소라 말한 것 가운데 미학의 주요 원리인 반어가 있다. 반어는 예술과 관계하며 실천적 측면을 갖는다. 이 말은 자주 사용되곤 한다.

반어[37]는 피히테Johann Gottlieb Fichte(1762-1814) 철학에서 나왔다.[38] 다만 이 자체보다는 이를 계기로 삼은 셸링Friedrich Wilhelm Joseph von Schelling(1775-1854) 철학[39]에, 특히 실러의 미학적 견해[40]에 나타난다. 피히테 철학의 절대적 원리인 절대적 자아는 추상적이며 자유롭되 모든 특수자의 부정으로 인해 추상적으로 자유롭다.[41] 이 원리에서 내용은 사라진다. 규정된 모든 것은 자아의 정립에 의해서만 의식된다. 법에 대한 의식은 오직 자아에 의해서만 정립된다. 이런 자아에 대립하는 즉자대자는 [자아에 의해] 정립되지 않았다. 피히테가 이를 어떻게 내용과 더불어 정립해 나갔는지, 그리고 그가 모든 것에 대한 정립을 일관되게 추구했는지〔에 대한 문제〕는 논외로 한다. 다만 모든 내용이 자아Ich에 의해 정립된다면 나Ich는 내 산물인 한에서 모든 신적인 것의 주인이며 이에 대해 존경할 필요가 없다.[42] 말하자면 이는 반어의 원리에 대한 규정이요 반어에 대한 본질적 사유다. 구속받지 않으면서 구속받기 때문에 사람들은 자신의 구속으로부터 스스로를 창조할 수 있다.[43] 《24》

내가 분쇄할 수 있는 것이라면 모두 가상이다. 내 위력에 따른, 그러나 진지함을 갖지 않는 그 모든 형상을 성립토록 하는 살아 있는 예술가, 즉 포이에테스[44]인 나는 이 모든 것을 행한다. 진리는 [진지한] 사안에 해당한다. 하지만 이런 즉자대자적 사안의 규정은 여기서는 무관하다. 예술가인 나의 형식주의[45]만이 있다. 결국 사안과 재차 분리할 수 있는 나는 그럼으로써 내용에 대해 진지함을 갖지 않는다. 살아 있는 예술가가 된다는 것이 나의 사안[현안]이며 이로써 모든 피조물은 다시 아무것도 아닌 게 된다. 이런 자아는 신적이라 할 수 있다. [나 아닌] 모든 것은 가상이다. 그러니까 프리드리히 폰 슐레겔Friedrich von Schlegel(1772-1829)[46]이 말한 실천적 반어다. 그는 피히테 철학을 자신의 방식으로 발전시켰다.[47] 이런 관점에서도 만족하는, 노발리스Novalis, Georg Philipp Friedrich Freiherr von Hardenberg(1772-1805)[48] 같은 한층 고귀한 자들은 허상으로, 현실 도피로 치닫는다. 이들의 정신은 폐병에 걸렸고 따라서 현실적 생산보다는 그저 최고를 동경한다.[49] 세상의 때가 묻을까 싶어 아래로 내려올 엄두를 못내는 그런 동경 말이다. 가상을 만드는 일에 비하면 이런 동경은 고고하다. 동경의 원리가 예술의 최고 원리로 내세워지기도 했다. 자신의 삶을 사는 개인은 타인에게 가상으로 현시되는 모든 것으로부터 벗어나 예술가로 고양된다. 이로써 내면의 주체가 자신으로부터 벗어난다. 예술의 법칙은 개인의 법칙이며, 반어를 현시하는 신성이며, 사안의 무실함을 알고 그렇게 대처하는 위대함 및 장엄함이다.

자기 자신과 관계하는 절대적 부정성이 원리로 부각된다.

이 원리에 따라 만들어진 것으로 반어가 있음을 알 수 있다. 무언가가 아름답고 위대하다고 생각되기 시작해도 이내 이 아름다운 것은 재차 무실해지고 위대한 것은 조악해지며 조악한 것이 위대해진다. 반어와 희극성은 상통하는 바가 있으나, 후자는 엉뚱하고 변덕스럽고 정념적인 것이 무실해진다는 제한을 가질 수밖에 없고 [전자는] 즉자대자적인 사안 자체가 무실해진다. 그러니까 그 자체로 무실하다는 점이 명시되는 그런 무실함을 말하는 게 아니다. 모든 건실함이 무실해지는 것이다. 그 산물은 일관성도 예술성도 어떤 태도도 없다. 내실[50] 있는 것, 성격화된 바가 없지 않은 것을 원한 청중은 이 산물에서 반어를 말하게 된다.

티크Ludwing Tieck(1773-1853),[51] 졸거Karl Wilhelm 11월 13일
Ferdinand Solger(1780-1819)[52][53]는 반어란 말을 입
밖에 내긴 했지만 위대한 예술작품을 고찰할 때는 이 말을 삼갔다. 티크가 『로미오와 줄리엣Romeo and Juliet』(1597)에 대해 말하는[54] 바로 이 지점에서 그가 반어를 언급할 것이라 생각할 수도 있다. 이 작품에서 반어가 두드러지니 말이다. 그러나 하지만 이들은 이런 진짜 예술작품에서 반어의 원리를 내세울 생각을 하지 않았다.

[3.] 세 번째로 이상과 자연의 관계로 나아가자.

이상이라 하면 우리는 외면성 및 특수성에 현시된 건실한 내용을 일컫는데, 이때 내용이 외면성 및 특수성을 붙잡고 있음으로써 순전한 외면성은 부정되고 외면성에 오직 건실한 내면만이 있으며 부정된 것을 계기로 놓인다. 외면성에서 내면성이 감각되고 표상된다. 교육적인 것, 즉 찬가와 같은 예술작품에서 조형성은 부차적 요소에 해당하지만, 이런 극단적인 경우에 대해서는 아직 언급하지 않겠다.

외면성의 규정으로 '자연적'[55]이라는 계기가 있다. <u>자연이 우리에게 나타나듯이 [예술] 형상물도 자연스럽게 형성되어야 한다.</u> ⟨25⟩

[예술과 자연의] <u>이 대립이 특별히 중요해진 것은</u> 형식의 이상을 강조한 빙켈만[56]에 의해서다. 그의 영감은 작품의 초석이 되었으며 특유의 방식으로 세간의 인정을 받았다. 이전 시대로 보자면 라파엘로Raffaello Sanzio (1483-1520)[57]의 작품을 미숙한 예술로 보면서 라파엘로가 대가라는 것을 받아들이지 않는 이가 있었다. 빙켈만의 정신성으로 인해 예술에 대한 새로운 지식을, 새로운 자극을 얻고 다른 곳으로 시선을 돌렸다. 이상이 이렇게 인정받게 됨으로써 아름다움을 추구하는 이상적 현시가 나오게 되었다. 하지만 이러한 현시가 생명력을 잃게 되었다. [폰] 루모어는 미를 고찰하면서 이상에 대해 반론을 폈다.[58] 이런 잘못으로 인해 이상이라 할 때 떠오르는 것들이 아닌, 옛 이탈리아 및 옛 독일의 것을 본보기로 삼기에 이르렀다. 원리를 제시하고 오해를 해소하는 이론적 관심 위주였고, 실천적인 것을 위한 원칙을 제시하지는 못했다. 이상화된 옛 독일의 본보기로는 좋은 그림이 나올 수 없다.

주로 회화와 시문학을 살펴보자. 그중에서도 눈에 보이는 것인 회화를 살펴보자. 건축은 자연에서 형태를 취하지 않는다. 만일 그렇게 했다면 그 모습은 지금과 다를 것이다. 시문학은 회화만큼 자연을 모방하지 않는다. 정신에서 소재를 취하는 만큼 시문학은 자연에서 형태를 취하지 않는 것이다. 이상과 자연이 어떻게 〔서로 연관되는가에 대한〕 문제를 보면, 자연적이며 직접적으로 있는 [바를 기술하는] 것이면서도 예술작품에 속하는 산문Prosa은 시문학Poesie과 대비를 이룬다. 시문학이 예술이며 이는 산문과 구분된다. 그런데 [회화에서] 시문학 본연의 방식에 따른 묘사를 생각하는 순간 시문학의 표현을 떠나게 된다. 가령 어떤 작품이 '시적詩的이다'라고 말할 때 이는 회화에 맞지 않는 내용을 그린 것이라고 볼 수 있다. 서정시의 [회화적 표현의] 경우 이런 점이 쉽게 발견된다. 회화로서는 엄청나게 불리한 점이 생긴다.[59][60]

형식적 이상성의 면에서 이상은 일단 시문학에서 성립한다. 시문학은 인간의 표상을 통해, 인간에 의해 정신의 가상으로 산출된다. 인간이 원한다면 그 무슨 내용이든 만족스럽게 이룰 수 있다. 우리의 관심을 끄는 그것이 [가시화하기 어려운] 보편자라도 문제없다. [그러나] 테이블에서 게임을 즐기는 남자를, 공단貢緞을 두른 여인을 그린 네덜란드 회화를 보면, 자연에서는 산출되지 않는 가상이, 견직물이나 포도주처럼 자연에서 얻은 질료로 고유한 특색을 내보이는 그런 가상이 우리의 관심을 끈다. 이러한 산출을 통해 이상적인 것이 존재하게 된다. 이런 가상은 그저 색채를, 공간 차원을, 평면을 필요로 할 뿐이다. 저 대상은 순전히 관념적 감각인 시각과 청각에 대해서만 자연이다. 자연은 지극히 다양하게 [즉 다른 감각을 통해서도] 전개될 필요가 있겠으나 [회화에서는] 실재성의 온갖 전제 조건을 도외시한 채 그렇게 묘사된다. 질료적인 것과 주관적인 것, 이 극단을 모두 묘사하는 중간의 길을 회화가 제시한다. 이런 추상으로 인해 관념성의 첫 단계가 나타난다. 무언가가 여전히 자연스럽게 그려진다 해도 여기에는 이런 이상성이 들어 있다. 이는 자연에 속하지 않는다. 인간이 평면에 놓이는 한 이런 이상성은 자연의 진리를 도외시한다. 정신 및 그 표상을 통해 시간상에서 소멸하는 자연의 무언가가 고정되어 지속성을 유지한 채 현시된다. 시간의 이런 이상성은 정신에 속한다. 우리는 네덜란드의 채광에 감탄한다. 농부의 용모에도 지금 이렇게 드러나고 있다. 이 용모는 [언젠가는] 사라지지만 [그림] 외부로부터의[61] 충족으로 인해, 대가의 위대함으로 인해 자연적이지 않은 이것이 지속성을 갖고 유지되는 것이다. 〈26〉

따라서 여기에도 이상성이 성립한다. 대상 자체가 자연적인지가 아니라 이것이 자연적으로 제작되었는지가 관심을 끄는 것이다. 여기에 첫 번째 형식적 이상성이 있다. 그 두 번째 규정으로 보편성 전반의 형식이 있다. 이는 자연적 방식으로는 존재하지 않는다. 외적 실존은 모든 면에서 개별적이다. 반면 표상 안에는 보편성의 규정이 들어 있다. 무릇 표상은 보편적 성격을 갖는다. 예술작품은 정신에서 나오는 만큼 자연에서 벗어난다. 이런 성격도 내용과 관계가 있다. 예전에는 [즉 예술이 아니었다면] 전혀 우리의 안중에 없었던 그런 내용 말이다. 오직 제작물의 내용인 한에서 그러하다. 자연의 모든 것은 보편적이지 않으며 개별자로 규정되어야 한다. 물리적 생명성은 예술작품과 무관하다. 인간의 얼굴과 손을 보면 그 피부에는 실핏줄, 솜털, 지문 등이 가득하다. 옛 그림이 이룬 작은 도약이기도 하거니와 그 유명한 그림들 가운데 완벽하게 이것들이, 가령 마맛자국 같은 것이 자연스럽게 발견되기도 하지만 인간이 이런 그림에서 기쁨을 느끼지는 않는다. ─ 화가가 인간의 근육을 명확하게 그려 넣었다 해도 이것이 물리적 생명성을 갖지는 않는다. 정신이[62] 우선일 수밖에 없다. 핏줄과 솜털의 표현은 이에 기여하지 않는다. 자연의 개별성을 단념한 그런 보편성의 성격이 나타나는 이유가 바로 이것이다.

[인물의] 인상을 묘사하는 초상화에도 개별성은 여전할 수밖에 없다. 군색한 개별성을 누락하는 식으로 조형의 타협이 있게 마련이다. 이상적인 것이 특정 작품에서 성립한 후 이를 선행하는 견본으로 삼아 예술의 본보기로 받아들임으로써 '이상적인 의복'과 같은 식으로 일컫곤 한다. 우리의 의복이 자연스러워 보인다는 데에 예술가들이 동의한다. 고대인의 의복은 이상적이라 한다. 어느 면에서 이상적인가? 몸을 천으로 두르려 한다는 점에 그러한 면이 나타난다. 이 천에는 특별한 매무새가 없다. 몸을 보호하는 데 별다른 품이 들지 않으며 신체 자세에 따라 천 주름이 생겨 몸에 잘 맞는다. 몸의 움직임에 따라 그 면의 모양새가 결정된다. 반면 우리의 의복에는 저런 식으로 모양새가 결정되지 않는다. 몸과 분리되어 움직일 때 [의복과 몸이] 서로를 규정하는 식으로 결정되지 않는 것이다. 의복이 특정 표현에만 쓰일 때, 움직임이 그 주변에 [즉 천에 의해] 표현될 때, 관계된 자세가 주름을 결정할 때, 그럼으로써 외면이 내면을 표현할 때 이상이 성립한다. [반면 우리 의복에서] 팔 부분의 윤곽은 팔의 조악한 모방이다. 옷매무새의 변화가

【그림 14】 **여신 조각상**(BC 420년경 제작된 원본의 로마시대 모작)**의 일부, 뮌헨 클립토테크.** 의복의 주름 잡기. 힘을 가하지 않고 자연스럽게 천을 늘어뜨려 주름을 만드는 드레이프(drape) 기법이 나타나 있다. 이는 BC 5세기 후반 아프로디테 여신을 묘사하는 전형적 기법이었다.

움직임으로 표현되려면 재봉과 재단을 통해 그 주요 규정이 생겨나는 셈인데 이렇게 해서는 이상이 존재하지 않는다. 고대의 의복에서 이상은 외면이 내면을 통해 나온다는 점에 존재한다. 자유는 천이라는 소재에도 허용된다. 이것이 여간해서는 [몸과] 따로 노는 법이 없다. 외면과 관계된 이상성이란 바로 이를 뜻한다.

그런데 실존하기 위해 필수적이지만 정신으로부터 표상된 행위와는 무관한 외면성도 많다. 물리적 생명과 [관계된] 행위는 먹고 마시는 등의 온갖 상황을 위해 절실히 필요하다.[63] 시문학에서는 직접적으로 자연적인 면이 표상될 필요가 있다. 호메로스[의 작품]에서 시각적 묘사의 명료함이 목격된다.[64] 사람들은 먹고 또 마신다. 시문학의 언어는 곧장 표상에서 만들어지며 그렇기 때문에 무언가 규정된 보편자를 갖는데 이는 자유를 구속하는 자연과는 다른 방식의 묘사다. ⟨27⟩

이름[명칭]은 전체가 아닌 개별성을 지칭하지만 이름만으로도 이미 보편적인 것이 되어 있으며 오롯이 규정을 지닌다. 아킬레우스[의 경우를,] 상수리나무[의 경우를 살펴보자.][65] 그 잎, 가지, 줄기를 모두 기술할 수는 없다. "자연적"이라는 표현은 불명확하다. 따라서 시문학이 자연적이어야 한다고 말할 수는 없다. 언어는 보편적 의미로 있는 것이기 때문이다. 연설을 할 때 이름을 사용하는 것은 자연적이지만 여기에서도 "자연적"이란 말이 명확하지 않다. 이름이 주어진다는 것은 표상으로야 자연적이지만 이때의 자연성은 이중적이다. 이상적인 것이 표현되면 이 자연성은 보편적 실존이 된다.[66] 자연의 개별성을 일일이 열거하는 일은 참을 수 없을 만큼 따분하다. 한시도 뛰어넘을 수 없는 것을 온종일 읊어야 하는 경우 말이다(『돈키호테』의 '3년과 거위').[67][68]

다른 것에 비해 좀 더 추상적인 예술이 있다. 회화에 비해 조각이 그러하고 장면〔의 관점〕에서 극시에 비해 서사시가 그러하다. 서사시가 극시에 비해 훨씬 더 이상적이다. 극시[가 상연되면] 모든 것을 눈앞에서 볼 수 있게 되니 말이다. 반면 가인歌人[69]이 직접 노래하는 서사시보다 시인의 것을 다른 이가 행동에 옮기는 극시가 더 이상적이다.

[Ⅱ.] 정신적 내용으로서 이상에 관하여

정신성도 달리 보면 자연성이다. 개인을 그 인상에 따라 묘사하는 곳에도 자연이 있으니 이를 정신으로 여기지 않는다.[70] 그러니까 사람들은 자연이 이상화되었다고 말하는데, 이는 신체가 정신성[을 통해] 규정되었음을 뜻한다. 죽은 자의 인상에 유년 때의 특징이 남아 있다. 열정적 감각, 행동 습관, 활동하는 인간의 성품 및 의지와 같은 것과는 전혀 무관한, 아직 규정되어 있는 바가 없는 유년의 인상이 현상한다. 이런 특징을 지닌 상태가 차별성을 갖는다. 말하자면 여기에서 자연은 정신을 통해 규정된 것으로 이상화되어 있다. 여기엔 자연과 이상의 대립이 아닌 자유가 출현한다. 자연을 통해 이상화된 것을 논하고 있다. 그렇지 않다면[71] 더 높은 이상을 [폰] 루모어가 논하였다.[72] 그가 말하길 사람들은 종종 조야한 자연을 경멸한다.73 조악한 목적을 품은 조야한 자연, 열정과 이익의 순환고리 등도 예술가가 다룰 수 없다. 그렇다고 예술가가 사람들에게 이런 내용을 더 중요하게 여기라고 요구할 수는 없다. 이런 내용에서는 하나의 관심이 충족된다. 조야한 자연의 경우 네덜란드 화파의 그림들이 우리에게 만족을 주었다. 네덜란드 사람에게는 이런 장르화가 널리 통용되었다. 그러나 그 소재는 흔히 생각하는 것만큼 그렇게 조야하지는 않았다. 소재를 자신들의 삶에서 취했으니 말이다. 즉 자신들

【그림 15】 렘브란트 판레인, 〈야경(夜警)〉(1642), 암스테르담 국립미술관.

의 것을 현시하는 데 목적을 두었고 그림에서 이런 즐거움을 취하고자 했다. 그들의 것이란 역사적 산물이었다. 이들은 삶의 터전을 일구는 데에 각자 제 역할을 다했으며 거친 바다에 맞서 자신들의 터전을 지켰다. 특히 스페인의 지배로부터 해방되었다. 시민과 농부 모두 정치적 자유와 종교적 자유를 스스로 갖추었다. 크고 작은 일에 몸과 마음을 다해, 모든 일상의 의욕[74]에 용기와 끈기를 통해 그 종교와 자유를 〔획득하였다〕. 우리가 보건대, 그들의 모든 것이 그들로 인한 것이며 용감한 시민성, 명랑함, 선의, 후의, 즐거움 등이 그들의 자각에서 나왔으니 그 소재와 내용물이 조야할 리 없다. 시민과 군인이 결속을 이룬 렘브란트Rembrandt van Rijn(1606-1669)에서 그 보편적 소재가 탁월한 방식으로 다루어졌다. [75][76] 여기에 조야한 자연이 있지만 이 안의 정신은 조야하지 않다. 우리의 전시물에는 이와 다른 소재가 잘 그려지고 있으나 네덜란드식의 그런 자유는 없다. 〈28〉

92

【그림 16】 바르톨로메 에스테반 무리요, 〈가정집 화장실〉(1655/60), 뮌헨 알테피나코테크.

【그림 17】 바르톨로메 에스테반 무리요, 〈포도 먹는 아이와 멜론 먹는 아이〉(1645), 뮌헨 알테피나코테크.

거지 소년들을 그린 스페인 사람 무리요Bartolomé Esteban Murillo(1617-1682)의 여러 그림[77]이 있다.[78] 이 소년들은 누더기를 걸치고 있다. 한 엄마가 남루한 옷을 입은 아이의 이를 잡아 주고 있다. 조야한 자연이란 바로 이런 것이다. 그럼에도 이들의 얼굴에 안락함이, 건강함이, 태평함이 보이는바, 이런 태평함에, 건강함을 더한 안락함에 이상적인 것이 담겨 있다. 여기에서는 그 어떤 나태함이 보이지 않기에 이 아이들로부터 무엇이든 생겨날 수 있으리라 생각될 정도다. 라파엘로는 한 젊은이의 두상을 그렸는데 이 자가 성자는 아니지만 우리에게 호소하는 바가 크다. 웃는 표정은 아니면서도 그 안온함이 배어 나오며 불가결한 정신이 각인되어 있다.[79] 이 안온함은 참된 표현의 이상적 소재로 간주되지 않을 수 없다.

11월 17일

무감하지 않은, 인간의 자기 조화가 이 안락함이며 이를 진지하게 받
아들일 만하다. 이제 관건은 인간 정신의 높이를 드러내기 위해서는 어
떤 형태로 묘사되어야 하는가다. 가령 그리스 신, 그리스도, 마리아 및
성자들의 형태를 두고 일종의 투쟁이 있다. 예술가는 그 형태를 스스로
창조해야 한다. 자연에서는 발견되지 않는 형태로부터 판타지에 따라
형성한 것이 바로 이상이다. 이런 식의 예술적 도피처를 인식한 [폰] 루
모어 씨에 따르면 예술가는 이상을 [자연에서가 아니라] 스스로 창조하
며[80] 예술가는 자연을 찬미하려는 비인간적 시도를 단념해야 한다.[81] 자
의적으로 고착화된 기호의 의거해서는 저런 [즉 깊은 정신의] 묘사가 이
루어지지 않는데, 이상이 고착화된 기호가 되는 순간 무실해진다는 게
그 이유다.[82] 루모어에 따르면 더 아름다운 것을 흉내 내는 식의 자연 창
조가 주요 목적이었다.[83] 루모어는 고대인의 형태에 관해서는 빙켈만의
관점을 취하였다.[84] 빙켈만은 고대에서 형태를 받아들였다. 그러나 개
개의 경우에는 오류의 소지가 있는데, 루모어는 긴 하복부를 고대의 이
상적 형태로 보는 경우가 이에 해당한다고 보았다. 그의 생각에 이 형태

94

는 그리스가 아닌 로마의 작업장에서 나온 것이었다.[85] 그러나 이를 고대 조각의 특유성으로서 주목하고 확인하려는 관심은 [루모어에게도] 마찬가지였다. 자연에서의 연구를 소홀히 한 루모어의 접근 방식으로 인해 사람들은 잘못된 길로 나아갔다. 자연 형태의 의미성을 루모어가 추방하였다. 그에 따르면 자연 형태를 연구하면서 예술가는 자신의 욕구를 더욱 분명히 인식한다. [예술가의] 비밀스런 특징 하나가 자연과 결부된 그를 이끌어 다소 불명확한 자신의 욕구를 표현할 역량을 갖추어 할 것이다. 상징적 형식의 세 번째 미는 즉자대자적으로 자연에 현존한다. 자연 형태를 보면서 특정한 표상 및 잠재한 감정이 일깨워진다.[86] 가령 인간 형상의 자연성을 살펴보면 상징적 현시는 기호로 존재하며 오직 내면의 기호로서만 이상적인 것, 가상이 존재한다. 이것이 이상이다. 신이 무릇 이념을 통해, 가령 호메로스의 유피테르[제우스]처럼 그렇게 [즉, 고귀하고 고요하게] 표현된다면, 시각적으로 행사되고 표현되는 유피테르의 위력과 함께하는 그의 고귀함과 고요함이 이런 표현의 특정 형태를 제공하고 전달하는 과제를 맡는다. 유피테르나 그리스도의 견본이 되는 인간을 예술가가 자연에서 구해야 하는가는 그다지 긴요한 질문이 아니다. 그런 질문에 답할 수 없기 때문이다. 이 질문에 긍정하는 이도 있을 것이고 부정하는 이도 있을 것이다. 그런 형태를 내보여야 할 테지만 일부에만 그것이 보일 뿐 나머지 대부분은 그렇지 않으며 이에 대해 그 어떤 결정도 나지 않는 것이다. 유피테르의 내면이 한 인간으로 표현된다. 그런 한에서 유피테르에 대한 표현이 자연에 현존한다. 예술가가 자신의 목적에 부응하는 자연 형태를 눈앞에 가졌는지 묻는다 하여 이로부터 예술 작품이 나오는 것은 아니다. 아무것도 나오지 않는다. 온전한 하나가 존재해야 한다.[87] 예술가는 자유로운 존재가 아닐 수 없다. 예술가의 판타지가 그 자신에게 참된 방식이다. 그는 형식의 의미를 알며 ⟨29⟩ 자기 스스로 그 형태를 창출한다. 기존 형태를 선택해서는 안 되고 창조해야 한다. 유피테르의 위력을 표현하고 마리아를 대변하려면 예술가는 이 이름에 맞는 특정 표상을 가져야지 어떤 얼굴이나 어울리도록 표현해서는 안 된다. 저렇듯 고귀하고 경건한 용모가 언제나 그토록 고귀하고 경건한 모든 특징을 표현하지는 않는다. 정적으로든 동적으로든 간에, 어떤 형태로든 저 위력을, 저 고귀한 사랑을 표현해야 한다. 이를 표현하는 이런 표현 형태도 있겠으나, [그 형태는] 이 순간에 그런 것일 뿐 항상 이를 표현하는 것은 아니다.

이상은 최고의 생명력을 갖는다. 모든 것에 생명성이 스며들어 있다. 그리하여 근본 규정과 무관한 운동을 예고할 따름인 그런 의미 없는 것은 현상하지 않는다. 이런 생명성이야말로 대가를 도드라지게 해 준다. 모든 것에 [생명성이] 스며들어 있음으로 해서 말이다. 피디아스Phidias (BC 500/490-430/420)에서 우아함까지는 아니라도 지극한 생명성을 내보이는 무언가가 있음을 우리는 잘 알고 있다. 공허함이나 무의미함 따위는 그 어디에도 없다. 모든 것이 근본 규정을 가리킨다.

루모어가 말하길, 예술가는 자연 속으로 들어가 연구해야 한다. 그러니까 아름다움을 통해서는 예술이 자연에 도달하지 못한다.[88] 그래서 [자연] 연구가 어렵다. 그는 양치는[89] 소녀의 그림을 언급하는데, 토르발센Bertel Thorvaldsen (1770-1844)을 비롯한 다수가 조형적 인물의 모범상을 묘사한 바 있다.[90] 그 소녀가 조신했다고 할 수는 없다. 그랬다면 그런 일을 했을 리 없을 테다. 그렇다고 그녀가 팔라스나 주노를, 마돈나[마리아]를 대신할 수는 없다. 제아무리 아름다운 모습이었던들 그녀가 부차적인 인물이다. 고

96

귀함이나 내밀함을 표현해야 한다는 점에서는 저 아름다움이 이룩한 것은 전혀 없다고 보이기 때문이다. 저 소녀의 얼굴로 호감이나 경건함[91]을 표현할 수도 있으나 이러한 정신적 규정은 이 얼굴로는 온전히 표현되지 않으며, 이제 그녀는 보편적인 것이 아니라 특칭적인 것을 현시하는 초상으로 간주되고 있다. 한순간을 선택하는 회화와 조각은 정신이 반영되는 모든 형태에 스며들어야 한다. 이런 예술에서는 이런 것이 언제나 가장 중요하다.[92]

라파엘로의 〈그리스도의 변용 *Verklärung Chriti*〉(1518/20)에는 그리스도와 그 제자들이 다른 사람들과는 다른 성격을 갖는다. 성령강림제의 성령이 제자들의 영혼을 사로잡았고 성령은 말씀으로 자신을 드러낸다. 그러나 다른 사람들에게는 그 실존이 보인다.[93] 이들에게는 세속의 성격이 있다. 지극히 진지하게 자신들을 둘러싼 정황을 파악하면서 신의 도움에 직면하고 있음을 이미 이들 자신이 드러내고 있다. 이들은 지극히 탁월하게 나타난다. 다만 그렇다고 이상에 이른 것은 아니다. 그들은 여

【그림 20】라파엘로 산치오, 〈그리스도의 변용〉(1516/20), 바티칸 박물관.[94]

전히 세속을 바라본다. 아무리 고상함과 진지함을 지니고 있다 해도 말이다.

옛 독일의 성가족 그림에서는 [기부자의] 초상화만이 발견된다.[95] 무릎 꿇고 기도 드리는 사람이 그려져 있는데[96] 이들은 이상적이지 않다. 물론 신성한 행위를 그릴 때 초상화를 선호할 수는 있다. 이따금 마리아가 우리의 관심을 끌지 않는 장면도 있으나 그렇더라도 주변 사람들은 온 마음을 다해 기도한다. 군인들은 기도하는 중에도 세속에 속하는데 그 인상에 온갖 세파에 시달린 흔적이 남겨져 있는 등 여러 규정이 그 기도에 내재한다.

남성보다는 훨씬 홀가분한 맘으로 기도 드릴 줄 아는 여성들은 기도와는 또 다른 느낌을 지니고 있으며 이런 느낌이 그들의 인상에 나타난다. ─ 따라서 이상과 자연을 우리는 능히 구분할 수 있어야. 자연성은 종종 지극히 불명확해서 자연에 천착해 있는지 아닌지를 알기 어렵다.[97]

이렇게 하여 우리는 이상적인 것의 개념을, 그리고 그 대립인 반어를 살펴보았고 자연과의 관계 속에서 이상을 언급하였으며 이상 일반에 대한 이념을 특정하지 않은 채 다루었다. 《30》

[Ⅲ.] 이상의 규정성에 관하여

그것 없이는 이상도 [다른] 규정성도 없을 그런 규정성으로 우리는 나아간다. 이상에서 내면은 [그 자체는] 이상적이지 않은 외면에 우러난다. 먼저 보편자에 대해 언급하겠다. 예술의 목적은 종교다. 종교를 조형적으로[98] 의식화하는 데 그 목적이 있다. 보편적이며 그런 한에서 추상적인 신성을 말이다. 본질적으로 이것에 규정이 생겨야 한다. 신성이 조형화됨으로써 다종다양한 규정 전반이 나타난다. 이때 개념의 규정은 없고 신성이 다변화된다. 사유는 통일성을 갖는바, 그렇기 때문에 유대교는 신의 형상을 조금도 만들지 않는다. 서정시에서도 이런 통일성이 지배적이다. 신성은 다종다양하게 분산되면서 다신론이 나타난다. 기독교에서는 유일신이, 그것도 인간으로 존재한다. 다변화된 인간 자체가 신의 한 요소가 된다. 특수성이라는 이런 원리와 더불어 신성의 특칭성이, 그것도 충동, 열정 및 인간적 느낌을 갖는 정신의 특칭성과 더불어 〔나타난다〕. 온전히 인간적인 심정이 생생한 예술 소재가 된다. [반면] 그 자체로 구체적 정신인 신이 사유의 대상이 된다. 특칭성으로 인해 위대한 진리를 스스로 깨닫는다. 심성의 실체가 하나의 주관으로 있을 때, 그리고 주관의 의지로 실체가 확증될 때, 가장 완벽함은 그때 있게 된다. 이것이 예술의 중심 소재다. 특칭성을 갖는 인간적 느낌이 생겨나 행위와의 연관 속에서 구현될 때 예술 창작이 이루어진다. 신성이 주관성의 표출이라면, 표현된 것이 내면을 현시한다면 여기에 이상이 있는 것이다.

이런 특칭성과 더불어 특수한 상황이, 타자와의 연관이 등장한다. 시 문학[99]의 영역인 타자 의존성, 부자유, 유한성이 등장한다. 이런 특칭성을 좀 더 상세히 고찰해 보자. 그리스의 신, 그리고 그리스도는 자존적이며 현세와 맞닿을 일이 없다. 이들은 특칭적이지만 그러면서도 스스로 자유롭다. 가령 유피테르 같은 신은 특수한 규정에 따른 위세를 갖는다. 그러면서도 이 위력은 자기 완결적이다. 우리는[100] 타인과의 관계 속에 놓여 가령 쟁투를 벌인다. 관심이 개입하지만 그럼에도 이들은 불가침의 영원한 고귀함 속에 머무르며 이상이 지극한 고귀함 속에 현존한다. 가령 노역을 마치고 쉬고 있는 헤라클레스가 그러하다. 이들은 외부와의 관계 속에서도 현상한다. 무엇보다도 강력하게, 찬란하게 말이다. 신이라면 모두 자신의 완벽한 총체성을, 모든 것의 가능성을 내보인다. 아이들이 우리에게 만족을 주는 것도, 아이들의 인상 안에 그 어떤 특칭적 성격도 감돌지 않으면서 그 모두 아름답기까지 한 이유도 이와 마찬가지다. 그 속에 자유가 들어 있지 않음에도 아이들은 자유롭게, 진솔하게 현상한다. 이들은 그 어떤 것이든 될 법하다. 개별 신들의 형상, 사도, 성자 등의 현상도 아이들과 마찬가지다.

정신의 단순성도 규정이 이루어지면 외면성의 관계가 나타나는바, 이 외면성이 어느 만큼이나 이상일 수 있는지 살펴보아야 한다.

보편적 상태 전반에 대해 우선 논하고, 특화된 인간 상태를, 그리고 연관이 시작되는 상태들을 논한다. 가장 이상적일 수 있는 연관을 이제 논의할 필요가 있다. 《31》

인간들 사이의 관계에 따라 이 전체가 전개

된다. 마치 우리 국가에서 벌어지는 일처럼 그러하다. 즉 법칙이 [개인의] 의식에 객관성으로 현존한다. 책무로 알게 되는 대상이, 주관이 관계하는, 주관의 타자인 대상이 법칙인 것이다. 법칙이 필연성으로 전개됨으로써 개인에, 심지어는 개인의 확신에 맞서는 권리를 창출할 수 있다. 특별하게 육성된 것이 바로 이 법칙이다. 개인마저 그 법칙의 합목적성을 승인한다면 주관의 권리와 관계하여 주관에게 실정적實定的인 세부 사항이 생겨난다. 주관은 그 내용상 더 이상 자유롭지 않다.

법칙은 국가에서 그 자체로 타당하며 보편성의 원리에 따라 개별성에 규정을 내린다. 그런데 송사訟事와 같은 개별성도 알고 있어야 한다. 중요치 않은 내용이 필연성을 갖는다. 〔그런데〕 사람들은 자유를 취하지는 않고 개별성을 타당하게 여긴다. 전체와 행위가, 전체와 주체가 분열되어 있고 그리하여 주관에게는 그저 일부분만이 알려진다. 행위하기 위해서는 여러 수단이 필요하다. 즉자대자적으로 법에 따라 정당한, 본질적으로 주관적 자의와 대립각을 세우는 그런 전개와 분열 상태에서 개인은 전체보다는 열세에 놓이고 개인이 전체가 되어 활동한다 해도 그 권역은 제한적이다. 가령 가족의 경우 언제나 전체와의 연관이 현존한다. [국가라는] 보편적 질서가 있어 가족에게 실정적이며 가족이 무언가를 성취할 여지를 잘 허용치 않는다.

이런 상태에는 영웅이 존재한다. 다만 이때의 영웅은 개인의 의지에 몰두하는 상태 속에 머물 뿐인 그런 존재가 아니다. 개인은 목적을 품고서 상태를 마련한다. 가령 테세우스와 헤라클레스가 그런 영웅이다. 오늘날에는 난동을 부리는 손님을 제압하기 위해서 경찰관이 있지 영웅이 있지는 않다. 그러니까 영웅이 있을 수 없는 상태인 것이다. 이런 곳에 국가가 있다. 개인이 [오늘날의] 우리에겐 없는 목적을 품고 국체國體를 형성할 때 그리스인들은 이를 '덕성'이라 불렀다. 오늘날에 보면 이는 폭력이다. 우리는 악을 단죄한다. 다시 말해 일종의 폭력인 보편적 법이 범죄에 대항하는 타당성을 갖는다. 정의는 법정이라는 기관을 통해 법을 행사한다. 법정이란 법의 독자성을 위한 것이 아니라 다른 법들과 더불어 검증하기 위한 자리다. 우리에게 복수는 벌어지지 않는다. 반면 오레스테스의 복수[101]는 정당성을 갖고 있었다. 다만 가족 구성원인 아들이 아버지의 권리를 행사하는 일을 떠맡았다. 그의 의지는 정의를 수행하는 것이었다. 이 정의가 수행되면 이는 복수이며 영웅적인 면모를 띤다. 그리스인의, 영웅의 이런 '아레테'가 로마인의 '비르투스'와 혼동되어서는 안 된다.[102] 로마인의 비르투스는 국가의 목적이며 그래서 [이들은 이에] 복종한다. 로마인은 대중을 지배하는 권력을 갖는다. ― 호메로스

【그림 21】 피에르-나르시스 게랭, 〈아이기스토스가 클리타임네스트라에게 아가멤논 살해를 사주하다〉(1817), 루브르 박물관.

【그림 22】 윌리엄 아돌프 부게로, 〈오레스테스와 에리니에스〉(1862), 미국 노퍽 크라이슬러 미술관.

의 영웅들은 아가멤논을 지도자로 삼지만 이 사람은 [오늘날의] 총사령관이 아니다. 행위하는 이 영웅들은 자신의 의지에 따라 법을 행하며, 꾀를 발휘해 아킬레우스가 출정하도록 유도한다. 아킬레우스는 자유로이 전장으로 나아간다. 아가멤논에게 모욕감을 느꼈기 때문이며 파트로클로스의 복수를 원했기 때문이다.[103] 따라서 아레테는 주관 특유의 개체성에 속한다. 이것이 이상으로 존재한다. 주관 스스로 전체가 되어 결단하고 행동하는 개체성 자체가 되는 것이다.

이런 것이 예술에 유리한, 그 어떤 분열이나 타율성도 없는 그런 지반을 이룬다. 인간의 외면은 인간의 것이며 인간의 에너지는 그 행동과 부합한다. 그런 형상으로 형식적 자립성이 지배적인 페르시아인, 아랍인 등도 있다. [영웅들이 존재하는] 그런 세계상태가 시드[104]를 전범으로 하는 중세 기사들의 생활 관계에 존재한다. 이 기사들은 왕과 협력하지만 자신의 의지가 그 한계치다. 그들은 모욕을 당하면 물러나 버린다. 그들

자체를 함부로 할 수는 없다. 왕은 신하들의 동의를 구해야 행동을 취할 수 있을 따름인 만큼 호메로스 시대의 상태와는 다르다. ⟨32⟩

카를 대제는 사자[처럼] 용맹했[]다. [그럼에도] 그는 신하에게 제안을 한 후 그들이 동의했을 때만 행동에 옮겼다. 그렇기에 시문학에서는[105] 당대의 인물을 취한다. 고정된 기억이라든가 독자의 역사적 지식이 예술가에게 부담을 안김에도 불구하고 그렇게 한다. 잘 알려진 그 사건이 창작물이 아니라 사실이어야 한다는 요구가 판타지의 창작을 방해함에도 불구하고 그렇게 한다. 내용의 본성을 취해야 하니 말이다.

그리스인의 현시에서 우리는 개인이 스스로 행동을 취하는 것을 목격한다. 가령 오이디푸스는 격분하여 자신의 아버지를 죽인다.[106] 이는 살인 사건일지언정 살해는 아니요 더욱이 친부 살해는 아니다. 우리의 개념상 오이디푸스에게는 친부의 살해에, 친모와의 혼인에 책임이 있다. 우리는 그의 죄를 [인정한 후에] 사면한다. 그러나 영웅의 성격은 전체를[107] 끌어안는, 책임을 참회하는, 성격의 그런 총체성으로 인해 성립한다. 오늘날에는 그 누구도 무언가를 행하려 하지 않으며 책임을 타인에게 떠넘긴다. 반면 성격의 건실한 통일성이 있다면 그렇게 분산되지 않는다. 우리는 도덕적 관점을 취한다. 개인의 신조와 의도가 관건이다. 그가 알고 있었는지, 알고 있는 바가 무엇인지에 주관의 자유가 달렸다. 반면 영웅시대의 표상에서 개인은 하나의 건실한 실체다. 스스로 온전히 모든 것을 행했기를 바란다.

그러니까 운명으로 인한 부작위不作爲라도 책임에서 자유로울 수 없다. 한 개인의 책임으로 인해 그 가문 전체가 형벌을 받는다. 우리의 경우 한 사람이 형벌의 책임을 떠맡는다. 가족의 부담을 개인에게 전가하기도 한다. 거꾸로 가족에 책임이 있을 때는 개인의 무고함이 소명되기도 한다.

반면 영웅시대는 이와 달랐다. 가족과 개인은 하나 되어 구분이 없었다. 주관을 분리함으로써 우리는 윤리성과 연관된 형식적 자유 및 주관적 자유를 좀 더 상세히 목격한다. 괴리됨이 없다는 점이 영웅주의의 토대가 된다. 개인의 이런 총체성이야말로 결코 떨치지 못하는, 개인의 욕구이자 관심이다. 그런 한에서 〔이것이〕 이런 외적 현상에 놓인다. 실리와 괴테는 이런 대립에 빠졌다. 기사 괴츠[108]는 객관적 질서가 생겨나면서 개인의 통일성이 몰락하는 시대를 살았다.[109] 틀에 갇힌 이런 삶으로부터 영웅은 괴리되었다. 그는 하일브론의 법정에서 곤란에 처한다. 농민, 변호사 등과 갈등을 빚었던 것이다. [또한] 시민사회 질서를 배경으로 태어난 인물인 모어[110]는 이 질서가 훼손되자 분연히 일어서는 영웅이 되어 악행을 일삼는 당국과의 전쟁을 선포한다.[111] 그리하여 그는 도덕이 되었으나 부당함을 근절하고자 하지는 않았기에 불행이 그에게 닥쳤다. 그는 무기력하게 몰락하지 않을 수 없었다.

이상적 상태에 악이 배제되지는 않는다. 즉 전쟁 따위가 영웅적 행위의 대상이 된다. 그리

하여 악이 비인간적이고 무자비하게 존재한다. 악을 떨치기 위해 길을 나선 편력遍歷기사가 야만성에 빠진다. 기독교의 영웅이 자리하는 곳에는 야만인이 존재하는 장소가 전제된다. 목가적 상태 대다수가 이상적인 상태라 생각하기 일쑤다. 목가적牧歌的 상태에 분열은 없다. 하지만 우리는 이에 별로 관심이 없다. 이 상태에서는 인물의 성격화가 이루어지지 않았고 조국, 종교 등과의 중요한 연관이 없기 때문이다. 양들이 길을 잃었다는 것 정도가 목가의 대상이 된다. 목가적인 곳으로 도피하는 것이 위안이 될 뿐이다. 게스너Salomon Gessner의 『목가집Gessners Idyllen』(1775)[112]은 독일인보다는 프랑스인에게 좀 더 관심을 끌고 오랫동안 선호되었다.

우리 시대에 목가 상태는 결함 있는 것이 되어 버린다. 시골 성직자, 약혼식 등을 떠올리면서 향긋한 커피 한잔에 몸이 안락해지겠으나, 소중한 상황같은 것은 여기에 없다. 다른 연관들로 인해 사라져 버릴 것만 있을 뿐이니 말이다. 《33》

시골 목사는 커피를 마시는 등의 일과 연계될 뿐이다. 반면에 「헤르만과 도로테아Hermann und Dorothea von J.W Von Göthe」(1797)[113]에는 이보다 더 높은 동기가, 즉 프랑스 혁명이 배경을 이룬다. 여기에도 특수성이 펼쳐지긴 하지만 작은 권역에서 작용하는 세계사를 목격하게 된다. 셰익스피어의 여러 희곡은 연대기에서 소재를 취했다.[114] 확고하게 정립되지 않은 상태에서는 개인이 좀 더 자기 자신을 고수한다. 그 이후의 역사는 [개인에게] 그다지 유리하지는 않다. 〔영웅의〕 역사성은 대부분 외적인 [그저 과거에 있던 사실로 알려진 것을 이야기하는] 역사에서 취한다. 이런 역사는 오직 영웅적 인물의 독자적 의지를 통해서만 생성된다. 그러나 이런 독자성은 대개 형식에만, 일면에만 머문, 그저 주관적일 뿐인 것이 된다. 영웅이 자신의 목적으로 삼은 내용도 영웅의 그 의지와 관련해서[만] 고려된다.

보편적 상태 가운데 특칭적인 것 전반을 우리는 상황이라 부른다. 이는 지극히 다종다양하여 이에 대해 할 말이 그다지 많을 수는 없다. 외적인 우연성이 [여기서] 시작된다. 외적으로 우연한 이 상황 자체는 단순하다. 다시 말해 그것이 행위[플롯]와 관계될 때 더 관심을 끌게 된다. 이런 점에서 보면 [아무리] 무상황적인 조각 형상이라도 신전 조형물이 될 수 있다. 반면 저부조低浮彫에는 이미 행위로의 이행이 있다. 고대인들의 창작물에는 명랑한 상황으로 가득하다. 이는 기존의 것에서 예술가가 외적 규정을 선택해 이를 새겨 넣어 이상으로 드높인 것이다. 신들 또한 행위로 나아간다. 그러한 단순한 상황이 복합적인 상황보다 선호되는 경우가 종종 있다. 그래서 피갈Jean-Baptiste Pigalle(1714-1785)은 샌들 끈을 묶고 있는 메르쿠리우스[헤르메스]를 형상화했다.[115] 토르발센은 칼을 빼어 들고는 마르시아스[116]를 노리고서 매복하고 있는 메르쿠리우스를 형상화했지만,[117] 샌들의 매력이 안기는 저 안온한 상황이 신의 이 정념보다 더 눈길을 끈다. 따라서 상황은 이렇듯 지극히 다종다양하다.

상황이란 흔하게 있되 무언가를 위한 기회가 되는 상황을 말한다. 그러니까 서정시에서도 특정한 감정이 언표되는, 그 산물을 통해 심정에 분위기가 감도는 방식으로 [상황이] 존재한다. 그런 한에서 『젊은 베르터의 고뇌Die Leiden des jungen Werther』(1774)[118]는 찢어지는 심정을 시인이 대상화한 기회시機會詩다.[119] 괴테는 그런 대상을 선호했다. 특정한 대상이라기보다는 자신의 내면을 하나의 국면에 표현하는 방식 말이다. 고통 및 근심과 씨름하는 인간은 그 느낌을 표현함으로써 맘이 한결 나아진다. 그런 상황을 기회라 한다. 기회

【그림 23】 장 밥티스트 피갈, 〈메르쿠리우스〉(1748), 베를린 보데 미술관.

【그림 24】 베르텔 토르발센, 〈아르고스를 죽인 메르쿠리우스〉(1818/19), 코펜하겐 토르발센 미술관.

란 [내면의] 추동력이라기보다는 오히려 얼개를 갖춘 외면이다. 핀다로스Pindar(BC c. 158-c. 438)의 시도 기회시였다.[120] 요청을 받아 만들어진 것이기에 자신의 내면과 결부되지 않는 외적 대상이 주어졌다. 그러한 서정적 상황은 우리가 세계상태라고 말하는 것과는 별개다. 심정은 세계와 대립한다. 세계가 심정의 느낌을 자극한다면 그 심정은 상황이 된다. 상황이 복잡하게 연루되어 있다면 이것이 행위의 전제가 된다. 상황에 행동이 이어지는 것이다. 회화에서는 하나의 상황이 단서가 된다. 이 상황이 관심을 끌기 위해서는 인간을 고양하는 자극이 있어야 한다. 소포클레스Sophokles(BC 497/6-406/5)의 『안티고네Antigone』의 상황을 보면, 매장되지 못한 오빠[폴리네이케스]와 그에 대한 크레온의 태도가, 또 남매의 관계가 쟁투를 빚는다. 여기에서 행위가 나온다.[121] 서사시에서는, 가령 『일리아스Illias』에서는 사제가 상황이 되어[122] 아가멤논의 행위를 이끈다.

헬레네의 납치[123] 또한 상황이 되어 외적인 동기로 작용한다. 상황에 직면하여 인간이 취하는 행위가 그다음이다. 어떤 상태와 더불어 있는 그 상황을 인간이 받아들이는 것이다. 우리가 보기에 상황은 무언가 외적인 면이 있으며 행위에서보다는 받아들여야 할 것이 좀 더 많다. 『타우리스의 이피게니아Iphigenie auf Tauris』(1786)[124]에서 인신 공양의 요구, 남동생[오레스테스]의 도착과 같은 상황이 존재한다. 인신 공양은 우리에게 낯설다. 〈34〉

기본 상황이 직접적인 전제가 되며, 그다음엔 이와 관계된 것이 직접 나온다. 가령 삼부작[125]에서는 한 상황에서 침해가 발생하고 그 결과로 인해 이 침해가 폐기된다. 그러고는 인간의 반응이 나타난다. 대립으로까지 치닫는다. 위력Macht이라는 본질적 동력이, 그다음에는 이 위력을 행사하는 방식이 본질적 측면으로 존재한다. 인간사에서는 보편적 이념, 신, 이성 따위가 아니라 위력이 이상적 내용으로서 그 근간을 이룬다. 이 근거는 인간사에 존재하며, 신성의 지류인 한에서 신적이다. 이 위력이 유발되면서 특수한 위력들이 서로 모순하며, 위력에 위력이 맞선다.[126] 이상, 조국, 정당한 것, 윤리적인 것, 가족 및 그 후손 등과 같은 거대 동기들이 본질적 연관을 맺는 참된 위력으로 존재한다. 가령 낭만성에서는 우정, 명예, 신분, 사랑 등이 본질적 동기가 된다. 고대인들이 파토스라 불렀던 것이 바로 이 위력이다. 개인에게 그러한 힘은 정신이 지닌 한편의 규정으로 다가오는 까닭에 본질적이다. 고대인들이 말하길, 인간은 소재를 신적인 것으로, 그것도 자신의 정념에 따라, 파토스에 따라 만든다.[127] [정념이라는] 말을 우리도 이렇게 받아들인다.[128] 외적인 강제력Gewalt이 아닌, 참된 이성적 힘을 말한다. 이는 예술을 성립케 한다. 행위를 추동하는 이 위력들은 특정한 규정을 갖는 까닭에 서로 충돌하고 침해하는 관계를 갖는다. 코러스가 아니라 오직 영웅들만이 충돌한다.[129] 충돌하는 위력들은 각각 정당하며 긍정적이다. 조악함은 비열함과 마찬가지로 부정적이다. 따라서 등장하는 그 어떤 인물도 결코 악한 것으로 묘사되어서는 안 된다. 이에 몇 가지 〔측면이 추가되어〕 피상적이긴 해도 옳은 면이 있다. 자신의 비극 서문에서 코르네유Pierre Corneille(1606-1684)는 폭군에게 무언가 좋은 점을 부가했고 말한다.[130] 범죄와 범죄자는 별개로 보아야 한다. 범죄자에게도 무언가 좋은 점이 있다. 근대에는 대립이 더욱 심해져 참혹할 지경인데 이는 예술에 결코 우호적인 일이 아니다. 그리하여 셰익스피어의 경우 그렇듯 참사가 많이 나타난다. 근래에는 반어를 방패 삼아 괴상망측한 것들로 나아가는바, 진지함은 없고 극단만이 생겨나는 것이

다. 호프만Ernst Theodor Amadeus Hoffmann(1776-1822)의 작품은 이런 괴상망
측함이 지배적이다.[131]

그런데 이런 위력들은 그 긍정성으로 인해 우리의 관심을 끈다. 분열
되지 않은, 오직 그러한 예술만이 관심을 끈다. 이런 파토스로 존재하는
것으로는 우리가 신이라 부르는 형상물이 있는데 이는 그 자체로 정당한
위력이며 본질적으로 정신적 요소를 내포한다. 이런 위력과 인간이 관계
를 맺는다. 인간 속에서 그 위력이 작동하며 인간을 통해 그 위력이 행사
된다. 그래서 신적인 것과 인간적인 것 사이의 관계가 나타난다. 이 관계
가 조악하게 묘사될 경우 이는 외적으로 있게 된다. 이때 진실로 정신의
위력들이 실체를 인간 속에 두면서 인간에게 하나의 위력을 지니며 그럼
으로써 인간은 이에 사로잡힌다. 호메로스의 신을 통해 그 정체성의 일
단을 목도할 수 있다. 이 관계[는 다음과 같다.] 신은 인간에게 무언가를
하도록 명하다가도 이를 하지 말라고 명하기도 하며 또한 인간에게 나타
나지 않기도 한다. 이를 뒤따르다 보면 부조리한 일이 생긴다. 영웅 자신
은 덕을 갖고 있지 못하니 말이다. 가령 파트로클로스는 헥토르와 결투
하다가 아폴론으로 인해 죽임을 당한다. 각질 피부의 지크프리트처럼 아
킬레우스는 불사의 육체를 지녔다.[132] 그러니까 외적으로만 본다면 [아킬
레우스보다] 용맹해질 비법이란 게 있을 수는 없다는 것이다. [그러나] 이
치에 맞지 않는 일이 있게 된다. 인간에 상력함으로 존재하는 무언가는
그저 외적으로 있게 되는 것이다. 참된 현시에서 구분점들이 매개된다.
인간 내의 보편적 위력은 인간 의지에 속하는 것으로 부각된다. 『일리아
스』의 시작부에서 미네르바[아테네]가 아킬레우스에게 나타나 그가 싸우
려는 것을 제지했을 때처럼 이 외적인 것으로 인해 그의 정념이 중단되
기에 이른다. 그저 외적으로 표해지는바, 이런 외면성은 소멸하고 후퇴

한다. 《35》

　이런 면이 기계적인 것으로 변모할 수 있다. 신성에 의한 행동의 분열이 이미 쉽사리[133] 예술에 우호적인 것으로 나타나는 식으로 말이다. 이는 근대의 서사시에서도 마찬가지다. 에우리피테스의 경우 지배적이었던 이런 연관은 괴테의 『[타우리스의] 이피게니아』에서 심정으로 옮겨 간다.[134] 에우리피테스의 작품[135]에서 미네르바는 토아스에게 나타나 이미 도피한 오레스테스를 죽이지 말라고 명한다.[136] 외적 연관은 이러하다. 괴테의 경우 이것이 달라진다. 이피게네이아가 인간의 심중에 진실을 털어놓는다. 즉 그녀는 토아스에게 모든 것을 밝힌다. 그녀는 진실을 신적인 것으로 보고 이에 기대는 것이다. 여기에는 기계적인 것이 더 이상 없다. 그리스 시문학은 신성을 외적으로 현시하다가 좌초된다. ─『햄릿*Hamlet*』(1604)[137]에서 정령이 아들에게 나타나 복수를 종용한다. 아들에게 이것이 행위의 정당성이지만 그의 망설임과 우울한 성격, 정령이 속였을지 모른다는 의심 등이 정령과의 그 외적 연관을 변모케 한다. 근대에는 파토스가 인간 심정의 추동력으로 현상한다. 고대인에게도 파토스적인 것은 실체가 명시되어 효력이 생기도록 하는 작용을 하였다. 괴테보다 실러의 파토스가 더 강했고 이로 인해 무대에 미친 그의 영향은 더 컸다. 파토스적인 것은 의식[138]을 포함한다. 거기에 긍정성이 있기 때문이다.

　<u>다른 측면으로 인간 개체가 있다</u>. 행동에 옮기는 자를 말한다. 파토스적인 측면만이 참된 현실이다. 정신은 분명 언제나 추상적이다. 총체성 속 정신성이 인간 속 현실을 이룬다. 인간을 위해 모든 신이 필요하다. 모든 신은 인간을 통해 현실적으로 정신이 된다.

　회화와 달리 조각은 [인물의] 성격을 단순하

11월 24일

게 묘사한다. 희곡에서는 [한 인물의] 성격이 쉽사리 변화하지 않는다. 성격이 추상적으로 범주화된다. 용감함이 알레고리적으로 현상한다. 냉혹하게 묘사되는 것이다. 사랑과 명예라는 두 파토스로 이루어진 성격이라면 이것들 사이에 투쟁이 일어난다. 투쟁이 선포되고 양자의 보편성이 견지되면 그 주관은 성격이 없는 피상적 존재가 되고 만다. 서사적 시예술Dichtkunst은 대체로 개체성을 띤 성격을 묘사하는데, 오디세우스와 아킬레우스가 이에 해당한다.[139] 아킬레우스는 거칠 것이 없는 젊은이면서도 인간적인 면모를 모두 갖추었으며, 모든 것이 외적으로 현상한다.[140] 그는 브리세이스를, 어디서 왔는지 알지 못하는 자의 어머니 테시스를 사랑한다. 자신이 사랑하는 아버지 펠레우스를 기억하고 충실한 하인 푀네우스를 존중하며 파트로클로스를 사랑한다. 네스토르의 연륜을, 그리고 그가 주최한 시합에서 보여지는 모든 광경을 존중한다. 그런 식으로 자신의 성격이 전개된다. 그는 성마르고 사나우며 불같이 화를 내지만 헥토르를 잔혹하게 대하면서도 치밀하고 철저한 모습을 보인다. 그는 헥토르를 끌고 다니며 성곽을 세 바퀴나 돌았다. 그러면서도 프리아모스에게 그 살벌한 손을 건넸다. 인간적인 모든 면이 그에게서 나타난다. 행위를 통해 어지러이 얽혀 나타나지 않으면서도 말이다. 오디세우스 또한 이에 못지않으며 그 외 다른 이들도 있다. 그 누구든 그 특수성 속에 다층적이면서도 온전한 하나를 갖춘 세계로 존재한다.

『니벨룽겐의 노래Nibelungenlied』[141]에서 지크프리트 같은 인물은 호메로스의 다층적이고 생생한 인물들에 비하면 앙상하고 추상적이다. 성격을 묘사하는 근대의 방식으로 재기발랄함이 있다. 셰익스피어의 인물은 독자성에 안거하는 보편성을 한데 모아 내보인다. 보편적 고찰을 통해서 보면 셰익스피어의 이런 성격은 내면을 다층적으로 드러낸다는 것을 알 수 있다. 우스꽝스럽고 진부한 인물도, 천재적이며 재기가 많은 인물도 보인다. 이런 유머는 진부함이라는 제약을 뛰어넘는다. 내적 보편성 및 전개 가능성이 관심을 끌며[142] 예술작품으로 현상하는 조각처럼 보편적 통일성이 오롯이 존재한다.

보편적 세계관계[세계상태], 상황 및 행위 방식은 이런 식으로 나타난다. 《36》

<u>행위의 전개를 살펴보자면</u>, 상황이 현시의 일부이자 동기로 나타난다. 이는 본질적인 사건과 외적으로 긴밀히 결합된 외적 정황이다. 사건을 풀어 가는 데 도움이 되는 동기다. 서사시에서 특히 외적 정황이 나타나는데〔그 정황으로 인해〕이끌린 움직임[변화]이 이 정황을 뒤따른다.[143] (아킬레우스의 진주 목걸이[144]가 그러하다.) 외적 정황에 의한 내적 생명성을 눈으로 확인해야 한다.

예술작품에서 고려되어야 할 각종의 사안 및 과거 시간에 대하여

지극히 외면적인 규정들이 갖는 측면들은 다음과 같다. 1. 외면적 규정성 자체, 2. 자기 연관적 규정성, 3. 외면적 형태. 가령 의복이나 온갖 생활 수단, 집기류, 무기 등이 이 외면성에 속한다. 이 외면성이 많든 적든 내면과 결합한다. 오직 이런 세계상태에만 적합한데, 긍정적일 수도 있고 세계상태와 내밀한 관계를 지닐 수도 있다. 호메로스의 작품에 나타난, 아직 상황의 [즉 신분이나 계급의] 차이가 없는 부족장 체제 생활 방식이 그러하다. 스스로 삶고 굽지만 그럼에도 위대한 영웅이다. 우리는 커피조차 직접 끓이지 않는다. 그 당시에는 노예가 필요치 않았다. 규정성이 아직 그 정도까지 분화되지는 않았던 것이다. 당시엔 인간이 집기류보다 더 우월할 필요도 없었다. 오디세우스는 자신의 침구를 스스로 정돈한다. 이 모든 것은 다음과 같은 맥락을 나타낸다. 즉 인간 스스

로 인간의 행위가 이 집기류 덕분이라는 생각을 한다는 점이다. 이와 더불어 이런 생활 수단을 누린다. 이런 외면성은 무언가 긍정적인 관습으로 존재한다. 이는 또한 어떤 [세계의] 상태와 밀접하게 연관된다. 우리의 집기류를 호메로스 시대로 옮겨 놓는다면 그 당시에 있지도 않았음을 알고 있는 자들은 비웃을 것이다. 그러나 예술은 이런 지식층을 위한 것이 아니다. 이 집기들은 호메로스 시대의 상태에 적합하지 않다. 시대착오Anachronismus라 불리는 것, 예술가의 오류라고 평가받는 것들이 이런 맥락에서 나온다. 이런 [외면적인] 것은 어떻든 상관없다. 폴스타프[145]가 권총에 대해 말하는 것은 좋다.[146] [그러나] 오르페우스가 짐승들 앞에서 바이올린을 연주하는 광경은 우리에게 적절하지 않다. 학식과 교양을 갖추지 못한 자라도 알 수 있는 일이다. 바이올린 자체가 오르페우스의 상태와 내적으로 긴밀한 연관이 불가능하다. [그런데] 이런 시대착오 자체는 큰 문제가 되지 않는다. 물론 세련된 무대를 위해서는 신경을 써야 한다. 그렇다 해도 로마인들이 오른편에 검을 찼다는 사실은 지식인들을 제외하곤 대부분 알지 못한다. 사람들의 복식이나 주변 정황에서가 아닌, 그들의 느낌이나 그 표현 방식에서 그 시대에 맞지 않는 시대착오가 더 심각하다. 이때 사람들은 '시대착오적'보다는 '자연스럽지 않다'는 표현을 사용하면서 당대인들이 느끼고 이야기한 대로가 아니라 우리 시대에 비추어 느낌이 발현되어야 자연스럽다고들 말한다. 이는 대체로 틀린 요구다. 자신의 시대에 말하고 느끼는 대로 [모든] 인간이 말하고 느껴야 한다는 요구이니 말이다. 시인 및 예술가가 파토스를 묘사할 때 이를 자신의 삶에서 표출되듯이 나타낼 수는 없으며 그 실체적 위력이 표상되도록 해야 한다. 많은 소설가가 자신으로서는 전혀 알지 못하는 사랑을 묘사한다. 그러나 시인은 인간에게 있을 법한 것을 말해야 한다. 시인을 이를 행한 후에 의식이 감정과 결합됨으로써 실체적인 것이 존재하게 된다.

의지의 실체인 정념Affekt은 어느 시대고 똑같다. 한 시대를 대변하는 형식은 않는다. [그러나] 시인은 이 형식을 *끄집어내야* 한다. 안티고네, 필록테테스,[147] 아이아스 등은 소포클레스가 쓴 대로 말하지는 않았다. 이들이 그렇듯 교양 있는 표현을 쓰지 않았을 테다. 이는 의미의 선명성을 위한 예술가의 작업이다. 우리의 윤리적 범주를 다른 시대의 상태에 적용하면 모순이 발생한다. 《37》

행위는 연대기상의 한 시대에만 속한다기보다는 윤리적 의식의 한 형식에 속한다. 근래에는 그 어떤 것이든 그 선악善惡에 대해 도덕적, 내적으로 반성하기 위한 우리의 범주가 여럿 생겨났다. 양심의 가책, 후회 등은 영웅의 성격에 맞지 않는다. 영웅은 후회하는 법이 없으니 말이다. 벌어진 일에 대한 이런 부정은 영웅의 성격에 맞지 않고 영웅의 행위로는 걸맞지 않은 것이다. 우리는 [자신에 대한] 의식을 갖지만, 오레스테스에게 양심의 가책은 성립하지 않는다. 우리는 에우메니데스[148]에게 이런 면이 있다고 보지만, 에우메니데스에게는 법[정당함]에 대한 선의가 있을 따름이다. 에우메니데스는 법 밖에서 [부당한 행위자에게] 가차 없이 복수한다.[149] 우리는 이와 다른 형식을 취한다. 〔정신을〕 분열시키는 형식 말이다.[150] 그리고 후회와 양심의 가책이 외적으로 존재한다.[151] 따라서 내면의 형식에 행위의 상태가 동반되어야 한다. 그렇지 않으면 더 큰 시대착오가 발생한다.

그런데 시인은 낯선 시대 및 자연[152]의 정신으로 옮겨 가 이를 가능한 한도까지 형성해야 한다. 시인은 이를 특정한 규정성 속에서 해낸다. 그러면서도 저 시대만이 아니라 모든 시대에 성립하는 실체를 표현한다. 이때 그가 갖추고 있는 소양이 영향력을 행사하지는 않는다. 우리는 오 페라에서 많은 것을 즐긴다. 독일의 시문학이 보다 높은 지점에 오르기 를 원한다. 잘 알다시피 모든 민족에게 서사시는 있었다. 보트머Johann Jakob Bodmer(1698-1783)[153]와 클롭슈토크Friedrich Gottlieb Klopstock(1698-1803)[154] 가 쓴 서사시는 예전으로[155] 돌아갔다. 보트머는 산문적으로 [작업했고 결국] 잊혔다. 클롭슈토크는 번뜩이는 면도 없지 않으나 경직화된[156] 당 대의 산문에 따라 작업을 했다. 신, 지혜 등의 표상은 오히려 볼프 철학 에서 나왔다. 여기에 시대착오가 있다. 서유럽인 괴테가 동양을 수용하 여 『서[동]시집West-ostlicher Divan』(1819)을 썼다.[157] 여기에는 동방의 여운이 본질적 특성을 이룬다.[158] 나중에 이런 특성이 점차 발전하는바, 자신과 만 관계함으로써 정신의 최고 자유가, 감각 자체에 깃든 정신의 자유가 완연해지는 것이다. 그러면서도 실체적인 것이 우리가 보기에 두루 현재 한다.

이 대립에 대해 언급할 필요가 있다. 독일 예술에서 여러 난관으로 인 해 실패한 생기 없는 [작품들이] 생겨났기 때문이다. 시대착오를 일으키 지 않으려는 의도에서 말이다. '신을 그저 파토스로서만이 아닌 그 자체 를 표상해야 한다'라면서 본디 예술이 신화를 채용해야 한다고 생각하기 쉽다. 우리에게 전승된 그리스 로마 신화가 우리에게 토착화되지는 않았 다.[159] 예술 자체로든 아니면 대중으로서든 말이다. 예술가든 대중이든, 민족과 시대 전반에서 관심을 끄는 그런 생명성이 그런 예술작품에는 결 여되어 있다. 사유 속에서 정신이 자유를 얻었다면 사람들은 사유에서 이 자유를 간직하고자 원할 테다. 사람들은 이에 정통하기[160]를 원할 테 다. 신화는 널리 알려져 있다. 그러나 실상은 유희에 가깝다. 대개 식자 충만이 이에 정통하다. 대중은 그렇지 않다. 아테네에 있는 포이킬레[161]에 대한 파우사니아스[162]의 설명을 개작한 괴테의 말에 따르면 이 건물이 화가들에 의해 자유롭게 수용되었다.[163][164] 토착화에 대한 충동이 클롭슈토크에 의해 소생하였다. 그는 북구 신화를 소환했다. 그러나 해묵은 것을 꺼내든 정도에 불과했다.[165] 보단과 발할라[166]는 더 이상 우리의 심중에 살아 있지 않다. 까칠한 프라이아[167] 또한 다르지 않다. 우리의 판타지와 감각 방식에 근접할 소재를 화가들은 우리 시인에게서 얻는다. 온전히 우리 관심을 끌게 되는 것이라면 우리의 토양에서 자라난 것이 아닐 수 없다. 역사를 통해서도 이 점이 확인된다. 즉 그리스인들은 오직 자기네 땅에서 소재를 얻어 이를 개작했는데, 『콜로노스의 오이디푸스 *Ödipus auf Kolonos*』[168]가 그 예다. 《38》

그는 아테네에 묻혀 있었다. 『니벨룽겐의 노래』는 독일의 라인강, 도나우강 등을 무대로 하는 까닭에 토착화된 듯하지만 역사적 시대로 볼 때 우리와는 무관하다.[169][170] 괴츠[171]와 발렌슈타인[172] 같은 역사적 인물은 부르군트의 저 영웅[173]과는 다르게 다가온다. 타소Torquato Tasso(1544-1595)는 자신에게 토착화된 소재인 포르투갈의 카몽이스[174]를 선택했다. 기꺼운[175] 소재들이 다른 것들보다 우리에게 더 가깝다.

공연을 볼 때 갖게 되는 인상에 대해서도 생각해 볼 필요가 있다. 우리는 시를 읽으면서 훨씬 더 만족을 느낀다. 셰익스피어는 영국의 역사에서 소재를 택했다. 관객에게 소재가 관건이라면, 그에게는 표현이 관건이다. 우리로서는 상연되었을 때보다는 읽을 때 더 만족을 느낀다. 그러하니 [그 외에는] 그 어떤 관심도, 심지어는 비평가 및 소위 전문가에 대한 관심조차 없다. 관객과 비평가는 [엄연히] 구분되[는 듯하]지만 비평가[176] 또한 관객에 속하며 [그럼에도 불구하고] 이들은 자신의 관심이 참된 양 고고한 척한다.

우리 시대 및 민족과 무관한 것을 만들어 내려는 시도는 외적인 것으로 남거나 사라지고 만다. 따라서 낯선 곳에서 생겨난 소재는 그대로 두어야 하며 시인은 시대에 맞는 실체성을 만들어 내야 한다고들 한다. 그런 소재가 [자신의 시대와] 거리를 둘 수도 있다. 즉 오직 외부의 틀로만, 배경으로만 존재해야 한다. 자신의 시대와 적정한 선을 지켜야 한다는 것이다. 『이피게네이아』[177]는 우리에게 낯선 고대를 소재로 삼았으나 그럼으로써 그 시대로부터 윤리적 의식을 갖춘 인물이 선보이고 감탄을 자아내게 되었다.[178]

아무도 그리스 비극을 무대에 올릴, 손을 좀 대서라도 우리의 관심을 불러일으킬 엄두를 내지 못해 왔다. 예배조차 숙고의 대상이 될 수밖에 없으며 그럼으로써 성 베드로 성당의 음악이 우리에게 갖는 본래의 의미조차 사라졌다. 우리 독일인들은 충실한 골동품 수집가인 까닭에 지식인들에게 아주 큰 만족을 준다. 프랑스인들은 자신들의 입장에 따라 만족을 갖는다는 점에서 가장 완고하다. 자신들의 공동체와 자신들의 행동거지가 서로 맺는 연관에 대해 아무 생동해 있기를 원하는 것이다. 관객이 주가 되고 지식인은 대중과 동일시된다. 지식인들이 고전을 더 낮게 만들었다고 믿는다면 사람들에게 엄청난 비난을 사게 된다. 사실 이들은 고전을 자민족화하였

【그림 25】 주세페 마리아 크레스피, 〈성만찬〉(1710년경), 드레스덴 알테마이스터 회화관.

118

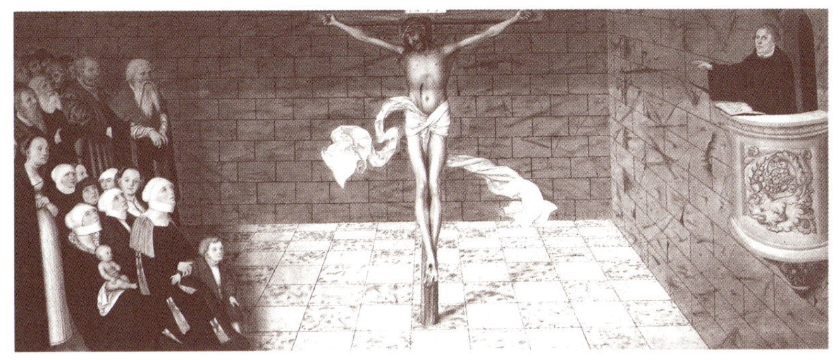

다. 이들 스스로 자신을 과시하고 자신들의 자유를 주창하였음을 알아야 한다. 중국인, 미국인, 그리스인, 로마인 모두 이 프랑스인들처럼 말한다. 『이피게니아 *Iphigenie*』(1674)[179]에서 아킬레우스는 프랑스 왕처럼[180] 말하며, 그의 옷, 투구, 갑옷, 가발, 분 바른 머리, 뒷굽이 붉은 신발도 그리스 것이 아니다. 『에스더』[181]에서는 등장하는 장면이 종종 나온다. 마치 알현할 권리를 지닌 사람만 만나 주기 위해 알현실로 등장하는 프랑스 왕[182]처럼 아하스베루스가 등장했다. 말이다. 반면 대중들은 그 프랑스 왕을 만날 수 없었다. 이들은 『에스더 *Esther*』(1689)를 보러 가서 족제비 모피 외투, 비단 양말을 신은 화장한 왕, 모대毛袋 가발, 붉은 뒷축 등의 호사품을 만날 수 있었다. 과장스러운 소유물 말이다.[183] 우리에게도 이런 경우는 있다. 한스 작스 Hans Sachs(1494-1576)의 작품에서 이런 과정이 가장 두드러진다. 그는 카인과 아벨을, 족장과 성부聖父를 뉘른베르크 사람으로 여긴다. 아담은 초등학교 교장처럼 학교를 운영하면서 카인과

10계명에 대해 문답식으로 가르쳤다. 훌륭한 소년인 아벨은 10계명을 암송한다.[184] 남독일에서는 그리스도가 노예, 유대인[185] 등과 함께 행진하는데, 이는 삶에서 얻어진 것이다.[186] 전쟁 노예 중 하나가 그리스도에게 모욕을 준다. 이런 천박한 짓으로 인해 예배에 장애가 생기지는 않는다. 경건함이 모든 곳에 미친다. 《39》

지금까지 모든 것을 토착화하려는 충동을 살펴보았다. 수공업자들[187]의 축제에서 사람들은 이내 정신이 나갈 정도로 즐긴다.[188] 이 축제는 산문적인 통속성으로 나아가기 마련이다.

이런 경향은 괴테의 초기 작품들에서도 나타나는데, 몰취미하지만 오히려 그런 이유로 인해 저런 사랑을 불러일으킨다. 과거의 것을 가까이 옮겨 놓기 때문이다. 다만 이내 산문적인 것이 되고 만다. 『괴츠 [폰 베를리힝겐]*Götz von Berlichingen mit der eisernen Hand*』는 무대로 올려질 만한 영향력을 갖지 못했다. 무대의 막이 올라가기를 기대하면서 앉아 있던 관객은 "헨젤, 브랜디 한 잔 더 주게!"[189]라는 소리를 듣는다. 대본을 읽는 게 생각을 생생하게 할 수 있어 차라리 더 낫다. 상연된 것은 지루하다. 『괴츠』가 버티지 못한 이유가 이것이다. 토착화의 위험이 바로 이러하다. 무릇 교양을 갖춘 주관성이, 시대와 민족의 관심 및 성격이 예술작품에 속에 존재해야 한다. 그래야 작품이 있는 것이고 작품이 있고 나서 이를 접하는 이가 있는 것이다. 예술작품은 내면성, 진리로 고양되어야 한다. 외면성에 대해서는 이것으로 마친다. 예술가가 대중에게 낯선 소재를 현시하여 그 소재에 우리가 매혹된다 해도 그 외면성은 정신으로 나아갈 수 있다.

예술작품의 외면성 형식에 대해 좀 더 논하자면, 이는 예술작품의 추상성으로서 총체적

120

내면성과는 달리 외적이다. 작품의 추상적 측면을 이루지만 그럼에도 이는 예술작품의 정신과 하나가 된다. 외면성이 훼손되어서는 안 된다. 이러한 외면성은 두 측면을 내포한다. 그 하나가 규칙성, 대칭 등과 같은 추상적 측면이다. 직선들의, 혹은 둘 이상의 규정들의 수리적數理的[190] 균등성도 있다. 이렇듯 추상적인 수리적·균등성은 정신과 구분되며 그런 까닭에 외적이며 외부를 규제한다. 규칙적인 인간 형상은 아름답다. 오장육부 같은 기관들은 대칭적이지 않다. 반면 팔, 다리 등의 지체는 규칙적이다. 인간은 이렇듯 대칭적인 부분과 비대칭적인 부분으로 조직화되어 있다. 이런 차이는 우연이 아니다. 개념을 통해 규정된 것이다. 심장은 하나다. 혈관과 창자도 하나로 있다. 반면 외부로 향해 있으면서 외적 규정을 갖는 조직체에 대칭이 성립한다. 대칭이 부분적으로[191] 외면과 관계함으로 해서 이것들은 외부를 규제하는 추상적 동일성 및 균등성이 된다. 이는 외면성이 보다 더 주요한 규정을 이루는 예술에서 지배적이다. 직선, 열주 등이 균등성으로 규정되는 건축이 그 예가 된다. 외면성이 지배적인 곳에서는 예술이 주된 목적이 되지 않고 다만 조각을 둘 곳으로 〔사원으로〕 존재한다. 그러니까 여기서는 규칙성이 관건이되, 이런 규칙성보다는 내면, 심상, 인간적인 면에 주목한다. 정원술에도 이런 규칙성이 동원된다. 어찌 보면 자연물도 합성체다. 정원은 인간이 주인으로서 사용하기 위해, 이익을 누리기 위해 존재한다. 여기에는 규칙성과 변화[192]가 규정으로 작용한다. 본질적으로 그 조망이 무엇이든 어쨌든 이것이 아름다우려면 본질적으로 다종다양해야 한다. 이런 점에서 볼 때 가장 아름다운 정원들은 중국에 있다. 영국식이라 일컫는 것, 이것이 변화의 원리다. 미로를 만나기도 하고 목조 가옥이 있는가 하면 고딕 성당도 있다. 말하자면 불규칙성이 원리가 된다. 그렇지만 이내 지루해진다.

결국에는 사람들이 규칙성을 선호한다. 아름다운 가로수길 하나면 산책하기에 지루하지 않고 충분하다. 《40》

규칙성이 내면에서 출발한다 해도 결국 외면성으로 전락한다. 외면이 주를 이루기 때문이다. 음악처럼 연설도 규칙성을 본령으로 한다. 연설은 시간상에 현상하는 까닭에 한번 지나가면 놓치고 만다. 따라서 무언가가 다른 것에 의해 급속히 소멸하는 중에서만 통일성을 인지해야 한다. 이런 통일성 및 규칙성은 박자, 리듬, 운율과 같은 것으로 간직할 수 있다. 이런 규칙성은 척도가 없는 것에 구속력을 부여하며 시간 속에서 무언가가 다른 것에 의해 급격히 소멸하는 것인 만큼 더 필요해진다. 외면성을 분별하는 규칙성이 이런 규정을 제공한다. 규칙성이 급격한 진행을 관장하는 것이다. 그러니까 운율, 박자에 깃든 이런 회화적[193] 힘이 외면성에 미치게 된다. 이 힘이 순수한 자기 내 존재를 산출함으로써 말이다.

규칙성은 1. 보다 상위의 법칙을 지닌 생명체와 관계 속에서 성립하는데, 너무 많은 규칙성이 뒤섞이면 생명력 없는, 산문적이고 무미건조한

【그림 27】 카를로 크리벨리, 〈성자들 사이의 권좌에 앉아 사도 베드로에게 열쇠를 건네는 성모와 아기 예수〉(15세기), 베를린 회화관. 사도, 성자, 사제 등은 물론 작품을 의뢰한 후원자들도 성모 옆에 놓인다.

것이 되고 만다. 건축에 연계된 규칙보다 회화가 더 규칙적이었을 때도 있었다. 그래서 권좌에 앉은 마리아의 양옆에는 사도使徒가 한 명씩 함께 한다. 2. 또한 규칙성을 통해 외면이 이상적으로 고양된다. 외면 자체에 는 그 어떤 높은 규정도 없다.

외면의 부분을 이루는 측면이, 이 부분과 관 순수성
계된 또 다른 추상적 측면이 외면성에 있는데
<u>외면이 지닌 순수성이 바로 그것이다.</u> 그러니까 색은 단순하면 순수하고 혼합되면 불순하다. 또한 색 자체는 명암明暗의 통일체다. 색마다의 상이 성은 철저히 규정되어 있다. 뉴턴Isaac Newton(1642-1726/27)[194]은 황색, 적 색, 청색, 녹색 등이 섞임으로써 7개의 원색이 모두 나온다고 하였다.[195] 그러나 주황색이나 보라색은 단순하지 않다. 그 어떤 화가도 그렇게 여 기지 않는다.[196]

그림에서는 색이 조화되어야 한다. 혼탁한 색을 쓰면 색이 이루는 최 고의 조화는 회색이 된다. 그림에서 조화를 기하면서 순수한 색을 일찍 이 선택한 이들은 네덜란드인이다. 순수한 청색에서 밝음이 도드라지게 해 주는 근거는 어두운 회색이다. 높은 산 부분의 하늘이 어두운 청색인 이유는 대기가 더 밝기 때문이다. 어둠이 잦아드는 연한 청색이 마리아 에게 적용된다. 요셉의 붉음에는 힘과 기상이 있다. 그리하여 색은 소리 나 직선이 그렇듯 단순해야 한다. 악기의 소리나 목청소리는 순수할 수 도 있고 아닐 수도 있다. 모음은 순수하다. 순수한 소리를 갖는 언어는 밝은 소리를 낸다. 'ü', 'ä', 'ö' 등[197]도 단순하다. [반면] 'ai', 'au' 등[198]에서는 소리 두 개가 들린다. 그러나 변모음에도 단순한 소리들이 섞여 있다. 모 음 언어 가운데 글로 쓸 수 없는 [즉 비분절적인] 소리를 듣게 된다. 그러 나 이는 소수의 기호로 언어를 문자화하는 것이야말로 교양을 나타낸다.

글은 말보다 소리를 좀 더 추상화한다. 저러한 혼합을 표현할 수 없다는 게 문자의 결함은 아니다. 발음기관이 소리와 명확하게 분리될 수 없기에 말이다. 우리는 노래 가운데 순수한 소리를 불순한 소리와 구분해 낸다. [반면] 금속 소리에는 단지 떨림만이 아니라 불순한 소리를 낳는 기계적인 외부 마찰이나 소음이 있다. 이것이 추상적 순수함이다. --- [199]

이 자리에서 또 한 가지 측면을 언급할 것이 있는데 바로 예술가다. 예술작품은 생산물, 제작물이다. 정신이 생산자다. 예술가를 움직이는 것은 판타지다. 대체로 이는 맞는 말이다. 다만 수동적이지 않은 창조적 판타지 같은 상상력을 말한다. ― 수면 중에도 이것이 작동한다. 예술가는 많이 목격했어야 하고 정신성을 감각적으로 포착하고 〔현시함으로써〕 《41》 이를 형상화해야 한다. 이런 능력이 판타지다. 그러므로 여기에 기억이 필요하다. 관찰하려는 관심이 있음으로 해서 기억 또한 있게 된다. 자신의 관심을 끈 것을 예술가는 간직한다. 위대한 정신의 징표는 기억이다. 그렇다고 이성이 배제되지는 않는다. 대중[200]의 언표 형식, 사상의 표현은 [예술가에게] 작용하지 않는다. 개념을 갖춘 사상 형식을 예술가도 사용하지만, 그를 움직이는 것은 종교, 예술이요 이성적인 위대함을 그가 느낌으로써 움직여지기 때문이다. 따라서 이성적인 것이 근간을 이루되 이것이 의식의 형식을 띠면서 그에게 이를 필요는 없다. 그러면서도 기억을 갖고 있어야 한다. 유머가 있는 시[201]를 숙고하지 않고 반쯤 잠든 상태에서 산출한 것은 몰취미하다. 모든 것에, 그 어떤 소소한 농담거리라 해도 거기에 분별력이 자리해야 한다. 예술가는 인간의 심정 및 파토스의 관심을 잘 알고 있어야 한다. 시문학을 하기에 적절한 연령은 성년기다. 물론 천재는 청년기에 있겠으나 성숙함은 그 이후에 나온다. 두루 경험을 해야만 한다. 실러와 괴테의 천재성은 청년기 저작[202]을 통해 나타났다. 그들이 자신의 청년기 저작을 부끄러워하지는 않았으나 그렇다고 곧장 이를 높이 평가하지도 않았다. 나중에야 숙고를 통해 내실을 다졌다. 심정 및 정신의 노동을 통해 이들은 성숙해졌다.

예술가의 예술 역량을 천재 내지 재능이라 부른다. 예술가는 타고나기 마련이라고들 한다. 인간은 인간인 까닭에 종교를 위해 태어난 존재일 수는 있다. 그러나 엄밀히 말하면 그렇지 않다. 우리는 법률가가 되기 위해 태어나거나 보편적 사유 및 모든 지성에 걸맞은 실천에 적용할 학문〔을 배울 수〕도 있다. 예술작품을 위한 측면은 자연적이고 직접적이다. 그럼에도 불구하고 주관에는 [천재라고 하는] 이런 규정은 특화된 소질로 들어 있게 마련이다. 사상이라기보다는

보편적 정신성이 예술가를 낳는다. 보편적 정
신성이 그렇게 한다. 예술적 재능은 일종의 자연성이다. 특칭성이 나타나고 이 자연이 천재의 생명을 이룬다. 이성이 보편적으로 작품의 정신을 이루되 조형화하는 가운데 자연의 계기가 존재하듯이, 주관에도 그런 계기가 존재한다. 예술가의 자연성, 창조력을 영감이라 한다. 플라톤에 따르면 영감은 주관 속에서 이념이 끓어오르는 일이다. 이런 영감[203]으로부터 청년기의 작업에서와 같은 그런 표현 충동이 나오는 까닭에 예술작품을 〔산출한다〕. 산물을 직관하려는 에너지를 품은 그곳에 파토스가 있다.

영감은 머리를 달구는 그런 몽롱한 것이 아니다. 이 용도라면 샴페인이나 그밖의 외적 정황들로 족하다. 시를 쓰겠다는 결심의 표방만으로는 거기에 든 내용이 있을 수 없다. 예술가의 정신이 이런 종류의 것인 한에서는 소재가 예정된 것은 아니며 소재의 대한 사유가 영감으로 있는 것

이다. 예술가가 소재를 스스로 얻는 듯이, 발명한 듯이 말하곤 한다. 하지만 시도, 궁전도, 그림도 주문을 받는다. 외부로부터 결정된다. 건축물에 한 면을 완성하는 일도 자유롭지 않다. 대상은 주어진다. 질료 및 다수의 대상이 결정되어 있다. 예술가에게는 제약이 있지만 자신의 편에서 대상에 규정을 부여한다. 자연성 및 주어진 규정성이라는 요소가 본질적으로 작용한다. 주어진 소재를 예술가가 다룬다. 이를 자신의 심정에 따라 가공한다. 새처럼 노래하기 위해서는 흥거움 따위가 필요하다. 예술가는 자신을 드러내야 하며 스스로 ⒂ 받아들이고 즐긴다. 예술작품이 있다면 동기가 한 번은 있었다는 것이다. 소재로 인해 곤란해하던 예술가는 하나의 외적 동기에 힘입어 이 소재를 잘 다룰 수 있게 된다. 자신의 심정만이 이 상황에서 명시된다. 그는 비예술가가 갖지 못하는 엄청난 동기를 갖는다. 살아 있는 모든 것이 예술가에게는 동기가 된다.

다소간 자연성을 띠는, 자연의 성격과 합치하는 그런 예술들은 다양하다. 선율 위주의 이탈리아 노래가 북방 민족의 노래보다 훨씬 자연스럽다. 북방 민족에게도 악곡과 가곡이 있긴 하지만 [북방에] 오렌지 나무가 토착화되지 못했듯 이것들 또한 그러하지 못했다. 로마인들도 예술을 토착화하지 못했다. 모든 것이 그리스 본토에서 이식되었다. 가곡[리트][204] 같은 서정시가는 모든 민족에게 있었다. 로만체[205] 구조의 이야기는 모든 민족에게 있다. 괴테는 예술의 모든 형식마다 그 걸작을 전수하였지만, 그중 그의 가곡이 가장 아름다우며 여전히 불려진다. 문화의 초창기에 가곡이 처음 등장한다. 세르비아, 물라토, 이로쿼이 등의 가곡이 모방되었다. 근대 그리스인들의 것 또한 시적이다. 부인, 유모, 여자 아이들은 우리가 그 가곡에 경탄하는 만큼 파악해 내지는 못하지만 이들에게는 모든 것이 가곡이다. 예술은 민족성과 밀접한 연관을 갖는다. 이탈리아에는 즉흥연주가 토착화되었다. 그리하여 5막짜리 희곡이 금방 만들어진다. 이탈리아인들의 이 언어로 인해서만 이런 결과가 나온 것은 아니다. 그 내용으로 인해서이기도 하다. 인간에 대한, 그 열정에 대한 깊은 이해가 이탈리아인의 특징이다. 영감은 그렇듯 내면적인 종류의 것이기에 이념이나 시구 따위의 조합만으로는 달성되지 않는다.

운율과 시구가 예술가에게 채워진 족쇄라고 불평을 말하는 이가 많다. 그러나 색채에 대한 지식을 얻고 인간의 자세 및 형태를, 명암을 능숙하게 도안하기 위해서는 기술적 숙련을 위한 광범위한 연구가 있어야 한다. 영감을 지닌 주관은 이런 족쇄를 끊어 내고자 노력한다. 그러나 재능이 있다면 이 모든 것에 잘 대처한다. 화가 및 예술가는 수단을 손에 쥐지 않았음에도 매진한다. 내면의 감각은 실천적이기도 해서 이로 인해 육체와 연계된다. 어떤 인간이든 생리학적인 것과 정신적인 것은 긴밀하게 연관되어 있다. 내면의 감각이 자세에 구현된다. 또한 이념은 의미심장에게 육체로 이행한다. 이런 일은 다른 그 어떤 곳에서보다 예술에서 더 일어난다. 음악에서는 판타지를 구현하는 일이 특히 더 수월하다. 손가락으로든, 입으로든 예술가는 내면, 판타지라는 이런 실천적 감각을 [밖으로] 내놓는다.

위대한 예술가에게 독창성이라는 칭호를 붙인다. 대상은 완전히 객관적·외면적인 조립체다. 즉 객관적인 것의 형식도 내면의 무언가를 위한 목적도 부재한다. 그래서 프리드리히 [폰] 슐레겔 및 티크의 시대[206]에는 모든 것이 외면적으로 만들어졌었다. 현시된 것에서의 이런 객관성이 곧 산문이 되었다. 자연적인 것의 현시를 객관적이라 일컬었다.[207] 주관 고유의 산출이 갖는 특수성을 이해할 때 등장하는 독창성 개념[208]을 멀리해야 한다. 종교,

철학 등에서 다른 이들이 언표한 것, 보편적 인간 이성에서 성립하는 것 등을 언표하면 독창적인 것을 전하는 게 아니라고 생각하는 이들이 있다. 보편자가 적용되지 않은, 무언가 장애가 있는 조형물은 조악하다. 영국인의 방식이 이렇듯 기이하다. 그러나 덕은 이것이다.[209] 호메로스의 독창성은 예술가의 주관은 사라진 채 사안을 가리키는 데 있을 따름이다. 《43》

예술가가 소멸하고 사안만이 현상할 때, 이를 독창적이라 한다. 이 독창성은 유머로 이행한다. 예술가, 특히 낭만적 예술가는 자신의 주관성, 재기발랄한 감각으로 이행한다. 이런 유머에는 재기가 넘치면서도 결함이 있다. 객관은 그저 하나의 기회로 나타날 뿐이고 내용을 떠나 주관의 재기가 발산하여 주관이 덧붙인 것을 내보이니 말이다. 소재는 자의적이다. 유머는 반어로 이행한다. 내용을 그저 유희하는 데로 몰고 가니 말이다. 내용은 왜곡된다. 주관의 특칭성이 확연해진다. 이런 유머는 재기가 충만하니 시선을 사로잡는다. 그러나 보기보다는 경박하다. 희화된 감각을 양산하는 일련의 재기가 사안의 핵심보다 더 진중한 것은 아니니 말이다. 이는 변질된 재능이라 할 수 있다. 판타지의 창작물을 파괴하니 말이다. 재기발랄함과 진부함 사이에 갇힌다.[210]

뮤머가 재기발랄한 경우가 있다. 그렇지만 경박한 모습을 띠면서 임시변통의 양식이 되어 왔다. 위대한 유머는 드물었다. 셰익스피어에게는 위대한 유머가 있다. 그러나 진부함이 드물지 않다. 셰익스피어의 것 가운데 사람들이 거들떠보지 않는 것도 많다.

유머에는 자의가 주조를 이루기 때문에 그만큼 경박해진다. 이것저것 잡다하게 뒤섞인다. 참된 유머의 정신이라 할 장 파울Jean Paul Richter

128

(1763-1825)[211]에도 우연과 자의가 섞여 있는바, 낯선 것들을 긁어모아 외적인 양식이 되어 있다. 깊이 있는 느낌에서 출발한 그는 지극히 어설프고 장황한 것에 대한 제멋대로의 이야기로 나아갔다. 깊이 있는 느낌에서 출발한 인간이 어떻게 잡지에나 실릴 그런 것 따위로 나아갈 수 있었는지 기가 막힐 노릇이다. 여기에 천재의 힘이 들어 있다고 할 수 없다. 장 파울 자신이 여럿 갖고 있던 잡지 같은 것에서 주워 모아 자신이 동의한 것들을 써 내려간 것에 말이다. 지극히 외면적인 발췌본이 이렇게 생겨났다. 이것이 독창적으로 보일 수도 있겠으나 결코 그렇지 않다. 그저 외면적인 것에 불과하다.

참된 독창성은 사안을 주재하며 외적 우연을 배제한다. 예술가는 자신의 작품이 거쳐 간 통로에 불과하다. 그렇다면 작품의 미를 필연적으로 만들어 주는 연관은 작품 속에 들어 있다. 소재를 모을 만큼 정신이 성숙하지 않아서 사안을 융합하여 하나로 주조해 내지 못할 때가 종종 있다. 그래서 독창적인 천재작 『괴츠』에는 하나로 주조해 내지 못한 그 미성숙함이 여전하다. 당대로부터 여러 외적인 것을 골라 모았다. 마르틴 수사를 넌지시 루터에 빗댄다.[212] 그의 말은 당대의 관념에 따른다. 포도주와 여인을 가까이해서는 안 되는 수도사의 한탄 같은 것 말이다. 이런 감정을 지닌 채 마르틴이 등장한다. 그는 한탄하고 동요한다. 특히 당대의 교육 방식이 선보여진다. 카를은 아버지가 집에 왔을 때 자신이 배운 것을 보여 준다.[213] 이는 괴츠 시대의 관심이라기보다는 그때의 관심들을 조합한 것이다.[214]

이와 달리 소설은 이야기를 시대상과 인물상으로 장식한다. 그런 까닭에 소설 또한 엄밀하게는 예술작품이 아니다. ― 유머는 하나로 주조된 것은 아니기에 독창적이라 할 수 없다. 라파엘로의 것처럼 위대하지는 않은 양식과 기법이 독창적인 것으로 현상할 수도 있다. 그러나 이는 오직 실체 면에서만 그러하다. 이런 사안은 교회음악이니 오페라니[215] 하는 양식과 구분되어야 한다. 《44》

프랑스인들은 "인간 자체가 양식이다"[216]라고 말한다. 각 예술가만의 기법을 그들은 양식이라 부른다.[217] 그들이 틀린 것은 아니지만 예술가에게 나타나는 한 측면을 가리킨 것에 불과하다. 피부의 톤을 나타내기 위한 예술가의 조명 기법 같은 것 말이다. 조명에서 민족색이 나타난다. 어떤 화가에게는 자연스럽지 않아 보이는 기법들도 있다. 그러니까 예술가의 기법은 자의적이지 않다. 오히려 예술가가 기대는, 현상의 한 형식이다. 포착하는 방식 가운데 예술가에게 더 쉬운 것이 있고 예술가가 의존하는 좀 더 친숙한 것이 있다. 어떤 기법은 습관에 매몰된 예술가에게 족쇄가 될 수도 있다. [폰] 루모어 씨는 질료에 따라 현시 방식이 결정된다고 말하였다. 대리석 조각품의 주름 모양과 목조에서의 그것은 달라지는 것이다. 회화에서도 화가는 하나 이상의 형식을 손에 쥘 수 있다. 뒤러[218]의 그림에는 목조를 다루는 기법이 이용되었기에 특유의 딱딱함이 있다.[219] 이상적인 것에서 고려되는 예술미, 이상화된 것, 보편자, 상이한 정황들 등에 대한 논의는 여기까지다.

[I. 이상 자체]

[1] 미의, 그리고 … 이념: JH – "미의 이념, 그리고 이상으로서의 이념"

[2] 가령 일상적 삶에서는 '건강하지 않은 육체'를 목격하며 이런 육체가 실재한다고 말한다. 그러나 헤겔이 보기에 이런 실존은 육체의 생명성 개념에 걸맞지 않다. 건강하지 않은 이의 신체를 "정확한 표상" 속에 간직했다 해서 심중의 그 내용이 육체성의 참된 현실은 아니라는 것이다. '신체의 건강함'이라는 개념이 눈앞에 현존하는 이의 신체에서 포착될 때, 그 신체에서 포착된 내용을 신체성의 이념(Idee)이라 한다. 헤겔도 이념을 '관념'의 의미로 쓰기도 하지만 대개는 현실(실재)에서 개념적으로 파악된 이성(로고스)을 가리킨다. 그런데 이런 이념과 구별되는 독특한 이념에 대해 헤겔은 언급한다. 어떤 현존이 그 본연의 개념을 오롯이 감성적으로 표현한다면 그 현존은 이상[이념상(Ideal)], 즉 '미의 이념'이라 할 수 있다는 것이다.

[3] 영혼이 육체에서 … 한다: Li – "생명체에서는 영혼이 개념이며, 육체성이 실재성이다. 이러한 개념이 현상에 이르러야 한다."

[4] 행위는 개념이자 … 이룬다: Li – "개념이 실존 속에서 개진된 것을 현실이라 한다. 개념은 현상으로 나아가야만 하며 그리하여 현상이 다름 아닌 실재성으로 존재한다."

5 카를 프리드리히 폰 루모어(Carl Friedrich von Rumohr, 1785-1843): 미술사학자, 작가이며 요리책의 저자이기도 하다. 그 외에도 그는 베를린에 새로 건립된 프로이센 박물관을 위해 회화 작품을 구매하는 일도 맡았다. 1827년에서 1831년까지 『이탈리아 연구』라는 세 권짜리 미술사 서적을 출간하였는데 1827년의 제1권을 읽은 헤겔이 1828/29년 강의에서 이에 대해 언급하고 있다. (*) C. F. von Rumohr: *Italienische Forschungen*. 3 Bde. Berlin 1827-1831. 헤겔은 폰 루모어와 개인적 친분도 있었다.

[6] unbestimmt: 규정되지 않은

[7] 이념을 불명확한 … 말했다: Li - "그는 이념을 불명확한 무언가로 간주하면서 이에 반대했다. 그는 철학에 대해 잘 알지 못했던 것이다. 루모어가 말하길 라파엘로는 〔대상에〕 내재하는 이념〔에이도스〕에 따라 작업했는데 루모어는 이에 반대했다."

[8] bestimmt: 규정을 갖춘.

[9] 가상화됨으로써만, 즉 내적 존재가 밖으로 비침으로써만.

[10] 생명과 아름다움은 … 개념이다: Ro - "살아 있는 생명은 아름다움과 동일한 것이라 규정된다. 아름다운 것은 곧 살아 있는 것이다. 따라서 아름다운 것은 자기 자신을 외화한 개념이다."

11 "지금까지 우리는 미를 그 자체로, 예술과 전혀 무관하게 탐구하였다. 내가 보기에 그리하여 다음과 같은 이해에 도달하였다. 즉 미는 매우 일반적으로, 혹은 근대적 맥락에서 볼 때 사물 자체가 갖는 모든 속성을 내포하고 있는데 이 속성은 시각의 만족을 유발하거나 시각에 의해 영혼에 부합하여 정신을 즐겁게 한다. 그러나 바로 이런 속성은 완전히 상이한 세 부류로 나뉘는데, 첫 번째로는 오직 감각적인 눈에, 그리고 또 다른 것으로는 오직 인간의 천성으로 전제되는 공간 관계에 대한 특유의 감각에 영향을 주며, 그리고 세 번째로는 일단은 지성에, 그 다음에는 인식을 경유하여 감정에도 영향을 준다"(Rumohr: *Italienische Forschungen*, 145f).

12 Vgl. Kant: *Kritik der Urteilskraft*, §3(서론 미주 95번 참조).

[13] 이런 방식으로는 … 마련이다: Li - "사람들은 미를 느낌(Empfindung)으로 소환하려 한다. 폰 루모의 범주 전체가 느낌에 귀착한다. 이 범주를 이미 칸트가 멀리한 바 있다. 보편적으로 타당한 만족은 순수한 추상을 통해 나오지 않는다. 지극히 추상적으로는 감정이 일종의 찬동(Zustimmung)으로 규정된다. 이는 감정의 객관적인 면과 관계한다. 감정을 규정하는 일은 〔주관의 감정과〕 구분되어야 한다. 이런 규정이 사유의 목표다. 다만 이런 찬동만으로는 충분치 않은 사람들이 있다. 이들은 개별적인 것에 몰입하게 마련이다" / Ro - "이것이 저 예술 전문가의 근본 규정이다. 그러나 폰 루모어의 규정은 우리를 충족하지 못한다. 이 규정은 감각이 즐겁게 해 주는, 영혼이 충족시키는, 정신이 일깨우는 것에 귀착된다. 미학을 느낌으로 소환하려 했다는 것에 대해서는 이미 말한 바 있다. 예술이 충족시키는 것은 이를 통해 일깨워지는 보편적 만족이라 생각한 칸트가 이미 저 범주들을 멀리하려 했다. 보편성이라는 범주는 바로 이런 보편적 만족에 기인하는 것이다.

이제 감정을 규정해 보자. 그런데 찬동한다는 것은 지극히 추상적인 것으로서 기쁨의 내용과 관계한다. 이 내용은 명시되어야 한다. 사람들은 쾌적한 느낌을 갖는 데 머물지 않고 좀 더 이에 몰입하게 마련이다."

14 『정신현상학』에서 헤겔은 결과를 살피지 않는, 자신 속에 갇힌 감각을 저 "실체 없는 자기 내 반성의 극단"(GW 9, 12)이 어떻게 갖게 되는지 설명한 바 있다. "아름답고 신성하고 영원한 것, 종교와 사랑"이 이것에 해당하였다. 개념이 아니라 "무아(無我)가, 냉정하고 진보하는 사안의 그런 필연성이 아니라 들끓는 영감이 실체의 풍요를 계승, 발전시킨다"(GW 9, 13). 그렇지만 헤겔이 보기에 "감정에 머물면서 감정만을 가지고도 서로 소통할 수 있음"은 "인간에 반하는 것", "동물적인 것"이다. 『철학적 학문들의 백과사전』에서 헤겔은 반어적인 어조로 "사유(Denken)는 인간을 짐승과 구별해 주는 가장 고유한 것이며 감각은 인간과 짐승에 공통된다"(GW 20, §400)라는 점을 떠올리고 있다. 결국 모든 것이, 그러니까 조악하고 사악하며 실체가 없는 것조차 "심정(Herz)에서 나올 수"('나올 수밖에 없다'고 하지 않았음에 주목하라) 있기 때문이라는 것이다.

[15] '주관성(Subjektivität)' 혹은 '주관적(subjektiv)'은 문맥에 따라 '주체성' 혹은 '주체적'이 더 어울리는 경우가 있다. 객관(대상)과 구분된, 그리고 객관이 부여한 조건에 의존하는 존재를 뜻한다면 이와 달리 주체는 대상은 물론 자기 자신을 스스로 정립하는 존재를 가리킨다.

[16] 다음과 같이 … 이룬다: Ro – "생명은 생명체로서 주관 속에 존재한다는 또 다른 규정이 있다. 스피노자의 실체에 결함이 있는 이유가 바로 그것이다. 즉 이 실체는 주체성으로 파악될 수 없다. 스피노자에 따르면 주관성 및 생명은 오직 보편성만을 이루는 까닭에 그 특수성은 완전히 부정된다."

[17] 그러니까 여기서 … 나타난다: Ro – "이로부터 자기 관계적 무한성이 부정성이라는 규정을 성립케 한다. 이것이 무한성의 규정이다."

[18] 구체적인 하나의 생명체를 통해 생명성의 개념이 실현되는.

[19] 감싼다(umschließen): Li/Ro – "배제한다(ausschließen)"

[20] Prosa des Lebens: 산문적 삶. 헤겔에게 '산문적(prosaisch)'이란 일상적 표현 수단으로 통상적 이해가 가능한 성격을 가리킨다. 반면 예술은 오직 구체적이고 개별적인 특화된 하나의 형태로만 표현 가능한 그런 형상화를 추구한다. 예술을 창작하는 이러한 근본정신을 헤겔은 '시〔문학〕적(poetisch)'이라고 생각한다. 이런 맥락을

일반화하자면 헤겔에게 '산문적 삶'은 개별자의 의지가 보편적 목적과 갈등을 겪는 상태를 가리킨다. 개별성과 보편성이 화해를 이루는 이상(Ideal)의 상태와 대비된다.

[21] 자연은 미를 안다: JH – "아름답지 않은 것이 등장한다."

[22] 생명이 주체로서 … 관계다: Ro – "따라서 실존하는 생명체와 존재해야만 하는 생명체는 다르다. 현실성에 대한 일반적 표현에서는 온갖 제한과 조건 따위가 놓인다. 현실적인 까닭에 인간은 살아 있지 않은 것에 종속된다."

[23] 생명: Li – "내면의 영혼(innere Seele)"

[24] 주인들(Herren): JH – "영웅들(주인공들, Heroen)"

[25] 산문적 삶.

26 Ernst ist das Leben, heiter ist die Kunst.

[27] 헤겔은 실러의 [『발렌슈타인』의 제1부]『발렌슈타인의 진영(Wallensteins Lager)』의 프롤로그를 언급하고 있다. Friedrich Schiller: *Wallenstein. Ein dramatisches Gedicht.* Erster Theil. Tübingen 1800, 7: "진지한 것은 삶이요 명랑한 것은 예술이다."

[28] 더: Li – "고대인들보다 더"

[29] 충족감을 토로하는 … 표현이다: Li – "이러한 분열을 표현하는 또 다른 측면이다."

[30] 웃음이다: Li – "웃음이요 고통에서도 자신의 내면과 이룬 화해다."

31 요한 고트프리트 폰 헤르더(Johann Gottfried von Herder): *Der Cid (nach spanischen Romanzen besungen).* in: *Sämmtliche Werke.* Zur schönen Literatur und Kunst, Fünfter Theil. Stuttgart und Tübingen 1827, §6: "찢어진 검은 베일을 두른 채 / 히메나(Ximene)가 왕에게 말한다: / 눈물이 그 눈에 맺혀 있었어요 / 눈물 속에서 너무나 아름다웠어요!"

32 헤겔은 여기서 베버의 『마탄의 사수』 제1막에 나오는 웃음의 합창 부분을 가리키고 있다. *Der Freischütz:* Romantische Oper in drei Aufzügen. Text von Friedrich Kind. Musik von Carl Maria von Weber. 1821년 6월 18일 베를린 왕립극장에서 초연되었다.

[33] haltungslos: 일정하고 일관된 태도(Hantung) 같은 것이 보이지 않는, 성격화가 이루어지지 않은 상태를 나타내는 말이다. 여기서 헤겔은 이 합창에서는 "눈물 속 웃음"과 같은 이상적 표현이 나타나지 않고 그저 흥겨움을 과도하게 발산한다는

점을 지적하고 있다.

[34] altdeutsch: 고딕 시대와 바로크 시대 사이의, 넓게 보면 14-16세기의 독일 시대를 가리킨다. 이 시기의 독일 회화에 대해서는 《113》 이하 참조. 헤겔은 '고(古, alt)' 외에도 '이전 시대의(älter)'와 같은 표현으로 옛 시대를 가리킨다.

[35] '자신을 청취함(sich vernehmen)'은 내지르는 소리와 대비되어 "충족", "화해" 등 이르는 이상적 표현을 가리킨다.

[36] 《110》 이하 참조.

37 이 강의 대목은 헤겔이 「졸거 비평」에서 보다 상세하게 개진했던 반어(Ironie) 비판에 해당한다. 이 비평문은 1828년 3월(첫 번째 글) 및 7월(두 번째 글)에 실려 있다. Vgl. Hegel: *Solger-Rezension*, 114ff.

38 요한 고틀리프 피히테(Johann Gottlieb Fichte, 1762-1814): 베를린 대학의 헤겔 전임자. 헤겔은 피히테의 『학문론』을 한 부 소유하고 있었다. Vgl. J. G. Fichte: *Grundlage der gesammten Wissenschaftslehre als Handschrift für seine Zuhörer*. Jena 1794.

39 프리드리히 빌헬름 요제프 폰 셸링(Friedrich Wilhelm Josef von Schelling, 1775-1854): 튀빙겐에서 헤겔과 함께 수학하였고 뮌헨대학의 교수가 되었다.

40 헤겔은 여기서 실러(Schiller)의 『인간의 미학 교육에 대한 편지(*Briefe über die ästhetische Erziehung des Menschen*)』를 가리키고 있다. 이는 『호렌(*Horen*)』(1795-1795)이라는 잡지에 실렸다.

[41] 1784년 울리히(J. A. H. Ulrich) 교수가 예나에서는 최초로 칸트의 『순수이성비판』에 대해 강의한 이후, 예나는 칸트 철학의 근본 문제(자유와 필연성의 대립과 해소)를 두고 피히테, 셸링, 헤겔 등의 사상이 개진된 중심 도시가 되었다. 훗날 독일 관념론(Deutscher Idealismus)의 대표자로 불리는 칸트의 이 후계자들은 철학적 방법론 면에서 분명한 차별성을 보이면서도 인간의 본질을 자유에 두고 자신의 사상을 펼친다는 공통점을 보인다. 가령 피히테는 칸트가 인간의 인식 활동에 제한을 둔 것을 비판하면서 인식 또한 절대적으로 자유로우며 주관 밖에 사물 자체는 있을 수 없고 모든 지식이 자유롭게 활동하는 자아의 산물이라 주장한다. 피히테의 이런 입장은 문예 이론 측면에서 반어(Ironie) 개념에 큰 영향을 미쳤다.

[42] 내 산물인 … 없다: Li - "윤리적, 도덕적인 모든 것에 주인이자 원저자이며 신성한 모든 것은 내 산물, 내 피조물이다."

[43] 사람들은 자신의 … 있다: Ro - "사람들은 스스로 이 구속을 타파할 수 있다."

[44] 포이에테스(ποιητής): 제작자

[45] 형식주의: 제작 방식

46 Vgl. Friedrich von Schlegel: *Kritische Fragmente*. Lyceum der schönen Künste. Berlin 1797, 161f. Nr. 108 (KFSA II, 60)

47 『비평적 단상(*Kritische Fragmente*)』(1797)에서 프리드리히 슐레겔은 반어를 다음과 같이 정의한다. "반어란 역설[패러독스]의 형태를 띤다. 역설은 훌륭하고 위대한 모든 것이다"(Schlegel: *Kritische Ausgabe*. Bd. 2 [1. Abt.], 153). 『이념들(*Ideen*)』(1798)에는 다음과 같이 써 있다. "반어란 영원한 민활함(Agilität)에 대한, 무한히 충만한 카오스에 대한 명료한 의식이다(Schlegel: *Kritische Ausgabe*. Bd. 2 [1. Abt.], 262). Vgl. auch Ernst Behler: *Friedrich Schlegels Theorie der Ironie*. in: *Ironie und literarische Moderne*. Paderborn 1997, 92-114.

48 게오르크 필립 프리드리히 폰 하르덴베르크(Georg Philipp Friedrich von Hardenberg, 1772-1805): Vgl. Hegel: *Solger-Rezension*, 123: "이 자는 오히려 고귀한 젊은이의 마음을 움직인다. 그러한 신뢰 속에서 사람들이 말하기를, 정신의 폐병과 같은 이런 초월적 동경이 육체성을 통해 실행되어 정신이 자신의 운명을 결정한다."

[49] 근대적, 낭만적 도덕주의의 한계를 비판하는 맥락에서 헤겔은 주관성의 "동경하는 폐병(sehnsüchtige Schwindsucht)"을 언급한다. 이에 대해서는 특히 『정신현상학』의 '양심(Gewissen)' 장 후반부 참조.

[50] Gehalt: 보통 'Inhalt'와 더불어 '내용'으로 번역할 수 있다. 이 말은 실제 들어 있는 내용물의 함량(순도)을 뜻한다. 이 책에서는 문맥에 따라 '내용물', '내용' 외에도 '실속', '내실' 등을 함께 쓴다.

51 루트비히 티크(Ludwig Tieck, 1773-1853): 헤겔이 언급하는 티크의 비판적 저작은 네 권으로 되어 있는 다음의 책이다. Ludwig Tieck: *Kritische Schriften. Zum ersten Male gesammelt und mit einer Vorrede herausgegeben von Ludwig Tieck*. 4 Bde. Leipzig 1852. Photomechanischer Nachdruck Berlin/New York 1974.

52 카를 빌헬름 페르디난트 졸거(Karl Wilhelm Ferdinand Solger, 1780-1819): 헤겔과 베를린대학의 동료 교수다. 1828년 3월 헤겔은 졸거의 유작에 대한 비평(Vgl. Hegel: *Solger-Rezension*)을 시작하였다.

[53] Karl Wilhelm Ferdinand Solger: 고전문헌학자이자 철학자로 1811년에 베를린대학의 철학 및 신화학 교수로 초빙된 후 대학 총장직까지 역임하였다. 헤겔과의 친

분도 두터웠으며 사후에 출간된 미학강의가 유명하다. 사후 그의 유고가 루트비히 티크에 의해 출간되었다. K. W. F. Solger: *Nachgelassene Schriften und Briefwechsel*, Herausgegeben von Ludwig Tieck und Friedrich von Raumer 2 Bände, Leipzig 1826."

54 Vgl. *von der Pfordten 1826*, 63f. 『로미오와 줄리엣』에 대한 티크의 판정은 다음 책에서 확인할 수 있다. Ludwig Tieck: *Kritische Schriften*. Leipzig 1852, Band 3, 171-201. S. auch Hegel: *Solger-Rezension*, 118.

[55] natürlich: 자연의, 자연에 충실한, 자연스러운.

56 Vgl. Johann Joachim Winckelmann: *Geschichte der Kunst des Alterthums*. Dresden 1764.

57 라파엘로 산치오(Raffaelo Sanzio, 1483-1520): 이탈리아의 화가.

58 카를 아우구스트 뵈티거(Karl August Böttiger, 1760-1835)의 책 『회화의 고고학을 위한 이념(*Ideen zur Archäologie der Malerey*)』(Dresden 1811)과 관련해서 루모어는 다음과 같이 말한다. "그러니까 이념(관념)에서가 아니라 감각적 현존의 인상에서 (…) 이상적 형식이라 불리는 것이 전개되었다"(*Italienische Forschungen*. I, 105, Anm.).

59 호토에 따르면 여기서 헤겔은 1828년 가을에 베를린에서 열린 뒤셀도르프 화파(Düsseldorfer Schule) 전시회를 가리키고 있다(Hegel: *Werke*, 10. Bd. 1, 208). 제3부 미주 207번도 참조.

[60] 『미학강의』 제1권 214쪽 참조.

[61] 외적인: JH – 우리의

[62] 정신이: Li – "정신적 의미가"

[63] 상황을 위해 … 필요하다: JH – "상황에 두루 해당한다."

[64] 호메로스에서 사람들은 … 목격한다: Ro – "사람들은 호메로스에 지극한 자연스러움이 있음을 인정한다."

[65] 아킬레우스: Li – "가령 아킬레우스는 그 인격이 원래 지니고 있던 개별성 전체를 집약하고 있다."

[66] 연설을 할 때 … 된다: Ro – "다만 이름을 이용하는 것은 자연적이라 말할 수 있다. 그러나 거기에는 또 다른 의미가 있게 된다. 무릇 두 자연성이 있다. 직접적 실존의 자연성과 이상적 표상을 표현하는 자연성이 그것이다."

67 헤겔은 낭만주의 시대에 최고의 평가를 얻은 세르반테스(Miguel de Cervantes Saave-

dra, 1547-1616)의 『재치 있는 이달고 라 만차의 돈키호테(*El ingenioso Hidalgo Don Quixote de la Mancha*)』(제1부 1605년. 제2부 1615년)의 속편『재치 있는 이달고 라 만차의 돈키호테의 제2권 ─제3판을 포함. 그의 모험의 제5부를 서술(*El ingenioso Hidalgo Don Quixote de la Mancha Segundo tomo del ingenioso hidalgo Don Quixote de la Mancha - que contiene la tercera salida, y es la quinta parte de sus aventuras*)』을 언급하고 있다. 이 속편은 알론소 페르난데스 데 아벨라네다(Alonso Fernández de Avellaneda)라는 이름으로 출간되었으나 세르반테스는 이를 허락하지 않았다. 아벨라네다에 의해 편집된 속편의 제21장에 거위들이 좁은 다리를 건너는 장면이 나온다.

[68] (『돈키호테』의 '3년과 거위'): Li ─ "돈키호테에게 무언가를 세어 주면서 모든 거위가 좁은 다리를 지나갈 때까지 3년을 기다리게 한 Antnopanza〔산초 판자, Sancho Panza〕의 자연성 요구가 그러하다."

[69] Sänger: 음유시인〔랍소도스(ραψωδός)〕 음송자, 가수

II. 정신적 내용으로서 이상

[70] 개인을 인상에 … 않는다: Ro ─ "그런데 이때 정신에 의해 자연으로 여겨지면서 그렇게 이상화된다고 이해할 수 있으나 정신이 규정됨으로써 정신의 표현이 특화된다."

[71] 그렇지 않다면: JH ─ "그렇지 않은"

[72] 자연을 통해 … 논하였다: Ro ─ "사람들은 이상화된 자연을 이보다 더 높은 이상과 구분한다. 루모어씨에게 벌어진 일처럼 종종 오류가 생기곤 한다."

73 "조야한 자연, 자연의 한계 등과 같은 단어들은 미학 문헌에서 너무나 흔하게 등장하기 때문에 그중에 하나를 사용하기가 꺼려진다"(Rumohr: *Italienische Forschungen*. I, 106, Anm.).

[74] 의욕: JH ─ "영위"

75 헤겔은 여기서 렘브란트(Rembrandt, 1606-1699)의 〈야경(夜警, *De Nachtwacht*)〉(1642)을 언급하고 있다. 이 그림을 그는 1822년 네덜란드 여행 중에 암스테르담에서 관람하였다. Vgl. Hegel: *Briefe*. Bd. 2, 362.

[76] 시민과 군인이 … 다루어졌다: Ro ─ "경비대와 승리자를 묘사한 렘브란트의 그림이 그러하다. 민족의 쾌활함을 표현하는 그림도 있었다."

[77] 『미학강의』 제1권 224쪽 참조.

78 헤겔은 뮌헨에서 관람한 무리요(Bartolomé Esteban Murillo, 1618-1682)의 그림들을 언급하고 있다. 하나는 〈가정집 화장실(*Die häusliche Toilette*)〉이고 다른 하나는 〈포도 먹는 아이와 멜론 먹는 아이(*Trauben- und Melonenesser*)〉(뮌헨, 알테피타코테크미술관)다.

79 Raffaelo Sanzio: 〈머리를 손에 괸 젊은 남자의 초상화(*Portrait d'un jeune homme dont la tête est appuyée sur la main*)〉. Vgl. *Notice des tableaux exposés dans la Galerie du Musée Royal*. Paris 1826, p.222. 이 그림을 헤겔은 1827년 파리에 체류할 때 관람할 수 있었다.

80 "따라서 예술가에게 자의적이고 허무맹랑한 능력을, 즉 개별자이든 전체든 자연에 반하는 형식을 산출할 능력을 부여하려는 견해가 있는데, 이 견해에 따라 인간이 생각해 낸 그런 형식이 자연의 형식보다 더 아름답고 더 고상하며 더 의미 있는 결과를 낳을 것이라 기대한다. 그러나 이런 견해는 결코 받아들일 수 없다"(Rumohr: *Italienische Forschungen*. I, 63).

81 "그래서 예술가는 장차 자연 형태를 찬미하고 이를 변용하려는 비인간적 시도를 단념하게 될 것이다"(같은 곳).

82 루모어의 주장은 다음과 같다. "예술의 현시는 그 대상이 생각할 수 있는 가장 정신적인 대상인 곳에서조차도 결코 자의적으로 고착화된 기호가 아니고 오히려 철저히 자연에 주어진 유기체 형태의 의미성에 의거한다"(위의 책, 83).

83 "최근 60년 동안의 예술론이 해명하고 주장하려 애를 쓴 바에 따른다면, 즉 개별적 형상의 창출을 개선하는 것이 예술의 목적이라면, 그리고 더 아름다운 피조물을 흉내 낸 형태를 자연보다 더 아름다운 것을 형상화할 줄 몰랐던 필사(必死)의 [인간] 종이라 해서 그런 흉내 내는 일에 해가 될 일은 없다고 여기게 했던 [자연과] 무관한 형태를 산출하는 것이 예술의 목적이라면, 게다가 예술의 주요 목적이라면, 이는 예술가에게서 (…) 자유로운 움직임에 대한, 자립적인 수행에 대한 모든 조망을 빼앗는 셈이다"(위의 책, 115 이하).

[84] 고대인의 형태에 … 취하였다: JH – "고대 조각의 형태에 관해서는 빙켈만을 취하였다."

85 "빙켈만이 고대의 이상적 형태의 징표로 본, 그 긴 하복부가 (…) 사실은 로마의 입상에서 취한 것은 알고나 있었는지 의심스럽다"(위의 책, 같은 곳, 주석).

[86] 상징적 형식의 … 일깨워진다: Ro – "상징적인 것에 속하는 에트루리아 예술에

이르게 된 예술가는 당연히 이 상징적 형식이 자연에서 창조될 수 있다는 점을 알아차린다. 그러니까 자연 형태가 우리 안에 잠재한, 특정한 표상을 환기하는 것이다. 이념과 자연성과의 연관이 이에 놓여 있다."

[87] 예술가가 자신의 … 한다: Li – "예술가는 자연에서 그런 형태를 곧바로 눈앞에 가질 필요는 없다. 예술가가 아름다운 얼굴 가운데 가장 아름다운 얼굴을 선택해서 그 부분들을 하나로 모아 형성했다고 사람들은 생각한다. 그렇지만 이런 식으로는 예술작품이 생기지 않는다. 모든 것〔예술작품〕은 〔용광로에서 융합된〕 주형물로 존재해야 한다."

[88] 그러니까 아름다움은 … 못한다: JH – "그러나 예술이 자연의 아름다움에는 도달하지 못한다."

[89] 양치는: JH – "농가의"

[90] 포도 농부의 딸인 비토리아 칼도니(Vittoria Caldoni)라는 소녀를 가리키며 1820년경 알바노의 아우구스트 케스트너(August Kestner)가 발견하였다. 그녀의 이상적 균제미는 슈노어 폰 카롤스펠트(Schnorr von Carolsfeld)나 프리드리히 요한 오베베크(Friedrich Johann Overbeck) 같은 여러 화가를 매혹시켰다. 토르발센(Thorvaldsen)과 샤도프(Schdow)는 그녀를 대리석으로 표현했다. 이 젊은 소녀의 초상화를 그림으로써 그녀의 명예를 실추시키지 않기 위해 케스트너의 부인 바로닌 폰 레덴(Baronin von Reden)은 몰타의 저택에 그녀의 초상화를 걸 공간을 마련해 주었다.

[91] "호감(Lieblichkeit)"은 '팔라스(아테네)'나 '주노(헤라)'를, "경건함(Andacht)"은 '성모 마리아'를 나타낸다.

[92] 한순간을 선택하는 … 중요하다: Ro – "이것이 회화 및 조각의 특수한 점이다. 이런 차별성은 시문학〔과 비교할 때〕에도 드러난다. 개체의 성격은 다수의 특성들로 이루어져 있다. 그러나 이 예술에서는 단 하나의 특성이 중요한 것으로 있다."

[93] 라파엘로의 〈변용〉에는 … 보인다: Ro – "그리고 마리아 및 성자들의 인물상을 기부자 초상과 대비 시켜 이상적으로 표함으로써 나타나는 차이를 잘 볼 수 있다. 또한 라파엘로의 그림에서 사람들은 그 주요인물들을 오히려 직접적 실존에 속하는 사도〔기부자〕들과 잘 구분하고 있음이 목격된다. 모든 이가 아름답지는 않으나 매우 잘 표현되어 있고 지극히 생생하다."

94 1517년에 줄리오 데 메디치(Giulio de'Medici) 추기경에게 주문받은 기념비적 그림이자 라파엘로의 마지막 작품인 〈그리스도의 변용(Verklärung Christi)〉을 가리킨다. 이 그

림은 1797년 나폴레옹 보나파르트에 의해 파리로 옮겨져 루브르 갤러리에 전시
되었을 때 프리드리히 슐레겔 등이 이를 볼 수 있었고 1815년 빈 체제 이후 바티
칸으로 반환되었다. 오늘날 로마의 바티칸박물관에 소장되어 있다. Vgl. Friedrich
Schlegel: *Raphael*. in: *Europa*. Eine Zeitschrift. Hrsg. von F. Schlegel. Frankfurt 1803.
1. Bd., 2. St., 3-19.

[95] "〈변용〉에는 성령을 목격하고 놀라는 군중들이 묘사된 것과 달리, 그림의 제작을
후원한 성직자, 귀족, 군인 등의 실물 초상이 교회에 제단화에 묘사되는 경향을
헤겔이 언급하고 있다."

[96] 무릎 꿇고 … 있는데: Ro – "기부자들은 대부분 무릎 꿇고 기도드리는 경건한 인
물상으로 그려져 있는데"

[97] 따라서 이상과 … 어렵다: Li – "이상 및 자연성의 주요규정은 다음과 같다. 예술
가는 자연에 천착해야 하지만 그렇지 않을 수도 있으니 말하자면 자연의 주변 규
정으로 들어가서는 안 된다."

Ⅲ. 이상의 규정성

[98] bildlich: 형상적으로, 이미지적으로, 구상적(具象的)으로

[99] 시문학: JH – "산문"

[100] 우리는: JH – "이들은"

101 Vgl. Aischylos, 『코이포로이(*Choephoren*)』 (『오레스테이아(Ὀρέστεια)』, 제2부).

[102] 아레테(ἀρετή)와 비르투스(virtus)는 모두 덕성(Tugend)을 가리키는 말이다.

103 Vgl. Homer: 『일리아스(*Ilias*)』 제1권 제1장.

[104] El Cid: 본명은 로드리고 디아스 비바르(Rodrigo Díaz de Vivar)이며 무어인과의 전투
에서 공훈을 세운 11세기경 에스파냐의 전쟁 영웅이다. 그의 생애를 소재로 많은
문학 작품이 나왔는데, 코르네이유의 *Le Cid*, 헤르더의 *Der Cid* 등이 대표적이다.
《76》,《132》참조.

[105] 카를 대제는 … 시문학에서는" – Ro – "이에 대한 사례로 『라이네케의 여우』를 들
수 있다. 그렇기에 시문학에서는, 혹은 다른 예술에서도"

106 Vgl. Sophokles: *König Ödipus*. Ⅱ. Vers 798-812 (Sophokles: *Tragödien*, Vers 198-199).

[107] 전체를: Ro – "친부살해와 근친상간의 책임을"

[108] 고트프리트 괴츠 폰 베를리힝겐 추 호른베르크(Gottfried Götz von Berlichingen zu Hornberg, 1480-1562): 신성로마제국의 기사. 호른베르크의 성주. 용병으로서 여러 전투에 참여하였다. 괴테의 작품은 이 실존 인물의 생애를 소재로 한 것이다.

109 헤겔은 여기서 괴테의 『철(鐵)의 손을 한 괴츠 폰 베를리힝겐(*Götz von Berlichingen mit der eisernen Hand*)』(1773)을 언급하고 있다. In: Goethe: *Werke*. Bd. IV, 173-175.

[110] Karl Moor: 실러의 희곡 『도적떼(*Die Räuber*)』의 주인공.

111 Vgl. Schiller, *Die Räuber*. Ein Schauspiel. Frankfurt/Leipzig (슈트르 가르트) 실제로는 1781 (Schiller: *Werke*. Bd. 3).

112 헤겔은 1756년에 출간된 게스너(Salomon Gessner)의 이 저작을 소유하고 있었다. *Gessners Idyllen*, aus den Sämmtlichen Schriften der 2te Band. Karlsruhe 1775.

113 Vgl. *Herrmann und Dorothea von J. W. von Göthe. Taschenbuch für 1798*. Berlin 1797 (Goethe: *Werke*. Bd. II, 437-514). 괴테의 생전에 이 목가집은 30판 이상이 출간되었고 헤겔은 그 가운데 애호가판 하나(*Herrmann und Dorothea*, der deutsche Text und Übersetzung in lateinische Hexameter von Graf v. Berlichingen, Jaxthausen 1825 sowie Jaxthausen ²1825)를 소장하고 있었다.

114 셰익스피어(Shakespeare)에 관한 헤르더(Johann Gottfried Herders, 1744-1803)의 논고 (1773)를 참조. (Herder: *Sämmtliche Werke*. Bd. 5, 208-257, bes. 222f, 226, 251): "따라서 셰익스피어는 자신에게 새로운 세계의 그 사건들에서 새로운 시대를 창출하였다. 감히 '셰익스피어 시대'라고 말할 수 있을 이 새로운 시대에 대한 감정은 매우 중요하다"(같은 곳, 251).

115 여기서 언급된 메르쿠리우스[헤르메스] 조각상은 프랑스 작가 장-밥티스트 피갈(Jean-Baptiste Pigalle)의 것으로서 포츠담(Potsdam)에 있었다. 헤겔이 언급하는 이 작품은 이 작가의 대표작 중 하나로서 날개 달린 신의 끈을 묶고 있는 메르쿠리우스의 대리석상(1744; 파리, 루브르)을 좀 더 크게 복제한 것이다. 이 석상은 루이 15세가 1748년 프리드리히 대왕에게 선사함에 따라 상수시 궁전으로 옮겨졌다. (이후 베를린 구 국립미술관 소장)

[116] Μαρσύας: 사티로스 중 하나. 아폴론과 내기를 하다가 노여움을 사 껍질이 벗겨지는 형벌을 받았다고 한다.

117 베르텔 토르발센(Bertel Thorvaldsen, 1770-1844): 〈아르고스를 죽인 메르쿠리우스 (*Merkur als Argustöter*)〉, 1818년 봄에 모형을 뜸. 1819년 아우구스텐부르크 공작의

주문에 의해 대리석으로 만듦. 이 작품은 영국으로 팔려 갔다. (현재는 코펜하겐 소재 토르발센 박물관 소장) 이 모형에 따른 두 번째 작품은 (대리석 문제로 모자가 없는 까닭에) 토르발센에게 있었고 1849년 마드리드로 팔렸다(현재는 마드리드 소재 프라도 미술관 소장). 세 번째 작품은 1829년 폴란드의 레온 포토츠키 백작(Leon Potocki)에게 선사되었다(현재는 크라쿠프 국립박물관 소장).

118 Vgl. Johann Wolfgang von Goethe: *Die Leiden des jungen Werther*. Leipzig 1774. in: Goethe: *Werke*. Bd. VI, 7-124.

[119] 괴테의 이 작품은 자신의 체험을 바탕으로 쓰였다. 기회시(Gelegenheitsgedicht)는 일종의 체험 문학이다.

120 핀다로스(Pindar, BC c. 518-446): Siegeslieder. Griechisch-deutsch. Hrsg und übers. von Dieter Bremer. München 1992. [생몰연도를 착각한 것으로 보인다. 핀다로스의 몰년은 대략 BC 438년 정도로 추정된다.]

121 Sophokles: *Antigone*. Vers 21-79.

[122] 『일리아스』의 서사에 배경을 이루는 상황을 가리킨다. 아폴론의 사제 크리세스의 딸 크리세이스를 아가멤논이 강탈하자 분노한 아폴론 신이 그 벌로 그리스 군대에 역병을 뿌리며, 이를 수습하기 위해 열린 지도자 회의에서 아가멤논에게 모욕을 당한 아킬레우스는 연합군에서 이탈하였고, 아킬레우스의 군장을 하고 전장에 나간 파트로클로스가 헥토르에게 죽임을 당한 후 분노한 아킬레우스는 다시 전장에 참전한다. 『일리아스』는 아킬레우스의 이 분노를 노래하는 것에서 출발한다.

[123] 스파르타 왕 메넬라오스의 아내였던 그리스 최고의 미녀 헬레네를 트로이 왕자 파리스가 유혹하여 납치한 사건을 가리킨다. 이 상황이 『일리아스』의 소재인 트로이 전쟁의 직접적 계기가 되었다.

124 헤겔은 에우리피데스의 작품은 물론 괴테의 『타우리스의 이피게니아』(제1부 미주 134번 참조)를, 또한 글루크(Christoph Willibald Gluck)의 오페라 작품(제3부 미주 313번 참조)도 가리키고 있는 듯하다.

[125] 고대 3부작(trilogy) 형태의 비극을 말한다.

[126] 가령 소포클레스의 『안티고네』에서 안티고네는 혈연이라는 위력을, 크레온은 국가라는 위력을 대변하며 서로 모순에 이른다.

127 Vgl. 클레멘스 알락산드리누스(Clemens Alexandrinus, Gest. Vor 216): *Opera omnia grae-*

ce et latine quae extant. Post accuratem D.V. Danielis Heinsii recensionem (···). Köln 1688, 16B. Protrepticus (Kap. 2. §26, 4) (dt.: Clemens von Alexandrien: *Mahnrede an die Heiden. Der Erzieher.* Buch 1. aus dem Griechischen übersetzt von Otto Stählin. München 1934, 95).

[128] 파토스: πάθος / 정념(열정): Leidenschaft

129 헤겔은 여기서 실러가 『메시나의 신부(*Braut von Messina*)』(Tübingen 1803)를 쓰기 전에 작업했던 논문 「비극에서 합창의 사용에 대하여(*Über den Gebrauch des Chors in der Tragödie*)」(Schiller: *Werke.* Bd. 10, 7-15)를 참조하고 있다. 이와 동일한 입장을 실러는 쾨르너(Körner)와의 서신 교환을 통해서도 개진하였다(1803년 2월 6일 및 3월 10일자. In: Schiller: *Werke.* Bd. 32, Nr. 10, 8f; Nr. 26, 19f).

130 『파르티아의 공주 로도귄(*Rodogune, princesse des Parthes*)』(tragédie, Paris 1647)의 서문에서 코르네이유(1606-1684)는 역사적 진리란 "고안된 장식이고, 역사가 나에게 제공한 비자연적 효과로 나아가는 믿음직한 경로이며, 내가 시의 규칙을 변경할 수 없도록 한 것"이라 하면서 옹호한다. (Vgl. Pierre Corneille: *Oeuvres complètes.* Hrsg. von Georges Couton. Bd. 2. Paris 1984, p.196.)

131 에른스트 테오도어 아마데우스 호프만(Ernst Theodor Amadeus Hoffmann, 1776-1822): 오랫동안, 특히 외국에서 독일의 가장 위대한 이야기꾼으로 인정받았다. 헤겔은 여기서 호프만의 광범위한 소설 작품들에 나타난 으스스하고 기괴한 특징을 가리키고 있다.

132 헤겔은 여기서 『니벨룽겐의 노래(*Nibelungenlied*)』를 가리키고 있다. (제1부 미주 141, 169번 참조).

[133] 쉽사리: JH – "오래전부터"

134 Vgl. Goethe: *Iphigenie auf Tauris.* Ein Schauspiel. (1779). 괴테의 전집 3권에 개정판이 수록되었다(Leipzig 1787, 1-136). Goethe: *Werke.* Bd. VI, 7-67.

[135] 『타우리스의 이피게네이아』

136 Euripides: *Iphigenie im Taurerlande.* Schlußszene, V. 1435-1445. (Euripides: *Sämtliche Tragödien.* Bd. 4, 102-105)

137 *Zu Hamlet.* I, 4-5; II, 2. (Shakespeare: *Sämtliche Dramen.* Bd. III, 607, 615, 619-635)

[138] 의식: JH – "동력"

[139] 회화와 달리 ··· 해당한다: Li – "성격의 묘사 면에서 시예술이 가장 다채롭다. 희곡에는 제한이 있다. 행위의 목적상 그런 상세함을 허용하지 않기 때문이다. 그

렇다고 해서 다른 인격적 면모는 없이 가령 용감함과 같은 개별 동기 하나만 묘
사되어서는 안 된다. 그렇게 되면 냉혹한 알레고리가 생긴다. 주관에 성격이 없
다면 전적으로 피상적 형태를 띤다. 주요한 특징 하나가 있어야 함은 물론이지만
이때 다른 측면도 묘사되어야 한다. 아킬레우스는 용감하지만 다른 측면도 묘사
된다."

[140] 모든 것이 … 현상한다: Ro – "이로 인해 매력을 갖는다."

141 『니벨룽겐의 노래』는 1200년경에 나온 독일의 대서사시이다. Vgl. *Der Nibelungen
Lied in der Ursprache mit den Lesarten der verschiedenen Handschriften.* Hrsg. durch
Friedrich Heinrich von der Hagen. Berlin 1810.

[142] 관심을 끌며: JH – "제시되며"

[143] 이끌린 움직임이 … 뒤따른다: JH – "이 외적인 정황이 내면[심정]의 움직임에 따
른 외적 귀결을 이끈다."

[144] 바이마르 공국의 추밀 고문이었던 괴테는 1799년부터 1805년까지 조형예술 진
흥을 위한 현상 공모전을 주관했는데, 1801년에 저 모티브가 제시되었다. 테티스
는 자신의 아들 아킬레우스가 전쟁에 참가하지 못하도록 스킬로스의 왕 리코메
데스의 궁전으로 보냈다. 리코메데스는 아킬레우스에게 여장을 하고 자신의 딸
들과 함께 지내도록 하였다. 아킬레우스를 찾기 위해 오디세우스가 꾀를 내어 여
인들 앞에 전투 장비를 던지니 천성을 이기지 못한 아킬레우스가 목에 찬 진주
목걸이를 잡아 뜯었다는 내용이다.

[145] John Falstaff: 셰익스피어의 『헨리 4세』에 등장하는 늙고 겁이 많은 기사면서 매우
노회하고 야비한, 그러면서 희극적인 인물이다. 나중에 헨리 5세가 되는 왕세자
해리와 대립각을 세운다. 위에서 언급한 장면에 관해서는 이 작품의 5막 3장을
참조.

146 셰익스피어의 『헨리 4세(*King Henry IV*)』에 등장하는 존 폴스타프(John Falstaff)를 가
리킨다. Shakespeare: *Sämtliche Dramen.* Bd. II.

[147] 필루테테스(Φιλοκτήτης): 소포클레스의 『필록테테스』에 등장하는 인물. 멜리보이
아의 왕. 헤라클레스를 도운 후 그로부터 활과 화살을 선물받았다. 트로이 전쟁
에 참전하였다.

[148] '자비로운 여신'이라는 의미의 에우메니데스(Eumenides)는 원래 복수의 여신 에리
뉘에스(Erinyes)였다.

149 Vgl. Aischylos: *Eumeniden*. V. 84ff.

[150] 분열시키는 형식 말이다: JH - "그리하여 우리의 내면에 분열이 생긴다."

[151] 그리고 후회와 … 존재한다: JH - "후회와 양심의 가책은 외적으로 존재하지 않는다."

[152] 자연: JH - "민족"

153 요한 야콥 보트머(Johann Jakob Bodmer, 1698-1783): 스위스 작가.

154 프리드리히 고틀리프 클롭슈토크(Friedrich Gottlieb Klopstock: 1724-1803): 제1부 미주 165번 참조.

[155] 시대착오적으로

[156] materiell: 물화(物化)된

157 Johann Wolfgang von Goethe: *West-oestlicher Divan*. Stuttgart 1819. (Vgl. Goethe: *Sämtliche Werke*. Bd. 3, 285-412)

[158] 여기에서는 동방의 … 이룬다: L - "여기서 사람들은 지극히 사소한 데서조차 동양의 자존과 자유를 느낀다."

[159] einheimisch: 본향(本鄕)에 있는

[160] 여기서 '~에 정통한'은 'zu Hause'의 번역어다. 'einheimisch'와 상통하면 면이 있다.

[161] poikílē stoá: 스토아 철학이 이 건물명에서 유래했다.

[162] 파우사니아스(Παυσανίας, c. 2C): 그리스의 지리학자.

163 Vgl. J. W. von Goethe: *Polygnots Gemälde in der Lesche zu Delphi*. in: *Jenaische Allgemeine Literatur-Zeitung*. Extra-Beilage zum 1. Januar 1804.

[164] 수용되었다: Ro - "수용되었다지만 그 어느 예술가도 이런 작업을 하지 않았다. 옛 신화는 이미 과거지사다."

165 1760년 이후 클롭슈토크는 당시까지 고전으로 확립되어 있던 신화를 게르만 민족의 관념 체계로 대체하는 식으로 자신의 시와 희곡을 작품화하였다. 그의 목표는 북구의 신에 대한 전설이라든가 자국의 노래들을 새롭게 만드는 데 있었다. 1766년 『한 스칼데의 시가(Gedichte eines Skalden)』를 쓴 게르스텐베르크(Heinrich Wilhelm von Gerstenberg, 1737-1823)와 함께 애국 서정시를 정초하였다.

[166] Wodan: 북유럽 신화의 최고 신 오딘(Odin)/Walhalla: 북유럽 신화에서 오딘을 위해 싸우다가 전사한 이들이 머무는 궁전 발할라(Valhalla).

[167] Freia: 북유럽 신화에 등장하는 사랑, 풍요 및 전쟁의 여신 프레이야(Freyja).

168 Vgl. Sophokles: *Ödipus auf Kolonos*. V. V. 1434.

169 『니벨룽겐의 노래』에 대해서는 제1부 미주 141번 참조. ─『니벨룽겐의 노래』를 국민 서사시로 보는 것에 대한 헤겔의 반대에는 게르만 신화를 되살리려는 시도와 연계되어 갑론을박을 하던 그 문화정치적 관심에 대한 그의 통렬한 비판이 담겨 있다. 이에 대해서는 무엇보다 다음을 참조. Creuzer: *Symbolik und Mythlogie*. Bd. VI, 294-314, bes. 301f, 313f.

[170] 우리와는 무관하다: As ─ "우리의 관심을 끌지 않는다."

171 『괴츠 폰 베를리힝겐(*Götz von Berlichingen mit der eisernen Hand*)』(1773). in: Goethe: Werke. Bd. IV, 73-175. 『시와 진리(*Dichtung und Wahrheit*)』의 제13권(*Aus meinem Leben. Dichtung und Wahrheit*. Bd. 1-3. Tübingen 1811, 1812, 1814, in: Goethe: *Werke*. Bd. IX, 571)에서 괴테는 자신의 작업 과정에서 그 작품에 충분히 "역사적이고 민족적인 내용"이 부여되었는가에 대해, "괴츠 및 독일적 유물의 연대기"에 지나치게 혈안이 되었던 것은 아닌지에 대해 스스로 의심을 품었다. 괴테는『예술과 고대에 대하여(*Über Kunst und Altertum*)』라는 잡지에 괴테는 자신의 그 희곡에 대한 암페르(J. J. A. Ampère)의 비평문을 손수 독일어로 번역하여 실었는데 이 글은 헤겔의 해석 방식과 다음과 같이 일치한다. "중세는 철(鐵)의 손을 한 이 괴츠와 함께 온전히 호흡했다. 이제는 힘이, 정당함이, 시대로부터의 독립성이 있다. 이러한 개인의 입을 통해 그런 것이 언표되며 〔…〕 개인이 몰락하고 죽는다"(*Über Kunst und Altertum*. Bd 5. Drittes Heft. Stuttgart 1826. 144). 나중에 괴테는 자신의 일대기에서 이런 해석을 그 의미에 맞게 반복한다. Vgl. *Aus meinem Leben. Dichtung und Wahrheit* (17. Buch 〔1831〕. Tübingen 1833. In: Goethe: *Werke*. Bd. X, 116).

[172] 알브레이트 발렌슈타인(Albrecht Wallenstein): 30년 전쟁 때 황군을 이끈 장군. 실러의 동명 희곡의 주인공으로 유명하다. 본인의 포악한 성정으로 인해, 또한 당시 지배층과의 갈등으로 인해 황제와 대립각을 세우다가 암살되었다.

[173] 지크프리트(Siegfried)

174 루이스 드 카몽이스(Luiz de Camoëns, 1524-1580):『루시아다스(*Os Lusíadas*)』(1570)라는 포르투갈의 국민 서사시 작가. 바다를 정복한 한 민족의 서사사인 이 작품에는 바스코 다 가마(Vasco da Gama)라는 인물이, 인도를 향한, 콜카타(Kolkata)까지 이른 그의 여정이 중심을 이룬다. ─ 토르콰토 타소(Torquato Tasso, 1544-1595): 그의 대표작이자 십자군 전쟁 서사시인『해방된 예루살렘(*La Gerusalemme Liberata*)』(1581) 교

훈을 남겼고 기독교의 통일을 촉진하였다. (이 작품의 이야기는 튀르키에의 공방전에서 시작한다.) 이 작품은 유럽 전역에서 성공을 거두었고 바로크 시대의 수많은 서사시의 전범이 되었다. 낭만주의자들도 이 작품에 열광하였다.

[175] 기꺼운: JH – "성서의"

[176] 비평가: Ro – "비평가는 자신만이 가치가 있다고 믿지만 이들"

[177] 『이피게니아』: As – "괴테의『타우리스의 이피게니아』"

178 괴테의『타우리스의 이피게니아』에 대해서는 제1부 미주 134번 참조.

179 헤겔은 라신(Jean Racines, 1639-1699)의 『이피제니(*Iphigénie*)』(Paris 1674)를 언급하고 있다. 이 작품은 루이 14세 시대에 베르사유 궁정에서 상연되었다.

[180] 프랑스 왕처럼: Ro – "루이 14세의 시대처럼"

181 라신의 극작품『에스더(*Esther*)』(Paris 1689)를 언급하고 있다.

[182] 프랑스 왕: Li – "루이 14세"

[183] 과장스러운 … 말이다: Ro – "이를 두고 파리 사람들은 그가 자신들의 왕처럼 위대한 왕이었다고 말한다. 낯선 작품을 과도하게 자기화한 경우에 해당한다."

184 한스 작스(Hans Sachs, 1494-1576)의 다음 희극 작품을 가리킨다.『불평등한 이브의 아이들(Die ungleichen kinder Eve, wie sie Gott, der Herr, anredt; hat XIX person und fünff actus des Hans Sachs)』(Sehr herrliche schöne und wahrhaffte gedicht, geistlich und weltlich, allerley art, als ernstliche tragedien, liebliche comedien 〔…〕 durch den sinreichen und weyt berümbten Hans Sachsen, ein liebhaber teud scher poeterey, Nürnberg MDLVIII; Hans Sachs. Hrsg. von Adelbert von Keller. Bd. 1, Stuttgart 1870 (〔Bibliothek des Literarischen Vereins Stuttgart, Bd. 02; Repr. Hildesheim 1964〕, 78). *Cf.* Actus IV, die Prüfung und Paternoster Verballhornung Kains; Actus III die Katechismus-Prüfung an Adams anderen Söhnen (a.a.O. 68-76)

[185] 노예, 유대인: JH – "마리아, 요셉"

[186] 남독일에서는 그리스도가 … 것이다: Li –"대중들에게 성(聖) 수난일(Karfreitag)의 수난사가 바로 이런 취향으로 받아들여진다. 모든 외적인 것이 일상사에서 취해지는 것이다."

[187] Handwerker: 여기서는 중세의 가인(歌人) 조합을 뜻한다.

[188] 수공업자들의 축제에서 … 즐거워한다: Li – "수공업자의 축제는 무언가를 자기 것으로 삼으려는 충동으로 인해 애호된다."

189 Vgl. Goethe: *Götz von Berlichingen mit der eisernen Hand* (Zweite Fassung). I, 1. (Schwar-

zenberg in Franken. Herberge): "헨젤, 브랜디 한 잔 더 주게, 좀 넉넉히 부어 주게나 (Hänsel, noch ein Glas Branntwein und meß christlich)" (Goethe: *Sämtliche Werke*. Bd. 4, 643).

[190] verständig: 지성적(오성적)인. 사변적이지 않은 지적 능력에 따르는. 정량화 가능한 명제로 논증할 수 있는

[191] 대칭이 부분적으로: JH - "이 부분들이"

[192] Abwechselung: 불규칙, 비대칭

[193] 회화적(malerisch): Li - "마법적(magisch)"

194 헤겔은 뉴턴의 색채 이론을 언급하고 있다. *Cf.* Isaak Newton: Opticks or a treatise of the reflections, refractions, inflections and colours of light (1704); 같은 이: New Theory about Light and Colours(1672).

[195] 단순한(einfach) 색에 대한 헤겔의 규정은 강의록 판본마다 다소 상이하다. 호토의 전집판에는 지금 하이만의 정서 노트와 마찬가지로 저 네 가지 색이 "가장 순수하고(rein) 가장 단순한, 즉 근본이 되는(ursprünglich) 원색(Grundfarbe)"(『미학강의』 제3권, 73쪽)이라고 되어 있다. 그러나 28/29년 강의에 대한 다른 노트를 보면 "청색, 황색, 적색은 단순한 색"인 반면 "아주 순수한 혼합색으로 녹색이 있다"(Ro)고 되어 있다. 전집판에 언급된 다른 내용을 종합적으로 살펴보면, 녹색이 "주요색(Hauptfarbe)"에는 분명히 속하지만, 그렇다고 해서 항상 "원색"[혹은 "기본색(Kardinalfarbe)"]으로 분류되지는 않는다. 그러나 헤겔이 색채를 논할 때 괴테의 이론을 원용하고 있기 때문에, 괴테의 생각에 따라 헤겔도 원색에서 녹색을 제외했다고 보는 게 맞을 듯하다. 실제로 다른 연도의 미학강의 노트들까지 함께 살펴보면, 녹색을 주황색, 보라색 등과 더불어 순수하지 않은 혼합색으로 분류하는 경우가 여럿 있다. 이에 대해서는 다음을 참조. Hegel, *GW*, Bd. 28, 275-279; 585 이하; 831 이하; 988 이하

[196] 않는다: Ro - "않는다. 오히려 누구나 보라색이 적색과 청색의 혼합임을 안다. 또한 주황색이 적색과 혼합된 황색임을 안다. 따라서 뉴턴의 주장은 틀렸다. 그가 행한 실험도 틀렸고 그가 도출한 결론도 틀렸다. 오래전부터 회화에서는 오직 근원색만을 사용했다. 근래 들어 순수한 색을 쓸 생각을 다시 하게 되었다."

[197] 변모음

[198] 복모음

[199] ---: 하이만의 원고에 표시되어 있음

[200] Volk: JH – “이성(Vernunft)” / Ro – “지성(Verstand)”

[201] 유머가 있는 시를: JH – “호메로스와 같은 시인을”

202 괴테와 실러가 여전히 전통적 형식에 머물러 있었던 초기의 작품이 아닌 괴테의
『괴츠』(제1부 미주 171, 189번) 및 『베르터』(제1부 미주 118번)를, 그리고 실러의 『도적
떼』(제1부 미주 111번)를 헤겔이 언급하고 있다.

203 영감(Begeisterung)의 개념은 플라톤(BC 428/427-348/347)으로, 즉 신이 불어넣은 (그
최고의 형식은 시적이지 않고 철학적인) 영감의 구상으로 거슬러 올라간다. 헤겔은
이미 호라티우스에 의해, 나중에는 18세기 미학에서 칸트에 의해 수행된 논증
을, 즉 영감이 시의 진리를 위한 지표인지에 대한 논증을 언급하고 있다. – 영
국의, 특히 샤프츠베리(Anthony Ashley Cooper, 3. Earl of Shaftesbury, 1671-1713)의 시예
술 이론에 영향을 받은 빌란트(Christoph Martin Wieland, 1733-1813), 헤르더(Johann
Gottfried Herder, 1744-1803) 및 청년 괴테(Johann Wolfgang Goethe, 1749-1832)의 영
감, 즉 프로메테우스적 열광(prometheischer Enthusiasmus) 개념이 (헤겔이 말하는 이른
바) “천재 시대의, 즉 잘 알려진, 평판이 있되 악명이 높은 문학 시대의” 근본 개
념이 되었다(『시와 진리(Dichtung und Wahrheit)』, Dritter Teil, 12. Buch, in: Goethe: Werke, Bd.
IX, 520). 무엇보다도 천재는 “행위와 행동을 통해 법칙과 규칙을 제공하는 대신
에 기존의 법칙을 뛰어넘고, 도입된 규칙을 갈아엎으며 스스로의 한계가 없음을
밝힘”으로써 입증되었다(Dichtung und Wahrheit, 4. Teil, 19. Buch, in: Goethe: Werke, Bd. X,
161).

[204] Lied: 리트. 시와 음악이 융합된 독일의 가요. 여기서는 서정시 일반을 뜻한다.

[205] Romanze: 낭만적 모험 및 사랑을 노래한 설화시. 여기서는 서사시 일반을 뜻
한다.

206 티크(Tieck)와 마찬가지로 프리드리히 슐레겔도 디테일을 가미하여 역사적으로,
특히 고(古) 독일에 대해 ‘충실한’ 분위기를 전파하는 일을 중시하였고 또 장려하
였다. –『괴츠』에 대한 슐레겔의 평가에 대해서는 가령 그가 티크와 함께 출간한
잡지 『아테네움(Athenaeum)』(Jg. 1800, Bd. 3, Stk. 2, 170-187, 특히 173)에서 괴테의 초기
저작과 후기 저작의 양식상 상이성에 대해 언급한 것을 참조할 것.

[207] 자연적인 것의 … 일컬었다: As – “자연적인 것의 현시를 아주 하찮은 것으로 본
지 오래다.”

[208] 독창성 개념: As/Ro – “잘못된 규정”

150

[209] 덕은 이렇게 있다: JH - "이런 것은 덕이 아니다."

[210] 갇힌다: Ro - "큰 유사성이 있기도 하다."

211 장 파울 리히터(Jean Paul Richter, 1763-1825): 독일 작가. 헤겔의 추천으로 1817년 하이델베르크에서 명예 박사 학위를 받았다.

212 수도사에 대한 이 반어적 비판은 『괴츠』(제2판)에서 괴츠와 그의 형제인 마르틴이 대화를 나누는 제1장 두 번째 장면에 나타난다. (Vgl. Goethe: *Sämtliche Werke*. Bd. 4, 646-651.)

213 헤겔은 바제도프(Johann Bernhard Basedow, 1723-1790)를 가리키고 있다. 바제도프는 1774년 데사우(Dessau)에 필안트로피눔(Philanthropinum) 학교를 설립했다. 헤겔의 언급은 괴츠의 아들 카를의 궁정 교육과 마구간지기 게오르크의 경험 위주의 교육 사이의 대립에 관한 것이다. 이 대립에 대해서는 다음도 참조. Vgl. 프리드리히 임마누엘 니트하메(Friedrich Immanuel Niethammer, 1766-1848): *Der Streit des Philanthropinismus und Humanismus in der Theorie des Erziehungs-Unterrichts unserer Zeit*. Jena 1808.

214 헤겔은 『괴츠』의 1막에서 괴츠의 성(城)의 약스타우젠(Jaxthausen) 장면을 언급하고 있다. Johann Wolfgang von Goethe: *Götz von Berlichingen mit der eisernen Hand. Ein Schauspiel* (1773. In: Goethe: *Werke*. Bd. IV, 73-175; die genannte Szene: 83-92, hier: 88).

[215] 교회음악이니 오페라니: Ro - "오페라니, 종교음악이니, 무용음악이니"

216 Vgl. Georges Louis Leclerc comte de Buffon: *Discours prononcé dans l'Académie française le 25 août 1753*. Paris 1753: "le style est l'homme même".

[217] 기법: Manier / 양식: Stil

218 알브레히트 뒤러(Albrecht Dürer, 1471-1528): 독일 화가. 1828년 독일에서, 또한 베를린에서 그의 사망일을 기리는 여러 행사가 열렸다. Vgl. Helmut Schneider: *Hegel und Hotho bei den Dürer-Feiern 1828 in Berlin*. In: *Jahrbuch für Hegelforschung* 4/5, 1998/1999, 10-13.

[219] 《47》의 그림 31번 참조.

제2부

특수한
예술형식들에 관하여

【그림 28】
헨드릭 더 클레르크, 〈테티스와 펠레우스의 결혼식〉(1600/20), 루브르 박물관.

상징적, 고전적 및 낭만적. 이렇게 세 형식이 있다. 미의, 이념의[1] 개념에 속하는 요소 및 범주에서 이것들을 취하였다. 감각적 표상에, 판타지에 진리인 것을, 진리의 표현을, 그리고 그 역사적 내용을 다룰 것이다. [진리와 그 표현이라는] 두 측면이 마주한 관계에 따라 이 형식들이 규정된다. 상징적인 것에서 예술이 생겨났다. 그 내용은 아직 자신의 표현을 발견하지 못한 까닭에 이 내용의 존재가 참되지는 않다. 여기서부터 형식[표현]과 내용[진리]이 서로 발맞춰 나간다.

고전적 예술은 외형에 내용의 본질을 담는다. 고전적 예술에는 전반적으로 자유와 주관

성이 존재한다. 고전적 예술은 정신성을 골자로 한다. 예술은 자신의 감각적 요소로 진리에 대한 사상을 표현한다. 그러나 순수하게 정신적인 진리까지 이 사상의 내용으로 삼지는 않는다. 사상 면에서의 그런 한계 내에서 이 내용이 형상화된다.

낭만적 예술은 자립적 정신성을 기반으로 삼는다. 그런데 이 참된 정신에는 감각적 형식이 들어맞지 않는다. 내면이 구체화는 만큼 외부 형상은 우연해진다. 이런 우연한 외면성에서 [형상화의] 최고의 완벽함을 기할 수는 없는 것이다.

[I.] 상징적 예술형식에 관하여

이 형식 자체는 예술의 습작[2]으로, 작품으로[3] 이해된다. 이런 추상성

에서 출발해 정신의 자유를 향해 나아간다. 이런 습작이 불완전한 이유는 형상화가 덜 이루어져서가 아니라 그 내용이 명확하지 않아서다. [완전해지려면] 내용이 [규정을 갖추어] 명확해져야 한다. 이때 그 내용은 종교관과 관련이 있다. 예술의 지속적 발전은 결국 내용[의 발전] 여부에 달렸다. 이 첫 예술[4]의 형식들도 그 내용에 따라 해명된다. 《45》

예술의 이러한 생성과 발효[5]를 통해 [상징적 예술의] 형식들[6]이 성립하되, 그러한 조형물이 예술에 속하는 규정을 온전히 지니고 있지는 않다. 다음과 같은 질문도 생긴다. 상징과 신화의 차이는 무엇인가? 상징적인 것에 의미가 들어 있으며 [이것이] 예술의 법칙으로 고양될 수 있다. 혹은 신화를 상징적인 것으로 간주할 수 있다. 예술이 되려면 이것이 이성에 의한 제작물이어야 한다. 예술은 신성의 [의미를 띤] 규정을 갖기도 한다. 신성도 [예술로 존재하려면] 모종의 형상을 갖춰야 한다. 이 형상에는 [다른 규정을 지닌 예술보다] 더 높은 것이 존재한다. 더 높은 것의 종류는 다양하다. [예술의] 내용은 그런 식으로 의미를 갖는다. 신화를 상징적으로 다루어야 한다는 견해에는 다음과 같은 두 가지 관심이 개재한다. 산문적인 관심과 예술적인 관심이 그것이다. [1.] 전자의 경우 오직 외면에 대해서만 알고자 하며 외면의 표상에만 의지하면서도 형상화된 그것 말고도 판타지가 이와 다르게 형상화했을 수도 있으리라 생각하며 이런 형상의 외면을 단서로 삼는다. 판타지로 의미가 창출되지 않는 [즉 산문적인] 예술 표상은 가령 그리스 신들의 형상이 군왕에 관한 이야기에서 유래한다고 기술되는 식의 역사적인[7] 면을, 그런 외적인 면을 갖는다. 그런 예술 안에는 그런 외적 실존만이 들어있을 뿐이라고 한다. 대중을 어르고 으르고 휘두르기 위해 사제들이 제멋대로 그렇게 형성한 것일 뿐 이런 외면적인 것은 신성에 근거를 두지 않는다고 한다. 시인 및 예술가가 제멋대로 신성이라 날조했을지도 모를 외면적 형식 말이다. 혹은 외적 자연이 예술가에 의해 인격화[8]되었다고 본다면, 여기서 이미 상징은 시작된 셈이지만 의미는 자연에서 취해졌으니 말이다. 그러나 종교와 예술은 본질적으로 이런 내용도 정신성으로 고양한다. 이에 대해서는 나중에 (주노와 불카누스,[9] 제우스와 뇌우[10] 등을 통해) 소개한다.

[2.] 또 다른 측면으로 예술 자체에서의 관심이 있다. 고전적 예술이 상징적으로 취해진다면 정신적, 주관적 원리가 추상적 의미로 전락한다. 유피테르는 상징적으로 취해질 수 없다. 외적인 것만이 현존하며 표현될 것이 충만하기에 배후의 그 어떤 다른 의미도 존재하지 않는다. 형상과 의미는 분리되지 않는다. 고전적 형상이 외적 표현과 내적 보편자로 해체

【그림 29】 페테르 파울 루벤스, 〈주노에게 유혹당한 라피다스의 왕 익시온〉(1598/1600), 루브르 박물관. 자신의 아내 주노[헤라]를 익시온이 좋아하는지 확인하기 위해 유피테르[제우스]는 구름으로 주노의 형상을 만들어 익시온을 유혹하게 한다.

된다면 예술의 긴밀한 연관은 사라진다. 지성은 구체적인 것을 보는 족족 이를 추상화하고 의미를 형태와 분리한다. [이렇게 되면] 포착[11] 자체가 와해된다. 예술가이자 시인이자 비평가이기도 한 괴테는 상징적인 것으로 환원하는 행태에 불만이었다. 근래에는 예술작품을 모두 알레고리 Allegorie에 두려는 (프리드리히 슐레겔의 '파불라 도케트!'[12] 같은)[13] 움직임이 있다. 이로부터 운명을, 보편적 가르침을 추출하고자 했던 것이다.[14] 단테의 작품에도 알레고리가 많지만, 각 장이 시작할 때마다 보편적 가르침이 미리 추상적으로 언명되어 있다.[15] 그리하여 호메로스나 베르길리우스에서 알레고리를 찾으려는 시도가 이루어졌다. 알레고리로 통칭된 이것은 산문 속으로 나타난 예술적 변양이라 하겠다.[16] 하이네의 판본[17]에도 시가의 내용을 산문으로 발췌한 것들이 있다. 이렇듯 예술의 영역 전반으로 확장된 상징적인 것을 상징적 예술형식으로 이해하지는 않는다.

상징적 예술형식에 속하는 예술은 과연 예술작품인지 하는 의심을 자아내는 면이 없지 않다. 그 자체에서 외면과 내면의 불화가 가시화되기 때문이다. 불화를 극복한 더 높은 형식이 있다. 작품 자체가 아니라 [우리의] 고찰 속에만 추상적으로 성립하는 형식[의식적 상징법] 말이다. 《46》

<u>상징적 형식의 일반적 규정</u>. 1. 상징 일반에 관하여;[18] 2. 그 첫 번째 방식은 a. 외면과 내면의 첫 번째 직접적인 [즉 무의식적인] 결합이다.[19] 외면으로부터 분리된 내면이 현존하지는 않기 때문에 [본격적으로] 상징적이지는 않다. 상징적이지 않은 그것을 가리키기 위해서는 고찰이 필요하다. 여기서는 민족과 종교의 차별성에 따른 규정들이 제시된다. 일반적 구분이 각 민족에 따라, 각 민족을 통해 어떤 차별성이 일반화되었는지가 고찰된다. 이 예술형식의 역사적인 면에 따라 차별화된다. 예술형식들이 각 민족마다의 시각에 따라 앞뒤로 이어진다. 상징은 모든 민족

에게 출현한다. 빙켈만의 알레고리[20]는 기독교적인 것을 도외시한 채 그리스와 로마의 상징을 모아 놓은 것에 불과하다. b. 자연물이 그것 자체로 받아들여지지 않고 오히려 보편적 자연력을 의미로 갖게 되며 오직 판타지로만 가능한 조형물로 가시화된다.[21] 판타지에 의한 혼합된[22] 중의성重義性이 등장한다. 이에 관해서는 페르시아인 및 인도인[의 상징법]이 언급될 수 있다. 3. 표상에 적합하지 않은 의미의 현상을 위한 형상화로 고양된 표현. 숭고함, 범신론이, 그리고 유대인의 여호와 신앙이 여기에서 등장한다.[23]

4. 무형의 즉자대자적 존재가 부정적인 방식으로 휘황찬란하게 현시된다. 형상은 부정되어

자신 너머로 고양된다. 부정되는 자연 요소가 즉자대자적 존재와 결합됨으로써 정신성이 시작된다. 상이한 것들의 혼합이 여기서 생겨나 자연성이 형상을 이루고 의미 및[24] 정신이 형상을 마련한다. 그리하여 거꾸로 정신이 내용으로 존재하고 더 높은 이것을 위한 형상은 자연성이 부여한다. 이런 수수께끼에 미를 위한 시작이 존재한다.[25]

무의식적인 원초적 상징으로 1. [상징의] 시작이었다.[26] 2. 내용에 제약이 있는 의식에 의해 상징은 자연성이 존재하는 산문이 된다. 의식된 것으로서 우리는 우화, 비유담 등을 고찰해야 할 비유되는 개별자에 국한된 상징이 존재한다. 정신적 방식을 띠는 감각성을 의식적으로 상상하면서 이미지가, 그러니까 의식적 상징성이 존재한다.[27]

[의식적 상징이라는 이] 두 번째 형식에서 상징성의 붕괴가 [즉 고전적인 것으로서의 이행이] 이루어진다. 경구시, 찬가 등이 이에 속한다. 예술적 형식에 도달한, 다만 외적일 뿐인 이 형식에 맞서 자연 서술이 이루어진다.

I. 상징 일반에 관하여

상징은 기호와 구분해야 한다.[28] 사유는 인간의 것이다. 인간은 자신을 밖으로 표한 다음에야 자신이 이 대상을 마련했음을 알게 된다. 인간이 스스로 대상을 수립했는지, 아니면 대상이 인간에게 주어졌는지가 관건은 아니다. 주어진 것에는 정신의 활동이 함께하니 말이다. 인간은 [대상에] 주목하고 이에 대한 규정을 내리는 태도를 취한다. 우리가 돌로 무언가를 제조함으로써 사람들은 돌에 대한 의식을 갖는다. 어떤 외적 대상에 자의를 행사할 때 이에 기호를 붙인다. 자의에 따라 [자신과 대상의] 결합이 이루어진다. 그런 식으로 하여 외적인 것을 사용하여 무언가를 가리킨다. 가령 모표帽標[29]는 무언가를 나타내지만 이는 본성을 색깔로 가리키는 등 극히 외적으로 표시하는 것일 따름이다. 언어의 소리도 그러한 기호에 해당한다. 음성을 이루는 요소가 음성의 의미와 내적으로 연결은 된다. 이런 생산은 고통이 눈물로 육화되듯 정신이 육화되는 생리학적 방식을 띤다. 이런 가리킴이, 역사적인 것[30]이 존재한다. 그러나 언어가 발전하면서 그러한 연관이 사라진다. 본성의 표출은 없고 자의만 출현한다. 《47》

고대의 교양어라도 소리와 문자 표기법[의 연관]은 우연하다. 이는 상징이 아니라 기호다. 표상 및 사상아 그 외화가 갖는 관계가 본질적일 때 상징이 있게 된다. 상징 속에는 내용의 연관이 들어 있다. 가령 사자는 강함의 기호이기도 하지만 자의적이지는 않다. 사자는 그 자체로 강하기에 외면이 표상과 똑같은 내용을 갖는다. 즉 머릿속에 사자가 떠오른 순간 사자의 강함도 떠오른다. 하지만 소리나 색 따위는 소리의 본성 및 의미와 다른 것을 떠올린다. 언어에는 사자, 천둥처럼 내용의 의미가 모방

속에 포함된 상징도 있다.[31] 이는 다른 표현으로는 현존하지 않는다.

사자가 강함의 상징이라면 이를 상징하는 것으로 독수리, 황소, 뿔 등 많은 것이 있다. 이런 외면에 다수의 의미가 붙게 될 수 있다. 가령 황소는 태양, 비옥함, 경작 등을 의미하기도 하는데, 이로 인해 상징은 둘 이상의 의미를 가지며 기호와 비근해진다. 어떤 의미를 더 갖게 될지는 우연에 따른다. 하나의 대상을 오직 하나의 방식으로만 상징화해야 한다면 제약은[32] 더 커질 것이다. 빙켈만의 알레고리[33]에는 자의적이고 부정확한 것이 많은데, 여기에는 중의성이 들어 있기 때문이다.

그렇기 때문에 상징은 다소간 관습적이기도 하다. 모든 예술에 상징적인 것이 들어 있다. 이것이 주종을 이루는가 아니면 부수적인가의 차이만 있을 뿐이다. 독수리가 유피테르를 대변한다. 그러나 독수리는 그의 곁에 조용히 있을 따름이다. 상징이 유피테르 옆에 나란히 서 있는 [부수적인] 것이다. 그러나 이집트인에게는 이런 비유가 독자적 의미를 갖는다. 그리스인들에게 상징은 뒷전에 놓인다. 누가, 마태 등 복음서 저

【그림 31】 알브레히트 뒤러, 〈네 사도들〉(1526), 알테피나코테크. 왼쪽부터 요한은 펼쳐진 책을, 베드로는 열쇠를, 마가는 두루마리 문서를, 바울은 덮인 책과 검을 지니고 있다.

자들에게도 그들과 함께하는 상징이 있지만 이것들이 주종을 이루지는 않는다.

1. 의미〔와〕 현시의 직접적 통일성

이런 직접적 통일성에는 의미도 형상도 있을 수 없다. 둘 다 현존하지 않는 셈이다. 내면과 외면의 이런 분리를 생각할 필요가 있다. 하나의 대상[34]이 우리에게 현존한다.[35] 종교적 표상을 고찰할 때 이 안에 들어있는 것을[36] 분별하는 일이 필수적이다. 우리가 그 내용을 내면으로 의식한 것인지, 아니면 그 민족이 [스스로] 내면을 외면으로부터 구분했는지에 따라 차이는 있다. 저 직접적 통일성에 대한 직관은 상징적이지 않다. 가령 종교에서 신화적이라 불리는 것이라면 그 무엇이든 우리에게는 [상징적이지 않고] 직접 현재하는 신성이다. 신성은 오직 정신에 대해서만 현존할 수 있기에 직접 현존하는 신성이란 주관의 정신성과 직접적으로 합일된 신성이다. 이때 생겨난 통일성은 상징적이지 않다. 라마교에서는 라마가 사제다. 라마는 대중에게 신으로 간주된다. 이는 상징적이지 않다. 다른 고등 종교의 신화성 또한 모두 마찬가지다. 가톨릭 및 루터교의 교리에서는 그리스도 자체가 성체이며 이를 받아 모시는 자와 하나가 되어 직접 현존하기에 (이로써 신앙에 교만이 생길 여지가 충분하다) 여기에는 상징이 없다. 페르시아의 시각에서 볼 때 빛

은 그 형식으로서가 아니라 빛 자체로 존중받는다. 빛과 더불어 곧장 빛과 태양이, 화염과 광채가 존재한다.[37] 빛은 동식물의 생명성으로, 그리고 나서는 정신성으로, 순수한 선으로 존재한다. 천체를 통해 오르즈무드가 우리에 대해 존재한다.[38] 일곱의 별을 일곱의 통치자 암샤츠판[39]이라 불렀다.[40]

파르시교[41] 신도의 제의는 빛을 사방에 퍼트려 한편으로는 빛을 불러오며 다른 한편으로는 생명을 촉진하고 나무를 생장케 한다. 가령 키루스[42][43]가 생명 유지, 선한 행위, 자연 순화 등을 이룬 것처럼 말이다. 생명은 빛의 현실화이며 불순한 동물로부터 멀어져야 한다. 이런 표상은 지극히 아름답다. 이것이 상징적인가? (48)

빛이라는 자연은 선함을 의미한다. 이런 빛을 쪼개면, 즉 자연으로서 빛을 비자연적인, 정신적 본성인 선함이라는 의미와 쪼개면, 빛을 상징

으로 칭할 수는 있겠다. 그러나 이런 직관에 빛에 대한 상징이 있다고 말할 수는 없다. 선함의 빛과 물리적 빛이 합동合同이다. 자아의 판단[44]이 부재한 채 직접적으로 결합된 빛이라는 근본 규정이 성립하는 것이다.[45] '오르즈무드'라는 인격화로 나아감으로써 인간에게는 '아리만'이라는 형상까지 마련된다.[46] 대지에 대한 권한을 지닌 오르즈무드가 자신의 아들인 잠시드[47]를 통해 황금 단검으로 대지를 분할하는데 이는 경작을 가리킨다.[48]

여기서 상징적인 것이 시작된다. 이러한 일곱 신들이 페르베르[49] 같은 정령으로 인간에 적용될 때 이미 상징이 존재한다. 그중 하나인 미트라스[50]는 특별히 부각되어 제의의 대상이 되었는바 인간의 시대인 로마 제국에 널리 퍼져 상징적인 것으로 존재하였다. 황소는 강력하고 생산성이 있으며 순수함의 영역에 속한다. 이 황소는 죽임을 당한다. 자연적 원리를 뜻하는 이 황소에 대해 정신적 존재인 인간이 승리한다.

【그림 32】'미트라스'의 부조상(2-3세기경), 쾰른 로마-게르만 박물관. 고대 페르시아의 '미트라'는 로마인의 숭배 대상 중 하나인 '미트라스'가 되었다.

2. 내면이 자연의 직접성과 맺는 차이와 연관

이 첫 번째 판단은[51] 모호해서 두 부분에 자립성이 아직 본격적으로는 허락되지 않기에 참된 통일성을 갖지 못한다. 세계창조와 같은 절대적[52] 판단이니 말이다. 양편이 [분별됨과 동시에] 온전한 총체성에 이를 때 비로소 화해가 이루어질 수 있다. 양편의 관계는 아직 혼란일 뿐이어서 상대편으로의 왕래만 있을 따름이다. 고요와 안식은 없다. 사람들은 두 극단을 넘나들 뿐이다. 극단적으로 이리저리 왔다 갔다 하면서 형성되는 이 판단은[53] 인도의 세계관에 존재한다. 판타지가 두 측면을 조형하지만 그럼으로써 가장 무시무시한, 조야한 망상이 나온다. 직접적으로 있는 그것이 그저 다른 것으로 이행할 뿐이기 때문이다. 모든 것이 자연적이면서 상징적이다. 눈앞의 것을 염두에 두는 순간 형체도 알 수 없는 정반대편에 있는 것으로 변모한다. 좀 더 자세히 살피자면 인도의 표상은 결코 역사적이지 않으며 관계들에 대한 산문적 시각도 없다. 아무것도 아니다. 평범한 감각적 표상이 내면으로부터 나온다.

육화,[54] 인간화, 추상화가 주요 규정이다. 이는 인간, 새, 원숭이 등과 관련이 있으며 곧장 인간이 최고의 존재로 드높여진다. 그리하여 정신성으로부터의, 일자[55]라는 순수 추상으로부터, 즉 다른 어떤 것의 구분도 없는 브라흐마[56]로부터 영원히 진행하되 [그것들 모두] 그 자체로 동일성을 유지한다. 그러나 나[57]는 일자로부터 나오되 그 일자의 내용과 하나인 까닭에 나 자체가 통일성으로 존재한다. 인간에게 여하한 최고라 해도 [다양하게 진행된] 그것들 사이의 통일성을 의식하는 화해에 이를 수는 없다. 오히려 의식 안의 모든 것이 소멸되어 인간이 사라지는 그런 동일성이다. 인격이자 주관인 내가 그렇게 되는 까닭에 나는 소멸한다. 완

【그림 33】 **라마와 락슈마나를 묘사한 명판**(名板, plaque)(16-17세기경), **영국 박물관**. 남인도 타밀 나두 지역에서 제작된 것으로 고대 인도의 대표적 서사시인 『라마야나(Ramayana)』에는 코살라의 왕자 라마(Rama), 그의 부인 시타(Sita), 그의 동생 락슈마나(Lakshmana), 바나라의 왕 하누만(Hanuman), 마왕 라바나(Ravana) 등이 등장한다. 라마는 힌두교의 삼주신 가운데 하나인 비슈누(Vischnu)의 화신(Avatar)들인 다샤바트라(Dashavatara) 가운데 일곱 번째로 여겨졌다.

벽을 추구하는 개인은 그저 자신의 무화를 추구한다. 움직임 없이 그 자리에 계속 앉은 채 자신의 코끝에 시선을 둔다. 이런 통일성 안에서 모든 활동을 절멸하는 그런 브라흐마가 있는 것이다. 《49》

기도를 통해 자신을 고양한 이는 그 자체로 브라흐마가 된다. 그러나 그런 만큼 이런 브라흐마는 외면적이다. 이들[58]의 신통기[59]는 이런 통일성에서, 부작위, 스스로 탄생하기 등으로 시작한다. 주관이 부재한다고 할 수 있다. 이것이 물을 창조하고 씨앗을 심는다. 이것이 하나의 알이 된다. 이로부터 브라흐마가 나온다. 알 속에는 거대한 힘이 자리한다. 브라흐마는 알을 쪼개어 절반은 남자가 되고 절반은 여자가 된다.

<hr>

12월 5일

이러한 인도의 세계관은 결국 판타지적 상징법Symbolik인바, 순수 정신성이 눈앞에서 직접적으로 표상되며 가장 범속한 것에서 보편적 추상으로 이행이 이루어진다. 자연의 인과성과 위력이 이 상징법의 내용이 된다. 순수한 보편자인 브라만이 있다. 자연력 또한 보편적이지만 이것이 인격체로 형상화되는데, 표상에 존재했다가도 직접적 외적 대상이 보편자로 드높여진다. 내용은

추상적이되 그 형상은 실존하는 정신
의 형태를 띤다. 인간이기도 하고 동
물이기도 한 형상 자체가 개별화된다.
이런 형상은 내면에 적합하지 않으
며, 그러다 보니 내면에 좀 더 가깝게
하려다가 왜곡이 일어나 결국 아름답
지 않은 모습을 띤다. 태양, 공기, 불
등의 자연이 운티, 잉기르 등으로, 혹
은 히말라야의 최고봉인 히무드로 인
격화된다.[60] 그러니까 해, 물, 산 등의
자연에 의미가 생긴다. 혹은 생명과
소멸, 존재와 무, 끝과 시작 등의 보편

【그림 34】 시바신을 상징하는 남근상
〈Linga/Lingam〉〉(8세기경), **영국 박물관**. 시
바가 지닌 위력의 네 측면을 조형하였다.

적 자연 관계가 있다. 이것의 추상적 관계로서 무에서 존재로의 이행, 존
재에서 무로의 소멸 등이 있다. 산출되고 파괴되는 이런 이행이 어떻게
현상하는가가 인도의 규정 가운데 근본에 속한다. 생식의 과정이 인격
화되며 좀 더 상세한 규정을 통해 성별이 생긴다. 만물에 이런 연관이 생
겨 링감과 로디[61][62]도 나타나는데 이런 것들은 전적으로 외적인 형태를
띤다.

그리하여 사람들은 감각적인 것이든 정신적인 것이든 이런 것이 작
동하는 세계 안에 어디에 있는지 알 수 없다. 히말라야에서 흘러오는 강
가[63](아우구스트 빌헬름 슐레겔 번역)[64]는 지극히 혼란스러운 판타지를 제
공하며 이로써 아름다운 형상에 이를 수는 없었다. 생식을 조형한 루트
라[65][66]는 어떤 사원에서든 가장 안쪽에 자리한다. 인간이 형상화되어 있
지만 손과 발이 심히 왜곡되어 있다. 형상이 그렇듯 의미도 불완전하다.

제2의 신은 한마디로 인도인의 대표적 관념이다. 브라흐마가 첫 번째라면 크리슈나가 그 두 번째이며 자신 속으로 복귀한, 가장 자유로운 루트라가 그 세 번째다. 우리에게는[67] 세 번째가 마지막이다. 이는 절대적이다. [반면에] 인도인의 관념에서 세 번째는 자신으로부터 나와 무언가를 낳은 후 무無로 나아간다. 자신 속으로 진입하지 않고 그렇게 이행하는 것이다. 존재이면서 타존재가, 그리고 [무언가의] 생산이라는 삼원성[68]은 자기 관계적이고 자기 내로 복귀하면서 다른 계기가 생성되도록 하지만, [여기서는] 이 세 번째가 타자로의 이행으로 존재할 뿐이다. 이 지점이 매우 중요하다.

두 번째 계기인 무르티 혹은 크리슈나[69]는 육화를 뜻한다. 암소는 대지의 힘을 상징한다. 암소를 위한 병원은 있어도 인간을 위한 병원은 없었다. 브라흐마와 그의 형제 비슈누, 미트라가 한 현자에게 다가갔는데 그는 이들에게 많은 현자가 있던 곳으로 이주한 아주 위대한 소의 이야기를 해 준다.[70] 《50》

그리스 및 스칸디나비아의 신통기도 이런 부류에 해당한다. 생식과정 전반이 포함되어 있다. 그리스의 상징관은 저렇듯 조야하고 노골적으로 나타나지는 않았다. 헤시오도스에 따르면 여기서 에로스, 즉 사랑이 나온다. 그러나 대립이 골자를 이룬다. 가이아가 〔자신의 남편〕 우라노스와 크로노스, 헤카톤케이레스, 키클로페스 등을 낳았다(이런 것은 이집트, 인도의 관념에도 들어있다). 에리뉘에스, 테미스, 키티라[71]와 같은 것들도 피상적으로 인격화된 것들이다.

신통기, 우주론은 지극히 다양하다. 자연력의 의미가 인간 형상에 들어간다. 그러나 인간 형상의 의미는 자연력이 아니라 정신성이다. 오직 정신성만이 인간 형상을 가질 역량과 가치가 있다. 그렇기 때문에 이런 상징법은 진리를 갖지 않는다. 내용에 상응하는 형상이 없기 때문이다.

3. 판타지적 상징법, 숭고의 상징법

이로써 내밀함이, 지립성이 외면에서 해방되기 시작된다. 아직은 내면이 철저히 정신적이지는 않다. 그러나 자신 속에 거주하면서 경험적 개별성으로부터 내면이 풀려나기 시작한다. 숭고와 미는 구분되어 왔다. 전자는 이념, 이성 및 무한자를 현시하려는 시도이되 이에 상응하는 형상이 존재하지 않는 까닭에, 그 현시 방식은 부적합하여 이 방식보다 훨씬 더 너머로 고양되기 때문이다.

범신론과 유대의 신 관념, 이 두 범주가 이에 속한다. 양자에서 내용은 현상 너머로 고양된다. 현상과의 관계 속에서 이를 언급한다. 이 현상도 현시되고 그런 만큼 긍정적 연관을 갖지만 그럼에도 부정성이 결부된다. 범신론에서는 의미가 강조되지만 일자一者가 만물 속에 긍정적인 것으로 포함되며 그리함에 따라 현상의 순수화 또한 현시된다. 유대교에서도 이 일자[하나님]가 현상과 관계하되 신은 세계를 실존케 했다는 영예를 얻는다.

[a.] 범신론

이 명칭은 철학에서 자주 언급된다. 만물은 모두 분할될 수 있다. 각각의 것이 모두 다 경험을 통해 개별자로 파악될 수 있다. 그 '모든[범凡]'은 각각의 모든 개별성과 분리되는 보편적 만물이기도 하다. 만물이 '신神'으로 소명하면서 신학자들은 철학이 범신론Pantheismus이라고 말한다. 각각의 것을 모두 신으로 만든다. 그러나 이런 어리석은 생각대로 세상이 그랬던 적은 결코 없다. 이해력이 떨어지는 인사들만이 이를 믿는다. 사물들이 모두 다 신이라고 생각할 리 없을 테다. 개별자를 경험하여 이것들이 모두 합산된다.

인도의, 마호메트의, 혹은 페르시아 마호메트의 관점에서 특히 이런 절대적 통일성이 존재한다. 이것도 일자고 저것도 일자라고 한다. 모든 것이 일자인 까닭에 서로 마주하는 개별자들은 사라진다. 죽음, 삶, 바다 등이 모두 일자이다. 그러나 특칭적인 각각의 것이 다른 것과 하나라는 뜻이 결코 아니다. 모든 것이 일자이다. 개체성은 소멸한다. 이러한 일자는 그 특칭성에도 불구하고 그 자체로 가장 탁월하다.

마하바라타의 일화를 보면 크리슈나가 스스로에 대해 말한다.[72] —통일성 자체의 사상인 보편적 크리슈나는 하나의 형상이다. — 이는 사람은 죽지도 태어나지도 않으며 그저 존재할 뿐이라는 점을 나타낸다. 죽는다는 것은 다른 존재가 되기 위해 벗어 던진 의복이다. 《51》

순수함, 무형성, 만물 중의 일자가 이런 식으로 언표된다. 이런 통일성이 순수하게 존재하는 민족인 유대인이나 마호메트인 등에게는 조형 예술이 없다. 파르시교도에게는 특히 그러하다. 마호메트에서 출발하지 않는 수피즘[73]도 있다. 시인 루미는 세 번째 시가에서 실체성의 통일성을 가장 찬란하게 표현하였다.[74] 주관과의 관계에서 이러한 통일성은 신비적인 것으로서 주관 자체가 통일성으로 언표된다. 따라서 이런 통일성은 자신의 규정으로 환원된다. 가톨릭으로 개종하여 추기경이 된, 1624년에 태어나 1677년에 죽은 앙겔루스 질레지우스[75]는 경외심에 관한 책인 『방랑하는 천사』[76]에서 이런 통일성을 훌륭하게 언표한다.[77] 그

170

중 3, 6, 8, 9, 13, 52, 73, 106, 108번 시는 순전히 신화적으로 정식화된 실체성을 띤다. 동방의 것에서는 이런 엄격한 언표 방식이 현존하지 않는다. 주관의 관계를 통해 영혼의 이러한 자유가, 영혼의 통일성 의식 속 행복의 자유가 쓰인다.[78] 만물에 대한 사랑 속에서 이러한 통일성이 잘랄레딘 [모하마드] 루미를 통해 표현된다.[79]

[b. 유대주의]

　　실체는 [자신을 마주하는] 　대자적 존재로 이행하여 이 존재가 외면으로부터 떨어져 나와 자신 속에서 자유를 갖는다. 이런 내적 실체는 주님이요 외면은 그 내면을 찬양하는 종복이다. 이 존재자는 그 자체로 아무것도 아닌 까닭에, 즉자대자적이며 자신과 관계하는 주님의 그 선함으로 인해 [내면과 외면의] 관계가 맺어진다. 그러나 권세가 실체적으로 있다기보다는 그 절대적 권세가 계시됨으로써 의로움이 표명된다. 유대교의 이렇듯 순수한 숭고 규정은 판타지를 통해 실체가 개체 너머로 심정이 확장되면서 고양되는 면을 갖는다. 주님의 계시인 외면은 따라서 조형적일 수 없고 오직 시문학에만 속한다.

　　그 자체로 일자인 주님은 자신을 밖으로 내보임으로써 현시된다. 다만 추상적 외면 속에 있는 무형의 말씀이며 일순간 소멸하는 순수한 정신성이다. "만물이 신의 말씀을 통해 성립한다." 가장 숭고한 것의 사례로서 롱기누스는 이런 말을 했다. 신이 있으라 이르시니 있었다.[80][81] 신을 기리는 『시편』 104장에는 신의 가장 장엄한 외화가 나온다.[82] 빛이 신의 의복[83]으로 생각되는 식으로 말이다. 모든 생명체는 신의 현존을 누린다. 그러나 이런 기쁨 중에도 만물은 신의 호흡으로 소멸할 처지에 있다. 그리하여 『시편』 90장에는 또 다른 점이 나타난다. "쓸려 간다"[84] 함은 신의 위세가 개별자를 통해 계시됨을 뜻한다. 생명이라는 규정은 옳고 정당하다는 긍정적 연관을 갖는다. 주님의 넉넉하심으로 인해 인간 속에 법칙이 놓인다. 실체가 들어 올려지니 또 다른 측면도 고양된다. 구분, 괴물이[85] 주관 속에도 정립된다. 직접적인 것이 주관에 합치할 수도 그렇지 않을 수도 있다. 후자의 경우 속죄 의식이 생긴다. 지나가 버린 그 외면적 악이 내면의 부정와 관계한다. 인간이 법칙에 맞서 〔고양된다.〕 인간은 권리와 더불어 자립적인 존재로 정립된다. 고통이 주관 속에 생긴다. 영혼이 내면에서 합치하지 않음을 인식하며 이를 호소한다. 오직 주관 속에서만 부정적인 것의 대립이 속죄로 출현한다. 내면의 윤리적 고통 말이다. 주님은 실체적인 주관으로, 규정 없이 그 자체로 있는 자로 머문다. 여기까지가 숭고의 두 형태다.

상징적인 것은 이제 소멸된다. 내면과 외면의 불합치가 나타난다. 《52》

4. 좀 더 명확해진 상징법

내면의 위력이 스스로 자신을 명확하게 〔규정하고 이를〕 포착하여 그 규정성이 내면 자체에 정립됨으로써 상징성으로 복귀한다. 내면과 외면의 결속이 상징적으로 이루어진다. 완전성 여부가 우연에 맡겨진 그런 형상의 내적 의미를 상정한다기보다는 오히려 내면에 규정된 그것이 곧 외면이 됨으로써 다양한 외면마다 차별성이 성립한다. 내면이 규정되고 그 내면에 상응하는 외면이 생긴다. 이런 개념은 자연적으로 〔즉 필연적으로〕 전개된다.[86] 우리는 상징적인 것의 권역 가운데 최고 형태에 진입한다.

즉자대자적 존재자는 그 자체만으로 규정을 갖는다. 실체로의 이행,

규정이 제대로 이루어진다면 그것은 신으로 규정되고 파악된다. 이는 정신적 본질 일반에 머물지 않고 구체적인 정신으로 존재하며 내면에서 구체적 계기에 따라 구분된다. 신은 선함과 현명함과 의로움 등의 내적 규정을 갖는다. 그러나 이 규정은 타자와의, 그 본질상 외면에 머물며 자기 자신 밖의 것에 의해 부정되는 그런 타자와의 관계에 따른 술어일 뿐이다. 술어는 타자의 규정이기에 이것으로는 불충분하다. 타자에 대한 권리만이 고려될 뿐이니 말이다. 신이 선의를 베풀면 그 존재가 목적이 되며 외면을 지향한다. 내면은 그 자체에 따라 포착되어야 한다. 이렇게 포착된 규정 속에 정신이 있고 자유가 있으며 다시 말해 자기 자신의 규정이 있다.

내면은 명확하게 규정되어야 한다. 실체가 되는 형체에서의 첫 번째 규정은 직접적 규정으로, 직접적인 부정으로 현상할 수밖에 없는데, 자연적이면서 가장 포괄적인 방식을 띤 죽음이 이에 해당한다. 즉자대자적인 존재자는 죽음이라는 부정을 자신 속으로 받아들인다. 모든 생명체는 이제 이 존재 안에서 죽는 것이 최고 목표다. 타자가 생겨난다 하여 죽은 것이 그로 인해 소생했다고, 삶으로 복귀한다고 여기지는 않는다. 그러니까 죽음은 변하지 않는 일이다. 내면과 외면[의 구분]은 확연하되 또한 그 유사함과 부합함이 있기도 하다. 상징의 극치가 나타날 가능성이 여기에 있다.

사상은 추상체다. 개념은 의식이 갖는 구체적 사상으로서 스스로 규정하며 모든 규정을 자신 속으로 불러들이는 통일성을 갖는다. 정신성은 1) [대상을] 규정하는, 보편자로 있는 그런 통일성이며 또한 2) 자신을 규정하는 [통일성이다]. 정신성은 또한 내면과 더불어 순수 통일성 속에 있는데, 그 내면, 의

미는 자신을 의미하면서 외면으로 이행하되 자연물에는 그 어떤 의미도 없고 오직 영혼만이 [의미를] 현시한다. 이때 규정 및 자기규정의 계기가 성립한다. 부정과 화해를 이룬 것이 그 자체로 존재하면서 부정이 통일성에 내포된다. 죽음은 두 측면을 갖는데, 하나는 직접적 부정, 추상적 무이되 자연물로서 직접적이지 않은 정신이 탄생한 직접성의 죽음이기도 하며, 다른 하나는 정신성의 규정으로서 직접성 자체에서 정신이 복귀함이다. 그래서 우리는 동방에서 [이에 대한] 한층 높은 예술형식을 발견한다.

좀 더 서방으로 접근해 보자. 이집트의 상징인 피닉스[87]는 죽어서 재가 된 후 소생한다. 시리아 예술에 속하는[88] 아도니스[89] 조형물도 이에 속한다. 아테네에서는 아직 행해지지 않았던 아도니스 애도 축제[90]가 있었다. 프리기아의 아티스 또한 그러하다.[91] 《53》

자신의 비존재로부터 존재가 나온다는, 정신에 대한 이런 보편적 규정이 자연성 자체에 내포된다. 해가 짧은 겨울을 보내는 3월 21일[춘분]은 아도니스의 애도일인데, 이날 아도니스를 다시 만나며 자연의 힘이 소생한다. 케레스[데메테르]와 프로세르피나[페르세포네][92]에도 그러한 여운이 있다. 지상과 지하로 이루어진 세계관이 있으며 살아 있는 식물의 씨앗이 재차 소생함으로써 상실[되었던 생명]이 극복되는 것이다.

정신은 그렇게 자연으로부터 〔생성되는〕 자신의 역사를 갖는다. 아도니스는 이러한 자연성의 상징이다. 이런 식으로 상징성이 다시 등장하며 [논의의] 중심에 선다. 가장 광범위하고 가장 위대한 형식의 상징성을 우리는 이집트 예술에서 갖는다.

그 주요 특징은 다음과 같다. 내면은 자립화된다. 정신은 한층 더 구체화된다. 그리고 자연성이 정신성에서 자신의 대응물을 갖듯 정신이 자연성에서 자신의 대응물을 갖는다. 정신성이 자각되기 시작함으로써 이를 표상하려는, 자연성을 정신성으로 포착하여 이것을 제작하려는 충동이 나온다. 판타지로 인해 들끓는 무언가가 있다. 아직 명료하지 않은, 날것 그대로의 표상 속에서 작동하는, 예술 충동의 이러한 동요가 현상한다. 이렇게 갈급하는, 아직 명료한 표상에 이르지 못한 이집트의 충동이 나타난다. 사람들은 이집트인을 언제나 무언가를 표상하려 애쓰는 노동자로 여긴다. 우리는 건축의 민족을, 온갖 종류의 예술작품을, 땅을 파고 들어가면서도 양지에 있다고 여기려는 민족을 목격한다.

인도의 건축물 또한 거대하지만 예술 충동의 무한성만큼은 이집트의 것에 비할 바가 아니다.

우리가 이집트에서 제일 먼저 마주하는 사실은 다음과 같다. 즉 이들은 망자^{亡者}의 시신을 보존하기 위해 방부 처리한다. 죽음에 대한 관념에 따라 눈에 보이지 않는 특별한 왕국이 생겨난다. 망자는 예술적으로 보존된다. 이러한 무덤 공간은 여느 건물 못지않게 규모와 위세가 엄청나다. 지하와 지상이 연결된 이런 건축 및 미궁 등의 어마어마한 작품들에 인간의 존속에 대한 관념이 덧붙여진다. 영혼은 죽지 않는다. 다시 말해 정신성은 즉

【그림 35】 미이라를 담는 상자
(BC 1850년에서 그리스-로마 시대 사이),
베를린 신 박물관.

자대자적이다. 정신에 이런 규정을 확립하는 일이 본질이다. 인간은 망자의 나라에서 재판을 하는 오시리스[93] 왕을 따른다.

　예술적으로 표현된 것 또한 직접적으로 현존하므로 망자 모두를 그 세계 속에 두는 데 머물지 않고 더 나아가 망자의 명예를 기리든 욕을 보이든 이 세계에 두기도 한다. 추상적[94] 정신과 자연성이 그렇게 나뉜다. ― 피라미드에 대해 여러 규정을 내릴 수 있다. 그 가운데 가장 오래되고 참된 것은 이를 무덤으로 보는 규정이다. 엄청나게 큰 것으로 감싼, 세상을 떠난 정신은 그 자체로 외면이자 동시에 내면으로 존재하는 상징이다. 밖에는 피라미드가, [이와 동시에] 안에는 망자가 있다.

　동물은 하나의 생명체로서 무기체 자연보다 더 지위가 높다. 사람들은 동물을 섬겼다. "소[아피스]", 고양이, 개 등에는 생명성이, 내면의 크나큰 위력이 부여되었다. 그러한 동물은 본래 상징이 아니다. 이를 사람들이 신으로 만들었으나, 이는 정신성에서 상징으로 전락한 것이다. 정신성은 인간의 행위에 있지 않지만[95] 말이다. 가장 참된 정신성을 띤 신적 존재로 인간 형상을 한 아문[96]이 있다 사자의 머리를 한 인간 형상[97]을 미네르바 형상에 대응하는 것으로 간주할 때에는 그 동물의 형상이 상징이 된다. 동물 형상에는 가면이 필요하다. 미라에 쓰이는, 동물 머리로 표현된 가면 말이다. ⟨54⟩

　내면과 외면의 또 다른 관계가 상上이집트[98]에서 발견된, 발가락이 인간의 키 정도 되는 거대한 인간 조형물인 멤논 두 개에 나타난다. 이것이 피라미드 꼭대기에 있는 것을 본 이도 있는 만큼 이것은 태양 빛을 표현하도록 만들어진 듯하다. 우리는 헤로도토스를 통해서도 이미 익숙하다. 그에 따르면 태양이 뜰 때 멤논상 내부에서 소리가 났다.[99] 영국인들도 이 소리를 들었다. 돌이 뜨거워지고 이슬이 맺히는 등 태양 빛이 비칠 때의 정황은 내부에 섬세한 균열을 낳을 수 있다. 그 균열이 사라지면서 광천수鑛泉水의 톡 쏘는 소리 같은 것이 들린다. 멤논에서 소리가 나려면 외부로부터의 빛이 필요하다. 인간의 소리는 외부에서 유래하지 않는다. 내면 자체가 소리의 근거가 된다. 그러니까 예술의 드높음은 그것이 자기 자신으로부터 소리를 자아낸다는 데 있다. 그런 한도에서 외적 자연성이 고려되는 것이다.

　오시리스에 대해 살펴보자. 아도니스에 관해서는 이미 언급한 바 있다. 아도니스가 신성으로 이행하는 계기가 오시리스에서 나타난다. 오시리스는 생겨났다가 죽임을 당한다. 사람들은 그의 찢긴 사지를 찾아 나서서 발견하고는 묻어 준다. 이것이 오시리스의 규정이다. 그는 망자의 왕국의 주인이며 변화를 면한, 대자적 존재다. 이러한 변화로 자연에서는 소생하고, 죽고, 다시 소생하는 변화도 있다. 태양이 이런 이미지를 우리에게 안긴다. 겨울의 태양은 우리가 보기에 힘이 없다. 봄이 되면 힘을 얻고 또 상실해 간다. 오시리스가 태양의 이미지인 것은 그런 이유다. 자연성이 의미로 있으며 오시리스는 상징이다.

　나일강 또한 그러하다. 이집트에는 비가 내리지 않는다. 나일강이 만물을 풍요롭게 해 준다. 강변이 견고하지 않아 물이 불어나면 범람하여 작물이 넘쳐 나도록 해 주며 열기로 인해 강이 마르면 바람이 휘날리는 사막이 된다. 적대자가 나일강의 힘을 취한다.[100] 그리하여 오시리스는 나일강의 상징이기도 하다.[101] 이집트인들은 연간 주기週期의 상징이기도 한 오시리스의 그 상징성 속에서 움직인다.

여기에 자연의 변화에 대한 의미가 들어 있다. 그러나 예술작품은 내적 규정을 외적으로 의미화한 것이기도 하다. 정신성을 자연성이, 상징이, 외적 현상 방식이 대변하는 것이다. 정신성은 이때 자연성에 맞서 독자화되며 의식화되기 시작한다. ― 여기에 모든 상징이 있으니, 정신성이 자연으로, 자연성이 정신으로, 그렇게 외적으로 표현된다. 이러한 표현은 철두철미 상징적 성격을 띤다. 동물의 권역은 상징적으로 표현된 연월年月과 관계가 있다. 신들은 월별로 정립된다. 제단의 단수는 우연이 아니다. 나일강의 고도와 관계가 있다. 따라서 이집트의 권력 이양은 바로 이에 의존한다. 그러니까 숫자는 색깔처럼 특정 관계를 갖는다. 상징적 관계를 고려하여 동물 권역의 신성을 역법曆法에 따른 신이라 일컬었다. 이것이 로마인에 의해 정착되었다.

그렇지만 이러한 자연성은 형상으로만 존재하지는 않는다. 신은 비단 인격화로서만 존재하는 것이 아니라 다면적으로 하나가 다른 하나를 나타내기도 한다.

방으로 이루어진 미궁은 1. 열두 달의 숫자와 관련이 있으니 [2.] 또한 골조와 통로는 행성 운행과 관련이 있다. 정신성이 본질이다. 내면은 의미고 외면적 자연성은 상징이다. 인간 형상은 아직 자유로운 아름다움에는 이르지 못했다. 앉아 있는 모습, 꼿꼿한 머리, 접은 팔, 나란한 발 등으로 있다. 다이달로스Δαίδαλος가 처음으로 인간 형상의 자유를 주었다.[102] 여기에도 부자유스러운, 강요된 면모는 있다. 앞쪽으로 벌린 두 발과 곧

178

추선 자세가 여전히 중요했다. ⟨55⟩

수수께끼 같은 스핑크스 조형은 이집트인의 상징성을 잘 말해 준다. 단단한 석재에 상형문자가 새겨진 다수의 스핑크스는 매우 세심하게 만들어졌고 상징 개념을 내포한다. 동물의 몸에 인간의 머리가 어울리지 않게 붙어 있다. 자연성이 사라졌으되 정신성이 아직 명료하지 않아 수수께끼가 들어 있는 형국이다. 스핑크스를 끌어내린 오이디푸스에 관한 그리스 신화[103]는 유일한 진리인 자유로운 인간을 정신적으로 묘사하였다. '너 자신을 알라γνῶθι σεαυτόν'가 여기에 분명하게 현상한다. 사람들은 진리가 무엇인지, 인간의 정신성이 무엇인지를 스스로 인식한다. 의식은 그렇게 내면에 대한 참된 앎으로 현상한다. 이 내면의, 객관성의 형상을[104] 다룬다. 그러나 정신성이 동물성에서 벗어나고자 열성을 다해 분투한다. 동물은, 태양은 더더욱 〔정신성으로 현상하지〕 않는다. 태양은 살아 있지 않고 객관적인 진리도 아니기 때문이다.

5. 의식적 상징법, 두 형식의 분리, 산문, 예술적 형식

의미 자체가 언명되는, 조형적 형상화와 대립하는 곳에 의식적 상징법이 있다. 양자[의미와 형상]의 통합이 의식 속에서 이루어져야 한다. 상징법이 의식적인 것이 되면서 [독자적 예술형식이 아니라 이것이] 아래에 속하는 개별 기법이 되며, 이를 넘어선, 그러니까 자연 형상에서 정신성만을 보고자 하는 고전적 예술 및 낭만적 예술에도 이 기법이 존재하게 된다. 이솝 우화가, 그리고 은유, 직유 등 지극히 단순한 형식으로 된 이미지 전반이 이제 다뤄질 것이다.

외면에서 출발하여 여기에 의미를 부여할 수

도 있고 거꾸로 의미에 형상을 부여할 수도 있다. 이런 의욕이 나타나면 서 의식적 상징법이 된다. 양자 가운데 그 어느 것 하나가 더 우선할 뿐 양자의 통합이 눈앞에 형성되는 일은 없다. 이런 일은 주관의 재기발랄 함을 통해 일상적 현상과 연계되고 조합되어야 가능하다. 이는 예술적으로는 불완전하다. 형상을 특히 내면이 현상하지 못하고 이와는 다른 것이 상세하게 나타날 테니 말이다. 이러한 분리로 인해 의식적 상징법은 하위의 예술형식에 속한다. 다시 말해 [이 기법이] 온전하다 해도 이는 하위의 방식에 속하며 순전히 예술적 장식에 쓰이는 부수적 작업일 따름이다.

예술의 주요 규정 아래에 하위 단위를 배치하기 위해 예술에 어중간한 것[105]을 만들어야 하는 난점이 발생한다. 적지 않은 형상물이 이에 해당하지 않게 된다. [예술의] 개념에 상응하지 않는 저런 불완전한 형상물은 스러지고 만다. 전체가 개념에 걸맞지 않게 현존하니 말이다. 다음과 같은 것들이 이에 해당한다.

[a.] 이솝 우화, 비유담[106]

이는 서사시나 극시에는 어울리지 않으며 시문학 전체의 개념에는 걸맞지 않은 까닭에 불완전한 방식을 띤다. 시가에 속한다고 볼 수는 있겠으나 그렇다고 해서 이에 들어맞는다고 할 수는 없기 때문에 시가의 사례일 수도 없다.[107]

이솝의 우화[108]는 원래의 맥락에서 받아들여야 하며, 사람들이 이를 바탕으로 더 많이 형성한 맥락에서 받아들이지 않아야 그 차별성이 드러난다. 사람들은 동물이 서로 인간적 행위를 한다고 설정하고 인간 행위를 투입함으로써 그래야 하는, 혹은 그래서는 안 되는 어떤 도덕적 교

훈을 도출한다. 레싱은 우화에 관한 글을 썼고[109] 직접 우화를 만들기도 했다.[110] 〈56〉

[등장하는 동물들이 서로 대립하되 각] 성격이 드러난다는 것은 장점이다. 가령 여우는 간계를 부리는 자[를 의미하는데,] 이는 간계가 확실하게 간파된 정황에 빗댄다. 다시말해 원래의 이솝 우화[111][는 다음과 같]다.[112] ― 인간과 무관하게 일어나는 자연사에 인간이 개입하여 그 일반적 맥락을 재치 있게 수용하되 자연 상태는 날조되지 않는다. 이제 언급할 이솝 우화들은 바로 이러하다.[113]

전자[여우의 비유]에서는 만사가 인간에 의해 만들어진다. 자연의 것이 전혀 없다. 후자[이솝 우화]에서는 만사가 자연의 것으로서 자연 자체에서 빌려 오되 인간은 이런 직접성에서 벗어나 정신성을 포착한다. 인간은 자연성을 허용하면서 의미를, 보통은 산문적인 도덕을 이입한다. 이솝은 시심詩心 없이, 즉 시를 쓰게 하는 정신적 동력없이 기발한 착상만을 내보일 뿐이다.[114] 동물성은 더 이상 신성으로 여겨지지 않으며, 아예 동물적 정황이 산문적으로 정신을 표상하는 데 쓰였다. 잘 알려진 모음집은 내용 면에서나 형식 면에서나 진짜 이솝의 것은 아니다. 레싱은 이런 점에 비중을 두었다. 이 산문의 첫 판본에 대한 비판적 개정판을 내는 것도 가치 있는 일일 테다. 폭풍 속 떡갈나무와 갈대,[115] 독수리와 먹잇감,[116] 제비와 대마大麻,[117] 여우와 까마귀[118] 등 자연 관계가 [이솝 우화의 기본 성격을 이루고] 있다.

자연사와는 아예 무관한 우화도 있다. 이솝의 우화가 영원히 타당한 것을 내포하고 이를 그대로 유지한 반면, 페펠,[119] 겔레르트,[120] 레싱,[121] 라 퐁텐[122] 등은 이솝의 의미로 보면 자연사와 무관한 우화를 썼다. 'fabula docet'[123]는 나중에 첨가된[124] 것이다. 산문화됨으로써 우화의 소박함이 다소 불식된다. 다만 언제나 교훈을 주는 것은 아니다. 더 적합한 교훈이 10가지는 넘을 테니 말이다. 자연 관계에 관한 그런 심상을 괴테는 다수 갖고 있었다. 이를 조금만 바꿔도 보편적 의미가 [새로] 주어진다.

속담도 같은 성격을 가진다. 가령 '한 손이 다른 손을 씻겨 준다'[125]의 경우 실제 씻는 행위를 말하는 게 아니라 이를 보편적 의미에서 받아들여야 한다.

쇠똥구리와 독수리의 우화는 독수리의 본능이 인위적이지 않게[126] 아주 보편적인 것이 되도록 각별히 조성되었다. 쇠똥구리가 중요한 의미를 갖기도 한다. 그래서 이집트에서는 [빛의] 유출을 나타내는 기호이며 쇠똥구리가 굴린 구형은 [신의] 위력으로 세계로 간주된다.[127] 이 우화는 재기발랄한 이미지로 여운을 남긴다. 『평화』에서 아리스토파네스는 쇠똥구리를 무대에 올리면서[128] 이집트인에게는 중요한 이 쇠똥구리를 희롱하였다. 동물 상징법이 그리스인에 의해 격하되었던 것이다.

『라이네케의 여우』 우화[129]에서는 인격화가 이루어진다. [여기서] 왕이 신하들과 함께하면서도 다른 한편으로 그는 전제 군주[로 나온]다. 자신의 의지대로 행동하는 신하들이 개체성은 동물의 본성에 잘 어울린다. 따라서 여기에는 동물성에 빗댐으로써 혼합이 이루어졌다.

두 마리 햄스터 우화[130]는 분명한 교훈을 준다. 그러나 자연본능이 그 근거에 놓여 있지는 않다. 햄스터들은 먹이를 모아 서상하시 않기 때문이다.[131] ―메네니우스 아그리파[132]의 우화[133]처럼 어떤 특정한 목적에 이용되기도 한다. 《57》

[b.] 비유담, 교훈담

비유담[인간 우화]은 흔한 일상사에 더 높은 의미를 부여한다. 헤로도

182

토스는 키루스가 자신의 페르시아 백성들에게 일을 시킨 후 배불리 먹였다는, 아주 실용적인 비유담을 이야기하였다.[134] 큰 잔치에 손님이 적었다는 이야기,[135] 씨 뿌리는 자 이야기[136] 등 신약 성서의 기독교 비유담, 그리고 레싱의 반지 이야기[137] 등은 종교에 적용된 예다. 연회장에 있던 한 교사가 들판에 가서 뺨을 맞은 후 정신 차렸다는 이야기[138]라든가 파이 속 고양이 이야기[139][140] 같은 괴테의 비유담은 뉴턴의 색채론과 관련한 자신의 좋지 못한 경험에 적절히 풍미를 더해 만든 이야기며, 그것이 아니라면 뉴턴[의 색채론]이 근대 물리학에 온갖 양념을 듬뿍 쳐 만든 편육Sülze일 따름이라는 말을 하고 있는 것이다.[141]

교훈담Apolog은 교리를 이미지로 이야기하지 않고 직접 언표한다. 「바야데레」라는 시[142]가 그런 교훈담으로 간주될 수 있다. [즉 이 시에서는] 막달레나 마리아[143][144]가 인도 스타일이자 동시에 괴테 스타일로 다루어졌다. 따라서 교리가 언표된 비유담도 아무튼지 교훈담으로 간주할 수 있다.

[c.] 변신담

변신이라는 관념과 더불어 고전적인 것으로의 이행이 이루어진다. 인간 형상의 자유를 향한 이집트인의 분투에서 벗어나는 이행이 있음으로 해서 말이다. 오비디우스로 인해 잘 알려진 변신담은 그에 의해 매우 훌륭한 예술로 현시되었는바 이 이야기의 시대상은 보이지 않는다. 강, 암석, 식물 등의 자연물이 외면적인 강 같은 것으로 머물지 않고 정신에서 출발한 이야기의 내용을 갖는다고 설명된다. 즉 나이팅게일도 정신적 존재가 된다.[145] 자연물에도 정신적 위력이 있다면서 이를 숭배한 이집트적 정신성이 전제를 이룬다. 그러한 위력 아래에서 나이팅게일, 암석, 니

오베 등은 슬프게 우는 이로 보일 수 있다. 불행한 사건, 혹은 범죄의 결과로 동물 형상, 꽃 등이 나온다. 그리하여 자연 형상에는 지고한 것 이보다 더 높은 것이 들어 있지 않고 오히려 정신성의 영락으로서 형벌이 들어 있다고 간주된다. 이에 따라 [자연을 대하는] 이집트인의 태도 자체가 변모한다. 끝없는 고통으로 인해 정신성의 자유를 빼앗긴다. 그리하여 신성은 자연성으로 이행하면서 격하되었다. 이미지로 시작하지 않고 이솝 우화에서처럼 동물, 꽃 등의 외적 현존물이 제시된다. 따라서 오래된 신화적 연관의 흔적이 포함되어 있다. 까마귀로 변신한 피에리데스의 변신담[146]이 그러하다. 즉 피에리데스가 티탄을 노래했는데 그리스 신들은 [두려워서] 동물로 숨어들었으며 무사이 여신들은 그리스 신들을 노래하여 이제는 피에리데스가 반대로 처벌받은 내용을 담고 있다.[147]

[d.] 수수께끼

12월 17일

이집트 예술은 물론 넓은 맥락에서 보면 그 모든 예술이 다 상징이다. 아직은 의미가 발현되지 않고 불명료한 형태가 있는 것이다. 확연히 수수께끼인 것들이 있다. 옛 예술 가운데 우리에게 명료하지 않은 것들이 있다. 확연한 수수께끼에는 서로 부합하지 않는 듯 보이는 모순된 특징들이 완연하다. 많은 것에 상응하면서도 단일한 하나가 발견되기도 한다. 산초 판사는 자신이 해답을 선호한다고 말한다.[148] 《58》

동방에서, 그리고 중세에는 예술이 관심을 자극하였다. 의미심장한 생각은 은밀하게 현시된다. 바르트부르크 경연[149]에서는 수수께끼에 의미가 간명하게[150] 주어졌다. 그래서 종종 수수께끼에 가치가 많이 주어졌다.

【그림 37】 모리츠 폰 슈빈트, 〈바르트부르크 경연〉(1854), 베를린 쿠퍼슈티히카비네트. 바르트부르크 성(城)은 독일 아이제나흐 인근에 지어진 성채로서 독일 봉건주의 문화의 상징이다. 19세기 들어 대대적으로 복원되었는데 저 그림의 작가인 슈빈트도 이에 참여하였다. 12세기에서 14세기 사이에 이 성에서 음유시인의 경연 대회가 열렸으며, 바그너의 오페라 『탄호이저』의 모티브로 사용되기도 했다.

[e.] 경구

하나의 대상에서 의미심장한 착상을 갖는다. 대상과 표상이라는 두 규정이 결합된다. [바로] 그 내용이 [바로] 그 대상에서 가리켜진다는 점이 눈길을 끈다. 여기에 자리한 사상의 나라는, 재기와 착상은 어마어마하다. 하나의 착상 자체가 짤막하게 격언시[151]로 표명되는 경우 오직 외적 결합만이 있을 뿐 시문학다운 내실을 갖추지 못한다. 의미가 우선적으로 의의가 있으며 이러한 의의가 형상화됨으로써 〔그 의미가〕 동시에 형상의 의의가 된다. 이때 심상의 묘사를 통해 의미가 모색된다. 수수께끼 자체에[도] 이런 점이 속하며 의미라고 가리킬 특징들이 모색된다. 다만 수수께끼에서는 현상이 우선한다. 이제 우리가 만나는 것은 다음과 같다.

[f.] 알레고리

외적으로 현시된 보편적 속성을 의미로 하여 출발한다. 행위에서도[152] 말이다. 내면은 진정 구체적인 것은 아니고 극적인 것, 추상적인 것, 사시사철 등이 인격으로 현시되며 제작 결과에 따라서는 전쟁, 평화 등도 있다. 그러한 존재들이 고전적 신은 아니며 현실적 인간은 더더욱 아니다. 그러니까 알레고리에는 살갑지 않은 면이 있으니, 주관성은 외적이고 내용은 추상적이기에 그러하다. 추상성은 상징적인 것의 중심으로 현시된다. 정의로움은 저울이 되는 식이다. 한 주관을 그의 속성으로 나타내는 일을 조각은 모면할 수밖에 없는 경우가 종종 있다. 경건한 자가 군인과 대비되는 자세를 취할 수는 있겠으나 이 성격이 확고해지려면 알레고리로 표현된다. 군인을 승리의 수호신이라 말하듯이 말이다.[153] 이런 예술적 표현을 위해 석관石棺을 취하는 일은 드물다. [여기에는] 망자의 운명과 관계된 신화적 대상이 새겨져 있다.

낭만적 시문학에서 알레고리는 주로 기독교적으로 이용된다. 그리스도 및 그의 사도와, 또한 태도와 속성, 신앙, 사랑, 희망 면에서 한층 영적인 자들과도 관계되기 때문에 그러하다. 이들이 신으로 개체화되기보다는 알레고리로 파악된다. 단테 자신이 알레고리를 이용하였다.[154] 그의 시[155] 도입부가 그러하다. 그가 베아트리체를 마음속 깊이 연모했을 때 그녀의 나이는 9살이었는데, 그는 이 소녀를 신화적 의미를 덧붙여 기독교의 알레고리적 인물로 드높였다.

[g.] 은유

이 유명한 수사법에서는 의미가 확연하게 제시되지 않음에도 이것이 어떤 연관을 통해 해명된다. 어떤 심상 하나가 보편적이고 추상적인 것을 대신해 사용된다. 이 심상은 정신성으로 전이된다. 그리하여 상징적인 것으로 전이된다. 그러나 의미가 먼저 주어져 있다. 언어에는 다수의 은유[메타포]가 있다. '파악한다', '포착한다' 등은 감각적으로 취한 후 정신적으로 포착된다.[156] 활용되는 시간에 따라 본래 은유였던 것이 더 이상 은유가 아닌 게 될 수 있다. 우리는 더 이상 감각성이 아니라 이와 동시에 정신성을 상기한다. 고대 언어에서는 이런 [즉 감각성과 정신성의] 구분이 이루어지지 않는다. ― 눈물의 호수 ― 뺨의 봄날[157] ―

고전적 양식보다는 근대 언어에서나 동방에서 더 많은 은유가 발견된다. 산문적 언어가 화려함은 덜 하다. 곧장 표상에 속하는 것이 아리스토텔레스에게는 전혀 없고, 플라톤에게는 드물게 있으며 투키디데스, 소포클레스, 호메로스 등은 자신만의 것을 갖고 있다. 《59》

은유는 언어의 엄격한 단순함에서, 확고한 토대에서 멀리 떨어져 있다. 또 다른 지역을 살펴보자면, 동방에서 특별히 발견되는 호사스러운 표현이 있는데 그것을 은유라고 불렀다.[158]

[h.] 직유

이 또한 은유다. 다만 은유는 단순하고 의미가 오직 구상적으로만 언표된다. 비유에서는 의미와 형상이 나뉘어 있다. 그러니까 비유가 더 상세한 은유다. 양자가 혼합될 수 있다. 아리스토텔레스는 직유와 은유의 차이를 그 '방식'에서 찾았다.[159] 직유Vergleichung는 시문학의 장식 가운데 특별하며 지극히 다종다양하다. 시문학 가운데 직유가 더 많이 허용되는 종류가 하나 있다. 의미가 분명하게 언표가 된다면 형상이 추가되는 일은 불필요하다. 베르길리우스에 대한 호메로스 입장에서의[160] 논평[161]에서 직유는 무언가를 해명해 주는 것으로 존중되었으나 이것이 필요치 않을 때가 종종 있다. 전장에서 물러난 아이아스를 호메로스가 당나귀에 비유했는데 이는 그 자체로 명료하지만 이것이 직유의 목적은 아니다. 이런 형상이 물러난 장수에게 아름답게 여겨지지는 않는다. 사람들은 앞선 대상을 통해 이에 머물며 그 사안에 관심을 갖고 비유를 통해 전진해 나간다. 따라서 진지하게 전진하려는 독자를 구출하려는 이론적 의도가 있다. 고통스러운 무언가가 이를 통해 억제되니, 외부 광경에 제한되어 가령 호메로스에서 놀라서 심중에 품은 것이 급격히 쇠약해지도록 하는 그런 감각 따위를 멀리하기 때문이다. 그래서 혐오스러운 것도 이로써 멀리하게 된다. 아직 시적으로 활성화되지 않은 유치한 자연적 표상에서 사람들은 다른 대안으로 도피하여 이로써 표상에 중요성을 부여하는데, 가령 오비디우스의 『변신』에서 갈라테아[162]에게 매혹된 폴리페모스는 폴리페모스에 대한 반어가 포함된 오롯한 직유로 된 6운각의 시구로 갈라테아를 찬양하였다.[163] 솔로몬 송가[164]에 유사한 것이 있는데 여기에서는 하얀 치아가 찬양되고[165] 직유와 더불어 다른 것으로 확대되고 심화된다. 4장은 그렇듯 점입가경이다. 아직 깊은 정신에 이르지 못한 오시안[166]의 송가에는 그저 피상적 느낌만 있고 판타지의 깊이가 부족하다. 박약한 직유가 오시안의 것에도 있다.[167] 영웅시대의 무상함에 대한 애상감 같은 것이 심정을 나약하게 하고 외적 사물로 손을 뻗친다.[168]

세익스피어는 그의 직유 때문에 비난을 듣곤 하였다. 깊은 고뇌에 빠진 영혼이 이미지에 손을 뻗쳐 비유에 몰두한 것을 부자연스럽다[169]고 여긴다. 이런 비유는 시인의 선을 넘은 과도한 시도이며 이로써 정념의 강도가 감소한다면서 말이다. 그러나 한 영혼이 고뇌에 빠졌을 때 이로써 영혼의 강력함과 고귀함이 드러날 수밖에 없다는 점을, 그리고 정신이 고뇌에서 벗어나 이 속에서 분별을 유지한다면 정념의 고귀함이 나타난다는 점을 잊지 말아야 한다. 그러니까 그러한 심상이 감정을 방해하지 않는다. 『헨리 4세』에서 노섬벌랜드는 퍼시의 죽음에 임했을 때 이 아버지를 프리아모스로 비유하는데,[170] 이 자체가 생뚱맞다. 우리가 이를 읽을 때는 곰곰이 생각할 수 있지만, 낭독할 때는 그러기 쉽지 않다. 셰익스피어는 등장인물에 판타지를 부여하여 이들을 시인으로 만든다. 고귀한 리처드[171]라든가 카타리나[172]가 이에 해당한다. 《60》

셰익스피어는 등장인물들이 자신의 상태에 매몰되어 있지 않도록 그들에게 보편적 반성을 허용한다. 이런 반성을 통해 그들이 처한 상황을 내보인다. 운명을 태양에 비유한 맥베스[173]라든가, 『헨리 8세』의 울지[174] 등이 그러하다.

그렇지만 이런 직유가 과도해 보일 때가 많다. 죽음을 앞둔 워윅의 비유[175]가 이러하다.

[i.] 이미지[176]

이는 상세한 은유다. 의미 자체가 직조된 직유로서 의미와 형상이 각각 별개로 있지 않고 융합된다. 근대적인 이미지도 있고 동방의 이미지도 있다. 실러와 괴테는 이를 종종 사용하였다. 「마호메트의 노래」[177]가 그러하다. 의미와 이것의 비유가 융합되어 있다. 『파우스트』에서는 동경이 석양으로 생생하게 심상화되었다.[178]

동방의 불타오르는 판타지에서 가장 비범한 이것을 발견한다. "회한으로 마음의 잔이 부서진다."[179]

1828년 12월 19일

내용이 형식과 결합된다. 양자의 일치가 완벽해질수록 양자는 그만큼 더 완벽해진다. 고전적 예술에는 자신의 의미를 스스로 갖는 그런 통일성이 들어 있다. 우리는 통일성을 이루는 저 요소들이 분리된 모습을 [상징적 예술형식에서] 살펴본 바 있다. 이 요소 중 하나가 단순한 자기 통일성, 사유의 단순한 자유, 숭고함, 자기 기인성 등의 규정을 갖고 있었는데, 이 속에서 다양한 것들이 서로 차별적 관계를 지닌다. 두 번째 원소로는 부정을 통한 자기관계, 변화를 통한 규정이 있었다. 자유로운 정신성 일반, 자신의 의미를 스스로 갖는 자기규정적이고 자존적인 존재, 이런 실재성 내지 객관성이 내면에 속한다. 이것이 자기 자신의 의미로 충만한 이유다. 정신성이 예술로 현상함으로써 눈에 보이는 하나의 실존이 된다. 자연으로 실존하는 것이다. 그 자체로 우연한 외면을 마주하면서 이런 형상에 정신이 스며들어 정신 외에는 그 어떤 것도 본래적일 수 없다는 표상에 이른다. 상징에서 대상은 이와는 다른 의미가 표상되었고 외적 형상과 내적 의미는 상이했다. 고전적 아름다움에서는 이런 구분이 없다.

인간이, 정신이 실존하는 바에 따라 특정한 복석을 시니세 되니 행위를 통해 이것이 구현된다. 행한 바와 그 성과는 단순히 벌어진, 떠오르는 대로 행해진 일이 아니다. 행위를 통해 본연의 정신이 구현된다.

그리스 예술로써 예술은 그 완벽함에 도달한다. 물론 예술 형상에 상징도 부착되어 있으나 예술의 정수는 상징에 있지 않다. 인간 형상, 용모, 행위 등에서 정신성 자체를 내보인다. 인간 형상 또한 자연 생명체이기는 하다. 생리학자는 유기적 조직체라면 다 생명체로 본다. 그러나 생리학자는 인간적 정신성의 기관으로서 신체가 어떠한지를 좀 더 배울 필요가 있다. 인간의 육체는 상징이 아니다. 정신의 기관이다. 인간의 소행에도 기계론에 적용되는 외면성이 있지만 인간의 행위 자체는 정신적 성격을 갖는다. 이런 성격은 추상적인 면과 별개로 나타난다.[180] 《61》

따라서 고전적 예술이 완성된 예술이며, 고전적 예술형식이 예술의 정수로 간주될 수 있다. 의인화된 것[181]이라 불리는 방향으로 예술은 순수 인간적 방식을 띠고 움직인다. 이 의인화에도 결함은 없지 않다. 그러나 이 결함은 내용이 아직 충분히 의인화되지 않았기 때문이다.[182] 신이 추상적 통일체로 존재하는 형상은 신의 존엄에 걸맞지 않다는 중요한 사실을 언급할 필요가 있다. 의인화된 이상理想은 고전적 예술에 깃든 신적 이념에 비추어 결함이 있으며, 낭만적 예술에 비추어 그 결함은 훨씬 더 크게 드러날 것이다.[183]

정신의 자유가 고전적 예술을 지배한다. 희로애락 중에 이 자유가 늘 함께한다.[184] 고전적 예술의 정신은 심오함이 부족하며 그 자체로 추상적 대자존재에, 무한한 주관성에 이른다. 이러한 분화 속에 악이 등장한다. 즉 아름답지 않음과 결부된, 추함에 이르러 있는 자연과의 대립이 나타난다.[185]

그리스적 자유는 윤리적이되 순전히 형식적이지는 않다.[186] 그리스 윤리가 일자一者[187]에 개인이 짓눌리는 그런 실체성에서 존재한 적은 없다. 종교적 전제주의가 존재한 적은 없었던 것이다. 폴리스의 자유를 품은 인격성의 목표는 보편적 실존, 즉 국가 내의 실존이다. 이런 행운을 안기는 매개가 존재했다. 이 매개의 정신이 모든 것을 산출해 냈다. 자유를 인지하게 해 주는 산물 모두가 최고의 존재요 곧 신들이자 신화神話며 그렇기 때문에 우리는 이 신화를 좀 더 상세히 규정하련다.

본질적인 것을 표상한 신화는 정신의 충족을 향한 동경의 감정 속에 존재한다. 최고의 심오함에는 이르지 못한, 정신의 그런 내적 자유를 전제한 정신 행위에는 악이 자리한다. ─ 자연 속에서 그 어떤 저항도 받지 않고 자유를 구가하는, 자연성을 넘어선 자기복귀야말로 상징과는 차별화된 계기를 고전적 형식에 부여한다. 신화에 자연성으로부터의 이런 복귀가 나타난다. [1.] 동물처럼 그저 살아 있는 것의 지위는 이제 달라진다. 동물적 상징은 신적 존재로 현시되었다. 자연과 정신이 쟁투를 벌이는 가운데 동물 형상은 참된 형상으로서 숭배의 대상이었다. 여전히 그 형상과는 다른 어떤 의미를 상징하는 것일지언정 말이다. 이것의 지위가 고전적 예술에서는 격하된다.

1829년 1월 5일

이 동물을 사람들이 먹기 시작하였다. 이집트에서 동물은 신성한 것으로 숭배되었다. 신성하면서도 무언가 꺼림칙한 대상이었다. 하지만 이제 더 이상 그렇지 않다. 모세는 동물의 피를 먹는 행위를 금지했다. 거기에 생명성이 자리한다는 게 그 이유였다. 동물을 제물로 바치기는 하지만 사람들이 이를 직접 이용하기 위함이 아니었다. 그리스인들은 오히려 동물의 한 부위만 바치고 나머지는 먹었다. 희생제의와 음식 잔치가 동일시되었다. 프로메테우스[188]의 신화에 이런 면이 나타난다. 고대 그리스인들은 성대하게 제사 지내면서 동물을 제단에 바쳐 이를 통째로 구웠다. 프로메테우스는 이것이 낭비가 되니 한 부위만 구워 바치게 해 달라고 유피테르에게 청한다. 그는 황소 두 마리를 잡아 간은 모두 굽되, 뼈와 살을 각각 황소 가죽으로 감싸고는 유피테르에게 둘 중 하나를 고르게 했다. 유피테르는 크기에 속아 뼈를 택했다. 이런 일이 있은 연후에 유피테르는 살을 먹지

못하게 하려고 인간에게서 불을 빼앗았다. 《62》

그리스인은 문화의 발전상을 잘 기록하였다. 이것이 신화에 담겨 있다. 멜레아그로스의 사냥, 헤라클레스의 사냥[189] 등이 유명한데 이것들이 잘 전승되고 있다. 이들의 사냥에는 그런 발전상이 들어있다. 변신담에서 동물되기는 일종의 형벌인데 이는 더 이상 신의 실존이 아닌, 신적이지 않은 불행한 형상으로 보이는 것이다.[190] 이집트에서는 고귀한 상징이었던 쇠똥구리가 희롱을 당한다. 유피테르가 황소나 백조가 되는[191] 식의 수많은 방종에서는 동물이 그저 허랑방탕한 애정사에 쓰이는 치졸한 수단이 될 따름이다. 늑대는 원래 위대한 상징이었는데 리카온이 늑대로 변했을 때는 불경스런 자로 생각되었다.

이집트로 피신한 신들의 이야기를 노래한 피에리데스는 까마귀로 변신하였다.[192] 이들이 노래한 대상은 티탄이 무서워 숨어든 정신적 신들이다.[193]

동물 형상은 이제 신 옆에 부속된 속성이 된다. 유피테르의 독수리가 그러하

【그림 38】 '멜레아그로스'의 조각상(1세기, 로마시대 모작), 베를린 구 박물관. BC 4세기 후반 그리스에서 유행한 멜레아그로스 청동상의 대리석 모상. 칼리돈의 왕 오이네우스가 괴물 멧돼지로 근심할 때, 그의 아들 멜레아그로스가 영웅들을 불러모아 멧돼지 사냥을 하였다. 아탈란테라는 여인이 처음으로 멧돼지에게 상처를 입혔는데, 마지막으로 숨통을 끊은 멜레아그로스는 상으로 주어진 멧돼지 가죽을 아탈란테에게 헌사한다. 이에 불만을 품은 멜레아그로스의 외숙부들은 그 가죽을 아탈란테에게서 빼앗았는데 이에 분노한 멜레아그로스는 외숙부들을 죽였다. 이 일로 인해 멜레아그로스는 어머니 알타이아의 저주를 받아 죽는다.

다. 독수리, 새매 등이 이집트에서는 그 자체로 신이었으나 이제는 신의 부림을 당할 뿐이다. 개 아누비스는 저승의 파수꾼이 되었다.[194] 그리스의 숫염소 판은 무릇 공포를 자아내었다.[195] 이집트인의 멘데스가 그리스인에 의해 숫염소 다리로 격하된 것이다.[196] 뾰족한 귀나 삭은 뿔이 달렸으나 온전히 인간 형상을

194

한 파우누스[197]라 해도 정신적인 면에서 고상한 것은 없고 그저 육욕만 있을 뿐이다. [물론] 파우누스에게 지극한 사랑이 부가되기도 한다. 마치 나중에 기독교에서 예술 이상으로 제시되는 마리아의 사랑처럼 말이다. [그러나] 파우누스의, 자연적 사랑에 속하는 이 주관적 느낌은 다소 다른 지층을 보여준다. 말하자면 인간과 동물의 중간 형상에 있다. 켄타우로스, 네소스[198]는 미개하고 조야한 욕구를 갖고 있다. 케이론[199]은 고귀한 자이기는 하지만 그의 수업 내용은 인간의 것이지 신의 것이 아니다.

[2.] 두 번째 계기는 그리스 신이 자연 원소들의 순전한 인격화와는 다르다는 사실이다. 바다의 신을 이야기할 때 우리는 바다의 실체를 생각한다. 이 관념은 고대의 것과는 다르다. [그리스인에게] '바다의 신' 같은 것은 전혀 떠오르지 않았다. 헬리오스는 태양이자 신이지, 태양의 신은 아니다. 다만 그 내용, 실체 및 형식이 나이아데스[200]처럼 인격화되었다. 그리스인에게는 자연을 정신으로 보지 않는 관념이 확고했다. 이런 관념이 암묵적으로 신의 됨됨이에 들어 있다.

【그림 41】 헬리오스가 사자, 용 등의 상징물과 함께 표현되어 있는 구형(球形) 조형물(2-3세기), 아테네 아크로폴리스 박물관. 티탄에 속하는 헬리오스 신은 인격화된 태양이다. '포이보스'라는 별칭은 아폴론과 공유한다. 헬리오스와 달리 아폴론은 음악(시), 신탁, 의술, 궁술 등은 물론 태양을 관장하는 신이다

헬리오스와 아폴론의 차이는 다음과 같다. 헬리오스는 태양의 신이 아니라 태양 자체로서

그 힘을 지니고 있다. 이와 마찬가지로 우라노스는 하늘이다. 오케아노스는 포세이돈, 즉 넵튠과는 다르다. 네메시스, 디케는 과한 것을 낮추는

고귀한 자, 형벌을 내리는 자로서 정념에 속하는 위력을 지녔다. 자연 위력들은 다른 것들과 나란히 놓인 채 정신적으로 표상된다. 그리하여 이것들은 서로 차등화되며, 또한 시간 순서로 구분된다. 처음엔 우라노스가, 나중엔 제우스가 통치하는 식이다. 여러 개별 신 속에 이런 연속성이 나타난다. 『에우메니데스』에서 아이스킬로스가 델포이에 대해 언급하는 장면을 보면, 처음에 피티아[201]가 신들을 공경할 때 우선 가이아를, 다음에는 테미스를, 그리고 나서 비로소 아폴론을 언급한다.[202] 파우사니아스는 [신탁을 내리는 자로] 먼저 가이아를, 그 다음엔 가이아를 계시 내리는 자로 선출한 다프네를 언급한다.[203] 《63》

이런 시간적 연속성이 중심을 이룬다는 점이 종종 눈에 띤다. 많은 경우 이런 자연규정은 새로운 신의 인격화와, 즉 최고의 아름다움의 조형화와는 구분된다. 본질적 개체성을 띤 정신적, 윤리적 위력이 있는 것이

196

다. 한 민족의 본질적 정신이 이런 위력 속에 현시된다. 아테네에서는 아테네 민족이 그 충동과 더불어 존재할 뿐만 아니라 객관화된 특유의 자유로운 정신으로도 존재한다. 제우스는 국가권력, 구심점, 계약, 우정, 인간 공동체의 결속, 실천 윤리의 실체 등이다.[204] 아폴론은 지식, 자기인식, 그리고 자신의 결함에 대해서는 물론 본질적 정신에 대한 자각이며 몸소 정신의 본질을 언표한다.[205] 제우스의 딸인 무사이들도 있다.[206] 달변의[207] 헤르메스도 있다. 도덕적이지 않은 요소가 들어있긴 해도 정신적 요소를 지닌 의지가 함께 한다. 주노는 농경과 관련 있으며 자연물 자체에 관한 욕구를 다루는 케레스, 프로세르피나처럼 혼인, 양육 등을 주로 관장한다.[208] 다만 케레스는 혼인의 법률적인 면을 나타낸다. 자연물에 대한, 그리고 질서에 대한 욕구라는 두 측면이 농경 속에 명시된다. 문명, 즉 윤리적인 혹은 법적인 관계의 시작이 케레스에 해당하는 것이다. 인간의 '정념으로부터' 신을 취하였다는 한 노공老公의 말씀이 있다.[209] 윤리적 속성 하나가 하나의 신에 추상적으로 자리하는 식은 아니다. 아테네인의 용맹함, 학문, 지혜, 법률 등이 어우러진 구체적 민족정신인 아테네는 『에우메니데스』에서는 높은[210] 기예의 화신으로 등장한다. 정치적 위력을 지닌 유피테르는 서약의 구속력, 우정 등 여러 규정들을 몸소 융합하였다. 아폴론의 전유물이다시피 한 지식조차도 그에 속한다.

지금까지 신들의 성격을 살펴보았다. 이렇게 내용이 완비되어 있으니 그 현시 또한 더 없이 오롯하다. 우리는 맑고 깨끗한, 평온하면서 숭고하게 제 자리를 지키고 서 있는 그런 조각 신상을 이미 알고 있다. 이 신들은 주요 문학 작품의 시인들이 만들어 낸 산물이다. 즉 정신에 속하며 정신으로부터 나왔다. 바다와 하늘은 [정신] 밖에 현존한다. 이것들의 인격화 또한 피상적이되 정신에서 나온, 그렇게 만들어진 내용을 갖는다. 즉 이렇게 산출된 내용은 자연적 방식에 따라 나타나는 것이 아니다. 이 정신성은 그 본질 면에서 신성으로 파악된다. 이를 포착하고 현시할 때 우연하고 통속적인 것, 악한 것을 도외시한다. 그 소재 자체는 순수하게 있을 수 없지만 이를 포착할 때 그 불순함을 떼어 낸다. 온갖 불순함을 시인이 솎아 냄으로써 정신적 개체성으로 실존하도록 형상화된다.

헤로도토스가 말하길, 그리스 신의 이름, 성격 및 형상을 부여한 이들로 호메로스와 헤시오도스가 있으며 그런 까닭에 이집트의[211] 신으로부터 그 이름이 차용되었다.[212] 두 개가 하나로 합쳐진 것이다. 신을 형상화하는 데 근간이 된 단서로 지역의 전통을 들 수 있다. 내밀한 정신은 아직 그 형상에 들어 있지 않았다. 시인이 이런 정신을 떠올린 것이다. 호메로스와 헤시오도스가 바로 그리스인에게 신화를 제공한 시인들이다. 《64》

예술가는 이제 자유로운 제작의 여지가 생겼다. 제작할 때 예술가의 자의가 들어갈 뿐 그 내용을 외면적 자연에서 취하지는 않기[213] 때문이다. 시인이 예언하는 자, 해몽解夢해 주는 자였기에, 현상이 의미하는 바를 포착하여 해설해 주는 과정에서 신들의 이러한 [정신적] 제작ποιεῖν이 명료하게 현시되었다. 호메로스만 해도 사제의 입으로 많은 해설을 전했음을 알고 있다. 이 시인의 말에 따르면 팔라스와 제우스가 이렇게 하도록 했다. 그러나 호메로스는 예언가를 등장시킨다. 작품의 시작부에 등장한 칼카스는 역병의 원인을 설명하면서 신을 지목한다.[214] 『오디세이아』의 마지막 권에서 아가멤논이 아킬레우스의 장례식에 관해 이야기하는데, 당시 바다가 철썩이는 것을 두고 네스토르는 테티스가 아들을 보러 온 것이라 설명했다고

한다.[215] 이런 식으로 시인들은 민족의 스승이 되었다.

　자연의 위력으로부터 정신적 신들이 분리되면서 이 정신적 신과 자연의 근간이 되는 그 힘들과 투쟁이 벌어졌다. 옛 신[216]에 대한 새로운 신의 투쟁이 이것인데 이때 옛 신들은 패퇴하고 새로운 통치자들이 나타났다. 이러한 경과는 정신성으로서는 반드시 필요하였다. 지엽적인 것이 우발적으로 벌어지는, 신들의 그런 주요 활동을 통해 이런 경과를 의식하게 된다. 크로노스가 자신의 아이들을 먹어 치운 그 주요 사건[217]은 무릇 소멸해 갈 뿐인 시간에 대한 상징이다. 소멸을 논하는 국면에서는 아직 정치, 축제 따위는 목적한 바도 없고 현존하지도 않으며 아직 역사적인 면도 결여한다.

　역사를 갖지 않은, 일어난 모든 것이 그 시간 속에 일어날 뿐 그 어떤 목적도 없는 그러한 미개한 민족들이 있었다. 크로노스는 ― 다소 유치한 이야기다 ― 자신의 아이들을 삼켰으나 유피테르는 물론 자신의 형제자매들은 무사했고 데메테르, 헤스티아, 헤라 및 불카누스 등을 토해 내었다. 잘 알려져 있지는 않으나 이는 다음과 같은 의미다. 기괴하고 막강한, 수많은 팔을 가진 인도의 조형물처럼 100개의 팔을 가진 기간테스[218] ― 이같은 무질서가 질서, 법칙에 의해 밀려난 것이다. 코카서스에 결박된 프로메테우스[219]도 티탄이다. 그가 지상의 권세는 갖지 않으나 그를 티탄으로 생각하는 것은 부당한 듯하다. 인간에게 불을 전해 준 것은 분명 인간적인 면을 갖고 있다. 데메테르가 인간에게 베푼 것과 같은 그런 선의를 프로메테우스가 베풀었는데, 어찌 그가 자연의 티탄이란 말인가? 플라톤의 『국가』에 프로타고라스가 등장하여 이 신화에 대해 설명한다.[220] 그에 따르면 신이 불과 흙으로 인간을 만든 후 에피메테우스에게 뒤처리를 맡겼다. 에피메테우스는 동물들에게 능력을 분배하였다. – 이 일을 너무 잘 하였다. – 동물들은 스스로 무언가를 할 수 있는 본능을 갖게 되었다. – [반면에] 인간은 모든 것을 스스로 해낼 수밖에 없게 되었다. –동물에게는 자연이 주어졌다면– 인간 자신에게는 정신이 주어졌다.

인간은 흙에서 나왔다 한다. 프로메테우스는 헤파이스토스의 제작술[221]을 훔쳐 이를 인간에게 선사하였다. 그렇게 하여 인간은 생존법을 익혔다. 그러나 정치적 수완을 갖추지는 못했으니, 이는 여전히 제우스의 소관이었기 때문이다. 프로메테우스는 제우스[222]의 아크로폴리스에 들어가지 못하였기에 프로메테우스가 그것을 인간에게 선사할 수는 없었으나 아테네와[223] 헤파이스토스의 불 사용법은 훔쳤던 것이다. 《65》

프로메테우스는 순전히 욕구 충족에 관한 것만을 베풀었다. [정신적, 윤리적인 것이 아닌] 그저 사적 유용성에 한한다. 그런 만큼[224] 그에게 내려진 형벌 또한 끝없이 이어진다. 주관적 욕구를 결코 채우지 못한 탄탈로스[225]처럼 말이다. 충족되었어도 그것으로 충족될 수 없고 영원한 동경의 족쇄에 갇히는 것이다. 플라톤은 이와는 다른 지혜를 새로운 신 제우스에게 부여하였다. 윤리적, 보편적 자유가 존재하는 국가 조직이 그것이다. 헬리오스는, 그리고 프로메테우스를 비롯한 티탄들은 여전히 존중된다. 자연 필연성인 태양과 달, 그리고 화식火食 등이 그런 요소에 해당한다. 프로메테우스는 헤라클레스에 의해 족쇄에서 풀려난다. 프로메테우스는 유피테르 또한 자신의 권좌를 위협받게 될 것이라 예언한다.[226] 인간 헤라클레스는 출생 후 신에게, 새로운 신에게 넘겨졌다. 프로메테우스의 신전은 콜로노스에, 포세이돈 신전 옆에 있다.[227] 고전 연구자에 따르면 아카데미아[228]에도 프로메테우스를 위한 제단이 있었는데 거기에는 헤파이스토스와

【그림 43】 니콜라 푸생, 〈염소 아말테이아에게 길러진 어린 유피테르〉(1639년경), 베를린 회화관. 크로노스가 자신의 자식이 태어나는 대로 삼켰으나 아내 레아가 가이아의 도움으로 여섯 번째 아이인 제우스를 크레타섬에 감춰 님프인 아말테이아에게 맡겼다. (아말테이아가 염소의 젖을 먹였다고도 하고 아말테이아 자신이 염소였다고도 한다) 훗날 제우스는 '티타노마키아'를 통해 아버지를 몰아내고 올림포스 신의, 그리고 인간의 지배자가 되었다.

함께 그가 모셔져 있었다 한다. 헤파이스토스는 새로운 신이고 왕홀王笏을 쥔 프로메테우스는 옛 신인데 이들이 함께 하나의 제단을 갖고 있었다는 것이다. 헤파이스토스 또한 불의, 불로 작업하는 기술의 신이다. 유피테르에 의해 아래로 던져진 헤파이스토스는 절름발이가 되었는데,[229] 불의 노동이 그저 삶에 소용되는 쾌적함에 불과했기에[230] 그렇게 되었던 것이다. 반면에 유피테르는 정치의 신이다. 그래서 그는 크레타와 연을 맺게 되는데, 이곳은 법의 원천이다.[231] 유피테르는 강력한 자연 현상인 천둥이다. 그러나 이런 자연 사건이라기보다는 예언자의 징표로, 즉 정신성을 내포한 것으로 존재한다.

【그림 44】 아테네 아크로폴리스의 서쪽에 위치한 입구에서 바라본 아레오파고스. 고대 그리스어로 아레이오스 파고스(Ἄρειος Πάγος)라 한다. '아레스 신의 바위'라는 의미의 이 언덕에서 아레스가 포세이돈의 아들인 핼리로티오스를 살해한 혐의로 신들에게 재판을 받았다는 이야기가 있으며 실제로 아테네인들이 이곳을 재판 법정으로 사용하였다.

옛 것과 새로운 것에 관한 서술로 관심을 끄는 두 가지가 있다. 『에우메니데스』에 이 대립이 서술되어 있다.[232] 옛 신으로 디케, 테미스 등이 나온다. 저 구분은 언뜻 보기에는 판타지에 불과한 듯하지만 이는 결코 피상적이지 않다. 하나의 깊은 의미를, 즉 우리 시대에 비로소 명징해진, 이로 인해 그리스인을 좀 더 존중하는 사람들이 생겨나게 만든 그 윤리성을 내포하고 있는 것이다. 친모를 살해한 오레스테스를 에우메니데스[233]가 추적한다. 이 신들은 우리의 관념에 따르면 분노, 증오, 악 등으로 여겨진다. 그리스인에게는 법을 타당하게 만드는 호의였다. 그들은 새로운 신 아폴론이 권한 친모 살해에 대해 복수하려 한다. 아테네가 그 정점에 서 있는 인간 법정 아레오파고스[234]에서 분쟁이 조정된다. 아테네는 흰 돌을 던진다. 구체적인 인간의 편이 신과의 분쟁을 조정한다. 그러나 아테네라는 구체적 민족정신이 이 신들 위에 군림한다. 아폴론의 손을 들어 준 것이다. ― 에우메니데스가 모자의 내밀한 관계에, 그 침해에 주목했다면, 사람들이 개념적으로 간파한 것은 가족이, 그 결속이 윤리성을 띤다는 점이었다. 다만 이 윤리성은 감각적으로 받아들여진, 애초에 혈연으로 이어진 자연적 윤리성이다. 에우메니데스가 그런 복수를 감행한 것도 이 맥락에서였다. 아폴론은 왕이자 배우자의 침해[235]에 대해 단죄했다. [혈연이 있고] 그 다음에 혼인이 있다. 혼인의 윤리와는 구별되는 [혈연 사이의] 사랑 감정이 복수의 근간을 이룬다. 양자는 서로 불가분적이다. 저 감정이 사그라들면서 [혼인이라는] 구속이 성립다. 이런 식으로 국가에 대한 왕의 정치적 관계도 성립한다. 윤리 의식에 따른 법의, 목적의 긴밀한 연관도 저 감정이 사라짐으로써 성립한다. 새로운 정신적 신 아폴론의 윤리성 또한 그렇게 성립한다. 아테네의 우위는 윤리적 위력의 의식 편에서의 승리다. 가부 동수에 놓인 양편 가운데 한 편에 아테네가 손을 들어준 것이다. 에우메니데스는 이런 판결에 화를 냈다. 《66》

그러나 아테네는 분노하는 그 여신들의 명예를 빛낼 곳을 아테네에 마련하겠다고 말한다. 아폴론은 클리타임네스트라를 단죄하지 않았더라면 제우스의 명예가, 그 정치적 위세가 침해되었을 테고 그런 까닭에 에우메니데스가 클리타임네스트라를 보호할 수 없었던 것이라 말한다. 결국 에우메니데스는 명예를 지켰다. 그들은 다산과 풍요를 수호하게 되었다. 반면 아테네는 아테네 시ㅐ의 전투를 관장한다. 그렇게 해서 자연과 정신의 투쟁이 여기에서도 목격되는 것이다.

우리는 이 투쟁에 대한 또 다른 서술을 『안티고네』[236]에서 발견한다. 통치하는 크레온과 가족을 사랑하는 안티고네는 다툼에 휘말린다. 국가는 그녀의 오빠[237] 매장될 명예를 거부한다. 이는 국가의 이해관계에 따른 것이다. 안티고네는 이에 물러서지 않고 신실하게 신들의 법칙에 의거한다. 이 법칙이 지하의 신에, 내면의 [의식되지 않은] 신 및 가족에 해당하는 반면, 국가의 법칙은 의식 전반에 해당한다.

고전적 예술작품은 바로 이런 식으로 고찰되어야 한다. 자연의 위력은 정신의 신 옆에 나란히 놓여 자신의 명예를 유지한다. 새로운 신은 자연 요소에서 생겨났으며 이 신을 통해 그 요소가 존립한다. [새로운 신에] 자연의 여운이 남아 있다. 유피테르는 천둥이되 이것으로써 인간에게 어떤 징표를 남긴다는 규정이 함께한다. 이는 상징적 표상의 변형으로서 여기에는 자연 현존의 흔적이 여전하다. 대표적인 예로 헬리오스와는 구분되는 아폴론을 들 수 있다. 아폴론에 태양의 여운은 남아 있지 않으며 독자적으로 존재한다고 말하는 이도 없지 않다. 그러나 자연에 발산된 빛이 곧 앎이다. 우리는 빛을 보는 게 아니라 타자와 마주하면서 자신을 현시하는 그런 빛을 본다. 빛 자체가 스스로 계시되는 앎이다. 자유로운 계시는 타자에게는 계시되지 않는, 자존적

【그림 45】 '아폴론 이케이오스'의 조각상(140년경, 로마시대 모작), 베를린 구 박물관. 오른손을 머리 위에 얹은, 이른바 리케이오스 유형의 아폴론 신상이다. 원본은 BC 340년경 프락시텔레스 공방에서 제작한 것으로 알려져 있다. 고대 소아시아에 속하는 리키아(λυκία)는 레토, 그리고 그녀의 쌍둥이 자식인 아폴론과 아르테미스 숭배의 중심지였다. 고대 희랍어에서 '리코스(λύκος)'는 늑대를 의미하는 까닭에, 리키아에서 태어난 아폴론에게 '리케이오스'라는 별칭이 붙게 되었다.

으로 있는 그런 앎으로서만 존재한다. 빛은 자신 속에 있지 않고 밖으로 나간다. 무릇 빛은 언제나 드러나 보인다. 빛은 자신이 아닌 타자를 가리킨다. 빛과 앎과 의식의 이런 연관이 역사적으로도 아폴론에서 나타난다. 리키아의 (세계,[238] 빛 등과 관계가 있는) 아폴론은 비교적 후대의 저술에도 등장하는데, 그가 태양의 규정을 지니고 있었다 한다. [트로이 전쟁 때] 그리스 진영에 돈 역병도 바로 아폴론 때문이었다.[239] 그의 자매이자 디아나와는 구분되는 셀레네[240]를 보아도 그렇고 이런 신들 속에는 자연의 여운이 여전하다.

베누스의 탄생에는 디아나와 키벨레에서처럼 여전히 동방적 요소가 작용하였다. 그리스1월 9일의 디아나는 에페소스에서는 동물의 형태를 띠었으나 이를 사냥하는 여인의 모습으로 조형하였다.[241] 물리적인 관점에서 보면 농경을 선사한 이로 받아들여진 케레스[242] 자체가 보편적 자연 관계를 내보인다. 무사이 여신도 살랑거리는 개울 소리 같은 자연의 표현이다.[243] 이런 이상화에는 상징성이 여전하다. 이 점이 거의 다 불식되어 있다곤 해도 특정 외형을 갖추어야 하니 그런 우연성으로 인해 괴이해진 것이다. 과거에 특정 관계에 따라 상징으로 표현되었던 것이 정신으로 이행하였지만 상징과의 관계는 여전히 남았고, 그리하여 상징의 의미는 사라진 채 오직 외형으로만 존재하게 되었으니 내용은 특정해졌고 정신성이 인간성으로 변형되면서 인간이 갖는 우연성으로 표상된 것이다. 부인과의 약속을 저버린 유피테르의 애정사는 생명체의 생식에 대한 추상적 의미다. 《67》 생식 과정을 인간에 맞게 취하여 나온 것이 부인에게 충실하지 않은 그런 애정사였던 것이다. 제우스[244]가 암소로 변신한 일[245]에서,[246] 그리고 이 암소가 이집트의 이시스인 것은 풍요로운 대지에 대한 인도의 옛 상징이

라는 사실에서 상징성의 전승을 볼 수 있다. 다수의 그런 특징은 정신적 형상을 특화하는 데 기여한다.

그리스 신이 고대의 왕에 그 기원을 둔다는 생각은 다소 산문적이다. 아테네라는 도시는 여신으로 존재하는 것이 아니라 역사적으로 현존하는 도시 정신으로 존재한다. 한 민족의 정신과 저런 특징은 긴밀한 연관을 갖는다.[247]

그러나 그보다 이전 시대의 밀교密敎 의식이나 상징법 등에서 그리스 신을 탐색해 보아야 한다. 인식되어야 할 그 신을 말이다.

밀교 의식에서 최고의 지혜가 나타나지는 않았고, 자연력으로 환원되는 옛 관념이, 그러니까 그리스 정신에서 가장 심오한, 앎이라든가 국가 및 가족의 목적과 같은 그런 면과는 어긋나는 관념이 나타났다. 호메로스는 잔치를 열기 위해 신들이 에티오피아로 여행을 떠난 이야기를 한다.[248] 여기에 신화의 상징성이 엿보인다. 인간에게서 신이 되었다는 헤라클레스의 경우처럼 말이다. 특정한 제한을 갖는 신성이 신화에 존재했다. 이런 신성은 이방의 신화에서 취했다. 이집트의 주노와 아프로디테[249]가 그리스인들에 의해 언급되었는데, 이 사이에 피상적인 합치는 있지만 〔그리스인들에게는〕 또 다른 정신이 속한다. 그리스적 이상에는 자연 관계가 지배적인 낯선 특징들이 뒤섞여 있다. 헤라클레스의 열두 과업[250]은 태양이 함께 언급되는 한 열두 달을 나타낸다. 헤스페리데스에게 가는 여정,[251] 헤스페리데스의 사과 등은 좀 더 깊고 넓은 기원을 갖고 있으니 이를 찾아보아야 한다. 유피테르의 부인 주노도 천상에 존재한다. 유피테르가 헤라클레스를 주노의 가슴에 안겼는데 주노가 헤라클레스를 내던지는 바람에 모유가 사방으로 튀어 은하수가 형성되었다고 전해진다. 이상적인 현상의 이런 우연성은 결코 본질적인 요소가 될 수 없다.

고요하게 있는 형상에는 단순함이 깃들어 있다.[252] 그러나 그 형상마다의 특징을 연관 지을 수 있다. (저부조低浮彫가 있는 블뤼허 조각상[253])[254] 고전적 예술의 요체에 관해 이미 서론에서 언급한 바 있으니 그 언급만으로도 충분하다. 숭고를 내포한, 그리고 자존적인 그런 미의 전범을 이루는 최고의 조각상은 일종의 비애를 전파하였다. 이런 비애의 정조가 우리의 감정에 들이친다. 고요한 조각에는 활기가 부재한 채 황홀함을 자아낸다. 이런 비애야말로 그 자체로 운명적인 것으로서 더 높은 것을 요구하며 그러한 이행의 필연성에 직면한다. 그리스 예술 세계에 감도는 운명이란 무릇 이런 비애인 것이다. 추상적으로 보편적인 필연성이, 정신적 위력 및 그 개체성에 대한 의식이 그 자체에서 현상한다. 이런 위력들의 범위에는 제한이 있다. 그 어떤 신이든 그 이념은 보편적으로 취해지는바, 유피테르의 법칙이나 아폴론의 지혜 같은 것이 개체가 되어, 그러나 언제나 제한적으로 있다. 올림포스산은 특수한 개체가 되어 서로 마주하면서 군집하는, 그런 다수의 개별 신이 모인 만신전이다. 이보다 더 높은 무언가가, 의식되지 않은 미지의 순수 목적이, 인간과 신을 지배

하는 운명이 필연성이 존재한다. 이런 운명이 그 신들의 규정 전반의 불충분성을 내보인다. 《68》

이제 의인화[255]에 대해 언급할 차례다. 운명이 지배함에 따라 의인화의 규정은, 그런 우연한 규정은 사라진다. 그렇기 때문에 내실을 갖춘 이상적인 것이 우연성 및 외면성으로 전락함에 따라 조야해지고 실없어진다. 고전적 형상은 과거지사일 수밖에 없다.[256] 그리스의 삶에 있어 최고의 사명은 외적 현존에 놓여 있었다. 예술 형상이 중요하게 현상한 만큼 정신은 외적 실존으로 자신을 드러냈다. 어쨌든 세속에 현존해야 한다는, 절대적으로 정신적인 규정으로 인해 국가가 성립하였다. 윤리적이고 애국적이며 국법에 따라 산다. 그보다 더 높은 참된 목적이 개인에게 있지 않았다. 세속의 목적은 부차적이며 역사적 과거성에 해당한다.

누구나 국가를 위해서[만] 산다면 그런 국가는 허약한 국가이며 붕괴되고 만다. 개인의 권리는 없으니 말이다.

국가라는 실체와 구분되는 개인의 목적은, 개인의 특유성은 제 권리를 갖지 못한다. 자신에 대한 집착이 지나쳐 그 의미가 변질되어 반국가적으로 나아가는 이기심도 그런 권리에서 나왔다. 개인의 자유 안에 스스로 자신을 자아로 의식하는, 주관의 그런 더 높은 자유가 필히 〔자리한다.〕 실체에서 만족을 찾을 수 없다 보니 주관은 자기 만족을 추구한다. 소크라테스, 플라톤, 크세노폰 등도 그런 것을 추구했으니, 이들은 보편적인 국가를 혐오하면서 자기 만족을 찾았기에 고전적 예술에는 자기 자신으로의 도피에서 만족을 추구하는 이런 외면성이 생겨났다. 정신이 제 본연의 모습을 띨 때라야 비로소 자유는 진정 정신적인 것이 된다. 그렇게 됨으로써 고전적 예술의 몰락이 생겨난다. 이런 이행은 예술을 예술의 영역이 아닌 다른 영역으로 이끈다.

이러한 이행을 두 가지 관점에서 언급할 수 있다. [첫 번째로] 근래 들어 고전적 예술에 대한 동경이 생겨나고 있다. 이는 기독교에 대해 날을 세운 채 고전성의 몰락을 한탄하는 비애의 감정이다. 기독교가 더 높은 신관을 갖고 있다는 점이야 누구나 인정하는 바이긴 해도, 예술의 편에서 보면 고전적 관점의 몰락이 애통스럽다 말하는 셈이다. 그리스도의 종교에도 예술의 요소는 들어 있다. 그러나 이 종교가 개진과 더불어 예술의 본령을 이루는 요소를 지성이 몰아내었고 그 대신에 현실적 인간으로서의 신이라는 요소가 취해졌다. 다만 지성이 예술을 이성으로 이끌어 감으로써[257] 예술로도 존재하는 규정을 띤 예술이 필요해졌다. 신의 현실화 과정에 이성적 규정을 띤 사상이 함께한다는 것, 이것이 예술의 근본 규정이 되었다. 이성의 필요를 지성이 충족하지 못한다는 통찰이 생겨난 이후 예술에 대한, 이와 더불어 그리스 신에 대한 동경을 말하게 되었다. 지성의 시대에는 언제나 지성이 관여하기에 산출된 예술작품이 살갑지는 않다. ─ 아름다운 내용을 갖춘 아름다운 고요함이 존재하는 그리스 신들이 실러에 의해 생겨났다. 지성 및 기독교에 대해 날을 세운, 깊은 동경을 품은 그런 파토스를 노래했다. 실러는 훗날 그 강도를 완화하였다. 그가 말하길, 옛 그리스의 모든 자연에는 생기가 느껴졌다. ─ "신이 훨씬 인간적이었기에 인간 또한 훨씬 신적이었다."[258] ─ 그리스도 신은 그보다 더 인간이다. 기독교에서의 의인화는 그리스인들의 경우보다 훨씬 더 나아가 절정에 이르렀다. 그리스인들은 인간을 신성화하는 내면의 정신적 자유를 갖지 못했다. **(69)**

실러가 말하길, 예술 형상은 핀도스 언덕[259]을 기반으로 삼는다.[260] ─ 예술은 판타지의 것이요 추상적으로 사유하는 정신으로는 예술이 최후를 맞는다는 것이야말로 참된 예술관이다. 심중한 실러의 이런 동경을 진지하게 바라보아야 한다. 실러는 이런 식으로 자신의 견해를 풀어 냈다. 프랑스인들도 동경을 표현했으나 다소 피상적이고 경박했다![261][262] 괴테의 「코린트의 신부新婦」[263]에서는 이런 동경이 심중하게 표현되었다. 괴테는 체념조로 사랑을 묘사했다. 혼인의 사명을 독신에 굴복시키는 가톨릭교의 그 일면성이 작동하는 이곳에서 사람들은 기독교의 한 일파에도 해당하는 이런 관념이 윤리적 사명에 반한다는 점을 발견한다. 섬뜩한 어조가 그 내용에 어려 있다. 살아 있는 것은 [알고 보니] 유령의 장난이었고 운율의 그 장중한 표현이 [그 섬뜩함에] 큰 영향을 미쳤다.

두 번째로 살펴볼 점은 다음과 같다. 상징에서 그 의미가[264] 언표되며 외형이 그 의미를 번역한다. 현상하면서 외면의 진리로 존재하는 내면은 더 이상 의미가 될 수 없다.[265] 그런데 의미가 독자적으로 언표된 다음에 이 의미가 외적으로 언표된다면, 이럼으로써 예술에는 어떤 하위 질서가 생겨난다. 이와 마찬가지로 고전적 예술에서도 좀 더 규정된 의미가 나타난다.[266] 이제 우리는 정신성 및 자기규정의 영역에 들어왔다. 자유와 자기규정은 선善이라 말할 수 있는 목적이 된다. 다만 이 선은 개별성과 화해되지 않은 채 대립한다. 이런 선을 독자적으로, 추상적으로 떠올리면 예술형식이 오직 외적인 면만을 갖춤으로써 도덕적, 산문적 내용을 담은 교훈시가 형성된다. 이 내용이 예술의 꼴을 갖추고 장식으로 꾸미면 외형상 시적인 예술작품이 생겨난다. 선과 덕 전반을 독자적으로, 그 현존에 맞지 않는 현상으로 언표하면 그로부터 로마 세계 특유의 풍자시가 형성되는 것이다.

1월 13일

이것의 목적은 기존의 것에 대한 반발을 드러내면서 선에 도달하는 방식이 어떠한지를 부정적으로 내보이는 데 있다. 그러면서 자기파괴적인 조악함을 내보인다. 옛 관습을 그것이 더 이상 들어맞지 않는 시간대로 소환된다. 그런식으로 하여 우리는 로마 세계에서 추상성을 띤 자유 윤리의 법칙이 횡행하였음을 목격한다. 추상적 희생을 기반으로 한 정신 및 시민 덕목은 예술로 다루기에 장점이 될 리 만무하다. 예술의 참된 원리는 아름다움이니 말이다. 로마인의 예술은 모두 전수된 것들이다. 로마의 서사시, 극시, 서정시 등은 물론 조각 및 회화도 그리스에서 왔다. 그들만의 형식을 창안한 적이 없다. 그들의 극시도 있긴 했지만 이름이 알려진 그 일부도 그리스에 원천을 두고 있었다. 그리스로부터 모두 받아들였고 신화를 산문적으로 해명함으로써 시와는 거리를 두었던 엔니우스[267]처럼 말이다.

가장 로마인다운 것으로는 희극이 있으나 플라우투스[268]조차 완성도 면에서 최고는 아니었고 그 또한 그리스에서 모든 것을 차용하였다. 로마인에게 특유한 것으로 풍자시가 있다. 타키투스,[269] 살루스티우스,[270] 세네카[271] 등의 글에는 짜증을 덕목화한 정신이 들어있는데 이 당시에는 스토아주의의 추상성에 반대하는 외면성[272]이 횡행했다. 시인들은 지나간 세계의 덕목을 불러들였다. 풍자시인 호라티우스[273]는 그리스 예술에 몰두했다. 유베날리스,[274] 루키아노스[275] 등도 아리스토파네스가 진작에 우스꽝스럽게 그려 낸,[276] 그리스 예술이 표하는 신 관념을 받아들였다. 《70》

이런 난맥상으로 인해 이행이 일어난다. 이제 선은 비단 고대의 덕목으로만 의식되는 게 아니라 청순하고 무궁한 진리의 표상을 갖춘다. 그리하여 선은 개개의 세계상태와 대립하지 않고 세계와 화해한다고 생각된다. 이런 정황을 긍정할 때 낭만적 예술의 원리가 존재한다.

상징적인 것에서 우리는 자연이 정신으로 나아가고자 분투했으나 여전히 자연 관계가 근간을 이루었을 뿐이고 그저 외형을 통해 정신성을 추구할 따름이었음을 살펴보았다. 고전적인 것에서는 정신성이 의미가 되어 이것이 자연 형상과 어우러져 관념과 실재의 아름다운 합일에 도달했는데, 이로써 양편은 동등한 가치를 드러내었고 육체가 곧 정신의 현상이 되었다. 자기 자신을 아는 정신[277]이 자신을 감각적이지 않게[278] 외면으로 표한 것이 고전적 예술이다. 고전적 예술에서는 미가 명실상부하게[279] 존재하며, 미는 완성되어 있다. 그러나 더 이상 아름답지 않은, 더 높은 것이 있다. 이 또한 아름다울 수는 있으나 본디 자존적인 정신은 감각적으로 나타날 때보다는 더 높은 것으로 있게 마련이다.

자신을 향해 드높여지는 그 만큼 정신은 외적 현존에 걸맞지 않게 된다. 진리가 아닌 외적 현존에서 벗어남으로써 정신은 자신의 실제 모습을, 또한 자신의 무한성 및 자유를 깨닫는다. 정신이 무한하다고 할 때 그 뜻은 다음과 같다. 무한한 것은 직접적으로 존재하지 않으며, 오히려 정신이 그 무한성을 스스로 산출하지 않을 수 없기에 무한한 정신은 자연적 존재 및 감각을, 일상의 자유와 국가적 목표를 극복하여 이를 내치는 투쟁에 돌입한다.[280] 정신이 스스로 자신과 분리됨으로써 자신에게 무한한 고통을 안기게 된, 자신의 자연적 존재가 의당 자신이 있어야 할 바대로 있지 않은, 이런 존재를 부당히 여기는, 직접적 욕구는 아무것도 아니게 된 그런 자기 분화를 극복하려는 목적을 품는 것이다. 자신의 존재를 절멸함으로써 정신은 자신을 자유롭게 해 줄 본원에 이른다. 고통과 분화가 있어도 자연적 필연성이 아닌 정신적 필연성의 의미가 생겨난다. 비통한 감정은 정신에게 중요하다. 자기 자신에게 이르고 자기 자신과 화해하도록 해 주기 때문이다.

그리스인에게 죽음은 공포스러운 것이었다. 정신의 존엄이 부재한 죽음은 그들에겐 송장이나 다름없는 것이었다. 그들이 이런 송장에 생생한 이미지를 입히긴 했지만 그들이 죽음 자체를 다룬 것은 아니었다. 죽음은 그저 생명 전반의 부정을 뜻할 따름이었고 부정의 부정은, 즉 죽음에서 부활하는 규정은 없었다. 삶만을 긍정적으로 바라보는 식으로 자연성이 존재했고 그리하여 정신에 걸맞지 않다는, 그런 부정적 규정이 삶에 드리워 있었다. 그리스인에게 죽음은 저 첫 번째 부정으로 정의되었다. 『오디세이아』에서 아킬레우스가 저승에서도 자연적 생명을 동경할 때[281] 바로 이런 점을 말해 주는 것이었다. 그런데 죽음은 [생명의 부정이 아니요] 그 자체로 생명을 갖는다. 이것이 낭만적인 것 본연의 근본 규정이 되어 내면화된다. 내면성 자체가 낭만성의 주요 규정이다. 자신에게 되돌아와 개인이 자기 자신에서 만족을 누린다. 이때 생겨나는 것이 두 개다. [첫째로] 내적으로 완성된, 정신적인 신의 나라가 있다. 자신과 화해된 심정이다. 《71》 자신에서 출발해 자신으로 되돌아오는 참된 순환이 여기서 생겨난다.

[둘째로] 다른 편에 내면에게는 필요치 않은, 외면적으로 경험되는 현실이 있다. 여기서 내면은 그 자체가 내밀하여 오직 자신만이 그 내적 통일성의 음악을 청취한다. 이런 내면은 외면과 분리되어 있다.

[1.] 낭만적 예술의 종교적 내용에 관하여

종교적 내용이 세속적 외면인 기사도로 건너간다. [그 다음에는] 이런 외면성이 전반적으로 형식적 주관성으로, 그러니까 방기放棄된 외면성에 몰두하고 모험을 감행하는 그런 성격 전반으로 건너간다.

첫 번째 원리는 종교적 원리다. 그 내용은 그리스도의 역사, 정신의 자기 화해, 참된 정신의 절대적 역사다.

1월 14일

따라서 낭만적 이념은 이곳에서 자신의 본질을 드러낸다. 정신은 활동한다. 그 본질의 역사가 존재한다. 철학은 이런 정신을 사유해야 한다. 종교의 내용은 모든 인간을 위해 있다. 개념적으로 파악하는 의식만을 위해서가 아니라 느낌을 갖는 의식을 위해서도 있는 것이다. 이런 정신의 역사가 표상 속에 들어오고 한층 상세한 내용이 근본 규정을 이룸으로써 절대적 본질이, 정신의 무한한 규정이 포착된다. 모든 인간은 주체가 되어 이런 사명을, 정신이라는 높은 목적을 갖는다. 인간은 자신의 사명을 달성하여 자유로운 정신이 되어야 한다. 이런 목표가 기반을 이룬다. 인간 정신은 즉자적으로 본질적인 면을 갖는다. 정신은 대자적으로, 다시 말해 하나의 개체로 존재해야 한다. 인간 정신에는 원래 이 두 가지 계기가 결부되어 있다. 정신은 대자적으로 있을 때라야 저 목표에 이를 수 있다. 즉자적으로는 신과 인간이 하나다. 인간은 신의 형상에 따라 창조되었다. 따라서 개별적 인간이 신이고 신이 하나의 인간이라는 의식에 이른다. 따라서 인간의 방식대로 신이 존재한다는 것이 아니라 오히려 신이 개별적 인간으로 직관되어야 한다.[282] 인간적 본성과 신적 본성의 통일성은 이러한 주체로서만 참되다. 비단 사유로서만이 아니라 감각으로서도 이 점이 직관

214

되어야 한다.

개별적 인간에서 펼쳐지는 정신의 역사 또한 개별자에서 바라보아야 한다. 개별자에서의 이런 정신사란 다름 아니라 이 개별자가 개별성을 떨쳐 낸다는 것을 알게 됨으로써 성립한다. 개별적 인간[그리스도]이 고통받고 죽어 그 죽음을 통해 신으로 존재하게 되는, 신과 공통성을 갖는 영광스런 신으로 태어나는 것을 말이다. 이 역사가 예술의 가장 중요한 대상이 된다. 이때 이미 예술은 더 이상 필수불가결하지 않다. 신앙이, 저 진리에 대한 확신이 중요해졌으니 말이다. 이제는 진리가 [감각이 아니라] 표상으로 의식화됨으로써 표상에, 내적 감정에 자리한다. 이 곳에서는 본연의 이상화가 이루어질 수 없다. 신이 무형의 존재로서가 아니라 고상하게 의인화된 인간으로 생각되도록 하는 예술은 육체적 현존성을 띠는 예술이어야 하니 말이다. 이제는 인간이 [이상화된 존재로서가 아니라] 통상적 시간 속의, 인간적 현실 속의 개별자로서 존재한다는 점에 주목해야 한다. 《72》

개별화된 현존에서 인간적 본성의 진리가 발견되며 육체는 단지 내면성으로 규정되지 않고 자연의 외형을 띤다. 그러니까 여기에서는 이상화가 이루어지지 않는다. [외면과 내면의] 지극한 대조가 여기서는 이상적인 것에서처럼 일반화되지 않고 개별화된다. 그 무한한 불일치가 현시되어야 하며 완전히 대립하는 것들을 결속함으로써 참된 심오함을 이룬 가운데 화해가 이루어진다. 여기서는 유한성과 무한성의 대조가 강해질수록 심오함이 더욱 더 완연해진다. 그리스도가 구유 속에 놓여 있는 비참한 외양, 그러나 그 지극한 고귀함, 이런 대조를 개별성과 더불어 목격한다. 이로 인해 미의 본 개념에는 들어맞지 않는 바가 나타났던 것이다. 그리스도의 형상이 현시될 대상이 됨으로써 '이' 인간의 '이' 특징이 초상화처럼 현시된다. 그리스도의 그림 모두 아름답고 숭고하지만 [미와 숭고의] 전범을 현시하지는 않는다. 그리스적 이상이 투영된 것들은 대부분 종적을 감췄다. 그리스도는 이상적인 방식으로 현시되어서는 안 되는 것이다. 십자가의 그리스도는 이상적, 고전적 미 개념을 담고 있지 않다. 그렇지만 정신의 내적 변용이 갖는 심오함과 내밀함이 그 속에 표현된다. 그가 그의 벗이나 적과 함께하는 모습은 이상일 수 없다. '이' 인간들이 존재할 따름이다. 이 적은 신의 적이며 태생적 악한이다. 악한 이를, 그리고 [고통에] 일그러진 모습을 이상화할 수는 없다. 일단 그의 친구들이 어머니와 함께한다. 이것이 기독교 예술의 대상이 된다. 자존적인 정신의 자유는 감정의 형태를 띠는데 이는 사심 없는 사랑의 감정이다. 그리하여 여기에서 신은 타자 속에서 자신을 감지하는, 자신의 자아를 느끼는 사랑으로 존재한다. 이런 사랑은 이념 자체를 규정하는 주요

【그림 47】 바르톨로메 에스테반 무리요, 〈목자들의 경배〉(1668년경), 런던 월리스 컬렉션.

형식이다. 이런 사랑 가운데 가장 순수한 것이 모성애다. 여기에는 성적인 요구나 욕망이 들어 있지 않으니 말이다. 어머니가 아이를 가슴에 품고 보살피면서 일체화된 그 자연적인 모습이야말로 가장 내밀한 통일의 감정이다. 목적을 함께하는 남자들 사이에는 우정이 있고 하나의 사안으로 모여 본질적인 우정을 쌓는 반면에, 어머니에게는 이런 사안 같은 게 존재하지 않는다. 모성애에서는 [너와 나의] 구분이 없다. 따라서 최고의 통일성이 나타난다. 이 속에서 정신성은 여전하다. 그렇기 때문에 가톨릭의 이런 외면적 모성애를 뒤로하고 개신교라는 더 높은 정신이, 더 높은 진리가 등장하는 것이다.

아직 공동체[283]의 성립을 위해 투쟁하는 동안에는 밖에서 탄압으로 인한 순교자들이 나온다. 이들은 내면에서 투쟁하는 참회자로서 고통에 감내하면서 정신과 의지를 순화하고 더 높은 목적을 낳기 위해 마음 다짐을 한다. 참회하고 순교하는 자들에게는 이렇듯 내외로 가혹한 일이 일어난다. 이 개인들 또한 외적으로 실존하는, 보통의 기준으로는 너무나 끔찍한 상황을 맞는 일개 개인인지라 이상적인 존재로 생각될 수는 없다. 《73》

여기서는 외면적인 것이 아니라 내면의 변용이 현시되어야 한다. 가혹한 일들이 현상으로 나타난다. 현재 상황과 [구원받음으로 인해 느끼는] 지극한 행복감의 대조가 이 외적 현존을 통해 다뤄진다.

그런 까닭에 신실과 경건은 조각이 아닌 회화에서만 주요 대상이 될 수 있다. 여기에서의 아름다움이 건강하다 할 수는 없다. 고통이 스며들어 고뇌하는 영혼이나, 묘사된 외형 속에서 지복에 도달한 영혼이 표현된다. 회화에서는 신실함의 묘사가 얼굴 생김새보다는 단순하다. 신실한 내면과는 달리 고통스럽고 소름 끼치는 형상을 나타낼 때 한층 상세하게 개진되는 것을 볼 수 있다. 종교인의 자태는 이 세계를 잃었으되 온 힘을 다해 천상으로 되돌아가려 한다. 윤리적으로 교화된 삶이란 세속의 것이다. 참된 것은 오직 내면에 집약되어 있다. 단순한 특징으로 묘사되는 한에서 모조리 언짢기만 하진 않고 매우 기꺼운 것도 있다. 반면 상세하게 묘사된다거나, [가정, 국가에 대한] 윤리를 단념한다거나 이 세계에 반하는 신조를 고수하는 모습이 그려진다면 이에 공감하기는 쉽지 않다. 전승된 이야기에서 우리는 저 단순함[신실함]을 현상하는, 그러나 윤리적인 것을 더 이상 받아들이지 않고 이를 광신적으로 내치는 부류의 인물을 발견한다. 20년 동안 자신을 알리지 않고 자기 집에 머물러야 했던, 죽음을 맞이할 때에 비로소 자신이 아버지임을, 남편임을 알렸던 자의 이야기도 이에 해당한다.[284] 기사 헤르만 폰 아우에를 치료하기 위해 기꺼이 자신을 희생하려 했던, 살레르모에 사는 한 소녀의 경건함에 이에 해당한다.[285] 다만 여기에는 그녀를 희생하려 했던 수도사나 그녀가 희생되기를 원했던 기사의 그 잔혹함이 나타남으로써 그 야만과 무자비함이 눈에 들어온다. 이런 야만적 경건함으로 악에 맞서 이를 절멸할 수 있다. 신을 향한 신조에 따라 악한 인간을 절멸할 만큼, 악의가 판치지 못하게 만들 만큼 지극한 신앙이 있다. 이런 신조에는 엄청난 위력이 있다. 그러나 이런 행동은 그런 마음에서 우러나오는 것으로서 예술보다는 종교로 인해 일어난다. 예술은 내면과 현실이 서로 부합하도록 결합되어 그 인물됨이 완비되어 있어야 한다. 칼데론[286] 시대[287]에는 종교적이었으나 우리에게는 그렇지 않은 여러 이야기가 있다. 현실에서 벗어나 [자신으로] 되돌아온 내용을 볼 수 있는데, 막달레나 마리아[288]가 이에 해당한다. 회화에서는 이를 소재로 한 것이 최고의 아름다움을 전한다.[289] 그 아름다운 속죄자는 평범한 자이면서 깊은 감정을 지니고 있기 때문에 그러하다. 그녀는 죄 사함을 받았다. 아름다움이 크기에 사랑함 또한 컸다. 그녀의 오류는 많이 사랑했다는 데 있지 않고 자신이 계속 속죄해야 한다고 여기는 데 있다.[290] 이런 주제가 여기에서 다뤄진다.

〔2.〕 낭만적 예술의 세속적 내용에 관하여

이런 내면성이 세속에서 빛을 발한다. 그것도 부정적이지 않고 긍정적으로, 활력 넘치는 방식으로 말이다. 내적으로 무한한, 절대적인 것으로 규정된 주관성으로서 신비롭게 신앙 속에서 인간적인 것 너머에 있는 그런 내면성의 원리가 이제 현실로 모습을 드러낸다. 주관성이 현재하는 내용에 닿게 된 것이다. "너희는 부모를 떠나 나를 따르라."[291] 이것은 ⟨74⟩ 앞서 등장한 부정 일변도의 태도였다. 공동체가 설립됨으로써 주관은 자유로워졌고 자신의 무한성을 깨닫는다. 이 무한성에 이르기 위해 세 가지 감정이 상승한다. 개인의 자립성, 이성 간의 사랑, 주인의 의탁하는 마음이 그것이다. 다시 말해 명예, 사랑, 충성, 이 세 가지 규정이 그것이다. 이 덕목들은 본디 윤리적이지는 않다. 오히려 낭만성을 특징으로 한다. 명예는 그저 직업 영역에서의 성실함을 통칭한다. 사랑은 판타지를 통해 확장되기도 하는 정념을 말한다. 더 나아가 공통의 관심사가 있을 때 충성이 등장하는데, 그렇다고 객관성을 띤 국가적 관심사는 아니고 개인적으로 자신을 함께 지내게 해 준 주인과 관련이 있다. 이 세 가지가 기사도를 구성한다. 낭만적 사랑으로 인한 가족을, 그리고 국가에 대한 관계를 자신 속에 수렴하여 살피는 그런 인격으로 인해 낭만적 시대가 성립한다. 자신 밖에 있는 것을 더 이상 도외시하지 않는 그런 무한한 내면성을 띤 인격 말이다. 자신이 추상화한 신 속에 사는, 하늘과 사막 말고는 볼 게 없는, 그러나 활력 넘치게 세속으로 들어가 추상적 자유를 견지하는 그런 아랍인과 함께하는 모험 속에서 행위하는 자들이 있다.

이런 낭만성은 순수한 자유를 지닌 채 메마른 사막에서 벗어나 세계로 진입하는 아랍인의 동양과 공유하는 면이 있다. 내면의 종속성이라고 찍힌 낙인이 그것이다.

[a.] 명예

[이는] 고전적 예술에는 낯선 것이었다. 아킬레우스가 당한 침해는 명예의 침해로 볼 수는 없다.[292] 자신의 명예에 대한 표창물의 손실로 보아야 한다. 아킬레우스의 명예가 손상된 것은 아니다. 빼앗겼던 전리품이 자신에게 되돌아왔을 때 그는 그걸로 족했다. 낭만적 명예의 침해는 재산의 침해 같은 것이 아니고 온전한 인격성 같은 관념적인 것의 침해다. 개인은 자신의 무한성을 의식한다. 자신의 특수한 점유물이 사라진다고 그 개인이 유린당하지는 않는다. 그러니까 명예는 존재물이 아니라 표상에 속한다. 저 특수자가 표상에 의해 보편자가 된다. 자아는 모두 특수자다. 특수한 각각의 점유물이 모두 자아다. 그 침해로 인해 나의 자아는 침해된다. 그러하니 명예는 그저 가상이라는 말이 틀리지는 않다. 내 물건의 소유권이, 내 신체가 침해받거나 나에 대한 비방으로 인해 침해받는다면 나를[293] 내비칠 길은 없고 그저 한 측면만이, 실재하는 것에 [손상된] 측면만이 비치니 말이다. 그러나 이런 면이 아니라 내 자아가 [온전히] 나타난다. 이제 이런 명예가 근본 규정이 된다. — 낭만적 예술에서 말이다. 내면의, 종교적 표상의 세계에서 나와 생동감 있게 지금 또렷

하게 보이며 그런 한에서 그것이 표상으로 형성된다. 명예의 내용은 물론 다종다양하다. 나의 명예가, 조국애가, 영주에 대한 충성이 그 내용이 된다. 이런 내용은 아직 즉자적이면서 대자적인 윤리로 승인되지는 않았고 이것이 나의 것이라 여기는 한 이 속에 나의 주관적 무한성이 이입되었다 할 수 있다. 내가 나의 본질을 창출해 넣었으나 우연한 내용인 것, 그런 것도 명예의 내용이 될 수 있다. 따라서 명예는 실속 없는 것까지 내용으로 취할 수 있다. 《75》

억지스러운 생각으로 별로 중요하지도 않은 것을 내 명예의 범위에 속한다 여길 소지도 있다. 특히 스페인 사람들의 관념에서 이런 것이 발견된다. 그 구체적 현상이 혼인에 대한 충성과 관련하여 나타난다. 여성의 정절을 자잘하게 분석하여 극히 미미한 정황을 두고 [충성의] 침해를 부추긴다면서 윤리적 삶에 반하는 내용까지 모두 끌어들일 소지가 있다. [프리드리히] 슐레겔의 『알라르코스』[294]가 그런식으로 명예 때문에 윤리를 저버린 예가 된다. 메마르고 실없는 말들이 끔찍한 내용을 낳으면서 부인이 살해된다. 그로서는 왕의 사위가 되는 게 명예인 것이다. 그러니까 여기서는 국가적 삶보다는 자아의 자립성이 더 지배적이다. 법칙이 자신의 명예인 낭만적 주인공은 자신을, 자신의 의지를 기반으로 한다. 자기 자신에 대한 그런 표상이 자립성에 결부되며 이로써 이런 의지를 통해 주체성이 표상된다.

[b.] 사랑

한 개인이 타인 속에 자신을 내던져 바치는 것을 최고로 여긴다. 사랑과 명예는 상극이다. 사랑이 타자를 고수하며 명예는 자신을 고수할 때, 가장 거룩한 충돌이 일어난다. 자연이 결정해 준 신분을 유지하지 않고 바꾸려면 자신이 처한 신분보다 더 낮은 신분으로 임해야 한다.[295] 이런 사랑에는 명예가 결부되어 있다. 우리의 극시에는 이 두 가지 사이의 대립이 종종 살갑지 않게 추상적으로 그려진다. 주인공은 내적으로 이리저리 방황한다. 낭만적 예술에서 사랑은 남다른 중요성을 지닌다. 한 주관이 갖는 사랑은 윤리와는 무관한 자연적 요인[296]에 따른다. 그렇지만 그에게 주관적인 이 감정은 가장 고귀하다. 혼인, 국가와 같이 공동체적인 것과 사랑은 다르다. 사랑은 특정 개인의 것이다. 사랑 일반이라든가 보편적 사랑 같은 것이 아니다. 이 사랑은 특정되어 있다. 자신을 그 무엇에도 비할 수 없다 여기는 개인이 연인에서 최고의 아름다움을 찾는다. 이 세상 그 어디에도 그런 아름다움은 없다. ― 다른 이들은 더 빼어난 아름다움을 딴 데서 찾겠지만 말이다. ―

고전적인 것에서는 이런 주관적 정념이 그려지지 않았다. 하이몬[297]이 안티고네를 따라 자결한 것은 국가라는 객관적 근거에 따른 일이었다. 자신의 아버지에게 맞서는 데 있어 안티고네에 대한 사랑이 영향을 미치지는 않았다. 에우리피데스의 희극[298]에서 사랑이 한층 중요성을 띠기 시작했으나 고대인의 사랑에는 감정의 내밀함과 심오함이 보이지 않는다. 〈메디치의 베누스〉[299][300]로는 낭만적 세계의 내밀한 사랑을 표하지 못한다.

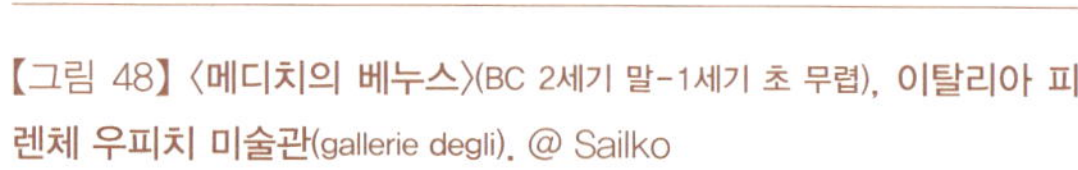

【그림 48】〈메디치의 베누스〉(BC 2세기 말-1세기 초 무렵), 이탈리아 피렌체 우피치 미술관(gallerie degli). ⓒ Sailko [c.] 충성

일종의 우정이다. 고전적인 것에서 우리는 이
를 빈번히 발견한 바 있다. [고전적인 것에서의]
충성은 영웅의, 신화의 시대에서 주로 나타났다.[301] 이 당시의 인간이야
말로 [다른] 목적 없이 독자적으로 있는 개인이었기에 말이다. 그런 인
간이라야 자신의 인격성을 타인에게 온전히 선사할 [결정을 독자적으로
할] 수 있다. 이런 식으로 사랑도 신화의 시대에 나타났다. [그러나] 『일
리아스』나 『오디세이아』에서 볼 수 있는 사랑은 낭만적 세계의 것이라
할 수 없다. 그리스인 전체가 트로이인과 전쟁을 벌인 것은 헬레네 때문
이 아니라 파리스 때문이었다.[302] 우정은 훗날 소크라테스와 알키비아데
스 사이에서도 나타난다. 다만 이 경우에는 두 사람을 결속하는 목적이
있었다. 이 세 번째[충성]는 사람이거나 아니면 《76》 국가를 향한 것이다.
그 어떤 기사든 자신에게 유리한 것이 무엇인지가 관건이 된다. 이 자가
붙잡을 만한 것에서만 공동체 의식이 발휘된다. 우두머리는 영주다. 여
기에 본연의 객관적인 [즉 국가적 사안에 대한] 관심은 없다. 오직 영주
에게 귀부歸附한다는 사실만이, 그것도 명예가 더해져 더욱 공고해진다
는 사실만이 있을 뿐이다. 봉신封臣이 영주에 반대 의사를 표하고자 할
때에만 저 명예와 복종이 충돌한다. 그러니까 신하는 제 의지에 따른 목
적을 추구하며 그런 식으로 영주에게 충성을 맹세한다. 시드[303]야말로
이에 대한 가장 아름다운 사례다.[304] 그는 기사로서 영주에 맞섰으며 추
방되었다. 토리노의 그 대주교[305]는 카를 대제가 그의 신하를 대하는 방
식[306]을 스스로 정당성을 지닌 [그리스의] 신들에 대한 제우스의 관계로
묘사한 바 있다. 왕의 의지가 어떠한가는 또한 신하의 의지가 어떠한가
이기도 하다. 이런 관계에 대한 충성스런[307] 이미지를 여우 라이네케[308]

가 충성의 이중성을 통해 부여하였다. 주인에 대한 복종심이 다루어질 때 충성의 부류에 속하는 하위 범주가 종종 나타난다. 『리어왕』[309]에서 주인의 표정에서 위대함을 알아차리고자 하는 켄트라는 인물을 통해 이 점이 아름답게 나타난다. 주인을 섬기는 자의 충성은 이러하다. 일찍이 호메로스가 돼지치기[310]를 등장시켜 가족에서의 충성을 묘사한 바 있다. 국가와의 관계가[311] 이런 충성에 상응한다

사랑 및 충성을 갖춘 개인이 갖는 인격적 자립성의 그 내밀함이 세상에 이렇게 등장한다.

그다음으로 언급할 세 번째는 주관성의 형식성, 즉 행위하는 인물의 형식성, 모험 및 이에 대한 상세한 표현 방식이다.

【그림49】 조반니 프렌체스코 수시니, 〈헬레네를 납치하는 파리스〉(1626), 드레스덴 조각관.

〔3.〕 성격의 형식성

여기서는 구체적으로 전개되는 바 없이 단순한 폐쇄성에 갇힌 형식성은 추상적 형식주의Formalismus와 다르다. [1.] 후자의 경우 주관은 자신의 윤리적, 영웅적 성격은 없이 자신의 의지를 고수하는데, 그저 [자신만의] 특칭적 목적을 굽히지 않고 이런 특칭성이 작동함으로써 이로 인해 몰락한다. [내실 없는] 이러한 형식적 결과만이 나온다. 그렇듯 추한 성격은

224

자기만의 특수한 면을 갖되 우연한 목적과 결부된다. 그 특칭성은 악이 되어 몰락한다. 그 특칭적 목적에 장애가 되는 것에 맞서는 행위가 전개되면서 운명이 전개된다. 행위로 인해 운명이 전개된다기보다는 성격의 전개와, 내면의 생성과 [즉 심중의 변화와] 더불어 운명이 전개된다. 이런 전개로 인해 파멸이, 최소한 쇠락이 있게 된다. 고대인의 파토스적 성격의 경우 행위의 상황은 이미 갖춰져 있는 까닭에 성격은 시종일관 그대로다. 근대인의 경우에는 상황의 전개에 따라 내면이 생성된다. 셰익스피어가 그린 인물들이 바로 그렇게 이해될 수 있다. 행위로 인해 운명이 전개되고 그러면서 내면의 성격이 전개되니 말이다. 멕베스는 왕위에 대한 야욕을 품는다. 그의 성격이 단호하지는 않다.[312] 마녀와 레이디 멕베스는 단호한 면모를 보이며 멕베스가 왕의 살해를 결심하게 만든다. 셰익스피어는 멕베스가 왕위를 차지할 권리가 있었다는 점을 언급하지 않는 등 연대기보다 훨씬 추상적으로 구성하였다.[313] 《77》

　멕베스는 공포에 시달리면서도 시종일관 맹목적이고 완고하다. 아내의 광중, 뱅코의 혼령 등 온갖 것이 자신 앞에 나타났을 때에도 그의 행위는 점점 황폐해진다. 그 행위는 비단 밖으로 향한 것이 아니라 자신의 내면을 향한 것이기도 하다. 여성 인물이 으레 그러하듯 레이디 멕베스는 이미 단호하다. 그녀의 불안은 내면에 가해진 운명이며 몸과 마음은 붕괴된다. 리어는 물론 리차드[314]나 오셀로[315]에서도 내심이 광중으로 표명된다. 그들에게 일어나는 모든 일 속에 그런 완고함이 지속되며 내적으로도 그렇게 된다. 셰익스피어가 그린 주변 인물들에서도 편향된 이해관계와 더불어 형식주의가 나타남으로써 형식성이 존재하지만 이들에게 독창적인 면이 함께 있다. 고대에는 완고함이 이렇게 나타나지 않았는바, 그 당시에는 윤리적 파토스에 따라 내실을 갖춘 성격의 완고함을 기계신[316]으로 막아서야만 했다.

[2.] 내면의 심정이 전개되지 않고 단순하게 머무르는 경우 형식성을 띤다고 할 수 있다. 그러니까 그런 전개도 없고 견지되는 태도 같은 것도 없다. 내면은 매우 드물게 반짝 비칠 뿐이다. 내면에는 무언가가 가득 차 있지만 밖으로는 매우 드물게, 불분명하게, 말없이 내비칠 뿐이다. 한없이 깊은 바다처럼 내면에 고요하게 머물러 침묵한다. 천박하고 우둔한 것도 침묵하면서 깊이를 증명해 보이려 할 수는 있겠으나, 결국에는 바닥이 드러날 테다. [오히려] 소박한 심정이 진정성 있는 깊이를 나타내 보이게 마련이다. 이러한 심성에도 감정이 요동치는 순간이 한 번은 온다. 이때 이 심정은 특정한 태도를 견지함 없이 몰락하게 만드는 하나의 관심사에 몰두한다. 특정한 태도를 견지할 수 없게 된다. 이런 인물로는 셰익스피어의 줄리엣[317]이 출중하다. 세상 물정도 모르는, 생각도 없고 원칙도 없는 아이 같은 소녀가 제 뜻을 강고히 한다. 열정이 그녀를 엄습하였고 꽃망울이 터져 장미꽃이 자란다. 하나의 원천에서 그렇듯 뿜어져 나오는 현상은 바로 그녀가 지닌 성정 때문이다. 그녀는 진정성을 보여 준다. 그러나 하나의 관심사에 사로잡힌 채 어찌할 도리가 없음을 깨달으며 한 현자[318]의 방책을 따르다가 너무 빨리 핀 꽃처럼 몰락한다. 『템페스트』의 미란다[319]도, 실러의 테클라[320]도 그러하다. 테클라는 훨씬 반성적[321]이기는 하다.

이런 인물들에게는 야만적인 면모도 있다.

심중에는 감정이 가득하지만 밖으로는 표해지는 바가 거의 없이 폐쇄된 그 심정은 그저 상징적이다. 프랑스인은 철저히 자신의 뜻에 따라 성격을 온전히 표현한다. 「툴레의 왕」이라는 괴테의 시도 이런 부류에 속하는데, 이 왕은 사랑을 오직 술잔만으로 설명한다.[322] 그는 모든 것을 기꺼이 상속자들에게 남겼으나 오직 술잔만은 그렇게 하지 않았다. 그 술잔을 다른 이가 필요로 했든 아니든 그와는 상관없이 말이다. 그러나 먹먹한 감정 속에 은연중에 멍울진 감정이 나타난다. 「목동의 비가悲歌」[323]도 이에 속하는데, 그 어떤 것도 분명치 않고 모든 것이 모호하고 두루뭉술하게 표명되었다. 이 자의 신분이 그러하듯 교육받은 바도 없고 감정을 분명하게 표할 수는 없었다. 히펠의『상승노선의 이력서』[324]에는 칸트의 원칙들이 먼저 다루어진 후 저런 성격들이 가장 탁월하게 묘사된다.《78》

셰익스피어의 햄릿을 통해서도 그런 모습이 지극히 아름답게 그려진다. 괴테의 말처럼[325] 그는 나약하지 않다. 무슨 일이 일어났다는 것을 예감하는 고귀한 감각을 지녔다. 혼령으로 인해 그의 [내면의] 모든 것이 전개되지만 그는 혼령을 신뢰하지 않는다. 이는 소심한 게 아니다. 아름답도록 신실한 것이다. 아무것도 행하지 않는 아름다운 영혼이 목격된다. 굳은 결단을 내리는 일이 없다. 우울증이 여기서 작동한다. 우연한 일들로 인해 얽혀 있던 실타래가 풀린다. 자신 속으로 침잠하는 심성의 낭만적 정조가 바로 이것이다.

지금까지 우리는 성격의 형식화된 행위 및 의지를 살펴보았다. 다음 논의로 넘어가자.

[a.] 행위

낭만적 세계에서는 우연한 정황들이 펼쳐지고 행위는 모험이 된다. 어떠한 상태가 있고 그 속에서 행위가 이루어진다. 이때 성격은 [주관] 자체에 침잠해 있다. 외부는 정신과 절연되어 그 속에 정신이 부재하며 그저 우연하게 진행될 뿐이다. 주관이 특칭적 성격을 지님에 따라 외면

에 깃들었던 정신이 축출되고 이로써 자연의 탈신성화가 이루어진 것이
다. 주변의 자연이 산문적이다. 자연은 심정과 무관하게, 그리하여 우연
하게 존재한다. 아울러 행위의 목적은 무언가를 작업하는 데 있지 않고
행위 자체로 정당성을 갖는다. 낭만적 성격의 근본 특징인 모험성은 이
런 식으로 설명될 수 있다. 실체적인 작업도 수행되는데 가령 기독교 전
파를 위한 십자군 전쟁 같은 종교적 사안이 그것이다. 그러나 종교의 본
질은 내면에 있는바, 저런 행동은 그저 외면적으로 수행되는 것이기 때
문에 종교의 본질에 맞지 않는 그런 정신이 부재한 환상에 불과하다. 그
리스도의 무덤이 정복되었다손 쳐도 이는 그저 감각적 대상에 불과하다.
그 자체가 본질이 될 수는 없는 것이다. 참된 목적이 될 수 없기에 이것
이 제대로 성사될 리 없다. 온갖 욕망이 난무하며 정신이 내적으로 견고
하게 형성되지도 않으며 윤리성을 얻지도 못한다. 스페인에서 무어인을
추방한 일[326]이 그런 부류에 속한다.

인류의 목적이 아니라 자신만의 목적이 있고 이런 종류의 목적에 따
라 자신의 행복을 위해 노력한다는 점이야말로 행위의 성격을 잘 나타낸
다. ─ 그 시인[327]은 자신의 잣대로 교회의 위상을 가늠한다. 거룩하게
저주를 퍼붓는다. 황제와 교황을 저주하여 지옥으로 보내고 다른 이들을
천국으로 끌어올린다. 지옥으로, 천국으로 가는 열쇠를 그 자신이 쥐고
있는 것이다. 시인의 이런 성격은 오직 모험의 시대에나 속한다. 외적 우
연성으로 점철된 목적들은 이뿐만이 아니다. 개인이 정의로움을 실행에
옮기되 자신의 개별적 착상에 따라 이 일을 떠맡을 뿐 보편적인 승인은
이루어지지 않으며 성공과 실패는 우연에 내맡겨진다. 그런 까닭에 이런
자의는 다소 희극적이기도 한데 그 행위로 인해 자신은 물론 타인에게도
생채기가 나곤 하니 말이다. 희극성과 더불어 [기사도가] 해체되는 장면

이 아리오스토 및 세르반테스에게서 엿보인다. 돈키호테에 고귀한 본성이 깃들어 있다. 모험이라는 저 관념에 의해 몰락하지만 말이다. 세르반테스는 돈키호테를 에르만다트,[328] 즉 경찰과 적절히 연결하여 그의 행위를 더 더욱 우스꽝스럽게 만들었다. 이 작품은 전반적으로 소설적이다. 아리오스토의 소설[329]은 그보다는 동화적인데, 외적 상태를 환상적으로 바꿔 놓았기 때문이다. 《79》

동화에는 다소간 환상적인 면이 작동한다. 자연 질서가 지켜지지 않는다. 자연스럽지 않은, 터무니없는 관계 속으로 인간이 엮여 들어간다. 소설에서는 인간의 참된 자연성 및 세계 관계가 현재화된다. 소설에서 그 관계가 확고한 만큼 이것이 행위에 차지하는 비중은 작아진다. 국가가 확고하게 있다면 기사의 모험은 이루어질 수 없다. 개인의 주관적 관심만 남게 될 뿐이다. 소설의 기사[330]는 열정에 따른 것이든, 사랑을 위한 것이든 자신의 관심사와 목적을 수행해야 한다. 자신을 강제하려는 힘에 맞서 싸워야 한다. 부친이나 숙모의 의지 따위가 이런 힘에 해당한다. 자신의 목적을 위해 기사는 이런 관계를 이겨 내야 한다. 그는 사물의 질서에서 하나의 틈을 만들어 낸다. 자신이 목표한 바를 달성하여 자신의 특수성을 견지하려고 말이다. [그러나] 개인이, 주관이 관계의 사슬로 들어가 자신만의 목적이 무용함을 깨닫는 것으로 끝이 난다.

[b.] 추상적 소재 및 외면적 대상

이는 주관성에 근거를 둔다. 종교적 내밀함에서 나와 이제 외면이 표출되어 독자성을 띤다. 고전적인 것에서 내면은 외면과 관계하며 이로써 외면은 내면의 형상일 뿐 내면에 방출될 수 없다. 낭만적인 것에서 외면은 아무래도 좋다. 무슨 대상이든 이에 심정이 이입될 수 있다. 주관이, 그 의도가 주요 사안이 된다. 심정의 외화가 주요 사안이 되어야 한다. 이런 외면성은 광범위하다. [모든] 내면을 새겨넣을 단일한 외면은 없으니 말이다. 그러니까 모두를 아우르는 하나의 권역으로 유형화되지 않으며 각종 행위 및 우연성 등으로 인해 여러 권역으로 난립한다. 셰익스피어의 경우 개인들이 행위의 본질적 관심사와 결부되지만, 주요인물들의 관계로만 유형화되기보다는 수행원, 시종 등이[331] 함께 등장한다. 『햄릿』에서는 보초병들이 궁정에 함께하면서 행위에 개입한다.

그런 부수적인 대상들도 관심을 얻는다. 이런 식으로 관계들 사이에 산문성이 존재한다.[332] 화해에 이른 내면은 외면을 보이는 그대로 두고 바라본다. 행동을 통해 제 뜻을 펼치는 인간을 목격한다. 예술 시대의 후반기에는 이제 이를 대상화하는 예술들이 다수 등장하곤 한다. 겉치장, 무기, 보석류 등이 예술의 소재가 된다. 그런 대상을 자신이 지닌 기교를 통해 현시할 줄 아는 주관의 재량에 따라 더 상세한 관심사가 표명된다. 소재의 추상성이 등장하여 자연으로부터 꽃, 나무, 그 주변 구역 등의 형상을 얻어 자기화한다. 그 모든 것이 제작이 특별한 수단이 된다. 어떤 표정이든, 어떤 상황이든 인간은 이를 표현 수단으로 삼는다. 인간의 관념이 대기, 하늘과 같은 자연 대상의 조건을 이룬다. 그의 생각에 따라 경중이 가려진다. 감각적 가상이 표명되고 현시되는 것이다.

한편으로는 자연 대상이 해체된 채 추상적으로 있어도 족한 그런 객관성이 현존한다. 그러나 다른 한편으로는 특칭화가 진행된 우연한 주관성이 현존한다. 아무래도 좋을 객관들이 그려지고, 우연한 주관성의 가상이 그것에 비친다. 우연한 주관적 목적이 해체되는, 주관적 착상 및 자의가 횡행하는 <u>유머러스함</u>은 우연과 착상을 통해 깊은 통찰을 드러

낸다. 《80》

　유머러스하면 좀 가벼워 보인다. 유머에 좀 더 너그러운 민족이 있다. 우리가 그런 경우에 해당한다. 반면 프랑스인이나 그리스인은 너그럽지 못하다. 주관이 망가져서는 안 되며 건실한 내용을 성취해야 한다면서 말이다. 유머러스한 착상들에 대해 따지고 들여다보면 천박함이 드러날 수도 있다. 어지간하면 유머러스함에는 결코 하찮기만 하지 않은 정신이 들어 있기 마련이다. 아니, 하찮을수록 더욱 내실이 있기 마련이다. 재치 가운데 신물 나는 것도 많다. 장 파울의 작업이 딱 이렇다. 깊은 관심을 갖고 공감을 하려다가도 단박에 관심을 돌린다. 객관적 건실함은 없고 우연만이 판치기 때문이다. ─ 이런 외적 객관성은 마찬가지로 우연성을 띠는 작업자의 그 주관성과 대립한다. 우리는 낭만적 예술이 해체되는 극단에 다다랐다. 상징적인 것에서 고전적으로 이행할 때 우리는 의미와 형상을 구분하였고 형상 및 정신만으로 전체를 이룰 수 없고 국부적일 뿐이라는 점을 깨달았다. 여기 이 극단에서는 내적 분화와 더불어 주관적인 우연한 내용이 정신과, 심정 자체의 내밀함이 형상과 대립한다. 외적 대상의 그러한 우연성에 도달한 우리가 그 속에서 만족할 수 있으니, 이 만족이 한층 깊어지면 이를 내밀함이라 일컬을 수 있겠다. 이런 대상에서의 만족이 내밀하지는 않으며[333] 대상 안에서, 그저 부분적인[334] 대상일 뿐인 것 안에서 심정과의 합일〔을 발견〕할 수 있다면 진정한 객관적 유머가 될 수 있다. 물론 이런 합일은 그저 국부적일 수 있다. 말하자면 표상을 개진하는 행위로 인해 그것은 확장되며 그럼으로써 객관적 현시가 나타난다. 이런 합일, 이런 자기 몰입으로 인해 감수성에 가득 찬 정신은 대상 속으로 깊이 들어가 그 속에서 민활하게 움직인다. 그렇다고 주관적 자의로 있지는 않다. 오히려 정신의 민활한 움직임으로 대상의 내용이 채워진다. 이런 내밀화에 대비되는 것으로 이른바 경구가 있다. 여기에는 가령 누군가가 무얼 선물했는지 따위가 적혀 있다. 경구는 무언가를 내포하며 이에 대한 재기 어린 생각이, 모종의 감정이 표해진다.[335] 이는 시문학이되 대상에 천착해 이에 대해 쓴 것이기 때문에 시문학의 하위 장르에 속한다. 대상 자체는 다채롭다. 언어가 세련화되고 모든 이의 교양이 성숙하다면, 심상 및 운율과 더불어 고상한 언어로 대상을 표현할 착상이 떠오르지 않을 리 없다. 그러니까 누구나 편지 한 통 쓰듯 시 한 수 읊조리는 것은 일도 아니다. 관건은 대상에 대한 감수성을 갖는 일이다. 감수성으로 대상이 내밀해졌는가가 관건이다.

1월 22일

대상 주변에 심정이 감돈다. 고전적 예술에서도 상징적 예술에서도 이런 식의 현시는 없었다. 쉼 없이 심정으로 되돌아온다. 이런 형태를 우리는 비할 데 없는 찬란함으로 가득한 동방에서, 스페인 사람에게서, 이탈리아 사람에게서, 또한 독일사람에서 발견한다. 알려진 방식들은 각각 상이하다. 클롭슈토크의 송가에서 보이는 갈망이나 동경은 아니고, 욕망에 사로잡히지 않은 채 연인을 갈망한다.[336] 자유로운 판타지로 대상과 유희하며 온갖 율격을 통해 그 대상에 대해 수많은 심상을 만들어 낸다. 판타지를 지닌 시인이 이 대상에 대해 지극히 자유로운 방식으로 관심을 갖고 있다는 점이 느껴진다. 《81》

이로써 대상으로부터 우리의 주관성은 멀어진다. 하피스[337]의 시가, 또한 괴테의 『서동시집』[338]이 이러하다. 스페인 사람들에서도 발견된다. 뤼케르트[339]도 이에 속한다. 와인은 사랑을 위해 핵심 역할을 맡는다. 사랑에 휩싸였을 때도, 번민에 빠졌을 때도 와인과 함께한다. 그런 점에서 괴테의 저 시들은 이전의 시보다 탁월하다. 이제 그는 시적이지 않은 것도 내밀화를 이룬다. 괴테가 예전에 쓴, 두 개의 연으로 이루어진 시「이별」[340]은 아름다운 언어로 쓰여져 있지만 그 내용은 산문적이다. 감정과 욕망이 묘사되어 있다. 『서동시집』의 시는 이와 다르다. 여기에는 판타지가 다양하게 나타나고 대상이 어떤 종류인가는 중요치 않으며 심정이 끝없이 분출되어 감돈다. 판타지들은 옥신각신하면서 유희하는데 우연성에서 출발한 이 유희는 무언가를 갈망하지 않으면서도 심오한 감각을 지니고 있다. 자유로운 내밀함의 성격으로 인해 그런 유희가 작동한다. 동방에서는 장미와의 합일이 가령 이론적인 방식으로 있다면, 서양에서는 오직 수단으로 있다. 그러니까 후자에서는 '아모르[341]가 장미에 머문다'라는 식으로 [즉 실천적인 방식으로] 있다면, 전자에서는 '나이팅게일이 장미의 신부[342]다'라는 식으로 있다. 루미는 장미에 바치는 시를 썼다.[343] 감각적 사유 및 판타지를 통해 대상을 진솔하게 찬미했다.

스페인 사람들은 감정을 자연스럽게 표출하지 않는다는 타박을 듣곤 한다. [그러나] 감정 속 판타지는 자유로움을 유지하며 주관적 자유를 입증한다. 클롭슈토크가 페트라르카에 대해 말하길, 페트라르카는 감정을 위해 사랑스럽게 라우라를 노래했지만 사랑하는 자를 위해서는 그렇지 않았다 한다.[344] 그러나 [페트라르카의] 판타지가 진술한 아름다움 속에서도 자기 몰입을 통해 욕망 및 갈망의 대상에 대한 이론적 애호를 지녔다고 사람들은 타박한다. 페트라르카 또한 동경을 지녔으나 이는 자신의 판타지 속에서 충족된다.

[1]　이념의: As – "이상의"

[I.] 상징적 예술형식에 관하여

[2]　Versuch: 〔첫〕 시도

[3]　작품으로: JH – "예술 이전의 예술(Vorkunst)로"

[4]　첫 예술: Anfangskunst

[5]　발효 Gären: Ro – "내용과 표현의 투쟁"

[6]　형식들: As – "이념[내용]들"

[7]　역사적인: As – "산문적인, 즉 역사적인"

[8]　헤겔은 '인격화(Personifikation)'를 상징적 예술형식과 관련해서 언급하며, 고전적 예술형식 및 낭만적 예술형식에서는 '의인화/신인동형론(Anthropomorphismus)'을 주로 언급한다. 둘 다 '신의 인간화'를 뜻하지만 그 함축은 다소 상이하다. '인격화'는 자연의 위력 따위를 신의 실체성으로 이해하면서 신성을 인간성으로 표시한 것이라면, '의인화'는 자연에 비해 우월한 인간의 주체성으로 신의 실체성을 이해하는 시각을 바탕으로 한다. 물론 고전적 예술형식에서는 육체적 외면성이, 낭만적 예술형식에서는 정신적 내면성이 인간의 본성으로 파악되는 까닭에 진정한 '의인화'는 후자에서 도달된다고 헤겔은 생각한다.

[9]　불카누스: JH – "구름"

[10]　천둥과 번개를 동반하는 비는 제우스의 분노를 뜻하기도 한다.

[11]　파악: As – "예술형식"

[12]　fabula docet!: '이야기는 가르침을 준다!'

13　헤겔은 프리드리히 슐레겔의 연설 「시문학 중의 시문학(*Poesie der Poesie*)」을 가리킨다. 이에 대해서는 가령 이른바 『아테나움 단상』을 참조(*Athenaeum*. Jg. 1798. Bd. 1. 2. Stk., 3-146, hier 65, 68 u. ö.). 슐레겔에게 알레고리[모든 예술적 표현을 위한 제유법(pars pro toto)]는 서술 불가능한 것, 무한한 것을 예술적으로 서술하여 명시하는

일이다. 가령 다음을 참조. "모든 미는 알레고리다. 가장 고상한 것은 언표 불가능하며 바로 그런 까닭에 알레고리로만 말할 수 있다"(Schlegel: *Kritische Ausgabe*. Bd. 2, 324).

[14] 이로부터 운명을 … 했다: Ro – "구체적 현존에서 보편자를 끄집어내는, 게다가 거기서 도덕적인 측면 따위를 부각하는 방향으로 ['파불라 도케트(fabula docet)'로] 나아가기에는 지성이 제격이다."

15 헤겔은 여기서 단테 알리기에리(Dante Alighieri, 1265-1321)의 『신곡(*Divina Commedia*)』을 언급하고 있는데, 이 책은 단테가 1307년에서 1321년 사이에 썼다. (1472년 첫 출간) 헤겔 시대에는 칸네기서(Karl Ludwig Kannegießer)의 세 권짜리 번역서가 유통되고 있었다. (*Die göttliche Komödie*, Leipzig 1814-1821; 1권 『지옥』편은 이미 1809년에 암스테르담에서 별도로 출간되었다. Vgl. Die Göttliche Komödie, *Italienisch und deutsch*, *übers*, von Hermann Gmelin, 3 Bde., Stuttgart 1949-1951)

[16] 하겠다: Ro – "하겠다. 주어진 것의 의미가 지성의 규정으로 존재하는 것이다."

17 크리스티안 고틀로프 하이네(Christian Gottlob Heyne, 1729-1812): 문헌학자. 괴팅겐 대학의 웅변술(Beredsamkeit) 교수이자 도서관 사서. Vgl. Christian Gottlob Heyne: *Akademische Vorlesungen über die Archäologie der Kunst des Alterthums*, insbes. der Griechen und Römer, Braunschweig 1822.

[18] 《46》, "I."

[19] 《47》, "1."

20 Vgl. Johann Joachim Winckelmann: *Versuch einer Allegorie, besonders für die Kunst*, Dresden 1766.

[21] 《48》, "2."

[22] 판타지에 의해 혼합된: Li – "직접성에 따라 만들어진 것과 더 나아간 의미에 따라 만들어진 것이라는"

[23] 《52》, "4."

[24] 자연성이 형상을 … 의미 및: JH – "자연성이 내용 및 의미로 존재하고"

[25] 《52》, "4."

[26] 헤겔은 앞 단락의 "2"부터 "4"를 모두 "무의식적(unbewußt)" 상징으로 보고 있다.

[27] 《55》, "5."

1. 상징 일반에 관하여

[28] 상징: Symbol / 기호: Zeichen

[29] Kokarde.

[30] 역사적인 것: JH – "연관"

[31] 사자, 천둥처럼 … 있다: Ro – "천둥, 울부짖음 등과 같은 음성〔의성어〕도 있다."

[32] 제약은: Li –"시문학의 제약은"

[33] 제2부 미주 20번 참조.

[34] 대상: JH – "대립"

[35] 내면과 외면의 … 현존한다: Li – "우리는 이런 분리에 익숙하다. 대립이 현존하
      는 않는 곳에는 외면은 물론 내면도 없다. 이를 분리하면 우리의 해명만이 남
      는다."

[36] 이 안에 … 것을: Ro – "외면과 내면을"

37   헤겔의 이러한 서술에 대해서는 안튀킬 드 페론(Abraham Hyacinthe Anquetil du Perron,
     1731-1805)의 다음 책을 참조. *Zend-Awesta, Ouvrage de Zoroastre, contenant les Idées
     théologiques, physiques et morales de ce législateur, les cérémonies du culte religieux qu'il a
     établi et plusieurs traits importants relatifs à l'ancienne histoire des Pères.* Paris 1777. 헤겔
     은 최소한 클로이커(Johann Friedrich Kleuker)의 독일어 번역본(*Zend-Avesta.* Zoroasters
     Lebendiges Wort. […] Nach dem Französischen des Herrn Anquetil du Perron 〔Hrsg. von Johann
     Friedrich Kleuker〕5 Bde. Riga 1776-1783 〔1789년에 개정 증보판이 나옴〕 알고 있었다.

38   오르무즈드(Ormuzd)에 대한 헤겔의 성격화는 간접적으로 안튀킬 드 페론의, 혹
     은 클로이커의 번역과 관계가 있으나 메디아-페르시아 종교에 대한 크로이처의
     서술도 참조를 하고 있는 듯하며 클로이커도 크로이처의 서술에 힘입었다. Vgl.
     Friedrich Creuzer (1771-1858): *Symbolik und Mythologie der alten Völker.* besonders der
     Griechen. 6 Bde. Leipzig/Darmstadt ²1819-1822. Bd. 1, 650-799, bes. 693ff.

[39] Amschaspand: 아메샤 스펜타(Ameša Spenta)

40   *Cf.* Hegel: *Philosophie der Religion* (in: Hegel: *Werke.* Bd. 11, 415): "이런 별들을 암샤츠
     판(Amschadspan)이라 부른다. 두루 널리 미치는 빛인 오르무즈드는 암샤츠판 가운
     데 하나다. 오르무즈드의 왕국은 빛의 왕국이다. 거기에는 일곱 암샤츠판이 있
     다. 이를 행성으로 볼 여지가 있다. 다만 젠다베스타(Zendavesta)는 물론 그 어떤
     경전에도 상세하게 그 성격이 나타나지 않는다. 오르무즈드와 동행하는 빛이 오

르무즈드와 더불어 통치한다. 이러한 빛의 왕국처럼 페르시아 국가 또한 정의와 선의 왕국으로 묘사된다. 왕의 주변에 일곱의 거인이 자리하면서 조언자 역할을 하는데 왕이 오르무즈드의 대변자이듯 이들도 암샤스판의 대리자로 표상된다. 암샤스판은 하루씩 번갈아 가며 빛의 왕국에서 오르무즈드와 더불어 통치한다. 그러니까 이들은 [활동하는] 시간에서만 차이를 가질 뿐이다."

[41] 파르시교(Parsismus): 배화교(조로아스터교)의 한 종파로서 인도에서 정착하였다.

42 Vgl. Herodot: *Historien*. I, 125, 2-126, 6 (Bd. 1, 122-125).

[43] 키루스(Kūruš) 대왕(2세): 키루스 1세의 손자. 페르시아 아케메네스의 왕. 성서에는 고레스왕으로 기록되어 있다. 헤겔이 여기서 언급하는 맥락에 대해서는 『미학강의』 제1권 502쪽 참조.

[44] 자아의 판단: JH - "부분들의 판단[분할]" / '판단'에 해당하는 독일어 'Urteil'은 여기서 '근원적 Ur- 분할 -teilen'이라는 맥락에서 언급되고 있다.

[45] 자아의 판단이 … 것이다: Ro - "왜냐하면 자연적 빛과 정신적 빛의 구분이 없기 때문이다."

[46] 조로아스터교는 선함과 지혜의 신 '아후라 마즈다(Ahura Mazda)', 즉 '오르무즈/오르무즈드'에서 비롯한 선함과 악함의 투쟁을 기본 교리로 삼고 있다. 선한 영[스펜타 마이뉴(spentas mainyu)]에 맞서는 악령이 아리만(ahriman)이다.

[47] Dschemschid: 이에 대해서는 『미학강의』 제1권 426쪽 참조.

48 헤겔이 참조하고 있는 것으로 보이는 크로이처의 설명에 대해서는 다음을 참조. Creuzer: *Symbolik und Mythologie*. Bd. 2, 714.

[49] Ferwer: Faravahar. 선한 생각, 말, 행동 등을 상징하는 조로아스터교의 인격신

50 국가의 법질서를 관장하는 미트라스(Mithras)신은 생명의 원천으로도 여겨진다. 서기 1세기부터 로마 제국에서는 병사들의 구원자 역할을 했다.

[51] 이 첫 번째 판단은: Li - "두 번째 형상에는 내면과 자연성, 외면성의 구분이 나타나는바, 저 첫 번째 판단[분할]은 아직"

[52] 아직 내면과 외면의 분할이 이루어지지 않은 상태에서 시작된

[53] 판단은: JH - "관계는"

[54] Inkarnation

[55] das Eine: 하나(τὸ ἕν, unum). 철학적 용어로 '일자(一者)'라 불린다.

56 브라흐마(Brahma)를 '추상체'로 규정하는 헤겔의 입장은 훔볼트의 『바가다드 기

타』에 대한 그의 논평(Hegel: *Bhagavad-Gita*. 111)에서 발견된다. 이러한 규정 말고도 "순수 존재"(138), "추상적 자기의식"(144; 비슈누(Vishnu) 혹은 크리슈나(Krishna)와 대비되는 브라흐마의 규정에 대해서는 《149》) 등이 있다. 또한 다음을 참조. Creuzer: *Symbolik und Mythologie*. Bd. 1, 626, 634.

[57] ātman: 자아(의 영혼)

[58] "이들": '인도인들'

59 헤겔은 인도의 위대한 두 서사시 작품인 『라마야나(*Ramayana*)』 및 『마하바라타(*Mahabharata*)』 서사시를 언급하고 있다. ―『라마야나』는 독일어로 완역된 바가 없다. 그 도입부의 번역이 가령 프리드리히 슐레겔의 다음 글에 부록으로 실려 있다. Friedrich Schlegel: *Über die Sprache und Weisheit der Indier. Ein Beitrag zur Begründung der Alterthumskunde*. Heidelberg 1808. (Schlegel: *Kritische Ausgabe*. Bd. 8, 327-379) 다른 구절들에 대한 번역으로 가령 아우구스트 빌헬름 슐레겔의 다음 글에 실렸다. A. W. Schlegel: *Die Herabkunft der Göttin Ganga*. in: *Indische Bibliothek*(1. Bd. 1. Heft 1. Bonn 1820, 50-96). 이 잡지를 보면 슐레겔은 "인도 서적에 대한 영어 번역"의 공적을 강조하고 있으며(같은 곳, 16) 『라마야나』에 대한 다음의 (부분) 번역 및 논평을 소개하고 있다(같은 곳, 20 이하): *The Ramayuna of Valmeeki, in the original Sungskrit*. With prosetranslation and explanatory notes, by William Carey and Joshua Marshman. 3 Bde., Serampore 1806-1810. 헤겔의 언급도 이 판본에 의거하고 있다. Vgl. Hegel: *Bhagavad-Gita*. 122, Anm.

[60] 운티(Unti): 불의 신 아그니(Agni) / 잉기르(inguir): 이그니스(ignis) / 히무드(Himud): 히무부트 (Himuvut)

61 링감/링가(Lingam/Linga)('생식기'를 나타내는 산스크리트어) 혹은 남근(Phallus)은 인도 전역에서 숭배된 시바(Shiva)를 표현하는 감각적 조형물이다. 힌두교에는 이에 대응하는 여성 형상으로 요니(Joni)가 있는데, 잉태하는 자연력의, 이를 구현한 여신 우마(Uma)의 상징인 이것은 자궁을 표현한다.

[62] Lodi: Joni / Yoni

[63] Ganga: 갠지스강을 인격화한 여신

64 헤겔이 여기서 염두에 둔 이야기는 『라마야나』 제1권(Bala Kanda, 36. Gesang)에서도 발견된다. 또한 다음을 참조. Hegel: *Bhagavad-Gita*, 118f. 이에 대한 A. W. 슐레겔의 번역도 있다. *Indische Bibliothek*, Bd. 1, Heft 1, Bonn 1820, 50-96.

65   Rudra: 인도 신화에서 폭풍의 신으로서 이로부터 시바(Shiva)가 나온다.

[66]   Rutra / Rudra.

[67]   기독교 관념에서는

[68]   Dreiheit: 인도인이 말한 '창조〔브라흐마(Brahma)〕-유지〔비슈누(Vishnu)〕-파괴〔시바
(Shiva)〕'의 '트리무르티(Trimurti)'가 이에 해당한다.

[69]   크리슈나: 비슈누의 육화. 무르티 또한 육화된 형태를 뜻한다.

70   Ramayana. Buch 1, Sectio 51-55.

[71]   에리뉘에스('Ερινύες)와 테미스(θέμις)는 가이아와 우라노스 사이에서 태어난 티탄이
다. 헤로도토스에 따르면 아프로디테('Αφροδίτη)는 크로노스가 우라노스의 성기를
잘라 바다에 던졌는데 이것이 키티라(Cytheira) 섬에 닿았다가 다시 키프로스(Cy-
prus)에 닿은 후 태어났다. 그리하여 아프로디테는 키테레이아(Κυθέρεια) 혹은 키프
로게네스(Κυπρογενής)라 불리기도 한다.

72   헤겔은 프리드리히 슐레겔의 『바가다드 기타』 번역을 가리키고 있다. Vgl. Hegel:
『철학적 학문들의 백과사전』 제2판, 1827, §573.

[73]   Sufismus: 이슬람의 신비주의 종파.

74   Dschellaleddin Rumi(1207-1273): 페르시아 시인. Vgl. Friedrich Rückert: *Mewlana
Dschelaleddin Rumi*, in: *Taschenbuch für Damen aus dem Jahre 1821*. Tübingen 1821.
헤겔의 『철학적 학문들의 백과사전』(1827, §573 Anm.)에 범신론에 대한 논증 차원
에서 3번 시가에 대해 자세히 언급되고 있다. 헤겔은 신학자 톨루크(Tholuck)가 자
신의 책(*Blüthensammlung aus der morgenländischen Mystik*. Berlin 1825)에서 하피스(Hafis)와
루미의 수피즘(Sufismus)에 대해 설명한 것에 대해 헤겔은 반론을 편다.

[75]   Angelus Silesius in Breslau: 요하네스 셰플러(Johannes Scheffler)

76   Vgl. 앙겔루스 질레지우스(Angelus Silesius, 1624-1677): *Geistreiche Sinn- und Schluß-
reime aus dem Cherubinischen Wandersmanne*. Hrsg. von Karl August Varnhagen von
Ense, Hamburg 1822.

[77]   이에 대해서는 『미학강의』 제1권 477쪽 참조.

[78]   "주관의 관계를 통해 영혼의 이러한 자유가, 영혼의 통일성 의식 속 행복의 자유
가 쓰인다." - "그렇지만 주관의 관계가 영혼의 이러한 자유를, 영혼의 통일성 의
식 속 행복의 자유를 표현한다."

79   제2부 미주 74번 참조. 이 시인의 별명 '루미'는 그의 두 번째 고향인 '아나톨리아

[소아시아]'에 따른 것이다. 그는 신비주의 종파인 메블레비(Mewlewije)를 창건했다. 그의 『시집(*Divan*)』은 페르시아 신비주의의 걸작으로 꼽힌다.

80 『창세기』, 1:3. ― 롱기노스(7번)는 이를 숭고함의 예로 들고 있다(이에 대해서는 다음을 참조. Pseudo-Longinos: *Vom Erhabenen*. 9.9).

[81] 신이 있으라 … 있었다: Li ― "신이 이르시길 빛이 있으라 하니 빛이 있었다."

82 『시편』에 대한 헤겔의 이런 성격 규정은 헤르더의 다음 책과 관련이 있다. Johann Gottfried Herder: *Vom Geist der Ebräischen Poesie*. zweiter Teil (1783). 헤르더는 『시편』이 "가장 내면적이고 가장 개별적인 심정 언어의 표현"(Herder: *Sämmtliche Werke*. Bd. 12, 232)이라 기술한다.

83 『시편』 104.

[84] 『시편』 90:5 ― "주께서 저희를 홍수처럼 쓸어 가시나이다."

[85] 구분, 괴물이: JH ― "판단의 구분이"

[86] 이런 개념은 … 전개된다: Li ― "전개의 필연성에 따라 개념의 이행이 이루어진다."

[87] phoenix: 500년마다 스스로 몸을 태워 그 재를 통해 속에서 부활하는 불사조.

[88] "예술에 속하는": JH ― "해변에서 나온".

[89] 아프로디테의 저주를 받은 뮈라가 그녀의 아버지인 키프로스의 왕 키니라스와 동침하여 아도니스(Adonis)를 낳았다. 아프로디테는 아도니스를 불쌍히 여겨 보살폈다. 아도니스가 죽은 후 지하 세계의 페르세포네가 그를 독점하자 두 여신 사이에 분쟁이 일었고 제우스의 중재를 통해 반년은 지상에서 아프로디테와, 나머지 반년은 지하에서 페르세포네와 보내게 된다.

90 Vgl. Ovid: *Metamorphosen*. IX, 708-739, 394f.

91 아티스(Attis)는 프리기아에서 여신 키벨레(Kybele)의 동반자이자 연인으로 숭배되었다.

92 헤겔은 다음의 책을 염두에 두고 있는 듯하다. Ovid: Metamorphosen[케레스(Ceres)에 대해서는] V. 341-661, 180-197; [프로세르피나(Proserpina)에 대해서는] V. 385-571, 182-193.

[93] Osisris: 생산 및 생명의 신. 이집트인들은 파라오를 오시리스의 현신으로 여겼다. 이집트의 왕이었다가 세트(Seth)에 의해 살해당한 후 시신이 나뉘어 나일강에 뿌려졌지만, 이시스(Isis)가 이를 수습하여 그를 부활시킨다. 그 이후 지하 세계에서 망자에 대한 판관 역할을 하였다. 이로 인해 부활의 신으로 여겨지기도 한다.

[94] 추상적: Ro – "세상을 떠난"

[95] 인간의 행위에 있지 않지만: JH – "오직 인간의 행위에만 있는 것이지만"

[96] Ammon: Amun, Amen. 테베에서 숭배된 바람과 공기의 신이자 태양신 라(레)와 결합하여 태양의 상징으로 여겨졌다. 제우스(유피테르)와 동일시되기도 한다.

[97] 이집트 신화에서 사자의 머리를 한 신으로는 마헤스(Maahes, Mihos)가 있는데 이는 전쟁의 신으로 알려져 있다. 미네르바 또한 전쟁을 관장하는 신이다.

[98] Oberägypt: 이집트 영토의 상부, 즉 나일강 삼각주와 누비아 사이의 지역 지칭한다. 초기 왕조 시대부터 이곳에 왕조가 있었고, 카이로를 중심으로 한 하이집트의 왕조와 겨루었다.

99 Vgl. Creuzer: *Symbolik und Mythologie*. Bd. 1, 458.

[100] 적대자가 나일강의 … 취한다: Li – "티폰(Typhon)은 나일강의 힘을 취해 이 강을 죽이는 적대자다. 태양과 나일강은 이집트인을 생존케 하는 힘이다." 그리스신화에 등장하는 반인반수의 악마 티폰과 왕위 찬탈을 위해 자신의 형인 오시리스를 살해한 세트(Seth)가 동일시되기도 했다.

101 "오시리스는 나일강이고 이시스는 풍요한 이집트의 대지다"(Creuzer: *Symbolik und Mythologie*. Bd. 1, 334); 오시리스를 "머물러 애달파 하다가 거의 말라버린 나일강"으로, 이시스를 "비탄에 잠긴 여신"으로 각각 규정한 것으로는 다음을 참조. Creuzer: *Symbolik und Mythologie*. Bd. 1, 269: "이시스는 […] 나일강과, 자신의 형제이자 배우자와 결합된 누이의 대지이며 이제 그의 치명적 약점의 결과를 감지한다." 또한 이시스를 "이집트의 대지"라 칭한 다음 구절도 참조. Creuzer: *Symbolik und Mythologie*. Bd. 1, 268.

[102] 다이달로스(Δαίδαλος)가 처음으로 … 주었다: "팔이 몸통과 구분되고 형상에 움직임이 주어진 것은 다이달로스의 공로다." 다이달로스는 그리스의 신화적 인물로 이카루스의 아버지이다. 크레타섬의 미궁을 만들었다고 한다.

103 헤겔은 『오이디푸스 왕(*ödipus Tyrannos*)』(Sophokles: *Tragödien und Fragmente griechisch-deutsch*, Hrsg. und übers. von Wilhelm Willige. München 1966, 900–903)에 대한 후기 고대의 가설을 언급하고 있다. 관련 구절에 대해서는 다음을 참조. *Prolog*. V. 35f(Sophokles: *Tragödien*, 171).

[104] 이 내면의 … 형상을: JH – "이 내면의 형상을, 객관성을"

[105] 어중간한 것(Halbheiten): JH – "주요 부문들(hauptteile)"

[106] 이솝(Aesop)은 아이소포스(Αἴσωπος)의 영어식 이름이다. 비유담(Parabel)은 《57》에 서술된다.

[107] 시가에 속하는 … 없다: Ro – "그 개념에 맞는 완전한 것에 근접한 또 다른 것이 있다. 서술 시가(beschreibende Gedichte)도 어쨌든 시가이다. 그러나 불완전한 형식을 띤다. 그리고 명확하게 이에 분류되지도 않는다. 첫 번째 부류로 이솝 우화, 비유담, 교훈담 등이 있다."

108 이솝(Äsop, BC 6세기): 그리스 우화 시인. Vgl. *Samuel Richardsons Sittenlehre für die Jugend in äsopischen Fabeln*.〔Aus dem Englischen übertragen und mit einer Vorrede von Gottold Ephraim Lessing.〕Leipzig 1757. (Zitiert: Äsop: *Fabeln*) ― 제2부 미주 113번 참조.

109 헤겔의 이솝 우화 해석은 동물 형상의 변신에 대한 레싱(Lessing)의 해석을 반영하고 있다. 레싱에 따르면 동물 형상은 "무지한 자라도 그것에 딱 들어맞는 관념에 따른 명칭임을 알 수 있는, 그러한 확실한 […] 존재에만 국한"된다(Von dem Gebrauche der Tiere in der Fabel. in: Lessing: *Werke*. Bd. 5, 385-393, hier 390). 동물 형상과 도덕의 결합은 '우화는 "보편적 도덕률"을 "특수한 사례"에서 직관적으로 알 수 있도록 해 준다'라는 레싱의 정의에 따른 것이다. Vgl. *Vom Wesen der Fabel*. in: Lessing: *Werke*. Bd. 5, 384.

110 Vgl. Gotthold Ephraim Lessing: *Fabeln. Drei Bücher. Nebst Abhanlungen mit dieser Dichtungsart verwandten Inhalts*, Berlin 1759. (Lessing: *Werke*. Bd. 1, 217-271)

111 헤겔은 여기서 『라이네케의 여우(*Reineke Fuchs*)』를 염두에 두고 있다. 이 우화의 가장 오래된 흔적은 라틴어로 된 『죄수의 도주(*Ekbasis captivi*)』(Lothringen, c. 940)에서 발견된다. 그 이후 여러 개작이 나왔다. 1250년경에는 동플랑드르 지역에서 늦어도 1498년에 저지(低地) 독일어(Niederdeutsch)로 된 『라이네케 드 포스(*Reyneke de Vos*)』가 출간되었다. 고트셰트(Johann Christoph Gottscheds, 1700-1766)가 1752년에 표준 독일어(Hochdeutsch)로 된 산문으로 옮겼는데(Heinrichs von Alkmar Reineke der Fuchs, mit schönen Kupfern. Nach der Ausgabe von 1498 ins Hochdeutsche übersetzt und mit einer Abhandlung von dem Urheber, dem Alter und großen Werth dieses Gedichtes versehen von Johann Christoph Gottscheden, Leipzig und Amsterdam 1752) 이때 저지 독일어 대본도 부록으로 실렸으며 16세기 이후의 개신교 교리에 따른 주석(대본에 대한 윤리 이론적 해설)이 추가되었다. 고트셰트의 판본이 1794년에 나온 괴테의 6운각 시(Hexameter)의 근간이

242

된다(Vgl. Goethe: *Sämtliche Werke*. Bd. 3, 7-162). 헤겔의 성격화는 헤르더[Vgl. Reineke, der Fuchs 〔1793〕. 〔*Sämtliche Werke*. Bd. 16, 218-222)]의 작업과, 그리고 라이네케를 사기꾼이 아니라 '악한(Schelm)'으로 그리는 괴테의 작업과도 합치한다(Goethe: *Sämtliche Werke*. Bd. 3, 7).

[112] 다시 말해 … 우화다: Li – "이솝 우화는 이와 성격이 다르다."

113 (BC 6세기 중엽으로 추정)에 대해서는 13세기에 플라누데스(Maximus Planudes)가 편집한『이솝 우화 요체(*Corpus Fabularum Aesopiarum*)』을 참조. 또한 다음을 참조. *Aesopische Fabeln*. griechisch und deutsch, bearbeitet von August Hausrath, München 1940. 또한 아래에 인용될, 레싱이 번역한 다음 판본 참조. Äsop: *Fabeln*(제2부 미주 114번 참조).

114 이솝은 사모스섬 출신의 해방 노예이며 훗날 크뢰소스 왕의 외교 사절로 명성을 얻었다. 그런데 기원후 50년경에 죽은 로마의 우화 시인 파에드로스(Phädrus)도 노예였다. 마케도니아 출신의 그는 노예로 로마로 가서 아우구스투스 황제에 의해 해방되었고 이솝의 작품에 의거하여 다섯 권으로 된 자신의 독자적 우화[장단격 6운구들로 된 그리스의 3음보 시행(griechischer Trimeter in jambischen Senaren)]를 썼다. 아래에서 헤겔이 언급되는 "윤리 이론"의 도출은 11세기에 비잔틴 사람들에 의해 편집된 이솝 우화에 나중에 추가된 것이다.

115 Vgl. 163번 우화: "떡갈나무와 갈대"(Äsop: *Fabeln*. 239-242).

116 29번 우화인 "독수리와 여우"는 레싱의 우화(제2부 미주 110번 참조) 제3권에 발견된다.

117 Vgl. 18번 우화: "제비와 다른 새들"(Äsop: *Fabeln*. 34-36).

118 Vgl. 13번 우화: "여우와 까마귀"(Äsop: *Fabeln*. 26-29).

119 Kondrad Pfeffel(1736-1809).

120 Christian Fürchtegott Gellert(1715-1869).

121 Gottlob Ephraim Lessing(1729-1781).

122 Jean de La Fontaine(1621-1695).

[123] 제2부 미주 12번 참조.

124 헤겔은 '파불라 도케트'의 전통을 비판한다. 그러한 비판적 견해는 레싱의 다음 글에도 표명되어 있다. *Vom Wesen der Fabel* (Lessing: *Werke*. Bd. 5, 355-385). 레싱은 특히 브라이팅어(Johann Jakob Breitinger, 1701-1778)의 우화 이론으로부터 거리를 둔

다. 브라이팅어는 우화를 오직 진리를 빗댄 표현으로 이해한다. 이 글에서 레싱은 우화가 "행위 속에 도덕 이론을 은폐하거나 변장하지 않고 오히려 이를 직관적으로 인식할 수 있도록 한다"는 점을 해명한다[Lessing: *Werke*. Bd. 5, 371 〔Kursivierungen im zitierten Text〕].

125 헤겔은 괴테가 1815/19년 저작 제2권에 수록한 표제 "신, 심정 및 세계(*Gott, Gemüth und Welt*)", 그리고 "속담류(*Sprichwörtlich*)"(Vgl. Goethe: *Sämtliche Werke*. Bd. 1, 407-442)를 언급하는 듯하다 이에 관해서는 또한 괴테 자신이 1827년에 출간한 작품 판본의 제3권에 있는, "신과 세계"라는 제목으로 모여 있는 "세계관 시가(*Weltanschauliche Gedichte*)"(Goethe: *Sämtliche Werke*. Bd. 1, 507-533)도 참조.

[126] 독수리의 본능이 … 않게: JH – "독수리와 벌레의 본능이"

[127] 쇠똥을 굴리는 쇠똥구리는 이집트인들에게 태양 신 '라(Ra)/레(Re)'의 상징이기도 했다.

128 헤겔은 아리스토파네스(Aristophanes)의 『말벌(*Die Wespen*)』(V. 1446)과 『평화(*Der Friede*)』(V. 129)을 염두에 두고 있다. 우화가 등장하는 구절이 포스(1751-1826)의 판본에서 발견된다(Aristofanes von Johann Heinrich Voß. Mit erläuternden Anmerkungen von Heinrich Voß, Zweiter Band, Braunschweig 1821, 11; Corpus Fabularum, Bd. 3, 1. c.).

[129] 제2부 미주 111번 참조.

[130] Vgl. Daniel Stoppe. *Neue Fabeln oder moralische Gedichte*. Breslau 1745. Bd. 2, 53-553.

131 헤겔은 라퐁텐(1621-1695)의 『우화』(1628) 제1권의 1번 우화의 모티브를 설명하고 있다. 그렇지만 그곳의 주요인물은 매미와 개미다(*La Cigale et la Fourmi*). 레싱의 우화(제2부 미주 110번 참조) 제1권 2번 우화가 "햄스터와 개미"이다.

[132] 메네니우스 아그리파(Menenius Agrippa, BC 540-493): 아그리파 메네니우스 라나투스(Agrippa Menenius Lanatus)라고도 한다. 로마 공화정 시기에 집정관을 지낸 인물이다.

133 Vgl. Titus Livius, 2. Buch, Kap. 32.

134 Vgl. Herodot: Historien. I, 125, 2-126, 6 (Bd. 1, 122-125).

135 헤겔은 여기서 「누가복음」의 '큰 잔치 비유'(Vgl. 14:16-24)를 언급하고 있다.

136 「마태복음」 13:1-9, 특히 13:3;「마가복음」 4:1-9, 특히 4:2;「누가복음」 8:4-8, 특히 8:5.

137 Vgl. Gotthold Ephraim Lessing: *Nathan der Weise*. Ein dramatisches Gedicht in fünf
Aufzügen(1779). III, 7 (Lessing: *Werke*. Bd. 2, 275-282)

[138] 괴테의 「한 시골학교 교장(Ein Meister einer ländlichen Schule)」이라는 시를 가리킨다.
교양 계층에 속하고 싶었던 시골학교 교사가 연회장에서 불편한 상황에 놓였다
가 들판으로 뛰쳐나가 누군가에게 뺨을 맞은 후 정신을 차리고 그에게 감사를 표
했다는 내용을 담고 있다.

139 Vgl. Johann Wolfgang von Goethe: *Katzenpastete* (1810). in: Goethe: *Sämtliche Werke*.
Bd. 1, 399f.

[140] 괴테의 「고양이 파이(Katzenpastete)」라는 시를 가리킨다. 한 요리사가 훌륭한 사냥
꾼이 되고 싶어서 샤냥을 나갔다가 토끼가 아닌 고양이를 잡아 와서는 이를 파이
속에 넣고 양념을 듬뿍 쳐 토끼 파이인 척을 했으나 손님들이 냄새를 맡고는 알
아차렸다는 내용을 담고 있다. 이 작품에서 괴테는 요리와 사냥이 다르듯 "관찰
(Schauen)"과 "측정술(Meßkunst)"은 엄연히 다른데 뉴턴을 이를 분별하지 못했으며
괴테 자신의 색채론은 바로 저 "관찰"에 따른 것임을 은연중에 내비친다.

[141] 여기서 헤겔은 괴테의 두 비유담이 뉴턴의 색채론에 대한 그의 소회를 담고 있다
고 해석한다. 즉 뺨을 맞는 "교사"는 뉴턴의 이론이 맞고 자신의 이론이 틀렸을
수 있다는 생각("좋지 못한 경험")에 도달한 괴테 자신을 가리킨다고 볼 수 있으며
"그것이 아니라면" 뉴턴의 색채론은 마치 "파이 속 고양이"처럼 겉으로만 그럴싸
한 ("온갖 양념을 듬뿍 쳐 만든") 이론에 불과하다는 비판 의식을 나타내고 있다고도
볼 수 있다.

142 Goethe: Der Gott und die Bajadere. Indische Legende(1797). in: Goethe: *Sämtliche
Werke*. Bd. 1, 158-160.

143 참회하는 마리아 막달레나(Maria Magdalena)의 모티프는 기독교 도상학에서 널리
사용되었는데 이는 성서의 전승에 따른 것이라기보다는 10세기 이래 이탈리아
의 마리아 에깁티아카(Maria Ägyptiaca)의 전설에 바탕을 두고 널리 퍼진 전설에 따
른 것이다. 죄를 지은 익명의 아리따운 여인의 모티프(「누가복음」 7:37-50)를 헤겔
은 여러 각도에서 끄집어내었는데, 이 모티프는 교부신학의 해석에서 마리아 막
달레나라는 인물과 결부되었다.

[144] 막달라 마리아, 막달레나 마리아 등으로 불린다. 예수의 제자로서 예수의 죽음과
부활을 목격하였다. 예수의 발에 향유를 바르고 속죄한 여인과 동일시되기도 한

다. 《107》, 《121》 참조. 「신과 바야데레」라는 괴테의 시는 인도의 전설을 모티브로 하였다. '바야데레'는 인도사원의 무희를 가리킨다.

[145] 이와 관련하여 아태네 공국 프로크네와 필로멜라 자매의 변신 이야기를 언급할 수 있다. 프로크네의 남편인 트라키아 왕 테레우스는 자신의 처제를 범했고, 이를 뒤늦게 안 프로크네는 복수를 위해 디오니소스 축제 때 테레우스와 자신이 낳은 아들(이튀스)을 죽여 남편에게 먹인 다음 아들의 머리를 남편에게 내던졌다. 테레우스가 칼을 뽑아 자매를 죽이려 할 때 자매는 신들에게 기도하였고, 프로크네는 제비로, 필로멜라는 나이팅게일로, 그리고 테레우스는 오디새로 변신하였다.

146 오비디우스의 『변신』에서 무사이와 피에리데스는 까마귀가 아니라 까치로 변신한다. Vgl. Ovid: *Metamorphosen*. V. 294-331, 178-181 (피에리데스의 노래); V. 341-661, 180-197 (케레스에 대한 칼리오페의 노래); V. 669-678, 196f (까치〔picae〕)로 변신한 피에리데스). 까마귀(picus)는 원래 사투르누스의 아들로 간주된다. XIV, 312-396, 528-533.

[147] 제우스가 티탄을 물리쳤을 때, 자신의 자식들인 기간테스까지 제압한 것을 목격한 가이아는 티포에우스를 낳아 그로 하여금 올림포스를 공격케 한다. 이에 겁을 먹은 제우스 진영의 신들은 각종 동물로 변신하여 이집트로 피신했다. 마케도니아의 왕 피에로스의 아홉 딸들인 피에리데스는 올림포스 신들을 욕보인 죄로 까마귀가 되었다.

[148] Sancho Panza: 『돈키호테』의 등장인물. 다른 상징과 달리 수수께끼는 해답이 정해져 있다는 특징이 있다.

149 궁정 시대에 결혼 노래(Traugemundeslied)에서, 바르트부르크 경연(Wartburgkrieg)에서 수수께끼 시가, 그리고 격언시(Spruchdichtung)에서, 나중에 등장한 직장 가인의 노래(Meistersang)에서 수수께끼가 나왔다. 중세 후기에 「익살꾼(Eulenspiegel)」(1515) 및 다른 민족 시가를 담은 책에 수수께끼가 들어 있다.

[150] "수수께끼에도 의미가 간명하게" – JH: "수수께끼를 내는 자에게도 승리가"

[151] Sinngedicht: 곰곰이 생각할(sinnen) 만한 의미(Sinn)를 제공하는 시

[152] 행위에서도: Li – "행위에서든 아니면 개별 형상에서든"

[153] 또 다른 강의 노트(Li)에는 프로이센 장군 블뤼허(G. L. v. Blücher, 1742-1819)의 기념 조각상이 언급된다. (《67》에는 블뤼허 기념상에 대한 직접적 언급이 나온다) 블뤼허는

프로이센군을 이끌고 워털루 전투(1815)에서 웰링턴 공작과 연합하여 나폴레옹 1세에 맞서 싸운 프로이센의 전쟁 영웅이다. 빌헬름 폰 샤도프(Wilhelm von Schadow)의 아버지인 요한 고트프리트 샤도프(Johann Gottfried Schadow)가 제작하여 로슈토크에 세워진 블뤼허 조각상의 기단부 돋을새김에는 리니(Ligny) 전투에서 프랑스군에 부상을 입고 쓰러진 블뤼허가 묘사되어 있는데, 이 작품에 역사적 사실과 무관하게 승리와 영광의 알레고리인 천사(정령)가 등장한다. 블뤼허 청동조각에 대한 헤겔의 언급은 『미학강의』 제1권 514쪽, 제2권 442쪽에도 각각 등장하는데, 『미학강의』에 언급하는 작품은 샤도프의 제자 라우흐(Chr. D. Rauch)가 제작한 두 블뤼허 기념 청동상(베를린 소재 1826년 작품, 현 폴란드 브로츠와프 소재 1827년 작품)을 가리킨다.

154 제2부 미주 15번 참조.

[155] 단테의 서사시『신곡』을 가리킨다.

[156] 파악한다(begreifen), 포착한다(fassen)는 모두 '무언가를 잡다/움켜쥐다'의 의미를 갖는데 이것이 정신적인 것을 붙잡아 '무언가를 이해한다'의 의미로 전이된다.

[157] 뺨의 봄날: Ro – "뺨의 백합. 이는 곧바로 명료하다."

[158] "동방에서 특별히 … 불렀다: Ro – "동방인들은 대체로 이런 사치스런 표현을 남용하였다."

159 Vgl. Aristoteles: *Poetik*. 1457a, 5; 1459a, 15, bes. 1457b, 15-25.

[160] 호메로스의 입장에서의: JH – "하이네의" 하이네에 대해서는 제2부 미주 17번 참조.

161 Vgl. Henry Home: *Grundsätze der Critik*. Leipzig 1772.

[162] Γαλατεία: 그리스 신화에 등장하는 바다 요정. 외눈박이 거인 폴레페모스(Πολύφημος)가 그녀를 사랑하였다 한다.

163 Vgl. Ovid: *Metamorphosen*. XIII, 789-807, 504f.

164 사바 왕국 여왕이 솔로몬에게 수수께끼를 내는 이야기가 『구약 성서』에 기록되어 있다. 『구약(Das Alte Testament berichtet von einem Rätselstreit zwischen Salomo und der Königin von Saba)』. Vgl. 「열왕기상(1 Könige)〔3 Kg〕」, 10, bes. 10:1-3; 「역대하(2 Chronik)」, 9, bes. 9:1-2

[165] 「아가서」 4:2

[166] Ossian: 스코틀랜드의 시인 제임스 맥퍼슨(James Macpherson)이 아일랜드의 가장 위

대한 시인으로 전승되어 온 오신 막 핀(Oisín Mac Fhinn)을 모델로 하여 자신의 서
사시에서 화자로 설정된 가공의 인물.

167 헤겔은 오시안(Ossian)을 박약해진 후세에 영웅시대의 마지막 목소리로, 즉 예전
시대의, 그러나 슬픈 목소리로 성격화한 헤르더의 입장을 따른다. Vgl. *Homer
und Ossian*. in: Herder: *Sämmtliche Werke*. Bd. 18, 100.

168 Vgl. Poems of Ossian. 2 Bde. Edinburgh 1971 (Reprographischer Nachdruck der Ausgabe
London 1805), Conlath and Cuthona: *A Poem*.

[169] 부자연스럽다: JH – "구차하다."

170 헤겔은 셰익스피어의 『헨리 4세』 가운데 다음 구절을 염두에 두고 있다. Shakes-
peare: *King Henry IV*. Part II. I, 1, 68-75, Übersetzung von Schlegel-Tieck mit leich-
ten orthographischen Varianten (Shakespeare: *Sämtliche Dramen*. Bd. II, 252).

171 헤겔은 셰익스피어 『리차드 2세(*Richard II*)』(Shakespeare: *Sämtliche Dramen*. Bd. II)를 염
두에 두고 있다.

172 헤겔은 『헨리 8세』에 등장하는 캐서린 여왕을 언급하고 있다. Vgl. Shakespeare:
King Henry VIII. III, 1, 146-153. in: Shakespeare: *Sämtliche Dramen*. Bd. II, 846.

173 헤겔은 셰익스피어의 『멕베스』 가운데 다음 구절을 염두에 두고 있다. Shakes-
peare: *Macbeth*, V. 5, 23-26, in: Shakespeare: *Sämtliche Dramen*, Bd. III, 582.

174 헤겔은 『헨리 8세』에서 울지(Wolsey) 추기경의 대사를 말하고 있다. Shakespeare:
King Henry VIII, III, 2, 351-358. in: Shakespeare: *Sämtliche Dramen*. Bd. II, 858.

175 Vgl. Henry Homes: *Grundsätze der Critik*. 3. Teil, Leipzig 1766, 46.

[176] Bild: 심상화

177 Johann Wolfgang von Goethe: *Mahomets Gesang*. 헤겔은 1772/1773년에 나온, 『무
젠알마나흐(*Musenalmanach*)』(Göttingen, 1774)에서 『노래』라는 이름으로 나온 초판이
아니라 폰 슈타인(von Stein)부인을 위해 손으로 써 개정한 후 보관된 판본인 「마호
메트-노래(*Mahomets-Gesang*)」(Goethe: *Werke*. Bd. 1, 42-44)를 가리키고 있다.

[178] 『파우스트』, 제1부 「성문 앞에서(Vor dem Tor)」를 보면 새로운 것에 대한 동경을 아
침을 향해 달려가는 석양에 비유하는 대목이 등장한다.

179 하피스(Mohammed Schemsed-din Hafis): *Der Diwan*. Aus dem Persischen zum ersten-
mal ganz übersetzt von Joseph von Hammer-Purgstall. Stuttgart/Tübingen 1812, Bd.
1, 80 (Der Buchstabe Ta, XXIV): "회한의 건물, 분명히 그는 그렇게 보였다. / 그가 완

248

전히 돌이 되었을 때 / 오 보라, 유리잔이 어떻게 / 그를 부쉈는지를."

[II.] 고전적 예술형식에 관하여

[180] 인간의 행위에는 자연법칙이 적용된다. 가령 건물 위에서 돌을 떨어뜨리면 중력 법칙에 의해 땅으로 떨어진다. 그러나 이런 "추상적" 요소와 별개로 돌을 떨어뜨린 인간의 행위에는 "정신적 성격"이 고려된다. 가령 이 돌에 사람이 맞으면 상해죄가 성립한다.

[181] das Anthropomorphistische: 신인동형적(神人同形的)인 것. 《45》 제2부 미주 8번 참조.

[182] 인간의 참된 본성으로 신을 이해하는 예술 표현의 완성은 낭만적 예술형식에서 나타난다.

[183] 의인화된 이상(Ideal)은 … 것이다: Ro – "예술작품 자체와 거리가 먼 조악함, 역겨움, 허랑함 등이 예술에 들어 있다. 이상만이 예술로 드높여진다. 이상 자체는 의인화를 포함하는데 이것이 신의 존엄에 맞지 않다고들 말한다. 오직 기독교 표상에서 의인화된 것이 훨씬 더 위대하다."

[184] 정신의 자유가 … 한다: Li – "희로애락 중에 자유로운 정신성이 함께하면서 여전히 고요함과 확고부동함을 간직한다."

[185] "미가 본질적인 것이 아닌 그런 분화가 있게 되며 예술은 추함으로 나아간다"(Li)라는 또 다른 강의 노트를 염두에 두면 이 부분에 등장하는 "무한한 주관성"이나 "악"은 낭만적 예술의 정신이 맞이하는 국면으로 보아야 하겠지만, 이 부분 아래에 등장하는 동물성(자연)과 인간성(정신)의 대결 양상을 이 단락에서 설명하고 있는 것으로 해석하는 것이 더 타당할 듯하다. 즉 아직 깊이가 부족한 정신이 자연과의 대립 속에서 인간의 자유를 확인하는 방향으로 고전 예술의 발전이 이루어진다고 헤겔이 설명하고 있는 듯하다.

[186] 헤겔은 윤리적 자유의 발단을 그리스의 폴리스 윤리성에서 찾는다. 이에 대해서는 특히 『정신현상학』 '정신' 장 참조.

[187] 《48》 제2부 미주 55번 참조.

188 프로메테우스(Prometheus) 이야기를 헤겔은 헤시오도스에게서 찾았다(Hesiod: Theo-gonie. V. 507-616, 42-51).

189 고대의 유명한 사냥 가운데 하나로 테세우스를 비롯한 수많은 영웅이 함께 한 '칼

레돈의 멧돼지 사냥'이 있다. 호메로스는 『일리아스』(IX, 529-599, 306-309)에서 멧
돼지 가죽을 두고 빚어진 전쟁을 특별히 다루었다. 이 사냥 및 그 참가자들에 관
해 아폴로도로스(*Bibliothek*. I. VIII, 2f [Apollodor: *Bibl.* Bd. 1, 64-69]) 및 오비디우스(*Meta-
morphosen*, VIII, 260-444, 288-297)가 훨씬 더 상세하게 기록하였다. 이에 대해서는
특히 다음을 함께 참조. Diodorus: IV, 34[Diodorus. Bd. 2, 452-455]. 유명한 사냥
으로 무엇보다 헤라클레스의 열두 과업 가운데 첫 번째인 '네메아의 사자 퇴치'도
있다. 이에 대해서는 다음을 참조. Hesiod: *Theogonie*, V. 326-332, 30 이하; Apol-
lodor: *Bibliothek*, II. V, 1 (Apollodor: *Bibl.* Bd. 1, 184-187); Diodorus(IV, 11, 3-4 [*Diodorus*.
Bd. 2, 376-379]). 헤시오도스는 이 외에도 '레르나의 뱀[히드라과의 쟁투]'도 언급
한다. (Vgl. Hesiod: *Theogonie*. V. 316, 28f)

190   Vgl. Ovid: *Metamorphosen*. 인간의 오만불손함에 대한 신의 징벌이 동물로의 변
신인 사례로는 베짜기에 능한 여인 아라크네가 아테네에 의해 거미로 변신한 이
야기(같은 책, VI, 1-145), 그리고 리키아 농부들이 레토에 의해 개구리로 변신한 이
야기(같은 책, VI, 312-380) 같은 것들이 있다. 한 인간의 무능력에 대한 징벌의 사례
로는 악타이온이 디아나에 의해 사슴으로 변신한 이야기가 있다(같은 책, III, 155-
252).

191   유피테르가 황소로 변신한 이야기에 대해서는 다음을 참조. Apollodor: *Bibliothek*.
III, 1.1 (Apollodor: Bibl. Bd. 1, 298-299); Ovid: *Metamorphosen*. II, 846-875, 86-89.
백조로 변신한 것에 대해서는 아폴로도로스(Apollodor: *Bibliothek*, III, 10, 7 [Apollodor:
Bibl. Bd. 2, 22f])와 락탄티누스(*De falsa religione*. I, 21[Migne. PL Tomus, VI (Lucii Caecilii Fir-
miani Lactantii opera omnia. Tomus primus). Paris 1844, 230-242])가 기록하였다. 또한 다
음을 참조. Euripides: *Helena*, Vorszene. V. 17-22 (Euripides: Sämtliche Tragödien, Bd. 4,
112f).

192   제2부 미주 146번 참조.

[193] 《57》 제2부 미주 147번 참조.

[194] 자칼의 머리를 한 이집트의 신 아누비스는 저승의 문을 열어 망자를 오시리스의
법정으로 보낸다. 그리스 신화에는 하데스의 지하계를 감시하는 개 케르베로스
가 나온다.

[195] 목양(牧羊)의 신 '판(πᾶν)'은 'panic'의 어원이기도 하다.

[196] 이집트에서 숫염소 멘데스는 비옥함의 상징으로 숭배되었다. 판은 뿔이 난 인간

의 상체에 염소의 다리가 합쳐진 모습을 하고 있다.

[197] '파우누스'는 로마 신화의 목신(牧神)이며 그리스 신화의 '판'과 동일시되기도 한다. 또한 숲의 정령인 그리스이 사티로스와도 동일시되었다.

[198] 반인반마 켄타우로스 일족에 속한다. 데이아네이라를 겁탈하려다가 그녀의 남편 헤라클레스에게 죽임을 당한다.

[199] 켄타우로스 일족에 속하는 케이론/키론은 불사(不死)의 예언자이자 그리 신화의 온갖 영웅들의 스승이었다. 그는 의술, 사냥, 음악 등 인간의 각종 기예(技藝)를 가르쳤다.

[200] 물의 요정. 다프네, 에우로파가 이에 속하며 세이렌, 스틱스까지 포함된다는 견해가 있다.

[201] 델포이 신탁을 전하는 여사제

202 Vgl. Aischylos: *Eumeniden*. V. 84ff(Aischylos: *Tragödien und Fragmente*, 190ff). 이 비극(『오레스테이아』의 제3부)은 에리뉘에스에게 추적 당한 오레스테스의 친모살해 죄가 사면되고 결국 에리뉘에스가 자비로운 여신 에우메니데가 되는 이야기를 그리고 있다. 아테네 여신과 에리뉘에스 사이에 고등 법정의 재판이 열리는데, 부권(父權)과 모권(母權) 가운데, 그리고 윤리적 국가의 법칙과 자연적 위력의 법칙 가운데 결정이 내려져야 했다. 오레스테스가 아폴론의 부권을 따르다가 모권을 침해했기 때문이다. 아테네는 아레오파고스 법정으로 아폴론을 소환하여 오레스테스를 방면하기 위한 증인이 되도록 했다. 법정에서 결론이 나지 않았기 때문에 제우스의 딸 아테네는 결국 판결을 내려 부권의 손을 들어주었다. 아테네는 지상에서 에리뉘에스를 숭배하는 성소를 마련하여 이들을 달랬다. 결국 에우메니데스가 된 이들은 법의 결정에 동참한다.

203 Pausanias, X, 5, 5.

[204] 제우스는 근본적으로 질서, 통치, 권능, 율법, 정의, 사랑[필리아〔친애〕(φιλία)], 수호자, 지혜 등을 모두 관장하는 신이다.

[205] 아폴론은 신탁 및 예언의 신이다

[206] 기예(技藝) 혹은 학예(學藝) 전반을 관장하는 아홉 여신 무사이(Μοῦσαι)의 출생에 대해서는 여러 설이 분분하다. 헤시오도스는 제우스와 기억의 여신 므네모시네 사이에서 태어났다 하였고 호메로스는 제우스가 홀로 낳은 딸들이라 하였다. 그 외에도 티탄 가이아와 우라노스 사이에 태어났다는 견해도 있다.

[207] 달변의 – Li: "달변의 전령(傳令)인"

[208] 가이아의 딸인 헤라[주노] 또한 대지의 생명력을 모두 품고 있는 신으로 여겨졌
다. 그녀와 자매인 데메테르(케레스)는 농경, 곡물, 계절 등을 주관하는 지모신(地
母神)으로서 자연 생명체의 탄생과 성장을 위한 근본 "욕구"를 관장한다. 제우스
와 데메테르의 딸인 페르세포네(프로세르피나/코레)는 하데스한테 납치되어 매년
한 해의 절반을 명부(冥府)에서 보내야 했다. 그녀가 지하에 있는 동안 지상은 겨
울이 되고 다시 지상으로 올라오면 곡식이 자라는 여름이 된다.

209 서론 미주 137번 참조. 헤겔은 헤로도토스를 염두에 두고 있다. Vgl. Herodot:
Historien. Ⅱ, 53(Bd. 1, 246-249).

[210] 높은 – JH: "숙련된"

[211] 있으며 그런 까닭에 이집트의: JH– "있으며 이집트의"

212 Vgl. Herodot: *Historien.* Ⅱ, 50(Bd. 1, 244f).

[213] 그 내용을 … 않기: Li – "정신적인 것이기"

214 헤겔은 호메로스의 『일리아스』를, 즉 그 질병이 아폴론의 사제를 욕보인 것에 대
한 형벌이라 해석하는 칼카스의 말을(Homer: *Ilias.* I, 93-100, 10f), 그리고 아폴론이
보낸 9일간의 역병을(Homer: *Ilias.* I, 43-53, 8 이하) 인용하고 있다.

215 Homer: *Odyssee.* XXIV, 50-97, 640-642.

[216] 티탄 신족.

217 헤겔은 헤시오도스의 크로노스 이야기를 염두에 두고 있다. (Hesiod: *Theogonie.* V.
453-467, 38-41)

[218] 팔이 100개인 티탄은 우라노스와 가이아의 자식으로서 코토스, 브리아레오스,
기에스(기게스) 3형제인 헤카톤케이레스(Ἑκατόγχειρες)를 뜻한다 기간테스(Γίγαντες)
는 크로노스에 의해 우라노스의 남근이 잘릴 때 흘러내린 피가 대지에 떨어져 태
어난 티탄을 뜻한다. 전자는 '티타노마키아' 때, 후자는 '기간토마키아' 때 제우스
진영과 싸웠다.

219 제2부 미주 188번 참조.

220 Vgl. Platon: *Politikos.* 274c-274d; 또한 다음을 참조. Platon: *Protagoras.* 321d-
322a. 플라톤도 헤시오도스의 다음 구절을 언급한다. Hesiod: *Theogonie.* V. 507-
616, 42-51, bes. V. 565-570, 46-49.

[221] 불 사용법.

[222] 올림포스.

[223] 아테네의 지혜, 특히 직조 기술과.

[224] 사적 욕구의 충족은 언제나 또 다시 결핍을 낳고 이를 충족하는 과정이 끝없이 이어진다.

[225] 타르타로스에서 영겁의 형벌을 받은 인물.

[226] 프로메테우스는 코카서스산에 영원히 묶이는 형벌을 받은 후 제우스에게 용서를 빌라는 다른 신들의 권유를 뿌리치면서 제우스와 페르세우스의 후손인 알크메네 사이에 태어난 헤라클레스가 제우스를 몰락케 할 것이라는 예언을 한다.

227 Vgl. Sophokles: *Oedipus auf Kolonos*, V. 54f.

[228] 플라톤이 아테네에 설립한 학당을 가리키는 것으로 보인다.

229 『일리아스』의 '신들의 전쟁' 장면 참조. 가령 XXI. 331-382, 724-729.

[230] 삶에 소용되는 … 불과했기에: Li - "자연적 욕구에 소용될 뿐이었기에." 제우스와 헤라의 아들이자 아프로디테의 남편인 헤파이스토스 (혹은 불카누스)는 대장간(불)의 신이다. 흉측한 외모로 인해 어머니(헤라)가 내던져, 혹은 헤라클레스 일로 부모가 다툴 때 어머니의 편을 들다가 아버지에 의해 내던져져 절름발이가 되었다고 한다. 천상에서 하계로 추락하여 죽을 뻔한 위기를 여신 테티스가 구해 준 인연으로 이 연신의 아들인 아킬레우스의 조력자가 되었는데, 호메로스의 『일리아스』 21권에 그가 아킬레우스를 돕는 장면이 묘사되고 있다. 여기서 헤겔은 "정치의 신" 제우스에 비해 사적이고 자연적인 욕구(필요)의 충족을 관정하는 헤파이스토스를 (또한 프로메테우스를) 대비시키고 있다. 『일리아스』에서 헤파이스토스를 가리킬 때 빈번히 등장하는 "절름발이"라는 표현을 헤겔은 여기서 불완전한 신성을 가리키고자 언급하는 듯하다.

[231] 티탄 크로노스가 자신의 자식이 태어나는 대로 삼켰으나 아내 레아가 가이아의 도움으로 여섯 번째 아이인 제우스를 크레타섬에 감춰 님프인 아말테이아에게 맡겼다. 훗날 제우스는 '티타노마키아'를 통해 아버지를 몰아내고 올림포스 신의, 그리고 인간의 지배자가 되었다. 미노아 시대 크레타섬은 서구 문명의 기원으로 여겨지고 있으며 이 신화와 맥락이 닿아 있다.

232 Vgl. Äschylos: *Eumeniden*.

[233] 《37》, 《62》 참조.

[234] '아레스의 바위'라는 뜻의 아레오파고스(Ἄρειος Πάγος)는 법정의 기능도 수행했다.

[235] 오레스테스의 어머니 클리타임네스트라가 자신의 남편인 아가멤논을 살해한 일
을 가리킨다.

236 Vgl. Sophokles: *Antigone*. II. V. 450-457. Sowie Hegel: *Phänomenologie des Geis-
tes*(Hegel: *Gesammelte Werke*. Bd. 9, 236-509).

[237] 폴리네이케스

[238] 세계 Welt: JH - "늑대(Wolf)"

[239] 때문이었다: Ro - "때문이었는데 말하자면 페스트가 햇빛의 열기를 통해 전파되
었다는 것이다."

[240] 티탄 히페리온과 테이아 사이에 태양의 신 헬리오스와 달의 신 셀레네 남매가 태
어났다. 제우스와 레토 사이에 태양의 신 아폴론(아폴로)과 달의 신 아르테미스(디
아나) 남매가 태어났다. 그러니까 아폴론의 여동생은 정확히 말하면 셀레네가 아
니라 아르테미스겠으나 당시 그리스인들은 두 신을 동일시하였다.

241 디아나 혹은 아르테미스(에페소스의 디아나)는 헤시오도스가 서술한 바 있다(*Theogonie*.
V. 14, 6f).

242 헤겔은 아마도 다음을 염두에 두고 있는 듯하다. Ovid: *Metamorphosen*. V. 341-
661, 180-197.

[243] 아홉 뮤즈 여신들[무사이(Μουσαι)]는 파르나소스산과 헬리콘산에 살았는데 헬리
콘산에는 말의 샘이라는 뜻의 히포크레네라는 우물이 있었다.

[244] 제우스: JH - "이오"

245 제2부 미주 191번 참조.

[246] 오비디우스. 『변신』. I, 568-746 참조.

247 이런 맥락을 헤겔은 『정신현상학』의 종교 장에서 상징적 종교에서 그리스 예술
종교(Kunstreligion)로의 이행을 통해 체계화하고 있다. (Hegel: *Gesammelte Werke*. Bd.
9, 375f) 다음 구절 또한 참조. "[신들은] 예술가가 산출한 것이며 또한 그렇지 않
을 수 없다. 전통 및 그 혁신을 통해 그리스의 정신적 신들이 생겨났다. 전승되어
만들어진 것[이 그런 신들이다]. 사람들은 전통과 혁신이 길항한다고 생각하는데
[이는 사실이] 전혀 아니다. 오히려 정신적인 것의 등장하려면 필경 하나의 전제
를 갖고 있어야 하는데 자연성이 바로 그것이다"(*Kehler 1826*, 《226》f.).

248 Vgl. Herodot: *Historien*. II, 50 (Bd. 1, 244f).

249 아프로디테에 대한 헤겔의 성격화는 헤로도토스에 힘입은 것이다 (Hesiod: *Theogo-*

nie. V. 187-206; 20f).

250 헤겔은 크로이처의 『상징과 신화』에서 이를 참조하고 있다. 이 책에서 크로이처
는 디오니소스(Dionysus, BC 1C), 디오도로스(Diodorus) 및 스트라본(Strabo, BC 63-AD
20) 등에 전거를 둔다. "그다음으로 우리는 365일이라는 1년 주기를 언급한다. 이
는 황도(Sonnenbahn)의 전사인 솜-헤라클레스(Som-Herakles)로 인격화된다. 이 관
점에서 보면 헤라클레스는 양(羊) 자리에 위치한 빛의 왕 암몬(Ammon)의 아들이
다. 여러 과업을 수행하다가 한 해가 지난다. 열두 전투는 우리에게 황도대(黃道
帶, Zodiacus)를 도는 태양 운행을 가리킨다"(Creuzer: *Symbolik und Mythologie*. Bd. 1, 456).

[251] 헤라클레스의 열한 번째 과업이 헤스페리데스 정원의 황금사과를 가져오는 일이
었다.

[252] "고요하게 있는(ruhend) 형상"의 "단순함(Einfaches)"은 "고귀한 단순함과 고요한 위
대함(Edle Einfalt und stille Größe)"라는 빙켈만(J. J. Winckelmann)의 유명한 언급과 관련
이 있는 듯하다.

253 독일 로슈토크(Rostock)의 홉펜마크르트(현재 대학광장)에 있는 〈블뤼허 기념상(Blü-
cherdenkmal)〉을 말하는 것으로 보인다. 이 청동상의 기단 네 면에는 청동 부조로
장식되어 있다. 1829년 8월 26일 블뤼허(Gebhard Leberecht von Blücher)를 기리기 위
해 제작되었다. 로슈토크에서 태어난 블뤼허는 나폴레옹 해방전쟁 때 사령관이
었고 로슈토크의 첫 번째 명예시민이다.

[254] 《58》 제2부 미주 153번 참조.

[255] 신인동형(神人同形)론. 신의 인간화

[256] 그 시효를 다했다.

[257] 헤겔이 생각한 "철학의 요구"는 철학이 엄격한 학문의 위상을 갖춰야 한다는 것
이었다. 『정신현상학』에 등장하는 "학문으로 진입하는 의식은 지성을 거쳐서 이
성적 앎에 도달할 것을 정당하게 요구한다"[서문(Vorrede), 13번째 단락]라는 문
장은 바로 이런 필요를 나타낸다. 헤겔이 보기에 지성은 설정된 규준에 따른 이
해에 머문다는 점에서 한계를 갖는다. 무한과 유한, 영혼(의식)과 육체(물질), 자
유와 필연, 사유와 존재, 보편과 특수 등의 이원론에 매몰된 지성적 사유를 헤겔
은 '반성(Reflexion)철학', '의식철학', '유한철학' 등으로 부르며 비판한다. 물론 지성
(Verstand)의 관점은 참된 이성(이념)에 도달하기 위한 필수 과정이다. 독일어 "Ver-
nunft"는 '듣고 받아들인다'는 뜻을 갖는 동사 "vernehmen"에서 파생된 용어이다.

즉 "이성"으로 번역되는 이 말은 원래 신의 말씀(로고스)을 듣는 능력, 들었기 때문에 얻게 된 능력 등을 뜻하였다. 헤겔에게 이성은 분리와 구별에 따른 한계를 극복하여 주관성이 실체성으로부터 소외되지 않음으로써 "참된 것을 실체로서가 아니라 이에 못지않게 주체로서도 파악하고 표현"(같은 곳, 17번째 단락)하는 능력을 뜻한다.

258 헤겔은 실러의 시 「그리스인의 신들」을 언급하고 있다. Schiller: *Die Götter Griechenlands (erste Fassung)*: "Da die Götter menschlicher noch waren, / waren Menschen göttlicher"(Schiller: *Werke*. Bd. 1, 190-195, bes. 195).

[259] 그리스 중남부에 위치한 핀도스산맥을 가리킨다. 델포이 신전이 있는, 아폴론이 거처한 이곳으로 무사이 여신들이 찾아왔다고 한다.

260 "시간의 밀물에서 낚아채여, 떠도네 / 신들은 구조되어 핀도스 언덕 위를 / 노래 속에서는 죽지 않고 살아있어야 하는 것이 / 삶에서는 몰락하지 않을 수 없구나 (Aus der Zeitflut weggerissen, schweben / Sie gerettet auf des Pindus Höhn; / Was unsterblich im Gesang soll leben, / Muß im Leben untergehn)"(ebd.).

261 헤겔은 파르니(1753-1814)를 염두에 두고 있다. Evariste de Parny: La guerre des dieux. Poème en dix chants, Paris 1799. Vgl. *Kehler 1826*, 《262》 − 이 책은 1827년에 프랑스에서 금서가 되었으나 헤겔은 이 책을 소장하고 있었다.

[262] 프랑스인들도 동경을 … 경박했다!: Ro − "프랑스인들은 기독교적 천상을 그리스적인 것과 결합하고자 했으나 매우 경솔한 방식을 취했다."

263 Vgl. Johann Wolfgang von Goethe: *Die Braut von Korinth*. in: Friedrich Schiller: *Musenalmanach für das Jahr 1798*. Tübingen 1798, 88-99(Goethe: *Werke*. Bd. 1, 268-273).

[264] 상징에서 그 의미가: Li − "의미가 내면으로서 독자적으로"

[265] 더 이상 … 없다: Li − "표현과 구분되지 않는다."

[266] 그런데 의미가 … 나타난다: Li − "낭만적 시문학에서는 이런 내면이 좀 더 규정된 의미가 된다."

[267] 퀸투스 엔니우스(Quintus Ennius, BC 239-169): 고대 로마의 작가.

268 플라우투스(Plautus, BC 184 death): 로마시대 작가.

269 헤겔은 아마도 로마의 역사가 타키투스(55-115)의 이 책을 언급하고 있는 듯하다. Publius Cornelius Tacitus: De origine et situ Germanorum. 이 책에서 타키투스는 로마제정의 몰락과정과 게르만인의 이상적 비르투스(virtus)를 대비시켰다.

270 실루투스[Sallust(C. Sallustius Crispus), BC 86-35]: 로마의 역사 저술가. Vgl. Gaius Sal-
lustius Crispus: *Werke*. Lat. und Dt. von Werner Eisenhut. München 1985.

271 세네카 장로(Seneca d. Ä., BC c. 55-AD c. 40): 철학자 세네카의 아버지. (망실된) 역사
저술을 썼는데 여기에는 내전의 시작된 이후의 시대사가 서술되어 있었다.

[272] 외면성: JH – "악덕"

273 Vgl. Horaz: *Satyren*. (Horaz: *Sämtliche Werke*. 254-417 〔Sermones〕.) 또한 문명비판적 주
석이 달린 빌란트의 다음 번역도 참조. Vgl. Christoph Martin Wieland: *Horazens
Satiren aus dem Lateinischen übersetzt und mit Einleitungen und erläuternden An-
merkungen versehen von C.M. Wieland (1786)*. (Christoph Martin Wieland: *Übersetzung des
Horaz*. Hrsg. von Manfred Fuhrmann. Frankfurt a.M. 1986).

274 주비넬(Juvenal, 58/60-138/130): 로마 풍자시인.

275 루키아노스(Lukian, 120-180): 그리스 작가. Vgl. Lucian von Samosata: *Sämtliche
Werke*. Aus dem Griechischen übersetzt und mit Anmerkungen versehen von Chris-
toph Martin Wieland. Leipzig 1788-1789(Reprographischer Nachdruck. Darmstadt 1971).

276 신에 대한 조롱은 『개구리들(*Frösche*)』 V. 1-673, Aristophanes: *Sämmtliche Ko-
mödien*〔Vgl. 144,15-16〕, 469-494)에서, 더 분명히는 『새들(*Vögel*)』(V. 1195-1265,
Aristophanes: *Sämtliche Komödien*, 340-342); (V. 1494-1692, Aristophanes: *Sämtliche Komödien*,
349-356).

〔[III.] 낭만적 예술형식에 관하여〕

[277] '정신이 자기 자신을 안다'는 것, 혹은 '정신이 자신에 대한 앎을 갖는다'는 것은
헤겔의 용어로 '절대적 정신(der absolute Geist)'의 가장 중요한 특징이다. 예술은 곧
감각성의 형식을 띤 절대적 정신이다. 절대 정신의 자기지(自己知)에 대해서는 특
히 『정신현상학』의 '종교' 장 서론 부분을 참조.

[278] 감각적이지 않게: JH – "감각적으로"

[279] nach ihrem Begriff.

[280] 무한성이 "직접적으로" 있다는 것은 유한성과의 연관이 철저히 배제되었다는 뜻
이다. 그러나 유한과 단적으로 구분된 무한은 오히려 무한성의 경계 밖에 놓인
그 유한성에 의해 제한을 받는 무한성, 즉 '유한한 무한성'으로 전락한다. 헤겔은

이런 '지성'의 관점에서는 악무한을 피할 수 없다고 생각한다. 참된 무한자는 이런 "자기 분화"를 통해 자신이 품고 있는 유한성의 계기를 극복하면서 발전한다. 정신이 내포한 "자연적 존재 및 감각"(주관적 정신)을, "일상의 자유와 국가적 목표"(객관적 정신)를 극복하여 자신의 참된 무한성(절대적 정신)에 도달한다.

281 Homer: *Odysseus*. XI. V. 428-491.

1. 낭만적 예술의 종교적 내용에 관하여

[282] 신은 이제 눈앞의 현실적, 개별적 인간(예수 그리스도)이 신이다. 즉 기독교의 신은 신인(神人, Gottmensch)이다.

[283] Gemeinde: 교구(敎區). 교회, 신앙 공동체 등을 뜻한다. 이 말을 헤겔은 인간에게 공통된 보편적 의식의 준거점으로 좀 더 폭넓게 이해한다.

[284] 경건한 한 신앙인이 가정을 버리고 순례 여행을 떠났다가 거지가 되어 자신의 집에 되돌아왔는데 가족들이 자신을 알아보지 못한 채 20년을 보살펴 주었다는 이른바 '탕자' 이야기를 가리킨다. 이에 대해서는 《105》도 참조.

285 Vgl. Hartmann von Aue: *Der arme Heinrich*(1190-1220); 그림 형제(Jacob und Wilhelm Grimm)의 개정판(Berlin 1815).

286 Vgl. *Die Andacht zum Kreuze*. in: Pedro Calderón de la Barca(1600-1681): *Schauspiele*. übers. von August Wilhelm Schlegel. 2 Bde. Berlin 1803-1809.

[287] 칼데론(Pedro Calderón de la Barca, 1600-1681): 스페인의 대표적 작가이다. 종교적 경건함, 애국주의, 명예심 등을 주제로 한 수많은 작품을 남겼다.

[288] 《57》, 《121》 참조.

〔2. 낭만적 예술의 세속적 내용에 관하여〕

289 제2부 미주 143번 참조.

[290] 죄인이기에 사랑할 자격이 없는 것이 아니라, 그런 자가 너무나 큰 사랑을 베풀었기에 용서받은 죄의 크기 또한 대단하다. 그럼에도 자신이 계속 속죄해야 한다고 생각하는 것이 잘못일 뿐 그가 사랑한 일이 잘못일 수는 없다.

291 Vgl. Lukas, 14:26(Vgl. auch 9:59-62); *Matthäus*. 10:37(Vgl. auch 8:21-22).

292 Vgl. *Ilias*. I, 1ff. (Vgl. auch 6-7); 포스(Johann Heinrich Voß, 1751-1826)가 번역한 책에도 아킬레우스의 분노가 나타나 있다(J. H. Voß: Homers Odüßee übersetzt. 1781; *Homers*

Werke. Von Johann Heinrich Voss, T 1-4. 4. Stark verb. Aufl., Stuttgart und Tübingen 1814, 3f).

[293] 내 인격을

294 Alarcos: *Ein Trauerspiel von Friedrich Schlegel*. Berlin 1802. (Vgl. Schlegel, *Kritische Aus-gabe*. Bd. V. 221-262) 슐레겔은 이 책을 바탕으로 작품화하였다. *Romance del Corde Alarcos*(Sevilla 1515 u. ö.). 여기서 행위의 충돌은 스페인 귀족의 명예에 관한 통념이 결혼 성사에 대한 가톨릭 교리의 해석과 대결하면서 생겨나는데 헤겔은 이 충돌이 차갑게 죽은 것에 불과하다고 비판한다.

[295] 자신보다 낮은 신분의 여인을 사랑할 때 제 신분의 명예를 포기해야 하는 상황이 발생한다.

[296] 이성(異姓)에 대한 감정.

[297] 그리스 신화에 등장하는 테베 왕 크레온의 아들이자 안티고네의 정혼자.

[298] 에우리피데스의 비극 『히폴리토스(Ἱππόλυτος)』를 가리키는 것으로 보인다. 남편 테세우스의 전처 소생인 히폴리토스를 사랑한 파이드라가 그 사랑을 거절당하자 음모를 꾸며 의붓아들을 죽인 후 자신도 자살하는 이야기다. 이른바 팜므파탈의 대명사인 파이드라는 이후 여러 작품의 소재가 되었는데 특히 근대 프랑스의 작가 라신(J. B. Racine)의 『페드르(*Phèdre*)』가 유명하다.

299 예전에 소장했던 가문의 이름에 따라 〈메디치의 비너스(Venus von Medici)〉라 불리는 이것은 BC 1세기 그리스 조각상을 로마 제정기에 대리석으로 모사한 것이다 (예전에는 메디치 별장에 있었다가 지금은 피렌체 우피치 미술관에 있다). 특히 그리스 예술가 클레오메네스(Kleomenes)의 서명으로 인해 19세기 말까지는 원본으로 인정받았고 고전주의 예술가 및 이론가에게 큰 주목을 받았다. 그렇지만 클레오메네스는 모작을 만드는 화파에 속했다. 이 조각의 원본은 그 이전에 프락시텔레스(Praxiteles, BC 4C)의 후계자가 만들었다.

[300] 제3부 미주 134, 157번 참조.

[301] 오레스테스와 필라데스의 우정이 가장 대표적이다.

302 Vgl. Homer: Ilias, III, 97-102, 92f. Vgl. III, 437-447, 110f.

[303] 《31》, 《132》 참조

304 헤겔은 14세기 판본(Versepo: Cantar de Rodrigo o mocedades del Cid)의 번역본을 전거로 삼는다. J.G. Herder: *Der Cid*. Geschichte des Don Ruy Diaz, Grafen von Bivar. Nach spanischen Romanzen[1803/04년 헤르더의 잡지 『아드라스테아(*Adrastea*)』에 처음

실린 후에, 그의 전집 3권(*Sämmtliche Werke.* Tübingen 1805)에 수록. 이 권에는 다음의 글로 실려 있다(*Schriften Zur schönen Litteratur und Kunst*)). 헤르더가 전거로 삼은 대본은 다음과 같다. *Bibliotheque Universelle*(1783). 즉 후안 에스코바르(Juan Escobar)가 시드 전설을 모아서 정리한 다음의 판본을 선택하지 않았다. 또한 "(Seckendorff; *Karl Sigmund Freiherr von Seckendorff.* 1744-1785)"라 불린 다음의 번역도 있었다. *Romantische Geschichte des Cid.* in: *Neue teutsche Merkur* (hrsg. von Christoph Martin Wieland. Jg. 1792. 1. Stk., 199-215). 여기서 헤겔은 중세 후기의 영웅 시가가 낭만적 세계에 속한다는 점을 강조하고 있다.

305 헤겔은 아마도 클라우디우스(Claudius von d. c. Turin, 827)를 가리키는 것으로 보인다.

306 헤겔은 여기서 사제 콘라드(Konrad, 1170년경)의 『롤랑의 노래(*Rolandslied*)』라든가 이 것의 전거가 되는, 테로울드(Théroulde)의 것으로 알려진 『롤랑의 노래(*Chanson de Roland*)』(1100년경) 같은 특정 판본을 염두에 두고 있지 않다. 이야기의 소재는 임머만(Karl Leberecht Immermann, 1796-1840)이 개작한 작품(*Das Tal von Ronceval*, 1819)이라든가 드 라 모테(Friedrich Heinrich Karl Baron de la Motte Fouqué, 1777-1843)가 개작한 작품(*Romanzen vom Thale Ronceval.* 1805)을 통해 알려졌다.

[307] 충성스런: Ro - "멋들어진"

308 '라이네케의 여우'라는 소재는 중세 초기부터 여러 판본에, 특히 중세의 『동물 서사시(*Ysengrimus*)』(c. 1150)에, 그리고 프랑스의 로만, 프랑스어로 된 『여우 이야기(*Roman de Renart*)』에, 중세 고지 독일어로 된 『라니네케 여우(*Reinhart Fuchs*)』(12C 말)에, 저지 독일어로 된 민중시가 『라이네케 드 포스(*Reynke de Vos*)』(1498)에 나타난다. 교활한 여우의 방자한 술책에 대한 이 이야기는 종종 풍자의 의도에서 사용된다. 괴테의 동물 서사시 『라이네케 여우(*Reineke Fuchs*)』(1794)는 1752년 고트셰트(Gottsched)가 출간한 저지 독일어 민중서의 산문 번역 가운데 하나에 기초를 둔다. (제2부 미주 111번도 참조)

309 Vgl. Shakespeare: *König Lear(King Lear)*, I. 4.

[310] 『오디세이아』의 에우마이오스.

[311] 국가와의 관계가: Ro - "근대 세계의 백성이 국가에 대해 갖는 관계가"

312 Vgl. *Hotho 1823*, 180.

[313] 셰익스피어는 라파엘 홀린셰드(R. Holinshed)의 『연대기(*Chronicles*)』에 수록된 이야기를 토대로 작업하였다. 맥베스(Macbeth)는 실제로 스코틀랜드 국왕이었던 막 베

하드 막 핀들라크(Mac Bethad mac Findláech)의 영국식 발음이다. 막 베하드는 자신에게 권리가 있었음에도 왕위를 계승하지 못한 것에 앙심을 품고 왕권을 빼앗은 인물이다.

[314] 『리차드 3세』의 주인공

315 Vgl. Othello(*Othello, The Moore of Venice*), Tragödie in fünf Akten (Vers und Prosa) von William Shakespeare (1564-1616). 1603년 초판[Quarto, London 1622, Folio ebda. 1623; 1604년 11월 1일 초연(Whitehall)].

[316] Deus ex machina: '기계에 의한 신(神)' 또는 '기계장치의 신.' 무대 측면에 설치된 기중기 따위를 신이 타고 등장하도록 연출한다 해서 이러한 이름이 붙었다.

317 특히 줄리엣의 아이 시절에 대한 묘사를 참조. *Romeo and Juliet*. I. 3, V. 16-62 (Shakespeare: *Sämtliche Dramen*. Bd. 3, 293-295).

[318] 로렌스 신부

319 헤겔은 셰익스피어의 『템페스트』(1661년 초연; 1623년 초판 출간)에 나오는 프로스페로(Prospero)의 딸 미란다(Miranda)를 가리킨다. 1막(I. 2, V. 18)에서 프로스페로는 자신의 딸을 "자신이 어떤 사람인지 모른다(ignorant of what thou art)"면서 그녀의 성격을 규정한다(Shakespeare: *Sämtliche Dramen*. Bd. 1, 33). 이런 평가는 미란다의 행동이나 자기이해를 보면 딱 들어맞는다. 이에 대해서는 특히 3막 1장을 참조. Shakespeare: *Sämtliche Dramen*. Bd. 1, 63-66.

320 테클라(Thekla)는 실러가 고안한 인물이다. Vgl. Schiller: *Wallenstein*. Tübingen 1800.

321 여기서 "반성적(reflektiert)"이란 실러의 『소박 문학과 감상 문학에 대하여(*Über naive und sentimentalische Dichtung*)』에서 언급되는 '감상성'의 범주를 설명하는 말이다.

322 Johann Wolfgang von Goethe: *Der König von Thule*; zuerst veröffentlicht in: *Volks- und ander Lieder*. In Musik gesetzt von Siegmund Frhn. v. Seckendorf. Dessau 1782, Nr. 3, S. 6: Der König von Thule. Aus Goethens Dr. Faust. (Goethe: *Werke*. Bd. 1, 79-80)

323 헤겔은 괴테의 시 〈목동의 비가〉를 가리키고 있다. Goethe: *Schäfers Klagelied*. in: *Taschenbuch auf das Jahr 1804*. Hrsg. von. Wieland und Goethe, Tübingen 1804, 113f. 헤겔이 갖고 있던 이 시의 사본이 뉘른베르크 시립 도서관에 소장되어 있다 (Autogr. 1500); Vgl. Hegels Abschrift von Goethes Gedicht "Schäfer's Klagelied". Mit-

geteilt von Helmut Schneider. in: *Hegel-Studien*. 13 (1978) 77-84.

324 Vgl. 테오도어 고틀리프 폰 히펠(Theodor Gottlieb von Hippel, 1741-1796): *Kreuz- und Querzüge des Ritters A bis Z*(2 Bde. 1793-1794) und *Lebensläufe nach Aufsteigender Linie* (4 Bde. 1778-1781)

325 여기서 헤겔은 햄릿이 "유약한 심정"을 지녔다고 "부당하게" 비난한 괴테에 반대한다. Vgl. Goethe: *Shakespeare und kein Ende!*(Goethe: *Werke*. Bd. 18, 147-160, bes. 154); Goethe: *Wilhelm Meisters Lehrjahre*. 5. Buch. 6. Kap.(*Sämtliche Werke*, Bd. 7, 329); "햄릿은 형식화된 인물에 속한다. 유약하지 않은, 지극히 고귀한 심정을 지녔다. 부당하게도 괴테는 그가 유약한 심정을 지녔다고 말하였다"(Kehler 1826, 《275》f).

[326] 가령 1609년 스페인 왕 펠리페 3세는 무슬림 무어인 30만을 강제 추방하였다.

[327] 『신곡』을 쓴 단테를 가리키는 것으로 보인다.

[328] hermandad: 형제애(우애), 신자 단체 등을 뜻하는 스페인어이자 경찰을 뜻한다. 여기서는 공공의 질서와 안녕을 수호하기 위해 동분서주하는 돈키호테의 행위와 연결된다.

[329] 제3부 미주 392번 참조.

[330] 주인공

[331] 등이: Ro - "등이, 궁정 수행원 같은 부수적 인물이, 또한 종교적 대상으로는 아기 예수 옆에 짚, 황소, 당나귀 등이"

[332] 이런 식으로 … 존재한다: Li / Ro - "정신성이 떠나 버린 산문적 자연이 존재한다."

[333] 내밀하지는 않으며; JH - "내밀할 수 있으며"

[334] 국부적인: JH - "특칭적인"

[335] 여기에는 가령 … 표해진다: Ro - "경구(Epigramm)는 원래 비석에 새긴 글일 뿐이다. 민활한 정신이 무언가를 만들어내면 무언가가 생겨난다. 감동적인, 혹은 날카로운 면모를 전달하는 것이다. 그런 감동적인 경구를 우리는 그리스인들에게서 발견한다."

[336] 페트라르카를 염두에 둔 것으로 보인다.

337 모하메드 셍세딘 / 하피스(Mohammed Schemseddin / Hafis, 1300-1389): 페르시아 시인 (제2부 미주 179번 참조).

338 Goethe: West-Östlicher Divan. (제1부 미주 157번 참조) 괴테는 이 책을 1819년에 완

성하였다(Vgl. Goethe: *Sämtliche Werke*. Bd. 3, 285-412).

339 프리드리히 뤼케르트(Friedrich Rückert, 1788-1866): 독일 작가. 헤겔에 따르면 루미의 작품을 독일어로 훌륭하게 옮겼다. Vgl. Friedrich Rückert: "Mewlana Dschela-leddin Rumi," in: *Taschenbuch für Damen aus dem Jahre 1821*, Tübingen 1821.

340 Vgl. Johann Wolfgang von Goethe: *Der Abschied*(1770). in: *Goethes Schriften*. 8. Band. Leipzig 1789, 112: "슬픈 이 시간 / 사랑의 가장 달콤한 언약조차, / 입술의 키스는 차갑고 / 손은 연약하다(Traurig wird in dieser Stunde / Selbst der Liebe süßtes Pfand, / Kalt der Kuß von deinem Munde, / Matt der Druck von deiner Hand)."

[341] 에로스

342 Hafis: *Der Diwan*. Der Buchstabe Sa. VI. Bd. 2, 35: "장미의 신부가 축제로 돌아왔네(Die Braut der Rose kehrt zum Fest)."

343 제2부 미주 74, 79번 참조.

344 Klopstock: *Die künftige Geliebte* 〔1748〕, In: *Klopstocks Oden*. Bd. 1. Leipzig 1798, 29: "당신의 이름이 라우라던가? 페트라르카가 라우라를 노래하였다, / 경탄하는 자에게는 아름다우나, 사랑하는 자에게는 그렇지 않구나!(Heissest du Laura? Laura besang Petrarcha in Liedern, / Zwar dem Bewunderer schön, aber dem Liebenden nicht!)"

제3부

예술작품들의
특수한 형상화에 관하여

【그림 50】
카를 프리드리히 싱켈, 〈강변에 있는 중세 도시〉(1815), 베를린 구 국립미술관.

여기서는 예술작품의 개체성Individualitait을[1] 고찰할 것이다.[2] 예술작품의 통일성[3]에 대해서는 이미 언급한 바 있다. 예술작품은 여러 계기로 나뉘며 이것들이 하나의 총체를 이룬다. 즉 상이한 지체와 기관이 자립적으로 현상하되 이것들이 저 전체의 특수한 양태[4]를 이룬다. 예술은 예술 형상물들로 나뉘는 하나의 전체이되 이것들은 공속성을 지니면서 서로 긴밀히 연계된다. 이 형상물 각각은 다른 것에 비해 무언가 특수한 면이 있다. 이 형상물이 속하는 권역을 고찰한다.

예술형식은 자체적으로 탄생, 완성 및 분열[퇴화]이라는 세 형식으로 전개된다. 예술작품의 전개도 그러하다. 예술형식과 관계하면서, 외적이고 추상적으로 관계하면서 말이다.[5] 기술 함양의 상이한 단계를 일컬어 양식이라 한다.[6] 예술이 진행되는 각 단계마다 특유한 이름의 양식을 언급한다. 양식의 첫 출발은 진지한 양식이라 불렸다.[7] 그러나 억지로 꾸민 듯 어색한[8] 이 첫 번째를 거쳐 미는 한층 자유롭게 형상화되어 오직 필연적인, 정확한 규정만을 표현하였다. 마지막으로 우아하고 쾌적한 것에 도달했는데, 여기서는 특별한 것을 선호하고 외양에만 치중하여 더 이상 [미] 개념의 완성을 통해서 표현되기보다는 매력을 품기 위해 개별적 지점에만 골몰하였다.[9] 특히 미술사를 보면, 화가의[10] 기법에 관철되고 예술작품에서 확인되는 그 차별성들이 확인된다. 《82》

특수한besonder 예술형식들에 대한 보편적 분류에 대해서는 이미 언급한 바 있다. 총체성은 그것의 개별einzel 부분을 이루는 계기들로 나뉘는데 이는 한 통일체를 이루는 지체 같은 것이 아니고 각각이 특수하게 실존한다. 첫 번째 형상화는 외적인 것 자체의 형상화인데, 이는 형상화의 중심점인 주관이, 즉 인간 형상과 관계하는 그런 무기체의 형상화다. 이런 요소를 지닌 예술이 건축이다. 건축이야말로 예술들 가운데 첫 번째 형식으로서 외적인 것 자체가 주관으로 등장하는 형식이다.[11] 그다음에는 조각이라는 [인간] 주관이 따라 나오는데 이 형상은 스스로 자신의 의미를 표방한다. 외적으로 표현되는 조각에 처음으로 객관적 규정이 부여된다. 이 객관적 조형은 아직 주관성의 형식을 띠면서 실존하지는 않는다. 주관적인 것이 주관의 형식을 띰으로써, 주관이 자신 안으로 진입함으로써, 즉 주관이 자신을 표현하여 특칭적 주관으로 등장함으로써 회화가 있게 된다. 공동체를 현시하는 회화에는 자기의식이, 느낌을 갖는 정신성이 존재한다. 현상을 표하는 것은 바로 느낌이며 색채다. 색채로 인해 행위와 느낌의 특칭성에 도달된다. 공동체에 신성도 진입한다. 신성은 언제나 [인간의] 주관적 정신으로 느낄 수 있어야 한다. 이 세 번째 예술은 외적 질료[의 형상화]를 다루는 까닭에 조형적이라는 이름을 갖는다. 네 번째는 색채와 같은 외적 질료로 주관을 표할 수는 없고 표상[관념]에 속하는 질료로만 표할 수 있다. 그런가 하면 표상 중에는 표상된 것을 생각하는 순간 그것의 특색이 사라지며 [그 특색이 견지되는 순간] 생각 자체가 사라진다. 이것이 소리가 갖는 추상성이다.[12] [더 나아가] 소리가 분절화되면[13] 소리의 특정 조합이 특정한 표상을 표현하는데 이것이 말의 예술이자 시예술이다. 여기에서는 살아 있는 현실적 주관이 그 전체 인격성의 최정점을 나타낸다. 극시를 통해 인간을 온전하게 바라볼 수 있다. 소리를 질료로 하여 주관성을 견지하는 이 마지막 두 예술을 조음調音하는 예술이라 한다. 표현할 질료로 인해 그런 유기적 관계가 성립하는 것이다.[14]

[I.] 건축술

[예술을] 직접적 외면에서 시작하므로 그 시작은 건축술Baukunst이다. 이는 경험상의 시작이 아니다. 인간[의 욕구]에 의해 이것이 처음 이루어 졌다는 가정을 세울 수는 있으나, 지금은 욕구에 기인하는 것이 아니라 예술로 고찰되어야 하는 것을 말하고 있다.[15] [물론] 인간이 처음 동굴을 팠다.[16] 하지만 노래도 인간이 처음 불렀다. 건축Architektur에서는 이념의 외면적 측면이 현상한다. 건축이라고 하면 일단 우리는 곧장 가옥을, 그 리고 공동체를 위해 신이 모셔진 사원을 생각한다.[17] 건축을 이렇게 규 정한다면, 우리는 이것의 본질에 따라 규정한 후 사원의, 그리고 그 안에 있는 신의 외적 객관성의 상호차이를 규정한 셈이 된다.[18] 지금 이 시작 에서는 [목적으로서의 신과 그 수단으로써의 사원의] 그런 구분에서 출 발하지 않는다. 일단은 건축물Bau 자체가 고유한 의미를 갖는다.[19] 그렇 게 의미를 지니면 건축물은 조각의 규정까지 갖게 된다. 물론 이것이 조 각은 아니다. 여전히 무기체적인 면모를 태생적으로 갖고 있으니 말이 다.[20] 건축은 상징이다. 건축이 그 의미를 자기 자신에서 갖고 있지는 않 은 까닭에 건축은 상징이다. 상징으로 우리가 시작하였다. 예술형식이 셋이었듯이 우리는 여기에서도 건축을 세 형식으로 구분한다.[21] 《83》

〔1.〕 상징적 건축

특히나 건축에서 [상징적, 고전적 및 낭만적이라는] 이 구분이 [불명하 게] 나타난다. 건축은 외면에 존재하는 예술이며 그럼으로써 건축은 개념상 외면적이다. 따라서 다른 예술들에서는 의미가 없는 그런 상이성이 건축 자체에 있다. 건물의 규정은 이러하다. 중심점을 이루는, 자신의 주변과 구분되는 그런 주관을 에워싼다. 이를 견지할 경우 저 구분을 어떻게 할 것인지 난감해진다. 첫 번째 건축은 자립성을 지니고 있되 [무언가를] 에워싸는 것인 까닭에 고전적인 것만큼 자립적이지는 않다.[22] 이 자립적 건축에서 우리는 목적과 수단을 살펴봐야 한다. 이 건축은 경험상으로도 첫 번째다. 심중의 무언가를 표상하려는 그런 근원적 예술 욕구에서 등장한 이것은 정신적 표상이 다른 이에게 가시화되어 그 속에서 인식될 수 있도록 제작된 외적 객관이다. 그것은 많은 이에게 보편적인 것이 되어야 한다. 그 자체로 본질적 의미를 지녀야 하는 것이다. 사람들이 함께 돌을 던짐으로써, ─ 전장에서 죽은 이를 위한 ─ 기념물이 되어 많은 이가 중요하게 여긴다. 이는 상징적이다. 이 범주에 속하는 것으로 인도인의, 이집트인의 걸작 예술들이 있다. 엄청난 상상력에 따른 작품이 민족을 대변하기도 했는데, 이는 유용성을 위한 것이 아니라 정신을 위한 것이었다. 즉 민족 구성원들의 의식에 들어 있는 통일된 민족적 본질이 현상하였다. 사람들은 자신들이 통일체를 이루고 있음을 안다. 이를 위한 구심점이 주어졌다. 사람들이 이 그 점을 알게 해 주는 구심점 가운데 그 첫 번째로 바벨탑[23]과 같은 가장 오래된 구조물이 있다. 헤로도토스는 바빌론의 바벨탑에 대해 탑과 유사한 이 구조물을 증언한다.[24] 그것은 성소聖所로서 단단한 문이 난 정방형의[25] 사원이었다 한다. 중심에는 거대한 탑이 하나 있었는데 그 목적상 사람들은 거기에 머물 수 없었다.[26] 입방체의 탑에는 또 다른 입방체가 여덟 개 있었다.[27] 맨 위의 입방체[28]에는 사원이 있는데 그 내부에 신상은 없고 낮에 신이 쉴 수 있는 긴 의자가 있었고, 그렇기 때문에 낮에는 아무도 들어갈 수 없었다 한

다.[29] 여덟 번째 것 아래에 있는 입방체 일곱이라는 숫자는 상징적 규정을 갖는다.

이 형태에는 인간의 형상이 등장하지 않는다.[30] [인간보다 더] 본질적인 무언가를 표할 형

태를 사용해야 했기 때문일 것이다. 그런 한에서 상징적인 규정이 나온다. 즉 저런 사례에서 우리는 일곱 입방체를, 즉 〔지층과 꼭대기층을 제외하고〕 일곱 개의 층을 갖는 탑은 규칙적인 견고한 형상을 띠며 직선을 기본 특징으로 갖는다는 점을 발견하게 된다. 일곱 층이 갖는 의미가 우리에게 전해지지는 않으니 우연한 것으로 생각할 수도 있다. 그러나 그 숫자는 다른 여러 제작물에도 있었던 까닭에 7이라는 숫자에는 본질적 의미가 있었을 것이다. 그 본질은 자연에서 찾아야 할 터, 그 숫자는 일찍이 천체와 관련해서 중요시되었는데 행성들[31]에 달과 태양을 포함하면 일곱이 된다. 메디아의 에크바타나라는 도성都城에도 각각 상이한 형태[32]를 띤 일곱 겹의 벽이 둘러쳐져 있었다.[33] 따라서 7이라는 이 상징적 숫자는 자연에 있는 가장 중요한 본질로 등장하는 것이다. 그러니까 그러한 상징을 인식하기 위해서 건축 작품의 세부 사항까지 파고 들어가

이 작품을 파악〔할 수 있다.〕[34] **《84》**

　이미 인도에는 한층 상세한[35] 사원이 있었음을 알 수 있다. 그곳에는 그 목적에 맞도록 규정된 형상이 있으나 이는 여전히 건축 작품으로 보아야 한다. 자연의 생명력이 진작부터 숭배의 대상이 되었다는 점에 대해서는 이미 언급한 바 있다. 정신이 아닌 자연의 생식력이 인도인, 이집트인 및 그리스인들에 의해 봉헌되면서 자연스러운 표상으로 자리 잡고 있었다. 조형물들이 팔루스 봉헌에서 가장 핵심을 이루곤 했다는 것을 우리는 알고 있다. 디오니소스에 대한 신화적 봉헌에 대해서는 헤로도토스가 이미 언급한 바 있다.[36] 탑들이 대량으로 세워진 석조 구조물이 그런 식으로 숭배되었다. 나중에는 그 속을 파내어 신으로서 작은 동물이나 작은 조형물 따위를 넣어 두었는데 이는 껍질 속 씨앗과 같은 역할을 하였다. 이런 식의 표상이 점차 확장되었다. 인도에서는 생식의 그런 이미지의 확장으로 메루산山[37]이 생각되었다. 탑Pagode마다 형상이 고유한 것도 그런 이유에서였고, 형태는 가늘고 높아서 위로 올라갈수록 좁고 가늘게 뻗어 있었다. 기둥의 형태에서 취하였기 때문이다. 열주列柱[38]가 출입구에 설치되어 있다. 남성과 여성의 생식기를 모방한 열주를 세소스트리스[39]가 콜키스[40]에까지 세워 놓았다.41[42] 이는 인도적이면서 또한 이집트적이다. 세소스트리스의 인물은[43] 지어낸 것이 아니며 인도인[44]의 전거들에서도 찾아볼 수 있다. 리터는 자신의 저서45에서 헤로도토스가 이것을 보았으나 이를 세소스트리스의 것으로 여기지 않았다고 한다. 헤로도토스는 이 형상에서 자연적 의미는 물론 윤리적 의미까지 찾아내었다. 즉 〔자신의 군대에 맞서〕 용감하게 싸운 민족은 남성의 생식기로, 비겁했던 민족은 여성의 생식기로 형상화했다는 것이다. 시리아의 키벨레[46] 봉헌 또한 그런 식으로 이루어졌다.

세 번째 상징적 건축 예술은 건축물과 조각 사이에 놓여 있는 것인데 이집트 건축 예술이 그러하다. 이는 사원이다. 헤로도토스는 주변을 에 워싸는 벨로스[47]의 사원을 언급한다. 이 사원 앞 외부에는 코끼리 같은 큰 동물들이 서 있고 그 옆에 제단이 있다. 이집트인 특유의 형태로 오 벨리스크와 피라미드를 꼽을 수 있다. 오벨리스크도 피라미드처럼 매장 의 목적을 갖는다. 규칙적 형상을 띤 구조물인 오벨리스크는 무릇 생명 체의, 식물의 모습을 하지 않고 돌 속에 태양 빛을 받아들여 머금는다는 규정을 갖는다.[48] 페르시아의 조형물에서 불빛이 솟아 올라오는 것을 보 았다. 피라미드는 지극히 규칙적이고, 건축적이되 자립적 건축은 아니고 죽은 자를 받아들인다는 규정을 갖는다.

그밖에도 이집트의 인간 조형물인 멤논 상이 있는데, 이것이 독자적으 로 서 있는 까닭에 [조각이라기보다는] 장대한 건축으로 볼 수 있다. 건 축 구조물과 같은 이것들이 열주 대신에 사원에 놓여 있었으니 말이다. 이것들은 일렬로 서 있으며, 또한 이러한 질서 속에서 균등한 다수의 상 으로 여겨졌으므로 건축과 다름없는 것으로 전락한다. 이 점에서는 스핑 크스도 마찬가지다. 본래 조각품인 이것들은 엄청나게 거대하며 엄청나 게 많이 발견된다. 한 이탈리아인[49][50]이 발견한, 오히려 조각이라 할 만 한, 피라미드 주변의 스핑크스[51] 사자 부분의 기단에는 포장이 되어 둘 러쳐져 있었다. 사원의 기단에서 머리 부분까지는 65피트다. 사자의 발 은 57피트, 발톱의 높이는 8피트다. 《85》

이 엄청난 암괴의 바닥은 석회석을 깎은 것인데 이는 거대한 암석의 일부에 해당한다. 샹폴리옹도 이 스핑크스를 보았다.[52] 스핑크스들은 사 원을 에워싸는 형국을 취하고 있다. 수백 개의 형상물이 두 줄로 이어져 그 사이를 통행할 수 있도록 되어 있으며 통행의 목적이 분명한 그 만큼은 건축으로 전락한다. 각각의 높이는 30피트다. 벽과 문은 건축이라 말할 수 있다. 그러나 그 자체만으로도 존속할 만한 그런 자립성도 보여 준다. 보통 탑문Pylon이라 부르는 이것은 높이 100피트 혹은 그 이상이다. 문 앞에 난 넓은 벽은 독자성을 띤 문보다 낮다. 하부는 넓고 상부는 좁으며 통행로로 지어졌다.

1월 27일

이것들은 직각으로 솟아 있지 않기 때문에 무언가를 지탱하게끔 되어 있지는 않다. 여러 갈래의 길을 만들어 내는 이러한 벽에는 상형문자가 가득하다. 다방면으로 향하는 이 통로들은 흡사 일종의 구멍[53]이라 하겠다.[54] 그것들이 구성하는 관계가 일종의 상징성을 띤다. 그래서 땅 위 혹은 땅 아래의 미궁과 격실로 이어진 길들이 서로 얽혀 있는 것이다. 크레아, 모레아[펠로폰네소스], 몰다 등지에도 그런 지하의 구조물이 발견되며 로마의 하수도 또한 이에 해당하지만 이것들은 전혀 다른 규정을 갖는다. 여기에도 얽히고설킴이 있는데 이는 천체의 경로를 표하려는 규정이 들어 있다고 볼 수 있다. 수수께끼 같은 것이 하나의 의미로 있다. 열주, 계단, 층계, 무수한 스핑크스와 멤논. 이 모든 것은 어떤 규정을 지니고 있으며 불가해하지 않다.[55] 외부의 것에 봉사하도록 명을 받지도 않았다. 사원에서 외형은 목적에 종속되지만 여기서는 그렇지 않다. 구조물과 관계하는 숫자는 나일강이 범람하는 치수, 열두 별자리, 일곱 행성 등으로서 여기에서 통로의 숫자를 차용한다. 이토록 우연한 것에 휘말려 그렇게 규정했다 하니 당연히 놀랍다. 그래서 이런 작품들은 상징적 성격을 띠며 그밖에는 목적을 갖지 않는다. 따라서 이것들은 조각[과 건축] 사이에 서 있다. 일종의 목적 사업 같은 것을 뫼리스 호수[56]의 건설 같은 것에서 발견한다.

지하 건축에 대해서는 미궁을 논할 때 이미 언급한 바 있다. 누비아,

인도 등에서 발견된 엄청난 발굴 사례들도 이에 해당한다. 누비아에서는 암석을 깎아 만든 사원이, 이와 더불어 자연 암석을 기반으로 한 열주, 조형물, 동물상 등도 발견되었다. 인도 사람들은 이를 보다 정교하게 만들 줄 알았다. 이 작품들에 대한 설명을 다수 접할 수 있다. 이런 작품들에서 목적이 시작된다.[57] 일단 굴을 파고 들어가서 거기에 무언가 다른 것을 설치함으로써 그 굴을 통해 무언가를 에워싸는 일이 창출되기 시작한 것이다. 이집트, 시리아 등지에서 자연을 기반으로 한, 그러면서 이를 바탕으로 수천의 사람들을 수용할 만큼 확장된 굴까지 발굴되었다. 니부어[58]가 처음 설명했듯이 봄베이에 있던 굴 같은 것들에는 종교적 목적도 있었다. 거기에서는 거대한 황소가 숭배 대상이 되어 동굴 사원에 놓여 있었다. 미트라스 동굴에도 종교적 목적이 있었는데 이는 페르시아에 기원을 둔다. 그 기념물이 독일[59]에서도 발견되었다.[60] 《86》 이 대리석[61]은 유피테르 카피톨리누스 신전 아래에서 발견되었다.[62] 여기에는 궁륭과 통로도 있다. 궁륭에는 천체 혹은 행성 운동이 상징적으로 현시되어 있다. 통로에는 순수한 영혼의 경로가 현시되어 있다. 여기에는 저 이중적 상징과 관련된 특정 형태가 구조화되어 있다.

죽은 자의 거처는 '은폐한다'는 규정을 갖는다. 이집트만이 아니라 인도에도 이런 규정을 지닌 거대한 작품이 있다. 죽은 자의 몸에 향유를 발라 방부 처리를 함으로써 인간의 불멸성을 나타낸다. 그 신체에도 불후성을 보장하고자 했던 것이다. 피라미드가 이런 목적을 지녔다는 점은 잘 알려져 있다. 그 안에는 통로도 있고 격실도 있으며 군주와 동물을 매장하는 것이 가장 중요한 목적인 듯 보인다. 이 안은 완벽하게 폐쇄되어 있었다. 유럽인들이 그 통로를 열었다. 그보다 훨씬 전에 아랍인들이 보물을 찾기 위해 통로를 열어젖혔다. 이들이 파괴한 수준은 실로 엄청났으나 실제 그 격실에는 도달하지 못했다. 그 격실에는 유럽인들이 실제로 접근하였다. 이들은 출입구 앞에 놓인 거대한 마름돌을 발견했는데 이는 출입을 막기 위해 막아 놓은 것으로 보이며 향후에는 사용이 불가하도록 영원히 폐쇄할 요량이었다.

암석을 깎아 들어간 나일강가의 왕묘 또한 진기하다. 지극히 규칙적인 피라미드는 한 순간에 시야에 들어온다. 건축 기술과 그 질료가 우리를 좀 더 오래 붙잡아 둔다. 실상은 죽은 거물이다.[63] 시간과 노고를 생각해 보면 실로 엄청나다는 생각뿐이겠으나 막상 볼 만한 것은 없었다. 통로가 단순하였다. 피라미드는 시대에 따라 구분될 수 있는데 좀 더 오래된 피라미드는 BC 7000년 이상으로 거슬러 올라가며 왕의 무덤으로 건립되었다. 통로에는 저부조 상형문자 같은 것이 없다. 이와 달리 그 이후의 피라미드에는 글씨가 빼곡해서 그 모두를 베끼려면 몇 년은 걸릴 정도다.

죽은 자의 신체를 위해 주변을 에워싸는 성소는 모든 민족에서 발견된다. 그 몸이 훼손되는 것을 막고 신성함에 걸맞게 해 놓은 것이라고들 한다. 피라미드에는 외적 목적을 띤 의도가 나타난다. 그렇다면 이는 더 이상 조각이 될 수 없다. 규칙적 건축으로 성격을 띠게 되는 것이다. ― 다리우스가 스키타이와 겨루기 위해 나아가고 스키타이가 그를 피했을 때 그는 잘 알려진 말을 전했고, [스키타이의] 왕이 대답하길, 자신들은 잃을 게 없으니 싸울 뜻이 없으며 만일 다리우스가 자신들의 조상 묘를 찾는다면 싸우게 될 것이라 말한다.[64] ― 로마에도 그런 무덤이 있는데 하드리아누스 영묘[65]가 그러하다. 사원 형태의 이 묘를 보고 사람들은 이것이 죽은 자를 사원에 안치하여 숭배하기 위함이라고 하였다. 예배당, 벽감壁龕[66] 등에는 잘

276

알려진 신이라든가 및 황제의 조형물이 설치되어 있었으며 이는 망자의 숭배하는 사원의 의미를 더욱 분명히 해 준다고 보았다. 이집트인들은 죽은 자를 상자에 담았는데, 이는 죽은 자를 오시리스로 만든다는 의미에서였다. 《87》

　이집트인들의 자립적 건축에서도 유기체 형상의 규정이 엿보인다. 직선과 직각이 등장하였다. 담과 열주가 이제 새로운 형태를 띤다.[67] 기둥은 에워싼다는 규정이 아니라 지탱한다는 규정을 갖는다. 이 점에서 기둥에 고통[68]이 집중된다. 벽 또한 지탱하는데 이것이 지탱하는 비중이 크다는 것을 볼 수 있다. 기둥이 지탱하는 비중은 크지 않기 때문에 고전적 형식에서 보는 바와 같이 추상적 지탱이라는 규정을 갖는다. [지탱하는] 힘은 수단의 하나로 축소된다. 기둥은 무언가 다른 것을 지탱한다.

　담벽은 에워싸는 규정보다는 자립적이라는 규정을 더 갖는다. 열주 또한 이집트인들의 경우처럼 그 자체가 자립적으로 여겨질 수 있다. 이집트인들은 멤논 상을 필요로 했다. 그 다음에는 그리스의 형상들(여상주[69])도 지탱을 위해 필요했다. 그 자세라든가 머리가 눌린 모습은 고전적인 것과 관계가 있다. 멤논 상에 지탱을 요구하는 것은 일종의 과잉이다. 기둥 하나만으로는 열주의 목적에 부응하지 못한다. 하드리아누스의 승리 원주圓柱처럼[70] 인물을 위에 얹은 원주도 있는데 이런 기둥의 상부 벽면에는 함께 기뻐하는 인물들이 배치되어 있다. 추상화된 기둥이 출현하려면 그것이 아주 순수한 모습으로 나타날 수는 없다. 그리하여 자연적인 나무, 꽃자루 등의 형상을 띠고 곧추서 있는 것이다. 이런 까닭에 이집트의 열주도 다종다양한 식물 형태를, 가령 연꽃 줄기 같은 형태를 띤다.[71] 여러 개가 자유롭게 연결되어 열주를 이룬 곳에는 형태의 통일성이 보이지 않는다. 양파라든가 뿌리잎 다발 형상도 있으며 꽃자루는 한층 자유롭게 솟구친다. 그렇게 꽃자루가 솟아오른다. 줄기가 꽃처럼 벌어진 주두인 것이다. 모방이 충실할 수는 없다. 원형 및 직선에 가깝다. 저런 기둥 형태에 그려진 아라베스크 문양도 여기서 시작되었다. 이 나선은 회화에서 시작된, 서로 얽힌 장식인데 이는 부자연스럽다고들 말한다. 식물계에서 출발하여 이것으로부터 이행한 그런 왜곡된, 즉 자연 형태에 반하는 동물 형상도 있었다. 그러나 자연 형태를 장식적 유희로 이용한 예술 부류도 있었다. 식물은 무기체에 근접해 있으며 감각성이 있는 자연의 자유 형상을 갖지 않기 때문에 건축적 목적에 부응한다. 그러니까 예술의 자유로운 사용의 유희가 현상하도록 식물은 변형될 수 있고 또 변형되어야 한다.[72] 기둥은 고전적 건축술의 규정이 된다.

【그림 52】 아크로폴리스 '에렉테이온' 신전의 여상주(女像柱)들. 고대 아테네의 전설적 인물인 에렉테우스의 이름을 딴 이 신전에 설치된 여섯 여상주 원본 가운데 하나는 영국 박물관에, 나머지 다섯은 아크로폴리스 박물관에 소장되어 있다.

【그림53】 트라야누스 원주(로마). @NikonZ7II

278

[2.] 고전적 건축술

인간을[73], 혹은 신의 형상을 위한, 아니면 공동체의 집회를 위한 에워쌈이라는 목적을 갖고 다양하게 제작된다. 건축은 오직 타자에서 외적인, 즉 내면에서 나오지 않은 그런 목적을 갖는다. 지성의 엄격한 합목적성과 외적 규칙성이 놓여 있다. 미는 치수와 크기에, 직선, 평면 및 직각 등에 기인한다. 건축에 대해서는 생명성이 아니라 무미건조한 추상적 이해를 논하게 된다. 《88》

건축은 이런 엄격한 목적을 고전적 형식에서 충족한다. 건축을 얼어붙은 음악이라 칭하기도 하는데(프리드리히 슐레겔),[74] 음악에서도 수를 근간으로 하기 때문이다. 장식적으로 우아한 것에 대한 감각에 좌우되는 경험적인, 그런 무미건조한 전문적인 사항까지 우리가 다루지는 않는다. 제일 먼저 언급할 규정은 다음과 같다.

[a.] 가옥

비바람과 짐승으로부터 보호해 줄 주거지를 뜻한다. 바깥 환경과, 다른 피조물과 분리하기 위해 에워싼다. 사람들이 일체감을 확인하게 해 줄 집회가 거기에 열린다. 가옥에서 요구되는 주요 사안은 에워쌈이다. 기둥은 지탱하기 위해, 벽과 지붕은 에워싸기 위해 있다. 기둥이 긴요해 보이는데 이는 그리스 건축술의 고유한 특성을 이룬다. 기둥과 에워쌈은 거리가 멀다. 이런 차이가 곧 그리스 건축과 고딕 건축의 차이로 언급될 수 있다. 고딕 건축에 대해 별로 주목하지 않았던 시대에 청년 괴테는 이에 관한 글을 쓴 적이 있다. 「독일 건축술에 관하여」라는 논문이 그것이다.[75][76] 이런 안목이 거기에 개진되어 있었다. 헤르더가 이 논문을 출간

하였고 『예술과 고대에 대하여』에 다시 실렸다.[77]

1월 29일

고대 건축의 시작이 목조인지, 아니면 석조인지에 대해 논쟁이 있다. 히르트는 목조 건축을 시초로 보았고[78] 그는 이 일로 공격을 당했다.[79] 사람들은 그저 목조 형태에 머물지는 않았다. 필요에 따라 목재를 조달했으나 나중에는 다른 것으로 눈길을 돌렸다. 석조 건축은 독자적으로 존재한다는, 상징적인 것의 자립성이 현상한다. 목조에는 문, 기둥 및 지탱물이 있다.[80] 이집트인들에게도 통로 앞 기둥이[81] 지탱물로 나타났다. 돌더미 위에 일련의 기둥들이 일렬로 놓여 [즉 열주를 이루어] 모든 것을 결속하였다. 기둥으로 된 문이 그렇게 사용된 것이다. 기둥이 지탱이라는 규정을 지니고 있되 단지 폐쇄하는 [에워싸는] 데 쓰이기는 하는 게 아니라 독자적으로도 존립한다. 경계가 있긴 하지만 사람들은 그 안에도 그 밖에도 있다. 주랑은 [고딕 성당과 같은] 낭만적 예술에서와는 달리 집회를 위해 폐쇄적일 필요가 없다. 오히려 외부 방향을 목표로 하고 있음이 가시화되어 있다. 성소의 한쪽 면에 직사각형의 열주가 설치되었으며 암피프로스틸로스[82] 사원의 전면과 후면은 물론 모든 면에 설치되었다.

따라서 기둥은 지탱의 규정을 갖는다. 들보[83]를 갖되 이것에 다른 들보들이 직각을 이루며 얹어진다. 들보머리가 돌출되어 있으며 지붕을 지탱하는 다른 들보머리들이 이것과 가로 모양으로 평행하게 대들보와 함께 놓인다. 이것은 평평하며 건물의 용마루인 꼭대기를 향해 있는 경사진 벽면을 갖는다. 평평한 지붕으로 가옥이 폐쇄되지 않으며 가옥이 폐쇄되려면 경사진 지붕이 마지막에 필요하다.

기둥에는 받침대가 필요하다. 토스카나식式의 경우 받침대가 없지만 좀 더 순수한 질서를 위해서는 이것이 필요하다. 이 규정은 명확하다. 받침대는 기둥의 시작부이며 기둥의 목적은 지탱에 있기 때문이다. 기둥이 땅에 서서 땅을 짓누르는데, 그때 얼마나 박히는지는 우연적이다. [84] 《89》

[기둥의] 길이가 우연한 것으로 보이지 않기 위해 [기둥과 천장 사이에] 주두로 끝마무리를 해야 한다. 질료 자체로 인해 큰 너비를 허락되지 않기 때문에 주두가 있는 것이다. 직선 들보들 사이에 빈 부분이 생기는데 프리즈라 불리는 것이 여기를 메운다. 들보가 튀어나온 부분을 추녀 돌림띠라고 한다. 지붕 천장은 급경사를 이룬다. 이런 것들이 직접적으로 구조화되어 있다. 석재로 동일한 형태를 이루어 낸다. 들보 머리는 도리스 기둥의 특징으로 나타난다. 공간들은 메토프 등으로 불리는 것들로 이루어진다.

따라서 기둥은 아직 종결되지 않았다는, 지탱을 목적으로 할 뿐만 아니라 공간이 열려 있게 한다는 규정을 갖는다. 두꺼운 벽의 기둥은 더 이상 기둥이라는 의미는 없고 문이 된다. 건축술에서 반기둥으로 벽을 조성하면 비난의 대상이 된다. 이미 고대에 비슷한 것이 있었다는 이유로 반기둥을 옹호하기도 한다. 기둥은 폐곡선을 이루는 둥근 것인데, 그 절반이 버팀대Stüze로 사용되어 사각 형상을 띠면, 그것이 계속 나아가 다른 [기둥의] 면까지 이어지면 [그리하여 벽을 이루면] 그럼으로써 기둥의 성격은 사라진다. 그러니까 후면에 평면 기둥들[로 이루어진 벽]이 있고 그 전면에 기둥 전체가 겹쳐 박아 기둥인 듯한 뉘앙스를 풍긴다. [85]

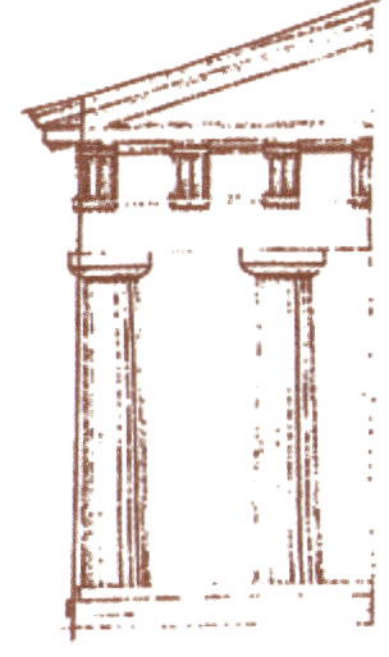

도리스식
그리스 전성기(페리클레스 시대)
네 개의 (반半) 기둥으로 된 박공
사원 정면
I) 하부: 에워싸기 위한 지탱
II) 기둥:
  a) 받침은 언제나 없음
  b) 몸체에는 20개의 빗물받이 홈
  c) 주두: 불룩하며 그런 까닭에 들보가 없다
III) 들보
  a) 평방
  b) 프리즈: 저부조 혹은 트라이글리프 및 메토프로 이루어짐
  c) 추녀 돌림띠: 삼차원 형체

【그림 54】 로런스 앨머-태디마, 〈친구들에게 파르테논 신전의 프리즈를 보여 주는 피디아스〉(1868), 영국 버밍엄 미술관.

【그림 55】 독일 뷔르츠부르크 궁전 '황제의 방' 벽면. 헤겔은 평면에 반원형의 기둥이 박혀 있을 경우 이는 더 이상 기둥의 기능을 갖지 못한다고 생각한다.

고대인의 열주 가운데 지금까지도 유지되는 것으로 세 가지가 있다.[86] 조화로움이 목격되는 것을 그 외에는 아직 창출하지 못했기 때문이다. 로마식 열주는 코린트식과 합치되어 이로부터 좀 더 장식이 가미된 것인

【그림 56】 아테네 아크로폴리스에 위치한 '파르테논' 신전. 도리스 양식의 건축물이다.

【그림 57】 아크로폴리스에 위치한 '아테나 니케' 신전. 아테네인들은 지혜의 여신 아테나를 '승리'의 여신으로도 숭배하였다. 이오니아 양식의 건축물이다.

데 다만 지나친 면이 보인다. 도리스식, 이오니아식, 코린트식 등이 이 세 가지 주요 열주다. 열주의 방식은 높이와 직경의 관계에 따라 나뉜다. 높이가 그런 관계에 있지 않다면 너무 두꺼워 보이거나 너무 얇아 보일 것이다. 높이, 너비 등과의 관계에 따라 기둥 사이의 간격도 고

【그림 58】 아크로폴리스의 북쪽 '포룸 로마눔' 근처에 위치한 '하드리아누스의 도서관'. 코린토스 양식의 건축물로서 기원후 132년 로마 제국의 하드리아누스에 의해 건설되었다.

려하지 않을 수 없다. 기둥 몸체는 엄격한 직선이 아니라 매끄러움을 유지하면서 위는 다소 얇고 중간 아래는 덜 부풀어진다. 몸체가 너무 삭막하여 여기에 화관을 두른 것도 볼 수 있다. 이는 미감美感을 해친다. 기둥은 지탱하는 것으로서 위로 솟아오르는 것이어야 한다. 고대인들은 홈 파기만을 허용했다. 이를 통해 기둥이 더 높고 강해 보이게 하였다. 공간

은 벽감의 두 배였으나[87] 열주와의 비례를 유지했다.

[b.] 도리스식

가장 단순한, 가장 강건한 방식으로서 그 높이가 하부 직경의 여섯 배고, 나중에는 일곱 배가 되었다. 여기서 관건은 견고함이다. 하부[의 직경]의 여섯 배인 기둥은 육중해 보인다. 진지함이 그 성격을 이룬다. 들보 머리와 간격은 크지 않다. 트라이글리프가 이에 맞으니, 이로써 들보 머리가 가시화되며 그 사이에는 메토프가 있어 저부조가 보인다.[88]

[c.] 이오니아식

직경의 8배에 달하여 좀 더 가늘고 간격도 훨씬 더 넓다. 달팽이 형태의 벽이 있고 기둥의 끝을 가리키는 동물 형태가 있다. 프리즈에 트라이글리프는 없고, 《90》 비문이라든가 제물로 바쳐지는 동물의 머리가 들어있다. 코린트 열주는 온갖 장식으로 가장 화려하다. 주두에는 아칸서스 잎으로 장식이 되어 있다.

[d.] 로마 건축

사원 건축에서 낮은 지위에 있는 그리스 건축술에는 단순함이, 명확한 제한성이 있는데 둥근 아치가 있음으로써 이미 지탱이라는 규정을 넘어선다. 둥근 아치는 이제 기둥이 아니라 중심점과 관계한다. 기둥의 조력에서 벗어나 버팀대가 마주하고 있다. 궁륭 기술은 그리스 건축에서는 미답의 영역이었다.[89]

이집트 건축술에 궁륭은 발견되지 않는다. 이집트의 건축에는 이것이 고려되어 있지 않다. 다수의 기둥이 덮개를 받친다. 그리스의 폐허를 살피면 오직 후대에만 아치가 나온다. 건축술에 관해 중요한 작업을 수행한 히르트는 궁륭 기술을 언급하면서 이미 오래전부터 궁륭이 있던 로마에서는 카타콤베나 하수도에도 이것이 있었다고 말한다.[90] 이것이 철학자 데모크리토스가 고안한 것이라는 기록이 있다.[91] 데모크리토스는 자연 사물에 몰두하였다. 자연 형태 속에서 아그리파의 판테온이 아우구스투스 황제에 의해 건립되었는데, 이곳의 벽감에는 마르스, 베누스, (로물루스나 아이네이아스를 암시하는) 카이사르, 아우구스투스 등이 놓여 있다. 반구가 덮개 역할을 한다. 기술적인 면을 보면 궁륭은 목재로 만들어졌고 회반죽이 덮이고 석회암과 화산암도 섞여 있다. 이 혼합물을 응고시켜 목재에 덧붙였다. 그래서 전체 덩어리가 단단해져 궁륭이 최고의 내구성을 갖게 되었다. 로마의 건축술은 그렇듯 궁륭을 특징으로 한다. 여기에서 알 수 있는 것은 〔독일〕 사람들이 프랑스 취향에서 벗어나 로마 형태로 나아간 후 그다음에 그리스 형태로 이행했다는 사실이다.[92]

로마의 건축물은 그리스의 그것과 다른 규정을 전제하였다. 그리스인들에게 사저私邸는 중요하지 않았고 공공의 건물이 매우 화려했다. 건축물은 그저 공공의 목적으로만 쓰였다. 로마인들은 엄청난 크기의 사원, 콜로세움, 극장, 원형 경기장 등을, 그리고 그리스에서 약탈한 보물들로 장식한 목욕탕을 건설하였다. 그러나 사저 또한 훌륭하였다. 루클루스 풍風의 가옥[93]과 같은 시설이 시민의 편의를 위해 새롭게 만들어졌다. 사람들은 이미 정원을 지었고 더위를 피하는 시설도 만들어 냈다.

[3.] 낭만적 건축술

　고딕 건축술은 오랫동안 야만적이라 여겨져 왔다. 우리 시대에 와서야 비로소 그 명예를 얻었다. 기독교 교회의 건축물은 바실리카[94] 양식으로 [시작되었고] 집회를 위해 지어졌다. 콘스탄티누스 황제가 기독교인에게 허용한 직사각형 회당이 있었다. 거기에는 성무聖務 집행을 위한 성단소Tribuna[95]가 있었는데, 이곳에서 성직자가 설교를 하였다. 내진 Choir[96]이 구상되기 시작했다. 독일에서는 교회를 이런 식으로 건립하였고 오직 로마의 건축술만을 염두에 두었다. 후기 로마 건축술을 비잔틴 건축술이라 한다. 《91》

　낭만적 건축에서 기둥은 결코 호리호리하지 않고 묵직하다. 이에 따라 지어진 고딕 건축술을 독일 건축술이라 부르려는 이들이 있는데, 이는 정확한 명칭이 아니다. 왜냐하면 고딕 교회는 남아프리카나 스페인에서도 발견될 수 있고 이런 방식의 건축을 독일에서 모방한 것이기 때문이다. 그러니까 아스투리아스[97]에도 고트족 왕이 지배했고 여기서 고딕 건축술의 기원도 발견된다. 고딕 건축에 아랍인들의 지분도 있다는 점은 이미 언급한 사실로 인해 신빙성이 있어 보이기도 하다.[98] 그러나 고딕 건축은 무어인의 것과 분리되어야 한다.

　　　　　　　　　　낭만적 건축술의 사명은 유한성 너머로 고양되기 위한 집회다. 숭고함에 대한 감동이 가시적이다. 이를 위해 에워쌈이 필요하다. 세속과 연결된 탁 트인 외부 통로는 사라진다. 정신을 흩트리는 그 어떠한 일도 있어서는 안 된다. 열주는 내부에 있으며 이를 통해 통로와 공간이 다양해질 수 있다. 벽에 의해 분리되지 않고 연결된 열주를 이룬다. 심정을 위해서는 공간이 비어 있어서는 안 된다. 피안을 향한 [심정의] 움직임에 그런 빈 공간은 알맞지 않다.

아치는 더 이상 순전한 지탱의 규정만을 갖지 않고 기둥과는 다른 곳에 위치한 중심점에서 함께 완결을 짓는다. 이제 [둥근] 아치가 아니라 첨두 아치가 두 기둥의 끝에서 성립한다. 기둥에서 솟아오른 그것은 마치 나무 줄기로부터 나온 가지 위에 솟아오른 그것처럼 기둥의 연속으로 보인다. 기둥에서 연장된 것들이 원형 아치의 중심점에서 맞붙지 않고 두 편이 자립성을 띠면서 [하나의] 첨두에서 우연하게 합치한다. 창, 문 등은 모두 첨두로 합류한다는 동일한 규정을 갖는다. 측면은 얇고 가늘며 위로 치닫는다. 비례 같은 것은 없다시피 하고 둥글지도 않으며 위로 발산하면서 각 지류가 한 곳으로 묶인다. 유기체의 표상이 이와 더불어 나타난다. 이는 한낱 지탱이라는 기계적인 요소에 머물지 않는다. 내부에서 솟아오르기 위해 다양한 통로가 요구된다. 교회의 허공이 거대함에도 불구하고 이것이 심정과 불화하지 않게끔 하기 위해서 그러하다. 물체를 지탱하기 위해 기둥은 필수적이다. 너비는 큰 가운데 지붕은 닫혀 있지 않다. 이 지붕은 버팀대를 요한다. 내부는 장엄한 분위기를 자아내며 광활하다. 공동체 전체가 한데 모여야 하기 때문이다. 기둥 숫자로 여러 비의적秘儀的[99]인 것을 조성하고자 한다. 쾰른의 대성당이 그러하다. 이것이 건축될 당시에는 그런 숫자의 규정에 큰 의미를 부여하였다. 더 높은 곳을 향한 다소 불명확한 감각이 외면화되는 식이다. 비의적인 만큼 자의적이다. 이제는 숫자마다 모두 세세하게 무언가를 의미를 찾아선 안 된다.

교회의 내진[100]은 예전엔 성단소가 있던 곳으로 성직자들에게 할애된 곳이다. 그래서 이곳은 보통 신랑Schiff[101]보다[102] 두 배는 높게 만들어졌다. 내진은 밤에도 있었는데, 아이들을 공동체에 가입시키기 위해[103] 성

수반聖水盤이 설치된 주랑(열주) 현관에 있었다. 고요하고 숭고한 인상을 안겼다. 창문에는 색면이 가득했다. 이는 [자연의] 물리적인 빛이 외부에서 들어오지 않고 어두움과 불투명함을 유지하여 만들어진 촛불이 타오르도록 하기 위함이다. 자연광과는 다른 무언가가 빛나도록 말이다.

주랑은 신랑의 길이에 따라 규정된다. 심지어 어떤 고딕 대성당에는 다섯 개의 주랑이 있다. (92)

개신교 교회에는 의자가 없는데, 설교 중에 편안하게 있으면 안 된다는 요구 때문이다. 교회는 사람들의 모든 일상을 관장한다. 장례가, 고백 성사가, 그리고 기도가 거행된다. 온 세계가 이곳에 표현되며 옆에 있는 다른 이의 방해 없이 그 일이 모두 이루어진다.

내부의 규정에 따라 외부도 규정된다. 통로와 신랑에 따라 문이 결정된다. 문이 위로 갈수록 뾰족해지는데, 이로써 입구는 좁아지면 사람이 들어가는 내부를 보여 준다. 아치 창문도 통로에 따라 결정된다. 기다란 형태의 큰 창문은 이에 어울리지 않는다.

종소리 또한 특징적이다. 소리만으로도 내면에 영향을 주지만 이 자체는 불명확하다. 음악이 되어 내면에 파고들어야 하는 것이다. 노래가 되어야 분절화된 소리가 감지되며 설교단Kanzel[104]에서 나오는 그 소리가 청취된다. 외부에서 보아도 모든 것이 뾰족하고 [안으로 보면] 잎사귀들이 한데 모이며 그럼으로써 유기체가 인지되도록 한다.[105] 장식은 소소하다. 그래서 고딕 교회에서는 무한한 내면으로 깊어지는 엄청난 무한정성과 소소한 외면 [사이에] 대조가 [생겨난다].

[Ⅱ.] 조각

건축은 무기체 자연의 외형을 다루었으며 [그 자체가 아닌] 다른 것에 목적을 두었다. 외적 목적과 구분되는 정신성, 합목적성 자체 및 자립성이 조각에서 현상한다. 조각Skulptur은 건축을 뿌리치고 나왔으나 고전적인 건축 및 낭만적 건축과 마주한다. 상징적 건축만이 조각과 멀리 떨어져 있을 뿐 조각과 건축은 서로 긴밀히 연계된다.[106] 조형물Bild이 놓일 자리는 신전[사원]이다. 교회의 회화가 놓일 자리는 제단이다. 조각상Skulpturbild 하나만을 위해 만들어진다기보다는 그것이 안치될 장소가 고려된다. 게다가 신전의 조형물이어야 한다는 규정이 있다. 그 외에도 매우 고상하나 평면화되어 버

【그림 59】 스트라스부르 노트르담 성당의 서쪽 파사드 청동문 상부. 성모 마리아와 사도들이 조각되어 있다.

린 저부조에 설치되기도 한다. 조각은 놓이는 장소에 영향을 받는다. 신전의 대표 조형물은 박공 벽면에 있는데 여기에는 영웅들의 것이든, 공동체의 것이든 어떤 행위가 표현된다. 조각상은 정원을[107] 채우기 위해 옮겨지기도 하는데 이 경우 주변 환경과 관계가 고려된다. 사도들의 조형물로 고딕 교회가 채워지기도 한다. 그 밖에 자립적인 조형물도 있다.

[1.] 조각상의 본성

조각상은 고요한, 그 자체로 완결된, 게다가 질료에 얽매이지 않은 그런 형상이다. 질료와의 투쟁을 마친 후 완결된 정신성이 현시된다. 색채까지 입혀져 인간 형상을 나타낸다면, 특정한 움직임에, 정념의 표현에 이른다면 최고의 조형물이 될 것이라 여길 수도 있다. 그렇지만 채색된 조각품은 바라보기만 해도 무언가 탐탁지 않다. 예술은 정신에서 출발한다. 예술적 정신은 질서 잡힌, 유기적으로 나아가는 전체를 이루는 하나의 총체성을 현시한다. 《93》

그래서 예술가[108]는 그 전체를 계기별로 나누며 이로써 예술작품에 사유라는 추상적 계기가 생긴다. 육체성을 띤 정신성이 특칭적이지 않은 질료[109]로 조형화된다. 특정 느낌이나 움직임이 나타나지 않는 것이다. 기계적[무기체적] 질료만을 간직한 형상은 공간의 제한을 받는다. 공간형태[110]에서는 모든 움직임이 가시화된다. [그러나] 물리적인 모든 특칭성은 여전히 저지된다. 순수한 빛과 흰색이, 무릇 단색單色이 조형물에 현상한다.[111] 역사를 살펴볼 때 최초의 것이라 할 수 있는 피디아스[112]의 조각상은 의복, 눈 등에 채색이 되어 있었고 금, 상아와 같은 보석이 사용되었다. 그러나 이 예술의 진면목은 이런 것에 있지 않다. 시작의 불완전성

은 그 단순성에서 나타나는 게 아니다. 오히려 그 다채로움과 부차적 구체성에서 나타난다. 조각의 규정은 추상성을 띤 채 완성된 예술에 이른다.

건축처럼 조각에도 상징적인, 고전적인, 그리고 낭만적인 것의 구분이 적용된다. 조각은 고대의, 고전적인, 그리고 근래의 조각상으로 나뉜다. 고대의 것으로는 이집트 조각상이, 그리고 고대 그리스, 즉 아티카의 조각 및 초상 조각이 있다. 이 초상은 나중에 그리스인에게, 그리고 현재까지 조각의 주종을 이룬다. 조각은 대개 이상적인 것으로 나타난다. 이 점이 고전적 조각의 중심점[113]을 이룬다. 가장 탁월한 조각품이 여기서 구해져야 한다. 근대에는 스스로 무한한 가치를 지닌 특화된 인간 자체가 나타나 예술의 대상이 된다. 이 예술은 초상으로 전락하여 회화에 근접하게 된다. 특칭성이 명확하게 표현될 수 있게 됨으로써 그렇게 되었다. 조각은 본질적으로 이상적인 것으로 나타난다. 특칭적인 것 없이 형상화되어야 하는 것이다. 하나의 특정 성격이 표현되어야 하지만 그렇다고 특칭성이 지배적이어서는 안 된다. 움직임 없이 영원하게 거주하는 정신성[이 표현되어야 한다]. 성격은 보편적인 무한한 가능성으로서만 현시되고 이것이 고요한 형상을 띠면서 공간성의 형태로 [현시된다.] 이때 두 눈[의 시선]은 소실된다.

눈은 생명체의 기관이다. 그럼에도 불구하고 [조각] 예술가는 이를 생략해야 한다. 눈은 그 어떤 것으로도 대체가 될 수 없다. 이로 인해 조각에 결함이 생긴다고 여기는 이도 있을 수 있다. 그러나 시선을 갖는 눈은 조각에 필요치 않으니 이는 결함이 아니다. 원뿔 모양의 홈을 파서 그 음영을 통해 눈을 표시한다. 그러나 이를 눈에 비할 수는 없다. 영혼의 최고 표현이, 가장 오롯한 영혼의 인장이 눈에 있으니 말이다. 눈은 그렇듯 주관성의 지점에 놓여 있는 것이기 때문에 조각에서는 이것이 배제된다. [눈 이외의] 다른 형태에서도 내면의 규정이 공간에서 성립한다. 조각상은 외면성에 성격을 현시해야 한다. 조각의 이런 규정으로 인해 눈이 장착되지 않는 것이다. 입상에는 머리 및 얼굴, 그리고 몸체, 이렇게 두 부분이 있다. 육체는 표현되기 위해 다툰다. 그러나 중요한 것들은 얼굴에서 성립한다. 몸통, 팔, 다리 등의 자세도 물론 주목할 만하다. 그러나 무엇보다 얼굴에 주목해야 한다. 이상적인 면이 성립하도록 세부적인 면에까지 파고들어야 한다. 보편적인 것으로는 아무것도 규정되지 않는다. 이상적인 것 전반에 대해서는 이미 살펴본 바 있다. 근래 들어 반세기 이상 이에 예술작품에 대한 지식을 쌓고 있다. 《94》

이집트 및 그리스 조각품에 대한 지식을 갖춘 이가 바로 빙켈만이다.[114][115] 그러나 오늘날 우리는 고대 그리스 예술에 속하는 에기나섬의 작품들까지 발견하였다. 또한 피디아스 자신의 작품 및 그의 감독 아래에 제작된 것도 발견되었다. 우리는 예술의 전성기에 속한 이 작품들을 오늘날에야 비로소 알게 되었다.

이 예술에 대한 새로운 시각이 형성되었다.[116] 이상적인 것에 대해 알게 된 바에 따라 특유의 규정이 마련되었다. 저런 작품들에는 형태의 아

름다움도, 형상의 우아한 매력[117]도 없으니 외향적이지 않고 타인을 위해 표현된 것도 아니며 타인의 호감을 사려는 목적도 없다. 즉 저런 작품들은 자기 자신에 의거하며 외면은 자신의 내면을 표하는 것일 뿐이다. 여기서 노동[118]의 자유 및 대담함은 보이지 않는다. 오히려 이런 예술작품들이 갖는 생명성이 우리를 놀라게 한다. 예술이 자연을 제압하여 대리석에 생명을 부여한다. 이런 생명이 공감을 불러일으킨다. 피부는 부드러우면서도 탄력 있어 보인다.

전성기의 예술이 그 이전 시대의 예술보다 우수한 점도 바로 여기에 있다. 그러한 생명성에 영향을 미친 것으로서 마술적 우아함뿐만 아니라 정확하고 근면한 작업도 있다. 예술가는 [신체의] 모든 부분이 갖는 속성을 면밀히 살피고 연구하며 그것들이 어떻게 움직이는지, 어떻게 몸을 펴고 움츠리는지를 낱낱이 해부하여 가장 완벽하게 표현하되 외면만을 세심하게 모사해서는 안 된다는 점을 가리켜 보여 준다. 이렇듯 면밀한 작업이 갖는 차별성이 눈에 잘 띄지는 않는다. 완전히 하얀색이 아니라 기후에 영향을 받은 피부의 다소 노란 그런 석고나 대리석은 음영을 통해 섬세한 외적 차이를 나타낸다. 빛이 강렬하든가 아니면 위치를 이

동함으로써 이런 차이가 눈에 들어온다. 통상적 조명 아래에서 보는 눈으로는 그 부분들이 명확하게 인지되지 않지만 전체적 인상을 얻을 수는 있다. [몸체 자체가] 움직이지 않아도 부분적 이동을 통해 생명성이 표상된다. 이런 유기적 유동성이, 영혼이 깃든 표면의 정신이, 윤곽의 유기성이 평면이나 요철면이 아닌 곳에서 서로 어우러져 활성화되어 있는 것을 우리 눈으로 본다.[119]

지성의 수학적 규정은 여기서 발견되지 않는다.[120] 자유로운 정신성과 신체 형태의 밀접한 연관 속에서 보편적 연관을 통찰할 수 있다. 이런 연관의 주요 요소들은 그 연관의 탐구를 통해서 좀 더 정확하게 규명된다. 모든 기관은 감각적 규정을 지니고 있으면서 정신을 표현하는 기능을 갖는다는 점에서 두 가지 측면을 갖는다. 이는 유기체의 물리적 생명에 속한다. 정신은 이를 통해 존립할 수 있다.

그리스의 이상적 형태를 인식하기 위해 이를 이집트의 형태와 대비하곤 한다. 눈에 관해 빙켈만이 이집트인을 두고 말하기를,[121] 이들의 눈은 평평하고 비뚤어져 있으며 코와 직각을 이루지 않으며 깊지 않고 앞으로 나와 있어서 이마와 거의 비슷한 위치에 있다고 한다. 눈썹이 있는 눈뼈 또한 평평하다고 한다. 이것이 우리에게 일러 주는 바는 다음과 같다. 우리가 무언가를 생각 없이 바라보고 그것에 주의를 기울이지 않는다면, 혹은 감각적인 것의 외양을 보는 데에만 혈안이 되어 있다면, 우리도 눈을 도드라지게 할 것이다. 눈꺼풀은[122] 파인 선으로 그려지는데, 이 평평한 줄선이 끝나는 지점에 있는 관자놀이에 이른다. 《95》

이 형태에는 정신도 자연성도 없으며 유기적이지 않은 기계성이 인식된다. 광대뼈는 도드라져 있고 턱은 작고 왜소하다. 얼굴은 달걀형의 규칙성을 띤다.[123] 그렇다고 원이나 타원만큼 추상적이지는 않다. 입꼬리는 위쪽으로 마무리되어 웃음기를 머금는다. 입은 닫혀 있고 입술 위아래는 구분되어 있다. 반면 그리스인들의 것에는 입술이 열려 있다.[124] 손가락의 마디는 표현이 되어 있지 않다. 팔과 다리는 펴져 있을 경우에도 나란히 평행하게 붙어있다. 그리스인의 경우 다이달로스[125]는 자유로운 자세를 표하고자 이를 떨어트렸다.[126]

[2.] 얼굴 형태에 관하여

고대 그리스에서 통용되었다고 하는 미의 규준에 따르면 코와 이마가 모나지 않고 하나의 선으로 연결되는 모양을 띤다. 코의 움푹 들어간 부분이 확연해서도 안 된다. 이마는 정신성을 담당하는 기관으로서 최대한 강조되며 동물성을 가리키는 입, 광대뼈 등은 돌출되지 않아야 한다

그리스식 프로필:[127] 여기서는 코와 이마가 직선으로 연결[128]된다는 것이 가장 중요한 특징이다. 선의 방향이 그렇게 규정됨으로써 코 뿌리에서 하나의 선을 그을 때 귓구멍과 직관을 이룬다. 캄페르는 이 선을 '아름다움의 선'이라 말했다.[129] 이는 인간의 종種마다 상이하다. 블루멘바흐[130]는 이 선을 근거로 하여 해골 형태들을 고찰

【그림 62】 〈주노 루도비시〉(안톤 라파엘 멩스가 복제한 작품), **드레스덴 조각관.** 1세기 로마시대에 제작된 원본은 16세기에 발굴되어 현재 알템프스 궁전 국립박물관에 소장 중이다. 로마 황제 클라우디우스의 어머니 안토니아의 초상 조각으로 추정하고 있다.

하였다. 대개 이 선으로 그 형태들의 특징이 나타난다. 동물 해골의 경우 귀와 눈이 그다지 멀리 떨어져 있지 않으며 두 점을 이은 선이 입 부분의 끝과 예각을 이룬다. 인간의 경우 바로 더 나아가 직각에 가까워진다. 그리스 및 남부[유럽] 전반에 사는 사람들의 머리의 경우 이 두 선이 거의 직각을 이룬다. 이 직각을 그리스적 이상의 주요 규정으로 삼는다. 이 각도가 직각을 이룰수록 무언가 아름다움이 있게 된다는 점은 주목할 필요가 있다. 머리 부분을 다룰 때 입과 눈이라는 두 중심점이 도드라진다. 입은 먹고 마시는 등의 욕구 충족을 위한 사명을 띤다. 눈은 실천적이지 않고 이론적인 감관으로서 고요하게 있지만, 입은 그렇지 않다. 동물의 주둥이의 경우 예각을 이루는 것도 그런 사정에 따른 것이다. 직각을 이루면 숙고하는 [기관인] 이마가 밖으로 나오고 동물적인 [기관인] 입은 안으로 들어간다. 본질적으로 동물적인 것에서는 나타나지 않는 미의 요소가 이론적 눈과 숙고하는 이마에 있다. 이마에서 코에 이르기까지 직선으로 이어진다면 이마는 코에 속하고 코는 이마의 연장으로 보인다. 그렇지 않으면 코는 입과 결부되어 버린다. 입과 관련해서 주목할 것은 다음과 같다. 즉 입에는 식욕 외에도 이상화된 이론적 규정이 있으니, 동물은 소리치는 반면 인간은 웃고, 한숨 쉬면서 내면을 표현한다는 이론적 생산 일체의 규정이 그것이다. 고상한 생리학이 이를 다룬다. 즉 입을 구체적으로 고찰하여 입의 기능을 두 가지로 차등화하고 구체적 규정을 포착하는 것이다. 입에는 실천적으로는 동물적인 규정이, 이론적으로는 이상화된 규정이 있다. 코는 맛과 연관되어 냄새를 맡는 기능을 갖는다. 입이 갖는 기능의 시작이 여기에 있다. 먹으려는 의사, 그리고 욕구의 시작, 이것이 동물적 규정이다. 이마와 직선으로 하나가 된 코는 정신적 규정을 띠고 현상한다. 〈96〉

296

냄새 맡는 일도 이론적일 수 있다. 코를 찌푸리거나 콧대를 높이는 식으로 정신적 판단을 섬세하게 표현할 수 있다. 그렇지만 이런 움직임이 적은 만큼 정신적 판단과 결부된 표현을 한다. 따라서 코의 기능과 입의 기능이 공유하는 면이 있다.

따라서 외양상 이런 그리스식 프로필만이 존재한다. 이를 우리는 아름답다고 말한다. 중국인이나 흑인은 그렇지 않다. 지금까지 고찰한 바에 따라 이런 아름다움은 특수한 하나의 아름다움이라기보다는 오히려 정신의 우세함이 언표됨으로써 미의 한 형식을 이룬다고 할 수 있다.

이러한 각도에서는 눈과 귀가 척추 및 몸 전체를 두고 정반대의 방향을 취한다는 규정을 갖는다. 인간은 직립한다. 물론 네발로 기어갈 수도 있다. 그러나 인간은 자신의 의지에 따라 선다. 앞서 말한 직관을 통해 이제 새로운 관계가 생겨난다. 직립 자세와 밀접한 연관이 있다. 동물의 눈과 주둥이는 척추와 같은 선상에 있다.

빙켈만은 미의 관점에서 눈에 관한 여러 규정을 언급하였다.[131] 가장 중요한 것은 눈꺼풀의 절개부로 나타나는 크기다. 프로필에 안구가 표현되어 나타난다. 좀 더 자세히 살펴보자면, 이상적인 머리에는 눈뼈가 도드라져야 한다. 조각상에서 시선이 사그라들면 눈은 그만큼 더 깊어진다. 눈을 깊게 만들어 음영이 생김에 따라 그런 효과가 생기는 것이다. 눈이 겉으로 도드라지지 않고 오히려 안으로 물러나듯 보임으로써 이집트 조각상과의 대비가 확연해진다. 이로써 숙고하는 모습이 나타난다.

눈은 얼굴에서 눈 다음으로 가장 아름답다. 입이 있어 언어가 성립하기 때문이다. 언어는 내면을 명시하는 추상성이다. 말할 때, 미소 지을 때, 히죽거릴 때 입은 심하게 움직인다. 가장 움직임이 많은 기관이 입이다. 입술은 도톰하다. 입술의 빈약함은 감각의 빈약함을 표현하는 것이니 말이다. 입술의 풍부함이 느낌을 드러낸다. 입술은 열려 있다. 활동을 개시할 때 비로소 그것이 닫히며 의미 있는 일이 나타난다. 이때 입은 고요하게 다물어져 있다.

턱은 둥그스름하고 두터우며 크다.

〈메디치의 베누스〉[132][133]를 보면 턱이 평평한데, 그래서 사람들은 이 입상이 복구된 것이라 여기고 있다.[134] 두툼한 턱은 포만감을 표현한다. 턱 자체는 움직이지 않으나 무언가를 먹을 때는 입술과 마찬가지로 동물적 기능을 충실히 나타내 보인다.

빙켈만이 말하길 귀를 작업할 때 심혈을 기울였는데 이로써 [작품의] 진정성이 표시된다.[135] 그러나 평평한 귀도 발견된다. 이런 두상은 전사들의 것인데, 결투할 때 귀를 접기 때문이라는 것이다. 《97》

[a.] 이상화된 얼굴의 표현

2월 6일

그리스적 이상의 형상화에서 그 개념을 충족하는 권역의 체계나 과정을 찾을 수는 없다. 각 개체마다 다수의 규정이 놓여 있는데 이는 개체마다의 우연성에 내맡겨진다. 신화, 전승 등에서 그 기원을 찾을 수 있으며 그 특징적 성격은 너무나 다양해서 그중 일부만을 발견할 수 있을 따름이다. 유피테르[제우스]의 조형물은 최고 존엄 및 위세를 뜻한다. 그 머리는 다른 것과 차별화된다. 피디아스가 제작한 조형물에 그 전형이 발견된다.[136] 제우스에게는 넵투누스[포세이돈]와 플루토[하데스]라는 형제가 있었는데 이들 형제 사이는 또한 지배 관계이기도 했다. 이 인물들은 각기 다르게 표현되었다. 제우스의 경우 고상함이 온화함과, 넵투누스의 경우 고상함이 난폭함과, 플루토의 경우 고상함이 음산함과 함께 어우러진다. 제우스의 보다 쾌활한 광경으로 치렁치렁한 곱슬머리가 대표적이다. 황소의 눈을 한[137] 주노[헤라]는 가장 숭고한 통치자이자 지배자라는 점에서 팔라스[아테네], 케레스[데메테르], 디아나[아르테미스], 아프로디테 등과 차별성을 갖는다.[138] — 보다 성숙한, 진지하게 숙고하는 성처녀 팔라스는 상냥함과 사랑스러움과는 거리가 멀다. 마찬가지로 성처녀라 할 수 있는 디아나[139]도 사랑스러움과는 거리가 멀지만 숙고하는 자가 아니라 왕성히 활동하는 자이며 다수의 동물 형상을 모두 스스로 산출한, 에페소스[140]의 그 산출자이다. 베누스[아프로디테]는 미의 여신으로서 장엄하다기보다는 아침에 피는 장미처럼 기품이 있다. 눈꺼풀의 경계가 뚜렷하지 않아 보인다.[141] [각각의] 이상이 고요하게 표해져야 함에 따라 그 특징적 형태의 차이를 드러내기가 쉽지 않다. [그리하여] 관습적인 부속물에 의존하게 된다. 종종 이런 형태들의 착종이 이루어진다. 마르스[아레스]와 바쿠스[디오니소스]라는 두 젊은이는 서로 다르다. 바쿠스는 육욕에 차 있으며 무시로 변모하는 자다. 그와 아폴론, 메르쿠리우스[헤르메스] 등은 구별된다.[142] 테세우스는 마르스와, 페르세우스는 아폴론과 유사점이 있다.[143] 외면적 규정에도 차이가 나타난다. 마르스는 전사戰士이다. 바쿠스는 한 개체로 알려져 있다.[144] 그는 여성이 되기도 하고 혹은 남성 형태도 여성 형태도 사라진 양성兩性이 되기도 한다. 옴팔레 곁의 젊은 헤라클레스도 소녀처럼 연약하게 그려진다. 소녀로 변장한 아킬레우스[145][146]처럼 말이다. 이렇게 형태들 사이에 착종이 이루어진다. 그런데 그 차이가 두 발에서 생긴다. 유피테르는 위로 솟구친 머리를 하고 있다. 헤라클레스는 숱이 많고 위로 뻗은 짧은 곱슬머리인데, 온전히 다 보이지는 않으나 어쨌든 저 모습으로 혼자 서 있는 인물에 대해 골동품상들 간에 종종 논쟁이 유발되면서 사람들은 헤라클레스의 두상을 아폴론의 것과, 혹은

알렉산더 대왕의 것을 아폴론의 것과 혼동하였다. 그런데 [인간의] 초상도 고대인들에 의해 이상화되었다. 그리하여 사람들이 초상을 신의 두상과 혼동할 소지가 생겼다. 팔에 뱀이 감긴 채 누워 있는 [조각상의 여인은 사실] 클레오파트라[가 아니며 이제]는 뱀 모방의 팔 장신구를 한 것 같은 아리아드네로 간주되고 있다.[147] 이런 결과가 보여 주듯, 실제의 뱀이 그런 곳에 놓여 있지 않을 것이나 이런 외양을 통해 그 인물이 규정된다. 자태와 위엄을 갖춘 로마 여신은 주노나 팔라스처럼 투구를 장착하고 있다. 오직 부속물로 구별될 수 있을 따름이다. 이 차이는 매우 섬세하다. 미네르바[아테네]는 깊은 사색에 잠긴 두상과 시선을 갖추고 있다. 로마에서는 한층 깊은 시선에 대한 자부심이 있었다. 《98》

　　이와 마찬가지로 테미스[148]도 사랑스러운 여신으로 표현되었는데 베누스와 구분이 어려웠다. 베누스 우라니아도 다른 신과 구분이 어려웠

【그림 64】'안티누스'의 흉상(130/140), 베를린 구 박물관. 사후에 하드리아누스 황제의 명에 따라 신격화되어 그를 기리는 작품이 다수 제작되었다.

다. 그럼에도 불구하고 눈의 위치로 분별해야 한다. 하드리아누스가 총애한 소년은 후기 시대의 작업으로 본다. 그런데 그를 안티누스로 보지 않고 바쿠스로 보아야 할지에 대해 숱한 다툼이 일었다. 그래서 우리는 해부학적 구조를, 즉 근육을 살펴야 한다. 표현이 대개 서 있는 자세에 머문 고대의, 이집트의 작품에서는 이런 것이 나타나지 않았다. 여기서는 그저 팔다리를 나타내는 데 급급할 뿐이었다. 그러나 탁월한 예술작품은 혈관까지도 내보인다.

[3.] 조각상의 의복

이에 대해서는 두 관점에 따라 살펴야 한다. 옷 벗은 인물과 옷 입은 인물의 대비에, 그리고 의복 자체에 주목해야 한다. 조각은 나신으로 현시되었을 때 고상하다는 생각이 매우 팽배하다. 그래서 나체 조형물을 두고 그리스인의 용기와 탁월함을 칭송하곤 한다. 또 근대인들은 자연적 아름다움에 뒤처지는 외면성[의복]을 내보여야 할 수밖에 없으며 또한 이들이 몸의 아름다움을 고대인만큼 연구할 기회를 갖지 못했다는 점을 아쉬워한다.

유기체 형태가 가장 아름답다. 그저 기계적

인 의복보다 인간의 사지四肢가 훨씬 더 생동적이라는 규정을 갖는다. 지체의 자세라든 옷감의 성질이 [신체] 기관에 영향을 미친다. 이렇듯 순전히 감각적인 유기체의 아름다움은 정신적 아름다움과 구분되어야 한다. 주지하듯이 부끄러움은 누구나 갖는 감정이며, 그로 인해 의복을 몸에 걸침으로써 동물적 욕구를 지닌 부위를 가린다. 신체의 정신적 규정은 물리적 욕구를 위한 사지 형성과는 구분된다. 물리적 욕구도 정신적 의식도 부끄러움의 근거가 된다. 인간은 범죄에 대해서도, 인간 본연의 모습에 비추어 볼 때 낯이 뜨거워지는 것에 대해서도 부끄러워한다. 부끄러움의 감정은 어느 민족에서든 나타난다. 아담과 이브의 첫 자각이 부끄러움이었다. 신체의 구별이 그들에게 생겨났고 의복을 걸치는 원인이 되었다. 헤로도토스에 따르면 리디아에서는 벗은 사람을 보는 것을 수치로 여겼다. (칸다울레스왕의 부인!)[149] 오직 그리스인만이 이 감정을 넘어서는 것에 큰 의미를 두었다. 스파르타인이 처음으로 나체로 결투를 하였다. 이는 아테네인도 마찬가지였으나, 이 그리스인에게는 미에 대한 사랑 자체가 주요 사안이었다. 스파르타인은 정신성에 대해서는 상관하지 않았던 반면 아테네인은 감각적인 것에 상관하지 않았다. 이들이 나체로 격투를 벌인 이유는 바로 이것이었다. 신체적 능숙함을 통해 승리를 거두는 것을 명예로 여겼다. 그리스인의 경우 여성 인물에게는 대개 옷을 덮어 주었는데 10분의 1 정도만 옷을 입지 않았다. 그렇지만 남성 인물은 옷을 입지 않았다. 헤라클레스는 옷을 입지 않은 채 대개 힘을 쓰는 일이 주요 규정을 이루는 형상이다. 그리스인에게 이보다 더 높은 정신적 감각이 주종을 이루었다. 구김살 없이 무구한 사랑의 동신童神들[150]은 나체의 모습으로 조형하였는데, 이는 용감한 성격을 내용으로 갖는 영웅들이 벗은 모습인 것과 같은 이유다. 내면에서가 아니라 신체에서 그 특징을 나타낸다. 바쿠스의 여인들[151]은 옷을 벗고 있다. 유피테르라든가 그 외에 주노, 팔라스, 파르카이[모이라] 등은 옷을 벗지 않는다. 《99》

얼굴에 표정이 어려 있으며, 신체와 자태 속에 내면의 분위기와 관련된 성격 및 상황이 나타난다. 이런 신체 자세에서는 의복을 걸치고 나타난다. 그리하여 의복이 정확하게 표시가 된다면, 그로 인한 손실은 아무것도 없다. 의복이 나타내는 것은 자세 그 이상이다. 정신의 고유한 목적인 표현에 있어 의복으로 인한 손실은 아무것도 없는 것이다. 행위와 관련된 면을 오롯이 보여 준다는 것이 오히려 장점이 될 정도다.

이상화된 의복은 근대의 의복에 비해 훨씬 큰 장점을 갖는다. 우리[독일]의 것 가운데 의미 없는 자태로 서 있는 것을 보게 된다. 우리에게 이런 형편 없는 형상이 존재하는 것이다. 생명성이 [밖에서] 감싼다. 기계적 요소가, 인위적 외형이 곳곳에 나타난다. 솔기 없는 면이 위쪽으로 한데 모여 있다든가[152] 그렇지 않을 때는 중력 법칙에 주름이 잡혀 떨어져 있다든가 하는 일은 여기에서는 없다. 의복은 건축물처럼, 우리가 거주하는 집처럼 일종의 환경을 이루면서 에워싼다. 위쪽으로 모여 있을 때는 지탱이, 아래로 떨어져 있을 때는 하강이 원리를 이루는 것이다. 후자에서의 자유야말로 이 형태가 갖는 예술다움이라 하겠다.

우리 시대의 영웅이 이상적 의복을 갖추어도 되는지에 대해 많은 논쟁이 있었다. 우리 일상의 복장을 한 인물로 표현하는 것은 적절치 않아 보인다.[153] 가족 내의 속하는 사적 개인을 표현하는 것이라면야 적절할 테지만 말이다. 이 남자가 구두를 신었는지, 장화를 신었는지에 대해서 우리는 상관하지 않을 테다. 고유한 방식으로 재단된 요즈음의 옷에 대해서도 마찬가지다. 우리에게 그렇게 큰 의미가 있지는 않으니 말이다. 유행은 우연에 따른 문제다. 이런 조형물에 유행이 크나큰 영향력을 행사

【그림 65】 크리스티안 다니엘 라우흐, 〈샤른호스트 기념상〉(1819/22). 처음에는 베를린 왕궁으로 향하는 '운터 덴 린넨' 거리의 '노이에 바헤' 옆에, 나중에는 길 건너편의 베벨 광장에 설치되었다가 현재는 보수를 위해 별도의 공간으로 옮겨졌다. @Manfred Brueckels

한다. 그러나 지금 애호되는 유행이라 해도 나중에 그 관례가 사라지면 우스꽝스러워 보인다. 그렇기 때문에 우리 시대의 예술가는 옷을 어떻게 걸쳐 놓을지를[154] 고민한다. 특수 권역의 삶이나 국가가 아닌 특화된 개인의 초상을 표현하려면 말이다.

장군은 입법가도, 시인도, 영주도 아니다. 그 영향력에는 제한이 있으며 신의 형상은 그에 어울리지 않는다. 알렉산더는 이처럼 이상적인 복식으로 표현될 수 있다. 나폴레옹의 그 잘 알려진 삼각모 등을 하고 표현되는 것을 아주 익히 보았다.[155] 그러나 입상으로 만들 경우에는 이상적인 의복이 반드시 필요하다. 프리드리히 대왕은 유행하던 복장으로도 충분히 이상적 의복을 갖춘 것으로 보일 테다. 그는 이미 신체적인 면보다는 우리의 마음속에 살아 있으니 말이다. 그런가 하면 지팡이나 담배 깡통과 함께 그를 표현할 때는 '프리츠 영감'[156]으로 나타난다.

[4.] 부속물에 관하여

이상화된 인물을 보다 정확히 부각하기 위해 인물마다 특유의 부속물이 주어진다는 것에 대해서는 이미 언급한 바 있다. 가령 유피테르는 독수리를 두고 있다. 이 경우 인간 형상의 신 옆에 동물이 배치된다. 대개 개체에 해당하는 부속물이 주어지지만 부속물을 공유하는 경우도 있다. 이삭은 케레스[데메테르]에게만 있는 것이 아니다. 팔라스에게는 방패가 있는데, 아폴론이나 주노 또한 나름의 보호 장비를 갖추고 있다. 유피테르는 번개를 지녔다. 그런데 팔라스도 이를 지니고 있다. 개체의 신성에 놓인 그런 부속물이 다수에게 속할 수 있는 것이다. 부속물은 특정 행위의 관계를, 상징적 연관을 표현한다. 《100》

형상이 고요함에서 벗어나면 어떤 행위를 내보인다. 그러니까 〈메디치의 베누스〉[157][158]의 자세에서는 우아함이, 〈벨베데레의 아폴론〉[159]의 자세에서는 승리감이 확연하게 드러난다. 이 두 형상은 예전엔 매우 칭송을 받았으며 찬탄의 대상이었다. 이것들은 고요하게 있지 않고 어떤 움직임을 내보인다. 지금에 이르러서는, 레싱 및 빙켈만이 더 이상 이 작품의 가치를 인정하지 않는다. 그리스의 생동적 예술작품을 알게 된 후 사람들은 이 작품들을 후기

【그림 66】〈벨베데레의 아폴론〉 (BC 4세기 원작의 로마시대 모작), 바티칸 박물관.

양식으로, 즉 즐거움, 매끄러운 마무리 등을 목적으로 삼는 양식으로 인식하였다. 한 영국인은 아폴론을 멋쟁이라 불렀으며, 베누스에 대해 말하길 그녀는 온유함과 지혜로움을 표출하며 지극히 수줍어하는 우아함을, 그렇지만 그저 부정적일 따름인 완벽함을 지녔다고 한다.[160] 정신적 세련됨도 욕정도 표현되지 않았다 한다. 베누스는 사랑의 여신이다. 사랑이라는 내면의 느낌에 대해 생각하는 그만큼 조각으로 현시하기가 어렵다. 저런 조각상에 그런 느낌이 배어 있지는 않다. ─ 이 예술은 이렇게 시작하여 [개별 입상에서 나와] 밖으로 계속 더 나아간다.

[5.] 군상

그리고 운동의 표현으로 [나아간다]. 그런 것으로서 말을 조련하는[161] 두 청년[의 군상]을 들 수 있다.[162][163] 지극한 정밀성과 장식성을 갖춘 이 거상은 카스토르와 폴룩스[164][165]는 아니다. 이 중 하나는 피디아스의 작품으로 알려져 있다. 이 둘에서는 오직 고요함만이 현상하고 있다. 고대

【그림 67】〈몬테 카발로〉, 로마 퀴리날레 광장.

의 거상에서는 대체로 장식성이 현상한다. 소크라테스의 것으로 여겨지는 우아한 군상[166]은 오랫동안 무미건조한 논구의 대상이 되었던 〈라오콘〉 군상[167]처럼 공공 장소에 설치되었다. 라오콘 군상은 후기 양식의 흔적을 지니고 있는데, 그 면에서는 최고의 완성도를 보여 준다. 라오콘의 벌려진 입에 대해서 논쟁이 벌어져 왔다.

사원의 박공 표면에 그런 군상들이 도입되었는데 그럼으로써 조각품의 여지가 더 커졌다. 군상의 경우 삼각 구도를 편다.

또한 저부조 표현이 벽면에 보인다. 벽면에는 인물들이 앞뒤로가 아니라 옆으로 놓이도록 구상된다. 그리고 희생 제의, 전투 등에 필요한 도구, 예언자의 좌석, 안락의자 등으로 장식되어 있다. 조각과 유사한 예술들이 소재로 쓰여 완성도를 높인다. 조각에서 최고의 대상은 신의 형상이었다. 이와는 다른 판타지 및 현실을, 가령 영웅, 파운, 사티로스, 동물 등을 묘사하는 방향으로 나아갔다. 저 뒤의 셋은 동물적 생명에 속하며 이상적인 면과는 거리가 멀다. 동물 중에 말은 영웅에 속하며 그런 까닭에 프리즈에는 말이 표현되었다. 미론의 〈암소〉라든가 더블 플루트를 부

【그림 69】〈암소 대리석상〉, 로마 카피톨리니 박물관. 미론의 청동상(BC 460-440년경)을 대리석으로 모사한 작품.

【그림 70】〈황소〉(1800년경), 런던 윌리스 컬렉션. (BC 460-440년경)을 대리석으로 모사한 작품.

근대에 등장하는 많은 암소 혹은 황소는 고대의 전범(左)을 모델로 하였다.

는 사티로스[파우누스] 조각상[168] 등이 탁월하다. 〈암소〉에 대해 괴테는 『예술과 고대에 대하여』에 훌륭한 글을 남겼으며 그리스인 특유의 감각에 대해 언급하였다.[169]

낭만적 예술에 속하는 모성애의 권역은 조각에서 배제된다. 수유하는 장면은 동물의 행태로서만 표현된다. 〈101〉

[6.] 조각의 질료

각 질료마다 고유한 방식에 따라 다루어진다. 질료 자체는 바로 그런 방식에 따라 접근된다. 질료와 처리 방식은 서로 부합해야 한다. 나무는 가장 오래된 소재 가운데 하나로서 파우사니아스에 따르면 종종 이것으로도 신상을 만들었다. 후대에도 그리스인들은 이것으로 작업하였다. 이는 나무의 특유한 성질로 인해 작은 〔형체〕에만 적합하다. 그 섬유질과 색채에 따라 절개부나 모서리 등에 강한 특징이 생기며 이에 따라 작은 형체에 어울린다. 회화도 목상木像에 따라 제작된 것 같이 여기는 이유도 바로 여기에 있다.

상아는 그것만으로 쓰이기도 하지만, 고대인들이 작업하였던 것처럼 황금과 함께 두 번째
질료로 쓰이기도 한다. 가령 피디아스는 올림피아의 유피테르, 아테네 아크로폴리스의 팔라스[170] 등을 상아로 조형하였는데, 이때는 우아한 양식의 것이 아니라 거대한 것이 지배적이었다. 팔라스의 손에는 실물보다 큰[171] 빅토리아[니케]가 놓여 있었다. 옷은 황금으로 되어 있었다. 이런 종류의 작업을 할 때는 갖가지 채색을 하였고 상아의 노란 빛은 고대에서 유래한 방식이었다. 피디아스는 다른 작품들도 작업을 하였고 플라타이아이[172]의 팔라스 사원의 거대 입상은 머리, 손, 발 등은 대리석으로, 나머지는 금박을 한 나무로 되어 있었다. 매우 정결하면서 대리석처럼 오톨도톨하지 않은 고가의 재료가 상아였다. 카트르메르 드 캥시[173]는 기술적인 면을 다각도로 탐구하였는데, 코끼리 엄니 하나로 몇 개의 판板을 만들 수 있는지 등

【그림 71】〈칼바토네의 빅토리아〉, 베를린 구 박물관. 천구(天球) 위에 조각된 이 승리의 여신상은 이탈리아의 칼바토네에 있던 작품(161-165년, 금동상)의 모작이다. 원작은 마르쿠스 아우렐리우스 황제의 승리를 기념하여 사트리우스 마이오르가 제작하였다. 파르테논 신전의 아테네 상의 손에 놓여 있던 니케의 모습을 추정할 수 있다.

이 이에 해당한다. 역사적 저술을 통해 그는 유피테르에 대해, [피디아스의 작품에서] 유피테르가 앉은 의자의 저부조에 대해 알게 되었고, 다른 이들도 유피테르의 앉아 있는 그 형상이 예술적으로 얼마나 완벽하고 풍부했는지를 알아차렸다. 근래에도 이 재료가 사용되었는데, 중세의 벤베누토 첼리니가 대표적이다. 이 재료를 통해 매우 예술적으로 풍부한 작품들을 얻을 수 있었다.

세 번째 재료로 돌과 청동이 있다. 순수한 석상보다 붉은 청동상이 더 오래되었다. 이집트인들은 거대한 화강암을 가져다가 작품으로 조형하고 가공하였다. 하지만 진정한 석재는 대리석이다. 대리석으로 입상 전체를 조형하는 법은 나중에 고안되었다. 피디아스도 대리석으로 작업하였지만 모두 대리석으로 된 것은 아니었다. 미론 및 폴리클레이토스 시대에는 대부분이 청동 입상이었다. 아름다운 양식의 시대에는 프락시텔레스와 스코파스 같은 대가는 청동상 외에도 대리석으로 된 대표작이 있었다. 이들은 말하자면 색채를 아예 멀리했다. 당시에는 여전히 상아와 황금을 조합하여 만들어지고 있었는데도 말이다. 이들이 조각의 순수한 추상성을 산출했던 것이다. 물론 청동으로도 그 순수한 아름다움을 표현

310

할 수 있다. 그러나 우아함은 오직 대리석으로만 표현될 수 있는 까닭에, 윤곽의 부드러움을 느낄 수 있도록, 선들의 온유한 만남을 보여 줄 수 있도록 코와 귀의 투명함이 빛을 발하게 한다. 청동이 푸른 빛을 띠기 시작할 때 그 광채는 눈이 부실 정도가 된다. 시야를 방해할 정도로 번쩍이는 빛이 나기도 한다. 《102》

청동의 어두운 색은 보다 더 따뜻한 느낌을 안긴다. 주조鑄造 예술 면에서 그리스인들은 큰 진전을 보였다. 청동 작품이 대리석 작품보다 저렴했다. 주조가 단순해서 거친 면을 다듬는 (끌로 마무리하는) 뒷 작업이 필요치 않았다. 금속에 이런 작업을 하면 광채가 났다. 요즘은 여기에 적절치 않은 도금을 해서 적절치 않은 빛이 나게 하고 있다. 이런 작업으로 인해 모델의 섬세한 특징들이 마멸된다. 중국인들은 주조물을 그런 식으로 견고하게 만든 예술을 갖고 있다. 청동에는 수포가 생길 만큼 허술하지 않았다. 이런 기술이 간과되어서는 안 된다. 예술가는 자신의 재료를 다룸에 있어 대가가 되어야 하기 때문이다. 천재란 기술적으로는 대가이기도 하다. — 고대의 걸작들 대부분은 청동 작품이었다. 이런 작품들이 다량으로 남아 있는 것은 우리가 보기에 놀라운 일이다. 코린트의 청동은 이 도시가 불탔을 때도 살아남은 특유한 방식의 합금이다. 우리 프로이센에 청동으로 만든 대포는 많지만 청동 입상은 많지 않으며 청동 교회 문은 하나만 있다.[174] 그리스에 남아 있는 엄청난 양을 보면 놀랍다. 아마도 오직 한 민족에게만, 한 시대에만 가능했던, 정신의 예술적 본능이란 게 이런 것일 테다. 대리석을 사용할 때에도 제약은 있다. 반면 청동의 조형성은 무한히 확장되어 주물을 붓고 담금질을 할 수 있으며 심지어는 거기에 판각을 할 수도 있다. 모델과 주조에만 집중할 수 있다.

대리석의 경우 모델에 따라 작업한 후에 끌로 마무리를 해야 한다. 그러니까 같은 작품에 두 배의 공력이 드는 것이다. 종종 고대인들은 모델 없이 덩어리째로 작업을 했다. 완성되었다는 작품들의 다수에서 오류가 발견되는 이유가 그것이다. 모델이 있었다면 예술가가 범할 리 없었을 그런 오류 말이다. 〈벨베데레의 아폴론〉에서 한쪽 다리가 다른 쪽 다리 보다 긴 것도 그 이유다.

[7.] 화폐주조술

온전히 소유하려는 마음을 자아내는 고대의 그런 훌륭한 금은붙이가 있다. 여기에서도 예술의 흥망성쇠를 볼 수 있다. 기술면에서 그리스인 은 우리만큼 발전하지는 못했다. 근래에 나폴레옹 주화를 만든 예술가 가 독보적이다. 보석과 유리는 재료로써 다양하게 쓰였다. 다양한 색채 도 여기에 이용되었다. 여러 층의 암석으로 갖가지 색을 지닌 오닉스를 새겨서 훨씬 더 다양한 색채를 자아내었다. 마노瑪瑙[175] 구슬로 된 훌륭 한 다수의 예술이 브라운슈바이크[176]에 있다. 아이밀리우스 파울루스[177] 가 그 암석으로 만든 그릇을 로마로 가져왔다. 이 보석들의 크기는 작지 만 그 안에 온갖 장관이 펼쳐진다. 요즘은 돌의 가공술이 훨씬 발전했으 나 예술이 주는 감흥은 고대의 것이 독보적이다. 예술가가 특정 심상을 그리고 있지 않은 채 그 감정만이 작업의 지표가 되어 주었다. 이렇듯 보 석 세공 방식의 조각으로는 그 어떤 표현이든 가능하다. 그 대상은 트 로이 전쟁 이후 시기에서 취했다. 헤라클레스의 모습이 발견되는 것도 있다. ⟨103⟩

확대경으로 볼 수 있는, 예술성이 높은 생생한 작품도 훨씬 많이 나타 난다. 모든 것이 살아 있는 듯하다. 빛에 비춘 덕분에 그 장엄한 작업을

312

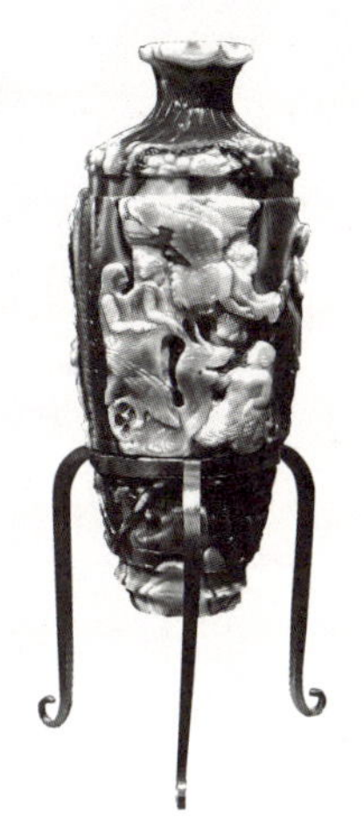

직접 볼 수 있다고 여긴다. 이른바 이상화된 그림[178]과 같은 연출된 상황은 발견되지 않는다. 오직 신과 영웅의 이야기가, 그 특징이, 장례 모습이, 개인적으로 잘 알려진 대상이 표현되어 있다.

그리스인이 예술 감각은 소소한 일상 가정사에서도 펼쳐져 있다. 아주 작은 가재도구도 그 목적에 맞게 갖추고 있었으며 그 어느 것에든 장인의 지극한 우아함이 어려 있다. 진정한 예술 감각이 도처에 나타나며 장인들이 이미 예술가의 경지에 이르렀다.

낭만주의 시대에도 조각은 만들어졌다. 그렇지만 낭만적 시대에서는 볼 수 없는 역사적 본보기를 그리스인들의 조각에서 얻는다. [물론 근래

【그림 75】 안드레아 델 베로키오, 〈의심하는 성 도마〉(1467/83), 피렌체 오르산미켈레 성당 외부 벽면.

【그림 76】 미켈란젤로 부오나로티, 〈성모와 아기 예수〉(1498/99), 벨기에 브뤼게 성모 대성당.

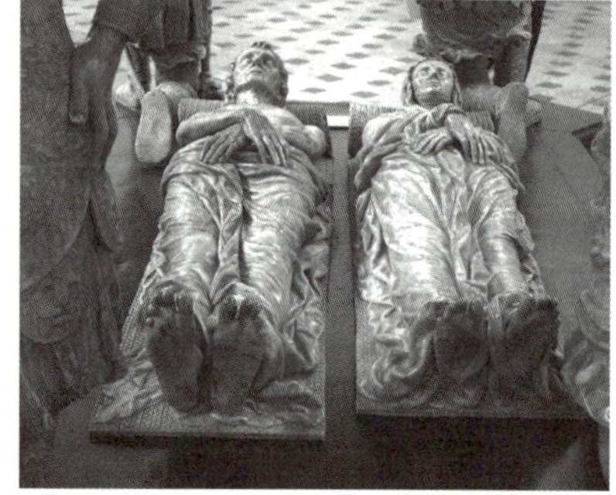

【그림 77】 네덜란드 브레다 대성당 내부에 안치된 엥겔베르트 1세(Engelbert I. von Nassau, 1370–1442) 부부의 무덤.

의 것으로서] 돌이나 청동으로 된 예수 십자가를, 사도들을, 혹은 그 밖의 위대한 인물의 조각상을 발견한다. 초상 조각을 지향한 작품들 말이다. 미켈란젤로는 라파엘로와는 다른 방식으로, 그러니까 애정을 쏟는 어머

314

니가 아닌 천상의 여왕 마리아[179]를 표한 바 있다.[180] 또한 백화 석고로 제작된 나소 백작[181]의 무덤도 있다. 여기에는 백작 부부가 놀랍도록 매우 훌륭하게 표현되어 있다. 그러나 낭만적인[182] 감각은 조각에 가장 적합한 규정인 이상성을 향해 있지 않다.

[Ⅲ.] 회화

조각에 이미 회화의 단서가 들어 있었다. 고대 그리스 조형물의 채색이라든가 아니면 보석 조각 같은 것을 두고 하는 말이 아니다. 성격의 온전한 묘사를 두고 하는 말이다. [조각에도] 주관성의 추상적 표현, 특정 상황 속의 다종다양한 대상, 다수의 개인이 이루는 구도 등에는 이미 회화의 성격이 나타나 있었다. [조각에서] 신은 자립적으로 자신 속에 안주하였다. 사람들은 그런 신에서 나와 공동체로, 자신을 알고 자신을 느끼는 공동체로 이행한다. 대리석은 그 자체로 건실하며 오롯한 자기 관계를 갖는다. 그러나 우리는 그런 고요함에 머물지 않으며 더 나아간 것을 요구한다. 그래서 그런지 조각품은 우리에게 살갑게 느껴지지 않는다. 미묘한 차이를 찾으려는 우리의 학구열로 인해 조각에 머무르고 있을 뿐이다. 조각 작품의 성격은 명료하지만 우리는 행위와 느낌으로 더 들어가고자 한다.

【그림 78】〈트로이 문 앞의 헥토르와 안드로마케〉(1세기), 베를린 박물관 고대 유물 컬렉션. 홍옥수(紅玉髓)로 만든 보석 조각.

우리가 조각품의 매력을 느끼려면 연습이 필요하다. 여러 관점을 통해 우리의 시야를 넓히고 숙고하고 관찰한 후에야 향유에 이를 수 있을 테다. 그렇지만 이 예술은 그렇게 향유되기를 원하지 않는다. 그래서 우리에게는 회화가 더 살갑다. 내면성, 주관, 현장감 등이 외형과 결부되어 있으니 말이다. 형태 내로 수렴되는 것과 그 밖으로 펼쳐지는 것의 구분이 생긴다. 조각품은 그 자체로 단순하게 고요함을 유지하는 반면에 회화는 행위로 전개되니 말이다.[183] 외적 공간이라는 추상적 규정을 조각은 3차원에 두었다. 반면 회화는 세 차원을 둘로 축소하여 평면이 된다. 내면이 외면에 제한을 가함으로써 그렇듯 평면이 성립한 것이며 2차원에 머문다. [음악에서는] 하나의 차원이 더 축소되어 선線으로 존재하면서 더 불안정해진다.[184] 《104》

2차원인 까닭에 회화에는 이미 결함이 있을 수 있다. 그러나 앞서 말한 바와 같이 이는 결함이 아니다. 회화에 특수성이 진입하니 말이다. 회화를 공간과 비교해 보자. 조각은 공간 규정과 관계하는 까닭에 공간의 원리에 따라 물리적으로 규정된다. 회화에 들어있는 물리적 규정이 부각된다 해도 이는 공간과 단절된다. 조각은 관람자를 아랑곳하지 않고 스스로 안주한다. 반면에 회화에서는 관람자와의 관계가 나타나는데 그것도 오직 평면으로만, 현상의 확고한 지점에만 현존한다.

그러므로 그림에서는 [조각에서와 같은] 자립성이 손상된다. 오직 인간과의 관계만이 현시된다. 평면만으로도 충분히 현상할 수는 있다. 자연은 평면을 현시할 재간이 없다. 질료와의 연관에 따라 사정은 달라질 수밖에 없다. 그런 연관에 따라 [조각보다는] 회화가 건축과 더 멀어진다. 회화는 격실에, 벽에 걸린다.[185] 조각품은 홀로 세워진다. 그래서 받침대 하나는 필요하다. 이

316

를 계단 위에 얹을 수도 있고 정원에 둘 수도 있다. 빈 벽면을 채우기 위해 그림이 필요하다. 고딕 건축술에서는 박공의 벽면까지 [조각으로] 가득 채운다. 멀리 있을 때 이 벽면은 한층 드넓다. 드넓고 텅 빈 평면으로 이루어진 긴 여러 상자로 이루어진 이것에 우리가 가까이 다가가 자세히 살피면 그 빈 드넓음은 이내 사라진다.[186]

물리적인 것이 특수한 현상으로 나타난다. 개방적 중력인 빛은 비단 추상적 가시성이 아니라 어둠이기도 하니, [빛과 어둠으로 인해] 결국 밝음과 어둠이 생긴다. 윤곽은 어둡다. 밝음과 어둠은 색채에서 결합된다. 색채는 빛과 어둠의 통일체다. 그 자체로는 무색의 빛이 불투명해지면 어둠으로 변한다.[187] 이제는 빛이 일곱 가지 어두운 색채에서 나왔다고 말하지 못한다.[188] 화가는 현상을, 이에 대한 감각을 준거점으로 삼는다. 황색 및 청색, 이 양자는 적색 및 녹색과 대립한다. 이 색채들, 즉 녹색, 청색 및 적색은 단순하고 밝다. 그러나 이것들 안에 어둠도 있으니 그것으로 인해 불투명하다. 명암은 삼차원의 모든 공간 관계가 나타나게도 하고 사라지게도 한다. 모든 구분은 명암의 구분에서 비롯한다. 두 사람은 서로 구분된다. 각각은 자신의 인격성 자체에 따라 자립화되며 다른 인간과 차별화된다. 신체 조직도 의식도 다 고유하다. 그러나 [회화에서] 두 사람은 명암을 통해 구분된다. 명암에 따라 색채도 나타났다 사라진다. 이런 공간적 구분의 산출은 어렵다. 색채를 통해 표시되는 이 구분에 결함이 없지는 않을 테다. 그러나 이미 언급한 바와 같이 회화는 감각적으로 드러난 것을 포착하되 세 번째 차원을 폐기해야 할 [즉 두차원을 통해 표현해야 할] 사명이 있다.

회화의 네 번째 규정은 다음과 같다.[189] 객관이 인격성을 띰으로써 인간과 무관하지 않은 것으로 생각된다. 다른 객관과의 광범위한 연관을 평면에 한정한다. 대상과 더불어 후면이 나타나고 따로 떨어져 있게 마련인 주변이 무관하지 않게 있음으로써 그런 관계가 표시된 온전한 하나의 그림이 된다. 우연한 것들이 이루는 외관이 아니라 하나의 얼개를 갖춘 그림이 되는 것이다. 〈105〉

조각적 요소는 이제 제거된다. 옛 독일의 [가령 고딕 성당의] 조형물처럼 건축의 배경으로 현시되는 조각상 같은 것 말이다. 대리석으로 되어 있는 이런 조형물에는 생동감이 없다, 측랑의 입구에는 사도들[의 조각상이 보이는데, 종교적 인물 각각이 개체로서 초상화처럼 자립성을 인정받았던 것이다.[190] 자립성이라는 규정이 있을 경우에만 그런 개별화가

【그림 79】〈게르하르트 폰 퀴겔겐의 〈탕자〉(1820)의 모작〉, 드레스덴 알테마이스터 회화관. 『누가복음』(15:11 이하)에 등장하는 이야기를 그림으로 나타낸 것. 좌측 하단에 조그맣게 그려진 돼지를 그려야, 그러니까 그가 배가 고파 돼지가 먹는 쥐엄나무 열매를 먹었다는 이야기를 상기시켜야 관객이 그가 누구인지를 알아볼 수 있을 그런 인물을 초상화로 나타내는 것은 적절하지 않다고 헤겔은 생각한다.

가능하다. 그러니까 탕자의 흉상을 저런 식으로 그릴 수는 없을 것이다. 그리스도의 흉상을 그릴 수는 있지만, 탕자가 처한 상황은 다른 것과의 관계와 더불어서만 알 수 있으니 말이다.[191] 탕자 그림의 배경에 상징물로 작은 돼지 한 마리를 그리는 것은 변변찮은 임시변통일 따름이다. 면밀하게 살피면 그 개별자는 정신에 근접해 있지 않다. 개별 조형물 가운데 공경의 대상이라고 하기에는 너무 추한 것까지 있으며 둔중한 형태를 띠기도 한다.[192] 예술 및 정신의 자유는 그런 둔중함을 타파하며 인간 정신에 친근한 그런 정신적 생명

성이 형상화된다. 인물을 [상황과] 별개로 보려는 관심은 초상화에나 어울린다.

다섯 번째로 주목할 것은 배경을 통해 회화의 대상이 무한히 확장된다는 점이다. 생명이 없는 태양, 달, 암석 등도, 동물, 풍광 등도 제각각 자신의 지분을 차지한다. 특정한 옷을 입고 특정한 곳에 거주하는 인간이 감정, 행위 및 상황에 따른 각종의 상태에 놓인다. 행위와 상황이 지극히 확대되면서 회화의 대상에는 경계가 없어진다. 경계가 없다는 것은 곧 한계가 없다는 말이다. 최고의 내용이 평면에 현상해야 하며, 지극히 진지한 내면에서부터 지극히 추상적인 외면에 이르기까지 모두 현상으로 드러나야 하며 그 현상의 영향력이 가시화되어야 한다. 이런 특수성으로 인해 이제 생생한 현실이 나타나면서 이상과는 더욱 멀어진다. 인간이 현상으로 표상됨으로써 추상적이고 일반적인 충족이 있게 된다. 그러한 현상 자체는 지극히 명확하고 정밀한 그런 위대한 기술을 요구한다. 각 개별성이 모두 완결된 모습으로 나타나며 조각 작업보다 훨씬 근면함이 요구된다.[193]

민족의, 혹은 개인의 면모가 색채로 드러나는 까닭에 이탈리아 그림과 독일 그림은 곧잘 2월 16일
명확히 구분된다. 화가마다 자신의 기법이 있다. 그렇기 때문에 각종의 화파가 생겨났다. 민족, 시대, 개인마다 특화된 정신이 회화로 그려진다. 다종다양한 방식의 기교가 고려된다.

이런 관계로 인해 회화는 낭만적 예술로서 최고의 번영을 누린다. 정신이 자신 속에서 자신을 반성하는 예술이 낭만적 예술이며 이로써 다종다양한 상태, 행위 및 외형을 낳는 규정으로 이행하기 때문이다. 고대인들도 탁월한 회화를 남길 수는 있었다. 고대의 작품이 거의 남아 있지 않

지만 말이다. 그렇지만 고대의 회화 가운데 남아 있는 것들에서는 탁월함이 잘 나타나지 않는 것을 보면 알 수 있듯이 회화가 당대에는 적절한 것으로 여겨지지 않았다. 《106》

　테르니테[194]는 열정을 갖고 헤르쿨라네움[195]의 그림들을 그렸다. 특히 건축과의 관계 면에서 주목할 가치가 있다. 형식의 정확성과 아름다움, 대상의 적합성, 강조 기법, 채색을 오랜 시간 동안 유지해 온 탁월한 면모 등을 엿볼 수 있다. 이 그림 가운데 매력을 자아내는 것이 많다. 명성이 자자한 그림은 없다지만 거기에서 명확한 인물 배치, 경쾌한 터치 등 갖출 것을 다 갖췄다. [그러나] 낭만적 예술에서 회화의 특장이 발현된다는 점을 주장하지 않을 수 없다. 이러한 특장은 숙련성 때문이 아니다. 최고 대상이 갖는, 정신에 지복함이 가득한 채 내밀한 감정을 자아내는 그 내용 때문이다. 그런 까닭에 그 표현에는 더 높은 수준의 완벽함이 들어 있다. 표현과 내용이 유리될 리도 없다. 내면에 채워져 있는 내용이 표현되니 말이다. 이로써 회화는 위대한 높이에 도달한다. 동일한 구도의 이집트 군상과 기독교 군상을 비교한 프랑스 비평가가 있다.[196] 이집트의 이시스는 종종 아들 호루스를 무릎에 앉힌 모습으로 나타나는데, 그 비슷한 테마로 그리스도와 함께 있는 성모가 있다. 이시스의 경우 저부조 작품도 있긴 하지만 취급 방식 면에서는 별반 다르지 않다. 저 두 군상에 큰 차이가 보인다. 이집트의 그 작품에는 균제가 잡혀 있다. 직선 형태에 부동의 자세를 취하고 있되 매력이라든가 온유함과 같이 내면이 움직인 흔적은 없다. 아이와 어머니라 할 수도 없고 신적인 면모도 없으며 신은 더더욱 아니다. 자연스러운 행위를 제대로 표상하지 못한 것이다. 옛 비잔틴 회화로부터 라파엘로에 이르기까지, 순수한 성처녀의, 인간적 감정의, 신적 분위기의, 육체적 아름다움의, 그리고 정신적 위대함의 무한한 움직임이 현시되었다. 이제 예술은 형태가 아니라 감정을 현시한다. 감각적 아름다움이 우리의 내면에서 미의 감정을 일깨운다. 이런 감정이 없었다면 예술이 될 수 없었다. [낭만적] 표현의 차별성은 진정코 이러하다. 생동감과 내밀함 면에서 그리스 예술은 이집트 예술보다 언제나 앞서 있었다. 지극한 사랑으로 어린 바쿠스를 품에 안은 파우누스가 있다.[197] 바쿠스를 보살피는 아름다운 님프의 감정 또한 매우 풍부하다. 그러나 아이에 대한, 욕정도 동경도 없는 이런 사랑의 감정에는 기독교적 사랑의 깊이가 없다. 그러니까 회화야말로 최고의 내용을 통해 최고의 표현에 이른 것이라 할·수 있다.

회화가 특수성을 묘사한다고 할 때, 우리는 이에 관해 몇 가지를 더 언급해야 한다. 특수성이라는 규정에 따르는 역사화가 있다.

【그림 80】〈아들 호루스를 보살피는 여신 이시스 (Isis)〉(BC 680/40년경), 미국 월터스 미술관.

【그림 81】라파엘로 산치오, 〈시스티나 성모〉 (1512/13), 드레스덴 알테마이스터 회화관.

[1.] 역사화

　　회화는 한순간을 연속성 없이 현시할 수 있다. 그러니까 행위[198]의 전개를 현시하지 못한다는 점에서는 시인에 뒤처진다. 그렇지만 영혼을 대하는 개별적 시각[199] 면에서는 회화가 시문학에 앞선다. 시인이 그리는 내용은 무미건조하다. 개개의 감각적 광경에 대한 규정이 부족하기 때문이다. 그 표상은 추상적이고 일반적이며 비규정적이다. 규정 그 자체가[200] 지나치게 추상적이다.[201] 《107》

　　회화는 순간만을 현시할 따름이다. 하지만 시작부터 끝에 이르는 [행위의] 나머지가 연속적으로 나타나야만 한다. 승리의 순간에 전투의, 그리고 승리감의 현상이 [모두] 나타난다. 〈참회하는 막달레나〉[202]는 매우

【그림 82】 프란체스키니, 〈참회하는 막달레나〉(1677/78), 드레스덴 알테마이스터 회화관. 이 그림에서 막달라 마리아는 그동안의 삶에 대해 참회하고 있다. 그 참회의 내용이 그녀의 하녀, 시동, 거울, 장신구 등으로 나타난다. 호화로운 삶의 쾌락을 저버리는 참회의 심정이 그녀의 육체적 아름다움과 대조적으로 그려진다

단순하면서도 또한 다채롭고 상세하게 그려져 있다. 몸단장을 한 막달레나 마리아가 모든 것을 내던지고 채찍을 손에 쥔 모습을 프란체스키니[203]가 현시하였다. 이 화가는 극작가적인 면모를 지니고 있다. 조각의 형상이 갖는 고요함에 대해서는 이미 언급한 바 있다. 이제 회화에서는 특수한 생동감이 현상해야 한다. 내면성의 그 깊이가 드러나야 한다. 내면성 자체의 구체적이고 명확한 움직임은 시예술을 통해서만 일련의 표상들로 자세하게 서술될 수 있다는 점에서 회화는 시예술에 뒤처진다. 서정적인 이런 느낌은 오직 시인만이 표상할 수 있다. 회화가 이런 서정성에 개입한다는 생각은 회화의 수단에 대한 오해에서 비롯한 것이다. 회화는 외면성의 현시를 통해 추상적으로 표현해야 한다.[204] 근래에는 회화가 시문학에 경도되어 잘못된 선택으로 이끌리는 것을 볼 수 있다.[205]

　내적 감정의 현시는 시문학에서 이루어진다.

이 점에서 시문학은 회화와 차별화된다. 회화
는 내면을 외면적으로만 그려 낸다. 반면 시문학은 외면을 내적 감정으로만 포착한다. 회화는 외면의 감각적 직관을 위한, 내면의 외화를 위한, 즉 외적 실존으로 현시되는 내면의 실상을 위한 예술이다. 얼굴 및 자세의 표현에서 내면의 외화가, 제삼자와 함께 빚는 행위까지 드러난다. 그런 점에서 회화에 극적인 요소가 있다. 행위나 동기가 없이 직접 그 내면을 드러내면서 회화에 시문학적 요소가 있다고 해서는 안 된다. 이렇게 되면 지극히 추상적인 것으로 퇴행하여 시문학의 고유성에 [즉 서정성에] 지배당한 채 진부하고 무미건조해지기 때문이다. 회화의 수단으로는 그럴 여지가 없다.[206] 그래서 최근의 전시회에서 본 새로운 화파[207]의 작품에는 엄청난 기술적 완숙함이 엿보인다. 시문학에서 대상을 취하여 사랑의 정신을 현시한다. 어부(뱃사람)와 함께 있는 님프[208] 그림에서 그

【그림 83】율리우스 휘브너, 〈어부 소년과 닉세〉(1827/28), 베를린 구 국립 미술관.

【그림 84】프리드리히 빌헬름 폰 샤도프, 〈미뇽〉(1828), 라이프치히 조형 예술 박물관.

어부는 물의 순수함을 동경하고 있다. 또한 우리는 〈미뇽〉[209]을 보았다. 〈리날도와 아르미다〉[210]에서는 제대로 사랑에 푹 빠진 모습 말고는 아무것도 보이지 않는다. 표현 전체가 눈과 입에 집중되어 있다. 자세는 어정쩡하다. 리날도의 긴 다리는 엇갈리게 접혀 있다. 남자들의 얼굴은 범속하다. 양치기[211]가 농부의 얼굴을 하고 있는 식이다. 표현될 중요한 계기는 화가가 정한다. 눈이 그 계기가 되어 있다. 그렇다고 눈에 모든 것이 수렴되지는 않는다. 이런 [그림의] 시문학에는 판타지가 없다. 사랑은 눈에서만 현상할 뿐이다. 다른 곳에는 없다. 그렇기 때문에 판타지 없이 추상적으로 이해해서 이런 시문학이 있다고 하는 것이다. 그러나 내면은 행위를 통해 외화되어야 한다. 이전 시대의 회화도 사랑이 중심을 이루는 장면을 표했지만 판타지가 들어 있었다. 다소 알레고리적으로, 아모르와 프시케라든가 님프들의 한 가운데와 같은 다종다양함으로 사랑의 힘에 매력을 더했다. 사비니 여인들의 겁탈 장면도 하나의 행위를 낳는

【그림 85】카를 페르디난트 존, 〈리날도와 아르미다〉(1828), 뒤셀도르프 쿤스트팔라스트 미술관. 토르콰토 타소의 서사시 『해방된 예루살렘』의 이야기를 바탕으로 한 그림이다.

【그림 86】페테르 파울 루벤스, 〈사비니 여인 약탈〉(1635/40), 런던 내셔널 갤러리. 로마의 남성들이 혼인을 위해 다른 도시의 여성들을 대량으로 납치했다는 이 모티브는 회화와 조각의 주제로 빈번히 사용되었다.

사랑에 근거를 두고 있다. 헤라클레스와 옴팔레 또한 알레고리적으로 현시되어 있다.[212] 《108》

노예들이 둘러선 우물가에 야곱이 당도하여 라헬을 끌어안는 그림[213]은 아름답다. 도처에 행위가 보인다. 세 여신과 있는 파리스 또한 그러하다. 독일의 그림에서는 여인들이 병약하고 나약하며 동경심에 휩싸인, 그저 아름답기만 한 자태를 취하고 있다.[214] 미뇽이 이에 해당하는데, 이렇듯 순전히 시적인 성격은 우리의 판타지에 아주 생생하지만 그림에서는 산문적으로 나타날 뿐이다. 목적하는 바도 없고 결단하는 바도 없으며 행위의 방향성도 없다. 상심에 가득 차 있을 뿐 어찌할 바를 모르는 모습이 그림에 보인다. 시문학이 정념을 대상화할 때는 이를 내면적으로, 판타지로 써 내려간다. 시문학이 내면적인 방식을 띨 때 시문학일 수 있으며, 오직 판타지를 통해서만 그럴 수 있다. 회화는 다양한 모티브, 행위, 극적 요소 등을 통해서만 이런 것을 현시할 수 있다. 판타지를

【그림 87】 팔마 베키오, 〈야곱과 라헬〉(1524/25년경), 드레스덴 알테마이스터 회화관. 「창세기」(29장)에 나오는 라헬과 야곱의 이야기를 바탕으로 한 그림이다 .

통해서 감각을 표상으로 변용할 수 있어야 예술이다. 예술작품의 내용에 이런 판타지도 표현되어야 하는 것이다.

회화라는 예술은 지극히 다종다양하므로 그 특수성을 살피기 위해서는 그림을 직접 보아야 한다. [그림에 관한] 문헌만으로는 이내 지치며[215] 실감이 나지 않는다. 그렇기 때문에 역사별로 [그림에] 접근해야 한다. 그림이 해당하는 시대에 대해

【그림 88】 헨드릭 판 발렌 1세, 〈파리스의 심판〉(1600), 베를린 회화관. 트로이 전쟁의 도화선이 되는 '파리스의 심판'을 모티프로 한 그림이다.

서는 역사적 논구가 최선이다. 시대별 전시야말로 비할 데 없이 중요하다. 그렇게 되어야 우리는 그림을 찬찬히 따라갈 수 있다. 경직된, 비예술적인 것에서부터 시작해서 점차 개인의 성격화가, 아름다움이 현시되는 것을 따라가게 되는 것이다.[216]

[2.] 회화의 이상성에 관하여

화파마다 종교적 대상을 포착하는 방식이 다르다. 회화는 가장 이상적인 이 대상에서 세속적 대상으로 이행한다. 세속적 대상에서는 가상화의 매력 혹은 마법이 관건이었다.

낭만적인 것 전반이 회화에 제격이다. 낭만적인 대상에서 회화의 가장 큰 위력이 빛을 발한다. 이런 관점에서 대상은 깊이 있는 느낌을, 내면성을 갖는다. 그리스적 명랑성으로는 이런 깊이에 도달하지 못한다. 분열을, 고통스러운 노동을 거침으로써, 자연성을 극복함으로써 영혼은 그보다 더 높은 명랑성에 도달한다. 이렇듯 더 높은 명랑성이 부정성을 그렇게 잠재운다. 이렇게 도달되는 명랑성에 정당한 근거가 있기도 하다. 이러한 변용을 통해 도달된 행복은 외적 상태와 우연히 자연스럽게 부합함으로써 얻은 것이 아니다. 외적 실존이 아니라 내면과만 관계된, 순전히 명랑함에만 그치지 않는 만족에 도달했을 때의 그런 지복이 표현되니 말이다.

고대인에게 헤라클레스는 비록 신들에게 속

박되어 노동[217]하지만 그럼에도 군왕의 자격이

있는 존재였고 그에게 이런 노동은 오히려 외적인 [즉 부수적인] 것이었다. 충족이 달성되어 내면화되도록 한 노동 속에서 사람들은 자기 자신

을 극복하게 마련이다.[218] (109)

이런 노동이 그저 기계적으로 이루어지는 기도 같을 수도 있다.[219] 그러나 이런 노동은 정신적 존재의 의식과 더불어 감행되었다. 언제나 내면으로 들어가는 일이며 한순간일지라도 정신적 화해로 영혼을 인도하는 성찰이다. 고통이 느껴지는 이런 노동에 깊이가 없다면, 그저 삶을 저버린 채 이루어지는 것이라면 지극히 피상적인 것에 머물렀을 테다. 그러나 본연의 성격에서 그 특유함의 정당함이 생겨난다. 기계적으로 기도하는 일이 없진 않지만 여기에는 [성격의] 유덕함이 없다. 마음 깊이 다가오는 장엄한 예배가 끝나는 곧바로 자유분방함이 뒤따르니 말이다. 그러나 정당한 화해가 있어야 한다. 사람들에게는 양심이 있다. 그리스의 명랑함에서는 아예 가당치 않았던 특유한 방식의 충족이 있는 것이다. 내면성은 분명코 [양심이라는] 이런 근대적 요소에서 산출되며 이런 요소는 예술을 통해 더욱 분명하게 표현된다. [근대와] 가까운 권역인 낭만적인 것에 대해 우리는 이미 살펴본 바 있다. 사랑의 정신이 그 중심점을 이룬다. 예술 자체에서, 그리고 종교에서도 이 중심점에 이르는 전개 과정이 요구된다. 따라서 충족의 감정은 구체적이다. 즉 타인과 자신이 동일함을 느끼는 것이다. 따라서 사랑에는 이미 무언가 부정적인 것이 존재한다. 사랑은 독립적 인격체에게 생긴다. 자기중심적인 마음이 자신의 독자성을 포기할 때, 그런 부정적 계기를 통해 사랑의 합일이 이루어지며 더 높은 정신성이 존재하게 된다. 개별자가, 즉 개인이 그런 의식을 갖게 되며 그렇기 때문에 사랑에는 모순되는 것을 하나로 보도록 마음을 움직이는 무언가가 있다. 모순 관계의 변증법에서 이루어지는 이런 움직임은 자신의 인격을 포기할 때 일어난다. 그런 까닭에 사랑은 우수한 예술에서 중심점을 이룬다. 옛 회화는 바로 사랑의 이런 내면을 내보였

328

다. 모성애는 자연과 관계의 형태를 띠면서도 사랑의 내용이 되는, 사랑을 받는 그 대상은 특정 개인이 아니라 신이다. 어머니는 인간인데도 고상함을 내보인다. 이 형태야말로 예술이 오를 수 있는 최고점이다. 어머니의 사랑에 정념은 없다. 그러면서도 숭고하다. 육체적 사랑의 기쁨은 없다. 신에 대한 사랑이 있다. 남편[220]에 대한 사랑은 나타나지 않는다. 이 남자는 아이에 대한 공경심을 갖고 있을 뿐이다. 기쁨이 이런 식으로 매우 널리 확산한다. 목자들의, 동방박사의 기쁨으로, 더 높은 신적 기쁨으로, 바라마지 않는 것에 대한 정신의 기쁨으로 말이다. 성부聖父는 사유 속에 있으며 감각에서, 자연적 관계에서 벗어나 있다. 사유의 신이 됨으로써 예술에서 사라진다. 그렇기 때문에 라파엘로는 성부에 가장 적합한 표상으로 구름을 택했다.[221] 빛으로 말을 하고 있으며 고대의 유피테르를 밀어낼 만큼 매우 존엄한 표상이 나타난다.[222] 이보다 더 존엄하고 숭고한 것을 발견할 수 없을 만큼의 구상이긴 해도 이것이 우리의 정신을 만족시키지는 못한다. 그리스도의 경우도 그러하다. 그리스도 그림도 근대적 정신을 따르되 고대의 미 형식으로 현시하였다. 이름난 대가

【그림 89】 귀도 레니, 〈가시면류관을 쓴 그리스도〉(1636/37), 드레스덴 알테마이스터 회화관. 기독교적 정신성을 육체적으로 온전하게 현시하려는 이런 시도에 대해 헤겔은 경계한다. 그 내용의 심중함으로 인해 나름의 가치는 있겠으나 아폴론(그림 66)의 고전적 아름다움을 그리스도의 두상으로 재현하려는 저런 시도는 예술적으로 한계가 있다는 점을 헤겔은 명확히 인식하고 있었다.

들이 그리스도를 그렸으나 어떤 것도 그리스도의 표상에 부합하지는 않았다.[223] 《110》

그리스도는 그리스 신처럼 한 인간으로 현상한다. 아이로 현상할 때 우리의 맘에 든다. 아이의 그 순진무구함이 [인간과 신의] 모순을 더 잘 견딘다. 인간을 초인적으로 보이게 하는 그런 숭고한 면모가 아이에게 허락되는 것이다. 성년 남자에서는 더 이상 이런 것이 허락되지 않는다. 만족스러운 특칭적 면모가 언제나 아이에게서 발견된다.[224] 화해의 기쁨, 변용과 승천, 완성 등은 오직 한층 고상한 신성에게만 허락된다. 인간은 이제 더 이상 인간으로 표상되지 않는다. 이 상황에서는 인간적인 면에 [신적인 면이] 혼합되면서 더 높은 명료함으로 이행한다. 사도들에게도 이같은 일이 일어난다. 이 인물들은 큰 사명을 안고 있다. 삶의 무게를 벗어 던진 성령과 성인들의 경우 수난에서 벗어난 그 순수함을 표현하는 것 자체가 어려운 일이다. 경배하는 믿음으로 기도하는 인간의 공동체에서는 열렬한 정신적 기원과 동경이, 기도를 들어주실 것이라는 확신이 뒤따른다. 이러한 축복이 첫 번째 형태다.

두 번째 형태는 분열이다. 수난이, 예수의 십자가형이, 그리고 이에 앞서 상황으로서 적대적인 이들이 그에게 가하는 조롱이, 매장 및 성모의 상심이, 세계의 구원이라는 더 나은 전망을 가졌다가 이를 상실한 사도들이 있다. 회한 속에 구원은 주관적인 것이 되고 고통스러운 가운데 객관적인 것을, 화해를 확신하면서 순교자가 되어 영혼의 내적 투쟁 속에서 자신을 반성한다. 참회하는 자는 객관적 화해를 확신한다.

투쟁의 출발점에는 자연적인 [즉 순수하고 무구한] 자유와 유쾌함이 존재할 수 있다. 이는 필연적인 것의 구속을 [즉 죽음을] 기꺼이 받아들이면서 이에 신경을 쓰지 않는, 그런 삶의 결단이다. 이를 통해 그 토대가 아름다운 현상으로 치장되고 우아함이 생겨난다.

그런데 근본적으로는 완고함이 나타난다. [죽음에 대한 공포의] 극복을 위해서는 자신에서 벗어나 정신성의 영역에 도달할 만큼 불굴의 힘이 필요하다. 이로써 아름다움보다 더 강력한 형태인 경직성이 생겨난다. 자신을 떠나야 하는 그 완강함으로 인해 상처가 생기며 이 투쟁의 주요한 두 규정이 나오는데, 아름다움과 경직성이 그것이다.

방금 언급한 출발점이 이탈리아 회화에서 주로 발견되지만 독일 회화에서도 이것이 발견된다.

이탈리아 예술에서 우리는 이내 자연적 감각의 순수한 아름다움을, 심정의 명랑함을, 이런 심정에 맞는 아름다운 형태를, 정신의 무구함, 우아함, 고귀함 및 섬세함을, 그리고 순박함 및 소박함을 우선 떠올린다. 그러한 아름다운 천성은 정신적 지복으로 드높여질 때 ⟨111⟩ 그 속에 조화가 깃든다. 자연적 아름다움 혹은 경건함을 통해 획득한 정신성은 저런 천성이 있기 때문에 성립한다. 지복의 삶으로 가는 손쉬운 길이 여기에 열려 있었다. 고도의 투쟁이 나타나지만 완강함으로 인한 고통은 없다. 모든 것이 신앙이라는 순수한 영역에 중심을 두고 있다. 이상적인 이행의 현황을 살펴보자. 자기애와 경직성이 서로 투쟁하지 않는다. 그렇기 때문에 관념상의 상처는 생기지 않으며 추상적 내면에 광신적인 것이 커진다. 이런 성격이 옛 이탈리아 회화를 이룬다. 이전 세기에는 이런 성격을 눈여겨보지 않았다. 이보다 더 숭고해질 수 있고 더 나아질 수 있다고 생각했던 것이다. 그러나 근래에는 옛 이탈리아 화파의 순수함과 무구함이 인정되고 있으며 예술 형상 면에서의 결함에도 불구하고 단순한 우아함에 대한 인정과 평가가 이루어지고 있다. 레오나르도 다 빈치와 같은 이

【그림 90】〈라벤나의 산미켈레 아프리치스코 성당의 반원형 벽감(壁龕) 모자이크화〉(545), 베를린 보데 미술관.

들이 이를 완성하였다. 이들로 인해 저 결함이 점차 불식되었던 것이다.

조야한 첫 단계를 지나 비잔티움의 모방 시기를 거쳐 보다 예술적인 면이 형성되었다.[225] 그리스인에게도 [회화] 예술은 있었다. 그 전통이 줄 곧 이어졌다. 우상파괴 운동으로 인해 많은 것이 사라졌다. 그 이후 성자 에 대한 숭배가 다시 생겨났다. 더 나은 기술이 등장하면서 자세, 의복, 얼굴 형태 등에서 고유한 성격화가 이루어졌다. 비잔틴 회화[의 경향성] 에 정신이 부재하였지만 그 형식까지 폄하해서는 안 된다. 구체적 작업 에서는 정신이 부재한 수공업적 특징이 있었다. 그리스 회화에는 기술 면에서 훌륭한 전통은 있었으나 그 정신은 박약했다. 정신성과 생동성 면에서 이탈리아인들은 큰 진전을 이루었다. 이들의 출발점이었던 비잔 틴 유형은 그 대상의 범위가 그리 넓지 않았다. 도리어 개신교의 형상이

332

더 풍부했다고 할 수 있을 정도다. 저 당시만 해도 성처녀는 그려지지 않았다. 이탈리아인들이 육체에 의미와 생명을 불어넣었다. [이탈리아 회화의 시대 이전에는] 모사하는 학생[화공]들은 원본[자연]에 대해 충분히 이해하지 못하였다. 그들이 보기에 많은 것들이 설명 불가능해 보였다. 빛과 그림자 또한 그들은 이해하지 못하였으나 이해가 안 된 상태에서 모사하였다. 비잔틴 경향의 옛 작품에 대한 기계적 작업에서도 마찬가지였다. 모든 것을 기계적으로 따라 만들어 가다 보니 그 모사본에는 점차 무의미함과 부자연스러움이 부각되었다. 당시의 예술이 그러했다. 비잔틴 시대가 지난 후에야 비로소 모사본을 살아 있는 자연적 원본과 견주었고 그 특징을 이해하였으며 옛 예술이 다시 말해, 비잔틴 예술이 모사를 잘 못 했다는 점을 깨달았다. [그런 깨달음과 함께] 예술을 해방시킨 이가 바로 조토다.[226] 예전에는 그림에 거침없이 왁스를 사용했고 그림의 외관이 황색을 띠었다. 조토는 이와 다른 수단을 발견하였는데 그의 그림에 그 성과가 확연히 나타난다. 그림의 소재는 삶에서 나왔고 자연 관

【그림 91】 **조토 디본도네**, 〈**그리스도의 십자가형**〉(1310년경), **베를린 회화관.** 1821년 베를린에서 열린 영국 상인 에드워드 솔리 컬렉션 가운데 하나. 조토는 매우 다양한 표정과 몸짓으로 각자의 감정을 잘 표현하고 있다. 가령 십자가에서 피를 흘리며 죽어 가시는 그리스도의 몸에서 나는 냄새 때문에 코를 잡고 있는 병사(십자가 좌측)의 모습이 목격된다.

찰에서 출발하였는데 이는 비잔틴 회화에서는 보이지 않는 것이었다. 신성한 대상을 처음 그린 이도 조토였다. 그런가 하면 조토의 예술에는 즐거움과 자유로움이 수용되었다. 당대와 가까운 시기에 활동했던 성인들도 생명력을 얻게 되었다. 이 성인들의 그림으로 인해 회화 예술은 현대화되었고 더욱 자연스러워졌다. 이로써 진실된 것이 현시될 수 있었다. 이런 성인들의 전설을, 속세를 떠난 그들의 삶을 이야기했고 그러면서 일상과 예술이, 예술과 자연이 밀접해졌다. (112)

경직된 낯선 모습으로 현시되었던 그리스도와 사제는 예술에서 제외되었다. 인간에게는 더 생생한 다른 것이 있으니 말이다. 그림에 생명이 깃들게 된 것이다. 아이를 안은 마리아와 같은 살가운 혈연 관계는 예전에는 낯선 것들이었다. 인간들의 권역이 조형화되고 대상의 인간화가 이제 시작된다.

이런 길이 열렸다는 것만으로 예술이 고상해지는 것은 아니다. 혁명

【그림 92】 카를 페르디난트 싱켈이 베를린 구 박물관을 건립하기 전에 그가 구상한 스케치 중 하나 (1825년 이전), **베를린 쿠퍼슈티히카비네트**. 이 그림의 위치보다 실제로는 슈프레강에서 더 멀리 오른쪽에 건물이 배치되었다. 그 가운데 회화관은 에드워드 솔리의 컬렉션을 구매하여 이를 바탕으로 설립되었다.

을 일으킨 조토 자신도 아직 충분한 성격화에 이르렀다는 인정은 받지 못했다. 이런 정신화라든가 아름다운 형태로의 변용은 후대의 예술에서 이루어진다. 조토의 시대는 지극한 아름다움은 있되 회화 예술의 완성에는 도달하지 못하였다.

따라서 생명성과 자연성이 표현되어야 하는 주요한 두 계기가 되었다. 여기에 추가하자면, 지나간 먼 옛날의 것을 내던지고 현재의 것을 취하는, 고대에 비중을 두지 않는 태도가 있다. 경건한 관념이 주종을 이루되 생명성의 형태를 띠는 것이 수단으로 사용되어 저 관념의 깊이를 표현할 수 있었다. 이런 성격이 나타난 시대가 바로 15세기 중엽이다. 이 권역에 속한 (우리의 회화관에서 볼 수 있는)[227] 그림이 이목을 끈다. 인물들의 배열에 단순하고 규칙적인 면이 있다. 두 성령 사이에 마리아가 있는 식이다. 십자가의 그리스도, 측면의 마리아와 요셉, 이들이 피라미드 형태를 취한다. 이러한 동형성이 다채롭게 등장하는 현상은 우리에게 다소 이채롭다. 외투를 두르고 있는 마리아의 주변을 한 무리의 기도자들이 감싼다. 전반적으로 지극한 동형성을 띤다. 색채 면에서는 아직 이후 시대의 아름다움에 도달하지 못했다. 얼굴에는 특별한 표정이 없다. 빛과 그림자도 거의 없다. 색채는 자연에 가깝지 않다. 오히려 전통에 따른다. 이런 작품들은 그다지 매력적이지 않다. 용모, 자태 등에서 고도의 순수함과 무구함이, 매우 우아한 형태가 발견된다. 따라서 이 점에 착안하면, 그러니까 색채와 같이 불만스러운 것에 연연하지 않는다면 구상의 아름다움에, 그 충만한 영혼에 감탄하지 않을 수 없다. 구상만큼은 후대에 뒤떨어지지 않는다. 색채가 비쳐 나오는 예술은 아직 아니지만 말이다. 색채는 거칠어 보인다. 인물 배치에 있어서도 기교도 다채로운 생명성도 살가운 표현도 없다. 황갈색

으로 각각의 특징이 구분된다. 코레조[228]를 대가의 반열에 올린 명암은 물론이요 원근법도 아직 고안되지 않았다. 인물들의 모습도 빈약하다. 인물 배치가 동형적인 그림에서 우리는 다수의 국면을, 다수의 행위 및 사건을 목격한다. [그 다수가 얽혀 있는] 사연이 소소하고, 어설프고, 생뚱맞으며 오류투성이이긴 하다.[229] 그렇지만 경건함의 깊이 만큼은 잃지 않는다. 심정의 내밀함이 더 깊어지면 오히려 [경건함의] 그 순수함은 더 이상 발견되지 않는다. 가장 경건한 위인이 살았던 시대의 화가들은 그리기 전에 반드시 기도를 드렸다는, 눈물바다를 이루면서 그림을 완성했다는 사실을 우리는 알고 있다. 분명 깊은 신앙이 그런 그림에서 인지된다. 《113》

순수한 내밀함과 경건함을 갖춘 이 단계에서 출발한 예술은 신성한 대상으로 더욱 확장되면서도 현실에 좀 더 다가간다. 그림으로써 현재하는 것과 동떨어짐 없이 현재 속으로 예술이 진입한다. 쾌활하면서도 강인하게 자신을 견지하는 시민적 일상사가, 명랑한 삶에 들어있는 충만한 정신이, 잘 영위하는 삶이 예술을 이끄는 주도적 감각이었다. 덕성을 갖춘 인간에게 새삼 일깨워진 만족이, 현실과의 이런 화해가 예술의 정신에 들어오게 되었다. 이제 예술은 자신의 터전을 일구면서 계단에 그림을 걸어 외양을 장식하는 등의 크나큰 자유를 얻는다. 위대한 인물의 초상 그림들이 예술의 대상이 되었다. 풍경, 교회 구역, 궁전 등의 건축 작품은 물론 주택 가옥도 [대상으로] 수용되었다. 정신이 충만한 과제가 이제 생겨난 것이다. 물론 이런 대상들로 인해 전 시대의 내밀한 경건함은 다소 위축되었다. 그렇지만 예술이 정점에 오르기 위해서는 이런 계기가 필요했다. 모든 것이, 색채가, 자세가 이제는 단순한 비품 정도가 아니라 생명을 얻는다. 모든 것에 그 특징이 부여되니 말이다.

이 점에서 최고의 완성은 라파엘로가 보여 주었다. 피에트로 페루지노[230]의 정신에 따라 우리[231]는 청년기부터 많은 그림을 그렸는데 여기에 그 고상함을 향한 열망이 나타난다. 대상에의 몰입, 이를 생생하게 포착하는 감각 등으로 인해 그를 그러한 반열에 올랐다.[232] 가장 최신의 감각이 그 생동감과 어우러짐으로써 경탄스러운 고대의 위대함에 비견할 만하며 형태의 이상적 아름다움이야말로 그를 정점에 올려 놓은 이유였다. 그러니까 종교적 엄격함이, 철두철미 생생한 자연이 함께하였던 것이다.

그리하여 인물에는 생동감이 풍부했고 자신의 수단을 모두 능수능란하게 다루는 듯 보인다. 다만 코레조에게서 보이는 명암의 마법같은 것은 라파엘로에게 나타나지 았았다. 색채의 아름다움 또한 베네치아 대가들이 보여 주는 것만큼 순수함을 갖추지는 못했다. 라파엘로에게서 보이는 그 경직성이 티치아노[233]나 코레조에게서는 사라졌다.[234]

【그림 94】 티치아노 베첼리오, 〈세금〉(1516), 드레스덴 알테마이스터 회화관.

[3.] 독일[235] 회화

　이전 시대의 네덜란드[236]인들에 대한 재평가는 30년 전에야 비로소 이루어졌다. 뒤러와 같은 남독일[237] 예술가에 대해서도 마찬가지다. [반]에이크[238]를 비롯한 네덜란드인이 유화를 고안하였다. 우리가 이탈리아 회화 다음으로 살펴보아야 할 가장 놀라운 발전상으로 유화가 있다. 역사적으로 유화 작품은 많지 않았었다. 갑자기 대량의 작품이 완성되어 우리에게 전해졌다. 이 시기보다 유화를 더 잘 그려 낼 수는 없다. 시작부터 완성에 도달한 셈이다. 주변에 온갖 회화가 가득했다. [유화에서는] 정적인 형체가 아니라 극적인 행위가 그 인물과 운동을 통해 나타난다. 배경, 건축물, 구유, 집, 풍광 등 그 모든 것이 마치 양탄자나 화려한 옷처럼 최고의 완벽함을 갖추고 있다. 1432년에 이미 반에이크는 자신의 걸작 그림을 완성했다.[239]240 《114》

【그림 95】 로히르 판 베이던, 콜룸바 제단화 중 〈동방박사의 경배〉(1455년 경), 뮌헨 알테피나코테크. 헤겔 시대에는 이 제단화의 작가가 베이던이 아닌 얀 반에이크로 알려져 있었다.

【그림 96】 반 에이크 형제, 〈겐트 제단화〉(1420/32), 성 바보(Sint Bavo) 성당. 제단화의 상단 중앙에는 성부(혹은 심판자 예수), 성모 및 세례요한이, 하단에는 예수가 피 흘리는 양으로 묘사되어 있다.

그러나 독일에서는 이상보다는 우연한 현실이 더 주종을 이루었다. 반면에 [이탈리아에서는] 이상적 숭고함, 고상함 및 아름다움이 발견된다. 독일에서는 현세적인 것이 현상하는데 여기에서는 그로부터 멀리 떨어져 있는 것이 더 현상하는 것이다. 물론 독일인들도 마리아의 그림을 탁월한 형태로 제시하였고 아기 예수도 아름다웠다. 다만 육체의 그 앙상함은 결함이라 하겠다. 마리아의 경우 경건한 면모는 없으며 그리하여 정신의 충만함 또한 보이지 않는다. 그렇기 때문에 독일인의 경우 경건함이 그 정신성을 대신한다.[241] 이 시대 그림의 소묘, 색채, 구도 등에 대해서는 더 바랄 나위가 없다. 반면에 이탈리아 그림을 보면 그 이상적인 면에 더 끌리는데 거기에 아름다운 정신성이 없지 않기 때문에 그러하다.

그런 다음에는 아름답지 않은, 정념 가득한 현시로 나아갔는데, 이로써 앞서 말한 고요한 내밀함과 경건함은 후퇴한다. 그리스도 주변의 병사들은 거칠다. 순교자들의 극심한 고통이 끔찍하게 표해진다. 감각의 동요가 커진다. 이 시대의 그림에 기교가 완벽하지는 않기 때문에 사람들은 그림이 원래 이렇듯 거친 것이라고 잘못 생각한다. 그래서 종종 오류에 빠지곤 한다. 제작 면에서의 섬세함도 떨어진다. 이탈리아인과 독일인들은 점차 현세의 유쾌한 시민적 삶을 표현하기 시작했다. 자기감정의 가치를 예술로 다루었던 것이다. 네덜란드인들은 [스페인의] 압제에서 벗어나 자유를 얻고 난 후 그들은 자신들의 위용을, 감정을, 그리고 자아를 예술로 표하고자 했다.

그림에서 풍경은 이때까지는 그저 주변적인 것으로 여겨졌다. 더욱이 풍경은 특별히 정적인 것으로 현시되었다. 인물들도 주변화되었다. 네덜란드인들은 탁자 위에 놓인 자연 물품들을 극도의 자연성으로 현시하였다. 위대한 정신과 엄청난 판타지 면에서 렘브란트는 이탈리아인들을 능가했다. 시민적 삶의 단편들, 선물, 농부의 춤, 양치기의 건초 더미 등은 완벽하다. 웃는 모습의 순간적 일단에 대한 작업에서 최고의 대가다운 면모를 보였다.[242] 이것들은 접근도 소통도 잘 된다. 그러나 우리 [독일인]의 장르화는 네덜란드인의 것과는 거리가 멀다. 빛의 마술이 결여되었으니 말이다.

무엇보다도 성격화가 잘 이루어졌다. 등 앞에서 바늘에 실을 꿰는 여

【그림 97】 헤라르트 다우, 〈잃어버린 실〉(1660/65), 드레스덴 알테마이스터 회화관. 도우는 이른바 테네브리즘을 회화에 적용한 화가에 속한다.

【그림 98】 얀 스텐, 〈카드놀이 중의 다툼〉(1664/65), 베를린 회화관.

인은 그것만으로 최고의 긴장과 최고의 기대를 안긴다. 평범한 삶이 그 무구한 즐거움 및 유쾌함에 스며들어 있다. 그 모든 것이 즐겁다. 삶의 안식일Sontag des Lebens이 잘 나타난다. 이로써 이미 하나의 이상성이 나타난다. 유쾌한 이들은 조악한 모습을 띠지 않는다. 유쾌함만으로도 그 평범함에서 벗어나 있는 것이다. 오늘날의 장르화는 신랄함과 조악함을 나타낸다. [반면에] 옥신각신하며 다투는 네덜란드인의 얼굴에는 희극성이 있다. 이로써 상황의 조악함이 사라지는 것이다. 상황은 조악하다 해도 사람의 조악함은 나타나지 않는다. 일순간의 존재가 이런 그림의 기본 특징을 이룬다. 《115》

인간 정신에 대한 직관, 인간다운 면모, 인간의 개체성 등이 회화의 특칭적 정신을 이룬다. 심정 및 정념의 깊이가 우리에게 현상한다. 사람들은 이것을 보며 인간의 본성에 대해 배운다. 모든 예술이 그러하듯 회화에서도 인간 성격이 직관된다. 내면성과 관계하는 채색에 대한 감각이 나타난다. 어떤 형태의 초상화든 이를 보면 예술가가 인간의 정신을 얼마나 잘 알고 있는지가 드러난다.

[4.] 채색

색채야말로 화가를 화가로 만들어 준다. 소묘가 그 바탕을 이룬다.[243] 그래서 많은 사람이 소묘로 이미 완성에 이를 수 있다고 믿는다. 그러나 그림이 되려면 이 소묘에 채색이 이루어져야 한다. 채색이란 표현에 색을 입히는 일이다. 소묘도 그 자체로 큰 가치를 지니며 대가들의 소묘를 바라보는 기쁨 또한 지극히 크다. 그 노고에 경탄한다기보다는 그 완벽한 손길에, 그렇듯 위대한 표현에 이르렀음에도 그 경쾌한 놀림에 경탄

【그림 99】 카날레토(조반니 안토니오 카날), 〈산마르코 광장의 피아제타와 항구〉(1736/38년경), 뮌헨 알테 피나코테크.

【그림 100】 야코프 판 라위스달, 〈베이크 베 두스테이드의 풍차〉(1670), 암스테르담 국립미술관.

한다. 순간의 착상 및 단번에 이루어진 작업에 우리가 경탄하는 것이다. 그러나 색채가 있어야 온전해진다.[244] 습기 많은 수평선과 함께하는[245] 베네치아인과 네덜란드인 모두 채색의 대가가 되었다. 배경의 불투명한 회색이 색을 더욱 순수하게 만들어 내는 데 일조하기도 했다.

　어둠과 밝음이 서로 얽히면서 생겨난 명암에 2월 24일 대해서 우선 주목할 필요가 있다. 윤곽, 돌출, 함몰, 거리 등 모든 것이 명암에 따르며 형상의 가장 본질적 현상이기도 하다. 특정 부분에 특유한 색채가 덧붙여짐으로써 입술 부위보다 색이 더 다채로운 부분도 있다. 이로써 특정 부분에 속하는 채색화, 명암 등에 따라 형상들의 대조가 생겨난다. 입술은 어두운 색을 띤다. 조각상을 그릴 때는 이를 공간 형태와의 관계에 따라 살핀다. 조각상에 빛을 비추면 이 형상은 어둠 속에 있을 때와는 다른 자세를 갖는다.[246] 유독 이런 그림에서는 쉽사리 불균형이 발생하는데, 그림에서는 입체감이, 그리고 고유색이 주어져야 하기 때문이다. 조각상을 그릴 때에는 머리카락이 얼굴보다 더 어둡거나 하지 않고 단지 위치에 따라 그렇게 [즉 더 어둡게] 보인다.

색채 자체에 어둠과 밝음의, 따뜻한 색과 차가운 색의 관계가 형성된다. 청색은 황색 및 녹색보다 어둡다. 이는 색의 본성과 밀접한 연관이 있다. 어두운 것에 빛이 색을 입히며 그러면서 불투명해진다. 밝아지면 황색은 적색이 되고, 청색은 자주색이 된다. 녹색은 중성이다. 이런 색채들은 단순하다.[247] 이것이 명암의 가상화이며 어두운 것이 더 밝은 매체 속에서 벌이는 가상화다. 그 외의 색채들은 원색들 속에서 음영을 갖는데, 보라색이 그러하다. 이제 화가는 색채의 영향력에 주목해야 한다.[248] 그러니까 색채에도 상징성이 있는데, 어두움이 곁들인 청색은 온화하고 다정다감하여 이에 저항하는 것이 없다. 밝음은 저항하면서 명랑한 것으로 규정된다. 적색은 여왕의 색이다. 녹색은 우아하다. 이렇게 색채들이 이루는 전체 권역이 역사상의 그림 속에서 발견된다. 〈116〉

그림 하나에 모든 주요색이 나타난다. 특징적 인물로서 마리아는 청색 외투를, 요셉은 적색 외투를 입고 있다. 황색, 녹색, 보라색은 부차적 인물에 할당된다. 독일 화가들은 이러한 색을 잘 택한 반면에 라파엘로는 그렇지 못했다. 색채들은 필히 조화를 이루어 같은 강도로 부각되어야 한다. 어두운 채색에서는 부조화가 눈에 거슬리지 않는다. 어두운 보라색, 어두운 녹색 등이 모두 그러하다. 순수한 색들의 조화를 나타내기 어렵다. 색 자체가 작용하는 면도 있고 인접한 색이 주는 영향도 있다. 인접하는 색의 영향을 예술가는 잘 숙지해야 하며 그래야 네덜란드 그림에 나타나는 공단, 구리, 주석 등의 광채가 〔생겨난다〕. 좀 더 자세히 살펴보면 황금색 레이스의 회색을, 금속의 광채에서 금속 성분 없는 단순한 보통의 색채를 목격하게 된다. 인접해 있음으로써 광채가 나도록 한 것이다. 대기원근법은 색조에 영향을 준다. 대기 자체는 특유한 빛을 품는다. 그러나 거리가 생김으로써 그 색채를 가린다. 그래서 멀리 떨어질수록 어두워지고 가까울수록 밝게 더 잘 보인다. 그런데 실제로는 멀수록 더 밝아지며 무색의 밝은 회색을 띠는 반면, 가까우면 전경이 어두우면서도 색채

【그림 101】 헤라르트 테르 보르흐, 〈우아한 대화 (혹은 아버지의 훈계)〉(1654/55), 베를린 회화관.

마다의 규정상 가장 밝음을 갖는다. 가까운 곳의 빛은 가까운 것을 더욱 밝게 하며 거리가 생기면 윤곽이 불명확해지는데, 그런 까닭에 대기원근법은 매우 위대한 예술[기법]이다.

조명은 외부에서 별도로 비추도록 되어 있다. 하루 중의 빛은 때와 장소에 따라, 뇌우, 양초, 달, 태양 등에 따라 각기 달라지며 그만큼 다양하다. 그런데 색채의 통일성은 빛의 통일성과 더불어 시야에 들어와야 한다. 그렇게 되지 않으면 그림의 질서가 흐트러진다. 아침에, 밤에, 뇌우가 퍼부을 때의 전경을, 그 한순간을 붙잡는 일은 쉽지 않다.

화가라면 모름지기 자신만의 기법을 갖는다. 자연을 명랑하게 대하든, 아니면 법칙에 따른 것으로 여기든 간에 이에 대한 자기만의 감각을 갖는다. 색채에 그 기법이 현상한다. 화가마다 각기 다른 채색을 하며,

그리하여 이 채색은 주관적인 것으로 볼 수 있고, 그리하여 그 주관성은 자연에서 왔다기보다는 [각자의] 습관에서 온 것처럼 보이기 십상이다. 그러나 자연 속의 채색이 무한히 다르다. 뇌우가 퍼부을 때 대상은 변화무쌍하다. 이런 것을 예술가가 붙잡아 채색의 변양을 이끌어 내야 한다.

인간의 살색에 대한 채색이 가장 어렵다. 모든 화가는 자신의 감정 상태와는 무관하게 특유의 피부색을 갖고 있다. 종종 우리는 부자연스런 살색임에도 그것이 원리상 정당한 요소를 갖는 경우를 본다.

인간의 살 자체에서 모든 색이 관통한다. 금속은 광채를 내며 옹골차다. 꽃은 정확한 자신만의 색을 갖는다. 포도에서는 무언가 관통하는 색이 있다. 그러나 이 색은 표면에서만 확고할 뿐이다. 동물의 피부, 털, 깃털마다 상이함을 갖는다. 《117》

인간의 피부에는 모든 색채의 깊이를 머금고 그 향기를 발산하는 지평을 이루고 있고 피부의 가상[빛남]은 모든 색이 이룬 결과물이다. 적색이 가장 눈에 띈다. 장미의 순수한 붉음은 가장 건강하고 가장 아름답다. 시작되자마자 결과물이 되는 순간적 모습이다. 피부로 동맥의 적색이 비쳐 보인다. 피부 자체는 황색이고 혈관은 청색이다. 이 세 가지 색이 [외부의 빛이 반사된] 광채 없는 하나가 된다. 광채에 비한다면 생생한 살은 생기를 잃은 것(모르비데차)[249]으로 있다. 그래서 화가에게 피부색은 그 어떤 다른 색보다 더 큰 영향력을 갖는다. 이러한 향기로움을 산출하는 일은 매우 어렵다. 괴테가 번역한 디드로의 회화론에는 "살결의 느낌을 아는 자는 멀리 나아간 자다"[250]라고 되어 있다. 살결에 비치는 빛은 [밖에서부터가 아니라 안에서] 비쳐 나온 빛이어야 한다. 광채로는 안 되는 이런 투명함에 도달해야 한다. [251]

이런 가상화의 마법은 회화의 음악성이라 불릴 수 있다. 이는 반성에서 비롯한 가시화이며 다른 가상화에서 비롯한 가상화다. 이 마법은 외적 객체로부터 해방된다. 존재가 가상으로 이행하면, 존재가 가상화 속의 가상화를 표방하면, 객관적인 것이 주관적인 것으로 이행한다. 그리하여 우리는 음악으로 이행한다.

[IV.] 음악

건축술의 외적 객관성에서 벗어나 주관성으로 [진입한다]. 공간상에 고요하게 병존하던 [조각의] 외면성이 [회화에서] 부정되고 가상화된 후 이제 그 고요함은 진동으로 뒤바뀐다. 공간적 존립은 관념이 되어 청자에게 다가간다. 예술은 실천적인 감각이 아닌 오직 이론적인 감각과만 마주한다. 이론과, 즉 욕구가 부재한 직관[252]과 마주하는 것이다. 이론적 감각으로는 시각과 청각이 있다. 공간성을 잃어 운동 현상이 곧장 사라진 까닭에 이를 순전히 관념적인 감각이라고 부를 수도 있다. 우리는 내면성으로 이행한다.

나는 이 예술에 그다지 친숙하지는 않다. 음악의 요소는 매우 추상적이어서 이를 명확히 표출하기 위해서는 전문성을 갖추고 있어야 하니 말이다. 이 예술의 요소가 지닌 본성 및 원리 자체가 추상적 내면성을, [시문학에 비한다면] 덜 분명한 소리를 요구한다. 이행과 더불어 오직 전문성을 갖추어야 이에 대한 규정이 가능하다.

음악에 비하면 지금까지의 예술은 객관적 예술이라 부를 수 있다. 이런 예술들은 형상에, 내

2월 26일

용에 제약이 있었다. 조각, 회화 등은 확고한 규정 및 상황에서 출발한다. 형상화될 형태가 이미 주어져 있는 것이다. 이런 예술에서는 행위의 성격이 개체화되어야 하며 명확하게 규정되어 있어야 한다. 외형도 주어진다. 형태들이 확고해지고 이상화되어야 한다. 이 형태가 모델이 되어 이념에 의해 외적인 변양이 이루어졌다. 이로써 그 규정이 우리에게 언제나 명확하다. 표상 속에 있던 것을 외적 직관으로 가져오게 된 것이다. ⟪118⟫

음악에도 주제[테마]가 있다. 다만 내면에서 음악 작업이 시작된 것은 아니고 [외면과] 종합하는 방식을 취한다. 이때 고유한 자유로의 복귀가 이루어진다. 사람들은 자기 자신을 상기한다. 다른 예술에서[도] 통일과 집중이 이루어졌다. 작품이 좀 더 분명해지면 그런 만큼 통일성이 강화되는 식이다. 음악은 오히려 발산되면서 멀어졌다가 다시 통일성으로 되돌아오는 식으로 전개된다. 음악의 주제는 분명치 않고 명시적이지도 않다. 그 규정은 이미 주제 속에서 펼쳐지고 드러난다. 주제가 대비를 이루면서 반복된다. 세부 사항이 이해에 기여하는 바는 없다.[253] 음악은 주제를 넘나드는 주관적 자유의 계기를 갖는다. 예술가는 자신의 자유를 상기하여 이리저리 나아가도록 자신을 추동한다. 거침없이 판타지를 내보일 목적이 존재한다. 예술가는 익숙한 선율[멜로디]을 떠올리되 이와는 다른 선율로 나아갈 수 있다. 음악은 특정한 방식으로 개진되면서도 중심을 잃지 않는다. 일종의 조형성을 띤다. 예술가가 임의대로 펼치는, 멈췄다가 축적된 것을 맘껏 펼치는 그 지점이 언제나 예술가의 출발점이 되며 또한 예술가는 자신의 주관성을 견지한다. 예술가는[254] 자연을, 자연 형태를 연구해야 하지만, 음악은 자연의 형태를, 이에 대한 규정을 염두에 두지 않는다.

348

[1.] 음악의 힘

특정한 느낌이 기쁨, 사랑, 동경, 용기 등으로 표출된다는 측면이 있다. 이런 것이 음악만이 갖는 내용은 아니지만 음악 본연의 위력에 속하는 측면이 존립한다. 순수한 내면성, 내용을 채우지 않은 상태에서 자기 자신을 청취하는 자아 자체가 있다. 특정한 내용 없이 오직 소리 내는 자신을 청취한다. 자아의 이러한 순수 내적인 운동을 바라보는 음악이야말로 내면의 가장 깊은 곳을 차지한다. 회화 속에도 [마음이] 침잠해 있긴 하지만 그림은 내 앞의 외형으로 있을 따름이다. 내가 좀 더 정신 안으로 깊게 들어가고자 해도 여전히 외면에 머물 수밖에 없다. 반면에 음악에서 나는 방향을 완전히 되돌린다. 나는 더 이상 객관과 대면하는 나로 있지 않고, 또한 나 자신을 더 이상 [객관으로부터 특정한 내용을 취하는 구체적인] 나로 여기지 않으며, 저 표출과 더불어 나의 [구체적] 자아는 완전히 사라진다.[255] 순수한 주관성으로 수렴된다. 이런 내용이 충족되면서 나에 대해서는 아무것도 남지 않는다. 내가 그림에 몰두하는 한, 나는 언제나 타자와 마주하고 있는 셈이다. 반면에 음악에서는 그렇지 않다. 순수한 소리, 추상적 내면성 같은 것이 음악의 내용을 이룬다.[256] (용기가 없는 자에게 군악軍樂이 용기를 주지는 않는다. 공격하려는 관심에 사로잡힌 내면에 무언가를 보탤 따름이다) 음악은 주관의 재량을 허용하지 않는다. 시간이란 텅 빈 것이라고만 여기는 자는 [음악을 들을 때] 지루함을 느낄 테다. 음악의 자극으로 인해 그 텅 빈 것에 몰두할 줄 알게 된다.[257] 음악의 위력이란 바로 이런 것을 말한다.

이미 언급한 바와 같이 형식적인 면에 대해서는 양해를 구한다.

추상적인 면과 관련해서는 우선 다음의 것을 언급해야 한다. 《119》

[2.] 조음

진동을 통해 조음Tönen이 있게 된다.[258] 주관성이 견지됨으로 하여 이를 바탕으로 변화가 발생한다.259 공기가 진동한다.[260] 한편으로는 일정 길이의 질료가 있다. 그 다음으로는 현이 있다.[261] 가죽, 종처럼 면이 진동할 수도 있다. 혹은 일정 공간을 지닌 관악기가 있다.[262] 일정 길이가 진동하면서 우리에게 무언가를 호소해야 한다는 고유한 요구가 있다.[263] 팀파니, 종 등은 음악에 기여하는 바가 적다. [글라스] 하모니카264의 면[이 내는 진동]으로는 지속적인 호응을 주지 못한다. 다른 악기와 어우러질 수도 없다. 글라스 하모니카로는 화음을 이룰 수 없다. 적지 않은 사람이 이에 두통을 호소한다. 단순한 내면성은 다음과 같은 요구를 한다. 즉 일정 길이 및 선의 진동을 청취해야 한다.[265] 면이, 둥근 면이 넓게 만들어낸 소리Tönen는 물리적으로 청취하기에 적합하지 않다.

최고의 악기는 인간의 목소리Stimme다.266 근육이나 장막현[267]으로 공기 기둥을 이루어 진동하면 인간의 목소리와 어우러진다. 어떤 악기든 저마다 고유한 성격을 갖는다. 이것들 각각이 저마다의 특성을 견지하면서 마법과 같은 힘을 발휘하기 위해 근래에는 이것들이 서로 부합하도록

【그림 102】 **치시더리히, 팀파니**(케틀드럼)**(1769), 베를린 악기 박물관.** 팀파니와 트럼펫은 장중한 분위를 연출하는 음악에 이용되었다. 군대의 행진 중에 북과 플룻은 보병대를 위해 사용된 반면 기병대를 위해서는 팀파니와 트럼펫이 사용되었다.

하였다. 모차르트[268]의 관현악에서는 두 악기가 마치 대화를 하는 듯하
다. 그럼에도 최고의 악기는 인간의 목소리다. 목소리는 영혼에서 나온
다. 엄청난 다양성과 특칭성을 갖는다. 더없이 명징하고 단순한 이탈리
아의 목소리는 명징함 그 자체다. 목소리들은 서로 비슷하되 그러면서도
명징함을 띠고서 각각 특칭화된다. 따라서 순수하지 않은 목구멍이 이루
는 소음Geräusch으로 들린다. 거칠게 들리는 것은 있겠지만 말이 목이라
는 공기 기둥에서 순수한 진동이 발생해야지 이곳이 깨끗하지 않으면 거
칠게 들린다.

[3.] 추상적 규정

시간 개념인 템포Zeitmaß를 박자Takt라 한다. 회화와 조각이 공간상에
있다면 조음은 시간에서 이루어진다. 이러한 외화는 부정성을 띤다. 더
이상 존재하지 않는 무언가가 존재하는 셈이다. 외적으로 긍정되는 것
은 공간상에 서로 나란히 존재한다. 반면 시간은 오직 소멸되는 존재를

통해 존재한다. 이 존재는 주관성과, 단순하게 있는 추상적 내면성과 밀접한 연관을 갖는다. 그렇기 때문에 그 외면은 이 속에 [명확하게] 규정되어 있지 않다. 이제는 시간이 척도가 된다. 일부 음악가들처럼 시간상의 조음이 비규정적으로 진행되도록 두지 않을 수도 있다. 박자란 나 자신이 스스로 집중할 때, 이러한 추상적 이행만큼 있게 된다. 시간이 이런 식으로 흘러간다는 것은 곧 선적인 이행이 일정한 척도에 따라 이루어진다는 것이며 외형이 나타났다가 사라진다는 것이다. 이행의 공허에 직면한 내면성은 자기 자신에 거주하면서 자기 자신으로 집중하는데 이때 언제나 동등한 이행이 중단 없이 이루어진다. 언제나 동일한 마디로 반복된다. 이러한 동등한 반복을 우리를 공허한 외면에서 해방시킨다. 이때 나는 그 속에서 나 자신을 인식한다. 《120》

음악과 건축은 외면성에서 비롯된 지성적 단위[수數]를 원소로 삼는다는 점에서 합치하는 면이 있다. 동등하게 내적으로 회귀한다.[269] 자연에는 박자가 없다. 천체 운동의 척도가 동등하지는 않다. 지성이 자연에 [척도를 부여하면 이는] 폭력을 행사하는 셈이며 [이로써] 외면적인 것에 동등한 형식성이 주어질 수 있다. 시계의 동형성이 바로 그러하다. 그러니까 동등한 것이라 해도 그 속에 부등성이 내포되어 있을 수밖에 없다. 각각의 소리들은 동등하지 않고 상이하다. 어떤 것은 시간이 길고 어떤 것은 더 짧다. 그럼에도 불구하고 이런 부등성 가운데 어떤 통일성이 자리한다. 조음의 형식이 같다 해서 그것이 박자는 아니다. 긴 시간이든 짧은 시간이든 이것들과 어떤 통일성과의 관계가 적절하게 등장한다. 온전한 박자든, 반박자든 이렇게 생겨난다.

통일성이 [각각의 소리에] 상이하게 참여하여 그 운동 방식이 상이해짐으로써 박자의 리듬이 성립한다. 단장격과 장단격[270]은 박자로는 같으나 리듬으로는 다르다. 박자의 리듬과 선율의 리듬도 다르다. 그래서 육보격[271]에서도 가사가 박자와 결속을 이루지 않을 수 있으며, 두 리듬의 편차에서 운율Silbenmaß 및 음악의 아름다움이 존재한다.[272]

운율에는 순수한 리듬이 있다. 선율의 리듬 속에서 음악은 무의식 중에 저 리듬을 지향한다. 독일어에는 단장격 리듬이 주종을 이루는데, 이는 '딴 따안 딴 따안 …'과 같은 식의 지루한 반복이다. [독일] 사람들은 프랑스인들이 그저 음절의 숫자에만 주목하였다고 비판하였다.[273] 오히려 그들의 것에서는 운율이 엄격하지 않고 선율적인 면이 상이한데도 이를 듣는 귀가 부족한 탓으로 보인다. 비난을 감수하고서 하는 말이다. 이탈리아의 것에는 자유로움이 더 충만하다. 낭송[274] 음악에 유리하다. 라틴어 가사를 기반으로 하면 운율의 리듬으로부터 자유롭다. 우리 음악처럼 제약을 받는, 무턱대고 반복만 일삼는 그런 일은 피할 수 있는 것이다. 한층 낮은 음에서 출발하여 보다 높은 음으로 나아가는 음악을 접하게 되는데, 가령 헨델의 『메시아』에서[275] 영어 가사는 여전히 장단격 리듬에 속박되어 있다.[276] 헨델의 음악이 이탈리아에 별다른 영향을 주지 못

【그림 104】 모차르트가 편곡한 헨델의 《메시아》 초판(KV 572, 라이프치히 브라이트코프 & 헤르텔 출판사, 1803), 할레 헨델 하우스. 헨델이 1741년에 작곡하여 이듬해 4월 13일 더블린의 그레이트 뮤직 홀에서 초연하였다. 이후 많은 이들의 편곡 작업이 이어졌는데. 1789년 모차르트도 빈에서 공연을 위해 영어 대본을 독일어로 번안한 후 고전주의 관현악 편성에 맞게 바꾸었다.

한 것도 그 때문이다. 리듬의 이런 성격이 그 이유로 숨어 있었다. 이 리듬이 우리에게는 맞다. 우리의 성정에 적합한 것이다. 우리는 구속감이나 단조로움 따위는 별로 느끼지 않는다.

 소리의 원소에 대한 규정은 주관성은 사상하고 물리적인 것과, 즉 소리의 객관적 관계와 연계된다. 이를 조화[하모니]라 한다. 물리적 규정으로 보면 조화로운 규정성이라 하겠다. 이 규정성은 숫자 관계, 즉 기계적 규정성이다. 그런데 조음은 일정 길이의 탄성체가 진동하면서 생긴다. 현과 공기 기둥은 진동하는 일정 길이를 갖는다. 이때 공기 기둥의 두께 또한 관건이 된다. 팽팽한 정도가 어떠한지도 관건이다. 이 세 가지 요소는 피타고라스가 발견한 것이다.[277] 어떤 길이로 얼마만큼이나 진동하는지가 중요하다. 길이가 길어질수록 진동[의 폭]이 커진다. 하나의 진동이 하나의 옥타브[278]를 이룬다. 으뜸음의 다섯 진동수 혹은 네 진동수가[279] 3도 음정을 이룬다. 진동수가 3:2면 5도 음정을, 4:3이면 4도 음정을 이룬다. 그런 식으로

【그림 105】 1600년경 독일에서 제작된 포지티브 오르간의 소리 기둥들, 베를린 악기박물관.

354

청각이 숫자의 이해를 통해 규정된다. 《121》

이 둘은 본질적으로 긴밀히 연결되어 있다. 감각 가운데 객관적 의식과 순전한 느낌은 구분되어야 한다. 하나의 소리를 듣는다는 것 자체만으로 오롯이 하나의 느낌을 갖는다. 그런데 이 느낌이 의식되는 순간 어떤 관계가 언표되는 셈이다. 이 관계는 개념의 본성과 관련된다. 감각과 사유의 관계가 있게 되는 것이다. 조화 속에 통일성이 있다. 소리 안에 이런 조화가 있는 것이 아니다. 그러니까 조화에 [소리의] 다양성 속의 통일성이 있다.

숫자 관계가 단순한 곳에 조화가 있게 마련이다. 이와는 다른 관계로 조성Tonart이 있다. 고대인들은 이와 관련하여 이오니아식, 리디아식, 에올리아식, 도리스식 조성 등 다수의 조성을 언급한 바 있다.[280] 프리기아 조성은 이오니아 조성에 비해 슬프다. 고대인들은 8개의 음만을[281] 가지고 있었다. 이 음들 가운데 무엇이든 으뜸이 될 수 있다. 이러한 음 체계 내에서 다양한 진행이 이루어진다.[282]

[4.] 구체적 음악

여기서는 선율에 대해, 즉 조음의, 그리고 느낌의 높이[정도]에 대해 주로 언급된다. 자연스런 조음에서 출발한다면, 우리가 '감탄感歎함'이라 말하는 것과 같은 조음에 대해서는 아는 바가 없다. 이는 느낌의 소리다.[283] 소리를 통한 표현, 비명悲鳴과 같은 것은 아직 분절적分節的이지 않다. 모든 단어를 비명 지르듯 낼 수는 있으나 이런 말을 언어라 할 수 없으며 의식화된 표상 기호라 할 수 없다. 자연스런 소리가 아직 음악도, 예술도 아님은 분명하다. 음악이 느낌을 유발하지만 규정된 관계 속에 들어가 조음을 대상화한 음악이어야 아름다울 수 있다. 잘 다듬어진 조음이 선율이며 이는 자연스런 외화가 변양된 것이다. 느낌이 배후에 놓여 있다.[284] 조음의 결과로 소리가 만들어진다.[285] 선율에 따라 음악의 아름다움이 판가름난다. 주관적 열정이 지배적이다.

무엇보다 선율이 있어 어쨌든 노래 부를 수 있는 것이어야 그 속에 정신이 충만해진다. 이것이 인간의 목소리에 가깝다. 그래야[286] 열정을, 들끓는 의지를 잠재우면서 정신이 충만해진다.[287] 트레몰로[진음震音]처럼 기술적으로 숙련된 악기 선율을 논외로 한다면 선율은 감성의 충족이요 직접적이고 자연적인 것이다. 종달새가, 나이팅게일이 지저귈 때,[288] 그 선율 자체에서 곧바로 향유가 이루어진다.[289] 이렇듯 수난과 환희가 극도로 교차하는, 경건함과 내밀함이 있는[290] 선율은 특히 내면의 자연성을 갖는다. 이런 선율은 특히 이탈리아인에게 발견된다. 단순한 위대함을 이들의 숭고한 멜로디에서 발견하는데, 이들의 종교 음악에 화해의 충족이 표출되어 있다.[291] 찢어지는 감정이 발견되지 않는다. 고통 속에 언제나 조화가 있으니 말이다.[292] 막달레나 마리아[293]는 찢어지는 고통을 느꼈으나 아름답고

【그림 106】〈거울을 든 아레끼노〉(18세기 초, 상아 조각), 브라운슈바이크 안톤 울리히 대공 박물관. 16세기 이탈리아에서 생겨난 전문 유랑 극단의 즉흥 익살 희극 '코메디아 델 라트떼'에는 각각 전형성을 띠는 여러 등장인물이 연기를 한다. 상아, 목재, 도자기 등으로 제작된 이 인물 조각상들은 유럽 전역에서 사랑받았다.

심오하게 그 찢겨짐 속에서 자신을 잃지 않는다. 그녀처럼 이탈리아도 익살스러운 악곡[294]에서도 결코 아름다움을 간과하지 않는다.[295] 이점이야말로 음악적 아름다움의 요체다. 《122》

조각이 조형적이라는, 회화가 심오하다는 성격을 갖고 있다면, 음악에서는 선율이 두드러진다. 그저 감각의 움직임만으로는 불충분하다. 회화에서 라파엘로가 드러낸 성격적인 면만큼이나 [음악에서는] 선율이 있어야 충족된다.

감각을 통해 지복감을 느끼는 일에 대한, 이런 청취와 더불은 유희에 대한 규정이 결국은 없으며 그래서 영혼에 대한 일반적, 추상적 규정에 머물 따름이다. 고통, 쾌락, 즐거움 등이 그런 일반적 규정에 해당한다. 이 규정들은 구체적인 현실 상황에서 지극히 다양한 규정을 갖는다. 고통, 상실, 상실에 대한 공포, 상실된 대상, 풍요로운 삶, 젊음, 소녀의 삶 등 온갖 것이 지극히 다양하게 규정된다. 이런 다양성을 선율이 담아내지는 못한다. 고통은 열정이 되고 열정은 소리로 표현되며 극단적인 찢어짐[고통] 가운데 영혼 자신의 향유에 이른다.

선율을 포함한 채 이행되는 음들이 활기차게 개진되는 경우 그 다양성이 더욱 커질 필요가 있다. 합창 소리가 그러한 진행에 해당한다. 여기에는 소리가 매우 풍부하다. 하나의 소리가 다른 것에 의해 생성되며 전체가 스스로 조화를 이룬다. 진행 중의 조음이 가장 다양하게 연루되면서 어우러질 수 있는 조화이다. 그래서 각기 상이한 이행임에도 다른 이행과 조화를 이루는 그런 이행들의 내적 연관이 생긴다. 반면 선율이 대립각을 세우는 경우도 있다. 불협화음이 없지 않은 것이다. 그러나 불협화음에서 벗어나 화해에 이른다.

[5.] 음악의 이해

낭송 음악, 가사가 있는 음악, 갖가지 생각을 표현하는 시가나 언사 등에서는 느낌이 생각으로 이행하며 그런 까닭 여하한 인간의 느낌은 동물의 그것과 차별화된다. 시가에는 이미 선율이 있다. 가곡은 여러 정조Stimmung들을 하나로 아우르는 온전체다. 풍경마다 특정한 색조를 갖고 있듯이 하나의 가곡도 전반적으로 하나의 음조를 갖는다.[296] 하지만 [한 가곡의] 각 구절마다 상이한 것을 표현하는 것도 사실이다. 하나의 가곡은 전체가 그 구절들과 더 없이 합치되도록 만들어진다. 오직 소리에서 의미가 나온다. 관건은 의미나 단어들이 아니라 오직 선율이다. 구절마다 정조가 다르고 느낌도 달라 결국 음악이라 할 수 없는 경우도 있다. 박자가 계속 바뀌면 [음악이] 안 되는 것과 같은 이치다. 최고의 음악이 그랬듯 여기서 말하는 음악은 반주 음악이다.[297] 옛 음악은 반주 음악이었다.[298] 교회에서의 기도가 교회음악으로서의 기회가 음악에 부여하였다. 개신교도들에게는 찬송가가 중요한데, 이같은 교회음악은 기도실에서의 예배라기보다는 동참[299]과 향유에 가깝다.300[301] 《123》

오페라 음악에는 극적인 면도 있다. 그 즐거움은 산문과 음악이라는 이질적 요소의 혼합이며[302] 그렇기 때문에 무분별하다.[303] 보통은 이를 부자연스럽다고 말한다. 그런데 오페라에서 수인공이 술긴 노래만 하는 것을 듣는 것 또한 부자연스럽다. 다만 이를 통해 우리는 한 번쯤 산문에서 나와 예술의 세계에 오르게 된다. 그렇지만 이런 혼합의 정당성은 프랑스의 그 오페레타에서처럼 이 혼합이 자기모순에 빠지는 순간뿐이다. 자가당착에 빠지는 순간 말이다. 이때는 가사가 있고 그 의미가 청취되어야 하며 음악은 그저 반주일 뿐이다. 잠시 희극적인 기분이 나타난다.

358

그러나 이내 진지해지면 이런 식의 혼합은 몰취미하게 다가온다.[304]

가사가 지극한 매력을 발산 하려면 그 내용

이 훌륭해야 한다.[305] 고양이로 베이컨을 만들

수는 있어도 토끼를 만들어 낼 수는 없다. 음악의 선율에 어떤 가사든 상관은 없지만 언제나 [특정한] 내용이 들어 있게 마련이다. 훌륭한 가사라면 독일의 옛 오페레타의 그것처럼 상투적이어서는 안 된다. 그렇다고 너무 진중한 생각일 필요도 없다. 운명을 결정하는, 실러의 파토스 같은 것은 소포클레스 작품의 합창이 그러했듯 심중에 너무나 압도적으로 다가오기에 이를 음악으로 활용할 수가 없다.[306] 이런 것들은 지나치게 다듬어졌기 때문에 심중의 그 중요한 내용과 더불어 유희할, 이와는 별도의 감동을 자아낼 여지가 없게 된다. [이와는 달리] 낭만적 내용을 담은 가사는 반성적[307] 시문학에서 가져 오는데, 이는 민중 문학이요 소박하다고는 하지만, 이때의 소박함은 통속성에 가깝다 하겠다.[308] 여기에는 순수한 느낌이 아니라 느낌에 대한 강요된 반성이 있다. 이 감정에 스며든 것 이상의 겉치레가 있는 것이다.[309] 거짓된 느낌, 아름답지 않은 열정 및 악마적 사악함 등이, 즉 추상성이 등장하는데 이것이 추상적이라는 이유를 들지 않아도 그 자체로 거짓인 이것들이 낭만적 가사로 등장한다.[310] 광포함이라든가 장난질은 근본적으로는[311] 참된 느낌이 아니다. 오롯한 느낌이 내용을 이루어야 한다. 심오하기만 해서도 안되지만 자기만족에 빠져서도 안 된다. [오히려] 중심을 잘 잡은, 독일에서는 더 이상 시문학으로 보지 않지만 프랑스인이나 이탈리아인에게는 시문학인, 그런 시문학이어야 한다. 느낌에 대한 의식은 너무 심오해서도 안 되고 그렇다고 장난스러운 것이어서도 안 된다. 오페라나 종교음악의 작곡에는 적합해도 우리의 사유에는 충분하지 않는 가사가 있으니 『마술피리』의

【그림 107】《마술피리》의 초연에서 파파게노 역을 맡은 시카네더 (1791). 초연 대본의 표지 그림.

가사가 그러하다. 빈 근교의 사람들을 위해 판타지 가득한 작품을 써 온 시카네더[312][313]는 의식에 사로잡히는 일 없이 『마술피리』의 대본을 훌륭히 써 냈다.[314] 프랑스나 이탈리아의 대본도 이런 부류에 해당한다. 헨델이 직접 쓴 대본에는 일반적 상황이, 대략적인 관계가 설정되어 있다. 글루크[315]의 텍스트도 이런 부류에 해당하는데 이는 메타스타시오의 작품에서[316] 취하였다. 섬세하고 감수성이 풍부한 시인 마르몽텔[317]은 심정과 판타지에 큰 영향을 미쳤다. 건실한 것을 위한 반주여야 그 음악이 건실하다. 번역은 다소 위험성이 있다.[318] 음악적 조화를 해칠 수 있으니 말이다. 상관없는 단어가 잘못된 영향을 주지 않기 위해서는 단어를 잘 선택해야 한다. 《124》

아름다움이 이루는 조화와 대비된 것이 있으니 대비되는 것의 음악적 결합이 그것이다. 왈츠의 유쾌한 심적 분위기가 감도는 가운데 심정의 격렬한 분열도 나타난다.[319][320]

조각은 [고요하게] 자신에 의거한다.[321] 그런 한에서 선율 음악을 조각에 견줄 수 있다. 회화에 비견되는 것으로는 낭송 음악이 있다. 이 음악에서는 표현과 반주가 분리된다. 이 둘과 구분된 세 번째 것에 대해 논할 차례다. 주관성이 음악 일반의 성격을 이룬다. 이 내면에 대한 [명확한] 규정은 없다. 그 실체적 내용에 대한 규정과는 상관없이 구체적인 것에 깃든 가장 내면적인 것 자체를 주관성이라 한다. 주관성을 자신의 재량대로 실행에 옮기

360

며 자유롭게 있으면서 특정 내용에 구애받지 않듯이 떠오르는 선율에서 벗어날 수도 있다. 그리하여 이 세 번째 것이 청중과의 관련 속에서 등장한다. 느낌 및 행위가 극음악의 내용을 이룬다. 음악 본연에 속하는 것은 느낌이다. 이에 비하면 행위는 그렇지 않다. 행위에서는 보다 숙고가 요구되고 정신 집중이 필요하며 내용으로 채워진다. 대중은 쉽사리 외적 내용에서 벗어나 음악 본연의 것을 견지한다. 내용과의 이런 차이로 인해 우리는 음악 본연의 것으로 향한다. 이탈리아인이 요구한 것을 우리가 요구해서는 안 된다. 이탈리아인은 대화를 하든 식사를 하든 레치타티보를 구사하면서 음악 본연의 것에 맞추어 나간다. 내용에 대해서는 우리가 아는 것일 수도 있고 모르는 것일 수도 있다. 알고 있는 것에 대해서는 흥미가 떨어진다. 즉 더 이상 그것에 주의를 기울이지 않으며 음악적이지 않은 그 내용에서 벗어난다.

기악의 형태는 [성악과] 다르다. 더 이상 가사에 얽매이지 않으며 작곡가는 온전히 독립적으로 자신의 재량을 발휘한다. 작곡가의 천재성이, 모티브가, 조화를 이루는 기예가 객관적 토대 없이 무진장하게 펼쳐진다. 내용을 낚아채야 한다는 과제를 지속적으로 감행하고 있음이 나타나며 그러다가 [급작스럽게] 중단된다.[322] 선율의 객관적인 면은 더 이상 장애가 되지 않는다. 그러한 음악이 듣는 이를 완전히 사로잡지 않는다면 듣는 이의 감정이 자아내는 몽상이 유발될 여지가 크다. 더 이상 이 음악은 듣는 이의 마음을 채워 주지 못하며 관심을 끌지 못한다. 심지어 아무것도 표현할 수 없는 음악도 있으며 이는 예배 중의 반주로만 가능해진다. 기도에 열중할 때의 조음은 그저 스쳐 지나가는 소리에 불과하다. 그렇기 때문에 교회의 음악은 아주 면밀하게 만들어지기보다는 기도에 방해되지 않도록 단순하게 만들어진다. 가장 단순한 조형물이 기도의 효과를 가장 높이듯이 말이다. 그렇기 때문에 이러한 음악이 현실과 동떨어졌다고 판단해서는 안 된다.

그런데 기악에서 주관성이 표출되는 대부분의 경우에는 이와는 다른 또 하나의 주관성이 예술의 실행 중에 주목된다.[323] 조각에서는 예술가가 완전히 사라진다. 그러나 음악에서는 그렇지 않다. 돌은 고요하게 조형물로 존재한다. 서사시의 시인이 그러하듯 조각의 예술가도 사라지며 서사시의 음유시인이 조음에 주목을 하지 않듯이 그렇게만 현상한다. 《125》

실행에 옮기는 예술가는 또한 기능인이기도 하다. 그래서 지침을 구현하는, 그렇게 복종하는 자로 여겨진다. 그러나 이러한 구현에는 영혼이 충만하다. 그래서 이 예술가는 조용히 수행할 채비를 갖추고 있으며 자신의 구현할 것에 귀 기울인다. 천재적 예술가는 연주자를 작곡자처럼 보이게 만든다. 예술가[연주자]의 자기 발현을 수월하게 해 주었던 로시니[324]처럼 말이다. 선율 가운데 특별하게 드러나는 선율 진행이 있다. 가수의 자유가 그렇듯 두드러질 때, 그만큼 사람들은 예술가의 영향력을 염두에 두게 된다. 바로 그 현장에서 생산자 자체가 관심을 끈다. 교회라는, 극예술의 내용이라는 그 모든 조건이 사라진다. 현재하는 영혼이 가사에서 벗어난다. 아울러 다른 악기로는 대상으로 나타났던 것이 이제는 더 이상 실존하지 않는 경우도 있다.[325] 명연주 중에는 악기의 본질적 권리가 상실된다. 악기는 오히려 예술가의 기관[몸의 일부]이 된다. 천재는 외면적인 것에 대한 자신의 지배력을 내보이면서 내면의 자유를 구가한다. 자유자재로 선율이 진행되는, 유머러스하게 중단되는, 내적으로 악기에 대한 자신의 자유로움을 내비치는 그런 순간들을 드러낸다. 예술가는 바이올린 같은 하나의 악기로 국한한다고 해도 위대한 순간을 만들어 낼 수 있으며 [자신의 개별적] 성격을 극복하고 다른 악기의 음색과 다양성을 산출한다.[326] 이제 우리는 기적같은 비밀에 귀를 기울인다. 그리하여 그러한 악기의 개별성은 부재하고 여기에 영혼이 깃들어 일종의 기관이 된다. 그 어떤 예술도 해내지 못하는, 천재적 판타지의 내적 산출이 이루어진다.

조음에서 더 나아가 표상의 기호로, 말하는 예술로 이행한다.

[V.] 시문학에 관하여

소리 자체에는 내용이 없다. 이것이 말로 규정될 때에야 표상이 표현된다. 건축은 신과 공동체를 필요로 했다. 음악의 추상적 소리에 표상이 당기려면 가사가 필요했다. [낭만적 예술 가운데] 세 번째인 말하는 예술이야말로 표상을 위한 예술이다. 이 예술은 형상화의 내용 및 규정을 조각에서 얻었으며 청취할 소리를 음악에서 얻었다. 시문학에 대한 논의를 시작하는 지금 이 예술의 내용과 방식에 대해서 아직 언급한 바는 없으니, '시문학이란 무엇인가'에 대해 논하는 게 쉽지는 않다. 개개의 작품에서 출발하되 그것이 속한 유[장르]에 비추어 그 개체성을 정의[327]한다면, 모든 것을 내포한 보편자를 말하는 데에 어려움이 따른다. 시가詩歌에서 시문학을 해명하는 경우 또한 [어려움이 따른다]. 모든 시가가 그럴 만한 것은 아니기 때문이다. 으레 우리는 눈앞에 시문학으로 보이는 것을 찾아 들고는 이를 해명하려 한다. 그러나 시문학의 개념은 [눈앞의 작품과는] 별개로 언급되어야 한다. 개개의 작품에서 시작하는 작업에서 벗어날 필요가 있다. 우리는 오직 미 전반에 대해 논하고 있는 것이니 말이다. 시문학을 산문과 구별하여 논하는 것은 이상理想에 대한 언급에서 이미 이루어졌다. 정신성이 의식에 아름답게 다가와야 한다.[328] 《126》

자연물이, 즉 풍경, 산, 운동 법칙, 혈관, 색채 자체가 시문학의 대상이 될 수는 없다. 내용의 정신성이 산문적일 수는 없고 오히려 시문학으로, 이상적으로 현시되어야 한다는 점에 대해서는 [이상적인 것에 대한 논의에서] 이미 언급한 바 있다. 여러 연관과 행위가 어우러져야 형상화는 완결된다. 자신의 실체적 본질에 따라 움직이는 것이라면 그 무엇이든 그것은 내면적으로 드러나야 한다. 무한한 풍부함이[329] 이해 가능한 연관 속에 놓이며 산문적인 유한한 외면에 따른 수단으로써 목적에 쓰인다. 어떤 사안이든 그 자체로 특수한 것으로서 다른 사안들과 마주한다. 관념화된 것은 내면에서 나온다. 유한한 원인에 따르는 것은 모두 산문성에 귀착한다. 산문적 사상도 예외는 아니다. 그러나 외면성은 목적에 따라 확립된, 이해 가능하고 확실한 근거를 지니고 있어야 한다. 그렇기 때문에 법칙성을 띤 학문의 형식은 배타적이다. 보편자는 특수화될 수밖에 없다. 보편적인 것이라도 하나하나 개별적으로 추구되는 것이니 말이다. 그러니까 시문학의 시초는 다음과 같은 것과는 구분되어야 한다.

산문보다 시문학이 더 오래되었다. 자기를 표출하고자 하는 인간은 시적인 존재가 되었다. 시문학에서는 사안 자체가 목적이 되지 않는다. 자신이 목적을 이룬다. 시문학의 언표에는 언표된 그것만 있을 뿐이다. 다른 어떤 것을 위한 언표가 아니다. 헤로도토스는 2행시로 된 비명碑銘을 여럿 남겼다. 내용은 산문적이다. 후대인들이 알 수 있도록 말하고자 하는 바를 비명으로 남기려는 관심에서 따른 것이었다. 그 표현이 세련되고 시적이라 해도 그 내용은 아주 단순하다. 테르모필레[330]의 비명이 그것이다. 여기서 300만 [페르시아] 대군과 펠로폰네소스 4,000명의 병사가 싸웠다.[331] 호메로스의 글도 모든 면이 단순하여 은유적인 말 표현이 없다. 그럼에도 그 말이 지닌 품위로 인해 이 안에 음악성이 개재된다. 말을 이러한 만듦[332]으로 해서, 이런 오롯한 내용으로 해서 제작[333]이 이루어진다. 시문학은 [외적인 의미를 가리킬 뿐] 그 자체로는 언표하는 바가 없는 산문과 이런 식으로 차별화된다.

시문학은 매우 광범위한 영역을 갖는 예술이다. 그 요소는 말[단어]이다. 표상의 나라가 가장 풍요롭다. 이 나라는 말을 통해 제 모습을 나타낸다. 그러니까 담화를 통해 가장 광범위한 것이 존재한다. 이렇듯 [무엇이든] 조형할 수 있는 말, 정신에 적합하게 자신의 관심을 표할 수 있는 그런 말은 한낱 돌멩이나 색채 따위와는 달리 정신의 모든 움직임을 포착하기에 적합하다. 정신적 생명의 모든 느낌, 열정 및 위력이 의식화되어야 하며 시문학의 내용을 이루어야 한다. 인류에게 시문학은 최초의, 언제나 함께한 교사였고 지금도 여전하다. 우리를 의식화하는 법을 [시문학으로부터] 배운다. 우리는 우리의 위력이 어떠한지를 알아야 한다. 이런 앎을 그 실체적 형태를 시문학이 우리에게 보여 준다.

인간의 정신은 민족마다 다종다양하다. 시문학은 학문처럼 보편적이지 않고 오히려 개개의 심상으로 보편성을 표하는 까닭에 민족별로, 그러니까 동방, 독일, 이탈리아 등으로 다변화된다. 특정 시대마다 시문학은 다르다. 따라서 시문학은 민족성을 띠며 [흥망의] 시간이 있다. 느낌의 방식은 민족과 시대마다 특화된다. 동양인은 그 본성상 서구인보다 더 시적이다. 분열되지 않은 실체성이 주요 사안이며 시적이다. (127)

우리는 개체화로 나아가 유한한 것[작품]을 독립적으로 다룬다.

시문학을 말로 표현하기 위한 형식이 중요하다. 시문학이 되려면 [우선] 운문화되어야 한다. 말의 내용을 표현하는 일은 비단 언표에 머물지 않으며 오히려 그 자체를 절대적으로 만들어 이것이 현상하도록 언표해야 한다. 운문화됨으로써 문학적 표현의 향기가 난다. [말로] 전달된 것이 우리에게 있음으로써 우리는 일상사에서 벗어난다.[334] 그 표현이 마음에 든다는 것은 그 자체만으로 관심을 끄는 무언가로서 우리의 관심을 끈다는 것을 나타낸다. 다수의 시문학 작품이 산문으로 되어 있다. 가령 레싱은 셰익스피어의 적대자였다. 그럼에도 불구하고 그도 괴테나 실러가 그러했듯 다시 운문으로 돌아갔다.[335]

 운문화되었다고 그것이 곧 시문학인 것은 아니다. 다만 시문학의 외형을 갖춘 것이며 시문학의 향기가 난다. 운문이 되었다 함은 어떤 색채를 갖고 있다는 것처럼 확고한 하나의 얼개를 갖춘다는 뜻이다. 하나의 말에 하나의 기호가 연결되듯이 말이다. 오직 운문화를 통해서만 기호화된 말이 만들어져 현상한다. 그 외형에 사상이 희생되는 경우도 왕왕 있기 때문에 이런 외형을 경시하기도 한다. 그러나 이를 경시하면 시인인 자신의 질료를 재량껏 다루지 못한다. 제대로 들을 줄 아는 귀와 자연이 준 천재가 있다면 쉽사리 시구를 만들 수 있다. 이런 본능이 예술작품을[336] 낳는다. 사상이 사라져도 욕구가[337] 있다면, 오히려 또 다른 사상을 모색한다는 것이 시인에게는 이점으로 작용한다. 새로운 표상을 조형하기 위해서는 말의 조형이 필요하다. 한 편의 시가는 유일무이한 것이어야 한다. 전체에 감도는 소리가, 그 숨결이 시를 유기적으로 만든다. 단장격이나 장단격[338] 리듬의 소리는 이와 반대다. 「코린트의 신부」[339]의 운율에는 내용에 맞게 어떤 으스스함이 배어 있으나 이따금 장난스럽기도 하고 또 비탄에 잠기기도 한다. 그리하여 그 장난스러움이 그 시에 더욱 쓰디쓴 맛을 안긴다.

이런 식으로 [작품에 배인] 전반적 색조가 내용을 규정한다. 내용이 감각적 방식으로 독자의 정신에 다가간다.

고대 및 근대의 운문화 체계의 상이성이 리듬과 압운[340]의 상이성에서 찾아질 수 있다. 고대 시문학의 체계와 근대 시문학의 체계가 다르다. 그 구분 근거에 대해 언급할 필요가 있다. 언어의 구축에는 근거가 있다. 아니, 그 근거가 없을 수가 없다. 리듬과 관련해서 우리는 클롭슈토크[341]를 떠올린다. 실러와 괴테는 그처럼 압운을 자주 사용하지는 않았다. 압운은 우리에게 언제나 낯설게 들린다.[342] 그 어떤 결합이든 간에 이에 대해[343] 괴테는 자신의 시에서 다음과 같은 표제를 붙인 바 있다. "우리에게 이 [넓은] 주름이 / 〔어울리는가〕, 고대인들에게서처럼?"[344] 그는 이를 고대의 운율로 썼다.[345] 고대의 운율에서는 음절의 장단까지 사용되었다. 이것은 우리가 자연스럽게 체류하면서 들을 수 있는 음절의 장단을 통해서도 존재한다. [반면] 우리의 경우 의미에 따라 더 긴 체류가 결정된다. 한 단어에서 본질적 의미를 갖는 어근에도 강세가 주어져 우리는 강세를 장음으로 받아들인다. 한 음절의 길이는 이런 소리에 체류하는 정도에 따라 성립하며 이렇게 됨으로써 다음 모음으로 넘어가기 위해서는 얼마나 지속되어야 하는가도 결정된다. 고대인의 경우 주요 지점은 이러하다. 검劍, das Schwert의 경우 사람들은 'e'에 이르기 전에 'a'에서 더 길게 체류한다.[346] 《128》 반면에 우리는 이를 고려하지 않는다. 역사를 통해 이를 보다 정확히 알 수 있다.[347] 고대인의 경우 소리가 더 긴지 아니면 짧은지가 주요 사안이다. 반면에 우리의 경우 의미가 주요 계기다.[348]

우리에게는 강세가 통용되기 때문에, 활용된 것[말]의 주요 의미로 소급하는 방식에 따라 결과가 나온다. 우리의 경우 실질적인 것은 어근 자체에 놓여서 강조된다. 반면에 고대인의 경우 이것이 그렇게 강조되지 않는다. 그래서 전혀 다른 것이 귀에 들릴 수밖에 없다.

그래서 고대인의 경우 리듬이 주도한다. 장단을 따라 듣는 것이 가장 중요하다. 우리는 어간이라는 주요 사안에 진지하게 머문다. 그리하여 압운이 마련된다. 장단은 우리의 관심을 자아내지 못한다. 조음이 우리를 끌어당길 수 있을 만큼 잘 이루어지려면 잘 조음된 소리가 들어 있어야 한다. 그것이 바로 압운이다. 이는 섬세한 리듬에 비하면 다소 둔탁하게 울린다. 이런 식의 반복, 이런 동등성은 강해지는 그만큼 귀에 들리기 마련이다. 반면에 리듬을 타는 좋은 울림은 체류할 때, 체류하게 만드는 상태에 주목할 때 성립한다. 이와 관련해서 주목할 것은 아랍인의 경우 압운을 가장 먼저 찾아보아야 하지만 압운은 울림보다는 의미에 더 주안점을 두는 우리의 깊은 내면성에 밀접한 연관이 있다는 점이다. 기독교 및 북방의 종교는 진지함 자체를 지닌 채 감각적인 것에 냉담한 그런 심오함을 지녔다. 우리가 압운을 아랍인에게서 채용했다는 역사적 근거는 알려진 바가 없다. 매우 오래된 아랍의 시 문학을 [우리가] 알게 되기 훨씬 전에 압운은 기독교 교회에서 사용되

【그림 108】 베노초 고촐리, 〈교부철학자 아우구스티누스가 성 암브로시우스에 의해 세례를 받는 광경〉(1465). 산지미냐노에 있는 '성 아우구스티누스 교회'에 아우구스티누스의 삶을 그린 고촐리의 프레스코화 중 하나이다.

었다. 우리에게는 운이 갖춰진, 라틴어로 된 성 암브로시우스[349]의 성가 (기원후 370년)가 있다.[350] 아우구스티누스도 운이 갖춰진 노래를 썼다.[351] 따라서 압운은 기독교 교회에서 창안된 것이다. 로마인에게도 압운은 있 었지만 우연히 나온 것이었다. 물론 의도적인 것도 있는데, 오비디우스 의 『변신』 14권이 그러하다.

포스[352]는 운격에 음악에서처럼 박자까지 도입하고자 했다.[353] 그러나 그는 그렇게 함으로써 시구에 폭력을 가했다. 시구의 구조에서 박자는 음악에서처럼 본질적인 것은 아니다.

[1.] 시문학의 분류

서사적, 서정적 및 극적[희곡적]이라는 세 형식이 있다. 서사적 시문학 은 정신계를 활동과 정념의 소재로 삼는다. 인간과 신이 행위를 결정하 여 이로 인해 사건이 현상하며 또한 외부의 소행이 동반될 수 있다. 인간 의 의지만큼이나 운명도 힘을 떨친다. 물론 인간도 신적인 위력을 갖게 된다. 그러나 외부의 적대적인 위력에 직면하여 [의지와 무관한] 오롯한 사건이 되어 버린다. 그렇게 벌어진 일들이 여기서는 주요 사안이 된다. 노래로 구술하는 자는 [그 사건에서] 뒤로 물러나 있다. 호메로스는 절대 로 자신에 대해 말하는 법이 없다. 계속 진행되어 나가는 사건만을 말할 뿐이다. 화자의 생명성 및 주관성은 서정적인 것에서 현상한다. 표출된 그의 내면이 주요 사안이다. 세 번째[극]에서는 특유의 행위가 나타난다. 그저 [이미 산출된 무언가를] 현시하는 것에 머물지 않고 더 나아가 무언 가를 산출하기도 한다. 《129》

[2.] 서사시, 서정시, 극시

지나간 세계는 서사시로 표상된다. 서정시에서 주관은 자신을 표상한다. 극시에서 이 둘은 통합되어 나타난다. 여기에서 무언가를 느낀다는 것은 곧 무언가에 의욕을 갖는다는 것이며 이런 의지를 통해 무언가가 성취된다. 여기에서의 행위는 주관의 성격에 따른 의지가 동원되며 보다 구체화된다. 여기에서는 정신적 운동이 표출되고 작동한다. 서사시에는 운명이 개재한다. 객관적인 것이 무언가에 작용을 가하며 따라서 우연한 것이 된다. 그러나 극시에서는 주관적 의욕이 행위로 나아간다.[354]

극시에서는 등장인물이 몸짓으로 자신을 표출한다. [시문학의] 세 번째 방식에서 외면성에 이르게 된 것이다. 서정시와 서사시에서는 그런 면이 전혀 현상하지 않는다. 극시는 이렇듯 다른 종류에 속한다. 시문학은 소리로 이루어진다. [눈으로] 읽어서는 보이는 것이 없다.[355] 말로 했을 때 한 인간을 관류하는 서정성이 현존하게 마련이다. 서사시의 음유시인은 기계처럼 말을 한다. 이때 그 시 자체가 눈에 보이는 것은 아니기 때문에 시인은 [오직 서술자일 뿐이므로 작품 내에는] 부재하며 [등장인물이 누구이든] 같은 형태로 말할 수밖에 없다. 그렇기 때문에 음유시인[356][357]이라 해서 곧장 주목받았던 것은 아니었다. 서정적인 것을 말로 할 때 그 말의 변조變調가 함께 이루어져 노래로 불린다. 이런 방식으로 느낌이 출현한다. 추상적인 느낌은 음악적인 것 속에 자신의 외형을 마련한다. 노래하는 이는 자신을 토로한다. 핀다로스는 찬양의 노래를 요청받았다. 극시 또한 말로 이루어질 수밖에 없지만 이를 통해 관객의 표상 및 의지에 영향을 미친다. 그렇게 말이 영향력을 행사할 때 [배우의] 몸짓도 이에 편승한다. 이러한 몸짓은 언어와 다름없다. 이러한 무언의

표현이 충만해지면 언어가 없어도 된다. 그렇게 해서 예술적으로 가장 발전된 몸짓을 무용이라 한다. 실제 사람이 눈앞에 나타난다. 고요한 조각품처럼 서 있던 때도 있었다. 영혼이 깃든 예술작품의 최고봉인 극시는 인간을 소재로 삼는다.

[a.] 서사시

사안에 대해 말하고 언표하는 것을 뜻한다. 서사시란 글자 그대로 주요 관심사로 보이는 말을 뜻한다.[358] 인간은 우선 사안에 대해 말을 한 후 자신의 생각과 감정을 말한다. 그런 까닭에 서정시보다 더 오래 되었다. 서사시의 시작은 경구, 표제였다. 이는 목적을 분명히 하며 어떤 사안에 대해, 가령 기둥에 대해 설명한다. 사안에 대해 갖는 표상을 서사시가 제공하며 우리에게 인물이나 사건을 표상케 한다. 율법이나 의무가 있으니 감각적 사물보다 훨씬 강력하고 태양보다 훨신 견고하다. 의무는 가장 밀접한 인간사이므로 잠언은 서사적으로 되어 있다. 즉 의지를 갖는 정신에 대해 언표한다. 황금률이라는 이름의 그러한 잠언을 우리는 피타고라스[359] 및 솔론[360]으로부터 얻는다. 최초의 철학은 자연이 본질적으로 어떠한지를 말해 주었다. 그리하여 무엇이 존재하는지를 일러 주는 교훈시는 서사적이며 한낱 자의로부터 나온 것이 아니다. 이런 것들의 방계에 해당하는 장르는 언급하지 않겠다.

서사시의 주요 대상은 행위로 빚어진 사건으로서 가장 크고 넓은 관심을 불러일으킨다. 행위와 목적이 상술될 뿐 지역이나 국가의 역사가 상술되는 것은 아니다. 이런 것들은 개인을 우선시하기 때문이다.[361]

한 개인의 [삶의] 궤적을 담은 것을 전기라 한다. 여기에는 여러 관심이 섞여 있다. 그 내용은 오직 개인만이 분간한다. 한 개인의 전체이지만 행위의 관심은 특정하다.

그러한 행위들이 좀 더 긴밀히 결합될 수 있다. 산발적 행위를 형상화한, 스페인의 로만체[362]가 이에 해당한다. [반면에] 개인이 주요한 주체가 되면 서정적인 것에 다가간다. 우리가 보기에 저부조는 고요한 움직임을 나타낸다.[363] 주요 관심은 극적인 면에 있지 않다. 눈앞에 진행되는 것이 주요 사상이지 진행되고 있는 그것의 목적이 아닌 것이다. 개별적 형상에 우리는 몰두한다. 극시는 하나의 전체를 이루되 다만 느슨한 전체일 따름이다.[364] [작품에 등장하지 않는] 이전[의 사건]이 있고 또 결론이 있다. 『일리아스』에 대해 사람들은 연작連作으로 된 시처럼 종결되지 않는 것을 지적한다.[365] 작품 내부에도 느슨한 특성이 보인다. 개별 형상이 서로 맞물려 연결되는 특성은 서사시의 것이다. 『일리아스』는 결말을 맺는다. 맥락상 파트로클로스의 죽음으로 작품은 끝나지만, 그럼에도 뒤

이어 그에게 명예의 보상이 주어지는 장면이 필수적이다.[366]

『일리아스』가 음유시인에 의해, 민중들에 의해 만들어졌다면 더 이상 시인이 존재할 여지는 없게 되겠으나, 민중의 정신이 있어야 시가 성립한다. 그런 의미에서는 민중이 시를 만든다. 그러니까 괴테는 민중을 대변할 줄 아는 천재에 속한다는 점에서 위대한 시인이 되는 것이다. 한 편의 시를 계속 이어 갈 수만 있다면 괴테와 실러의 시가 수천 편 이어질 수 있어 보이나 그렇게 이어진 시는 실러와 괴테의 시가 아니다. 이는 호메로스의 연작시와는 다른 것이다.

서사시는 운명이 지배한다. 왕이 노예가 된다. 즉 마녀가 영웅을 자신의 시종으로 삼았으3월 25일나 운명의 굴레에 따라 마녀가 그를 풀어 주는 경우도 있다.[367] 율리시스[오디세우스]는 잠을 자는 동안 집에 당도하는데, 이는 그의 소행이기도 하고 아니기도 하다.[368] 운명이란 이런 것이다. 그리스 지도자 중 으뜸인 아킬레우스도 사령관[아가멤논]에게 복종했다. 헤라클레스가 에우리스테우스[369]의 노예로 일해야 했던 것처럼 말이다. 아킬레우스의 행위는 극시에 맞지 않다. 그는 아가멤논에 맞서는 행위를 하지 못한다. 그저 노여워할 뿐 물러날 수밖에 없다. 그의 행위를 이끌어 낸 것은 파트로클로스의 죽음[이라는 운명]이다.

서사시에는 객관적 어조Ton가 나타난다. 헥토르와 안드로마케의 이별[370]이 그러하다.[371] 그녀가 그에게 안기는 표상들은 오직 객관적이다. 고통스런 느낌이 아니라 그녀가 처한 상황이 헥토르의 죽음 이후 여기에서 표출된다. 그녀는 이야기를 충실히 전한다. 헥토르 또한 그녀에게 그렇게 대답한다. 그의 성정이 아니라 수치심이, 그러니까 그의 의지가 아니라 상황이 그를 붙잡았다. 분노의 심정이 아니라 객관적 의무가 그에

게 명한 것이다.[372]

몽고메리와 오를레앙 처녀 [잔 다르크] 사이에 벌어지는 [전투] 장면[373]도 극적이기보다는 서사적이다. 사람들이 실러에 대해 지적하는 지점이다. 그는 오직 객관적으로 말하며 그녀 또한 그에게 그렇게 대답한다. 이 장면의 어조 또한 서사적이다.

서사적 성격에는 개인의 다종다양한 면모가 필요하다. 인간의 속성이 다방면으로 언어로 개진된다. [반면에] 극시에는 개인을 추동하는 하나의 파토스가 있다.[374] 《131》 서사시에서는 신의 강력한 의지가 미치는 전 범위가 등장하는 반면 극시에서는 그렇지 않다.

서사적 시가에서 시가가 시작되었는지 여부에 대해서는 이미[375] 언급한 바 있다. 시문학의 진정한 토대, 객관적 성격을 띤 작품은 영웅 자체를 본향으로 삼는다. 역사적인, 산문적인, 이해 가능한 것들은 아직 등장하지 않는다. ― 개명된 시대의 시인이 서사적 소재를 다룰 때는 국가, 의무, 법 등이 의지에 속하는 지점에서 하나의 목적을 취하게 될 테다. 그러나 이 단계에서도 시인의 감각이 제 역할을 해야 한다. 카이사르 시대가 지난 뒤에 나온 루키아노스[376] 시는 더 이상 시적 세계에서 비롯한 것이 아니다. 베르길리우스의 시대에 속했다면, 이 시인의 정신은 주관성을 지닌 시인, 그리고 객관적 시대, 이 둘을 분별하지 못한 상태에 놓여 있었을 테다. 신은 그에게 그저 기계와 같은 것이었다.[377] [그에게] 신은 진지하게 반성하기를 즐기는, 그저 외면적인 존재였으니 말이다. 호메로스에게 신들은 일관성을 지닌 존재가 아니었다. 그 반어적 성격을 간과해서는 안 된다.[378] 헤파이스토스와 아프로디테[의 부부 관계]는 비웃음을 살 만했다. 그러나 베르길리우스의 신은 분노 속에서도 능란하게 엄격함을 유지한다. 저승에 발을 딛는 오디세우스의 희생[379]은 진짜인지 아닌지 우리의 의심을 자아내며 우리에게 전율을 안긴다. 그러나 베르길리우스의 경우 모든 것이 신화의 개용에 따라 이해 가능하며 전반적으로 볼 때 치기 어린 수준을 넘어서는 진지함이 자리한다. 시인이 스스로 승인한 산문적 대상을 〔취하면〕 우리는 그 작품을 수용하게 되는 것이고 거기에 판타지가 적용될 소지가 다분하다. 클롭슈토크는 당대의 기준에서 볼 때 평균적 깊이와 정통성을 지녔지만 판타지적인 소재를 취했다. 그렇지만 그의 작품은 밀턴[380] 및 보트머[381]의 서사시[382]와 마찬가지로 그저 산문적일 따름이다. 클롭슈토크의 판타지에 우리는 감탄하지 않을 수 없다. 그는 그런 관계로 나아가는 법을 알고 있었던 것이다. 그러나 모든 것이 그저 날조되었을 따름이다. 사람들은 [그의 작품에 등장하는] 신의 존재를, 천사를 믿지 않는다. 호메로스가 표한 팔라스 및 신중함, 마르스, 트로이와 그리스의 전쟁, 철처히 한 개체에게 속하는 것 등을 사람들은 믿는다. 위력들이 서로 투쟁을 벌인다. ― 클롭슈토크의 구절 가운데 진정 감탄을 자아내는 것들이 있다. 그러나 그의 이야기가 우리에게 살갑지는 않다. 그는 믿을 만하지 않다. 그 누구든 각자 실체를 포착하는, 느낌을 갖는 특수한 저마다의 방식을 지니고 있다. 결국 우리 시대의 그 어떤 시인도 트로이의 전투를 진실되게 묘사할 수 없다. 민족적인, 근본적으로 시적인 소재로부터만 서사적 내실을 갖춘 참된 시가 구축될 수 있다. 동방인들은 북구인들보다 더 서사적 시가의 소질을 갖추고 있었다. 북구인들처럼 세부적인 것을 분석하는 면이 없던 실체적 관점에 따라 동방인들은 범신론 속에서 움직였다. 《132》

여러 민족이 자신들의 서사시를 갖고 있다.

인도인들은 자신들의 세계관에 따라 온갖 형상
을 최고도로 불분명하게 서사시로 담아냈다. 여기에서는 윤리적 요구가 나타나지 않는다. 인도인들은 본래부터 시적이었고 산문 자체가 존재하지 않았다. 위력은 시적이되 자유와 이성이 그 기반을 이루지는 않았다. 이는 우리와는 맞지 않는다. 그 외에 13세기에 쓰여진 동방의 서사시는 더 이상 근원에 속한다 할 수 없다. 시인 피르다우시[383]가 이 서사시에서 가장 오랜 전통의, 강렬하지만 모호하고 혼연한 토대를 구축하였다. 이슬람교도인 그는 페르시아적인 것으로 파고들 수는 없었다. 형상마다의 개별적 규정성이 여기에는 결여되어 있다.[384] 이러한 차이는 아랍의 영웅시에서 나타난다. 이는 카발라[385]적인 이슬람 시가에 속한다. 아랍적인, 낭만적인 용기가 최고도에 올랐던 이슬람 이전 시대의 면모가 여기에는 결여되어 있다. 인도의 환상주의도 아예 결여되어 있다. 요정도, 땅의 정령도, 신도 없다. 특정 개체의 용기만이 펼쳐진다.

호메로스의 서사시는 우리에게도 고전으로 남아 있다. 호메로스의 내용은 보편적 목적과 이에 아랑곳 않는 특수자 사이에서 부유한다. 의무와 법칙은 추상적으로만 그 힘을 발휘한다. 이런 보편적 규정에 따라 개인이 움직인다. 그래서 자유로운 개체성이 온갖 선과 고귀함의 시작으로 작동한다. 신들의 형상은 오직 의미로만 취해지고 그런 식으로만 견지된다.

서구의 오시안[386]도 근원에 속한다. 그의 노래는 오히려 서정적이다. 우울하기도 하고 무언가에 도취되어 있다거나 지난 날을 동경하는 심정이 나타난다. 다만 서사적인 면모도 없지 않다.[387] 그의 관념은 특정 권역에 국한되어 있었다. 차가운 북구 지역, 안개, 정령 및 어두컴컴한 판타지가 식별된다. 일부 사람들이 생각하듯 그 작품이 근래에 만들어진 것이라 할 수는 없다. 그렇게 무언가가 쉽게 만들어질 수는 없다.

킴베르[388]의 서사시[389]는 아직 알려진 바가 없고 나는 일부 단편만 읽어 보았다. 3행으로 구성된 이 서사시의 각 행은 하나의 상황을 나타낸다. 그러니까 3행으로 된 하나의 연聯이 세 가지 상황을 담고 있으나 그것들은 서로 유사성을 갖고 긴밀히 연계되어 있다. 다수의 진기한 것을 여기서 발견한다. 가령 율리우스 카이사르가 한 공주에 대한 사랑으로 인해 브리타니아로 진군했다는 것이다. 그렇지만 북구 민족의 이러한 판타지는 더 이상 우리 시대에 맞지 않다. 그다지 확장성이 없기에 매력도 적다. 그렇기 때문에 클롭슈토크가 송가頌歌를 통해 신화를[390] 우리에게 가져다주려 했던 시도는 헛수고였다.[391]

중세에는 기독교가 우리에게 서사시를 산출해 주었다. 다소 알레고리적으로 신화적 목적을 토대로 하였으며 환상적 상상력이 가득했다. 반어적 상상력이 아리오스토[392] 및 세르반테스[393]에서 발견된다.[394] 기사도의 가장 아름다운 현실성은 시드[395][396]에 구현되어 있다. 이런 소재로 된 로만체 가운데 가장 사랑스럽고 가장 아름다운 것이 우리에게 제공되었다. 그에 관한 시가야말로 그 하나하나가 진주처럼 영롱하게 꿰어져 있다.[397] 《133》

용기와 담대함 같은 감각적 덕성이 주종을 이룬다. 이민족에 맞서서 행동을 동반한 외적 태도를 내보인다. 이 시대가 그리스 시대와 다른 점은 다음과 같다. 그리스 시대에는 기독교 시대처럼 결속력이 주요한 요소로 창출되지 않았으며 사람들은 타인을 신뢰하지 않고 각자도생한다. 십자군 원정 때는 성지聖地가 서사시의 가장 아름다운 관심사이자 소재였다. 그 귀중한 성유물聖遺物이 『니벨룽겐의 노래』에 들어 있다. 이는 우리와는 단절되어 있으며, 민족 시가로 불릴 수도 없고 호메로스에 비견될 수도 없다.[398] 이런 시가는 서사적이기보다는 극적이다. 호메로스 같은 윤리적 인간을 이런 작품에서는 찾을 수 없다.

단테의 『신곡』[399]도 기독교적 서사시에 해당한다. 이는 가톨릭의 지옥 및 천국의 관념에 따른 신과 관계하는 인간의 이야기다. 인간의 가치 및 몰가치를 가장 잘 드러내는 개념에 따라, 인간의 성격과 더불어 인간이 묘사되며 영원한 정의 앞에 몸서리친다. 지나가 버린 일이 아니라 영원히 존속하는 현재가 추구된다.

서사시에 이어 바로 이어지는 것이 『루이제』,[400] 「헤르만과 도로테아」[401] 등의 전원시 종류다. 여기에서 세계는 종속되어 있고 자립적이지 않으며 서로 긴밀히 결합된 특수한 작은 권역들을 아우르는 큰 권역이다. 여기서 세계는 그 자체로 온전하다. 무구하게 사는 인간은 숭고하지 않고 그 자체로 무언가 궁핍함을 갖는다. 먹고 마시며, 아끼는 짐승을 보호한다. 애착을 갖고 노래하는 것이다. 느낌들은 단순하고 무구하며 그 자체 생기가 넘친다. 그러나 스스로 충족할 수는 없다. 개명되지 않은 민족들이 이런 것에서 큰 즐거움을 누린다. 괴테의 서사시는 감탄스럽다. 이것의 권역은 특수하지만 혁명에 대한 거시적 안목이 배경에 놓여 있다. 조국을 위해 민중들은 출정한다.

『개구리와 쥐의 전쟁』[402]은 일종의 반어다. 담시譚詩[발라드]에서 곧장 소설로 이행한다. 여기에는 확고한 관계가 존재하고 냉혹한 필연성이 이성적인 것으로 현상하며 사랑과 같은 작은 권역에 놓인 인간이 현상하고 필연성에 대해 승인을 하게 된다.[403]

[b.] 서정시

객관적인 것, 사라지지 않는 존재자는 그 대상이 되지 않는다. 오히려 정념에 휩싸인 주관이, 다른 주관으로부터 자립성을 지닌 주관이 현상한다. 이로써 모든 것에 정념이 스며들어 비로소 시적인 것이 된다. 판타지에서 충족이 구해져야 한다.

서정시는 모든 시인이 썼다는 점에서 보편적
시문학이다. 모든 민족이 서사시와 극시를 가
졌던 것은 아니지만, 가요[404]가 가장 보편적이다. 그 누구든 자신이 본
것을 표한다. 이렇게 가인歌人이 출현한다. 핀다로스는 언제든 [노래할]
동기를 갖고 있었다. 그러나 모든 이에게 언제나 이런 동기가 생기는 것
은 아니었다. 그런 까닭에 서정적 시가를 기회시[405]로만 쓰는 경우도 없
지 않다. 그렇다 해도 생겨난 동기에 대해 자신을 토로하는 가인은 언제
나 있었다. 핀다로스는 [외형적인 것을] 대상에서 아예 제외하기도 했다.
위대함, 아름다움, 생명 등이 그의 시적 소재였다.[406] 클롭슈토크는 자신
이 독립적인 서정시인으로서 자부심을 갖고 있었다. 《134》

그러나 서정시인마다 특정한 시대, 민족 및 문화에 국한된다. 그렇기
때문에 그들의 관심사는 다종다양하다. 우리는 인도, 아랍, 튀르키예, 에
스키모, 자메이카[407] 사람들의 가요를 안다. 근대 그리스, 세르비아, 모
를라크[408] 사람들은 모든 것을 가요로 만들었다. 주관의 어조가 매우 지
배적이고 시인마다 특화된 까닭에 서정시의 측면들은 다종다양하다. 극
시에서는 민족적인 요소를 가지고 있음에도 모든 인간사가 객관적으로
눈앞에 펼쳐진다.

서정 시가가 우리의 관심을 끈다는 것은 그 민족의 무언가가 우리의
관심을 끈다는 뜻이다. 야만적이고 미개한 민족이 우리의 관심을 끌지는
않는다. 자유에 대한 반동을 노래한 세르비아 가요의 성격은 미개하고
다소 조야하다. 이런 반동은 그저 사적인 문제일 뿐 세르비아 민족의 보
편적 감정은 아니기 때문이다. 그런 식으로 해서 한 튀르키예인의 강도
와 살인이 서정시의 소재가 되었고 이 시가의 상황은 전반적으로 소름끼

치고 반감을 일으킨다. 남부의 강렬한 판타지가 우리의 눈에 띈다. 그러나 우리는 그 글솜씨가 그다지 적합하지 않다고 느낀다.

가요는 불려야 가요다. 그런 까닭에 운율이 지극히 다양하다. 디튀람보스,[409] 파이안[410][411] 등과 같이 신을 찬양하거나 구약성서에 나오는 지극히 고귀하고 숭고한 대상을 찬양하는 노래는 객관적으로 신을 묘사하는, 보다 서사적인 호메로스적 시와는 구분된다. 후자에 가까운 것으로 루미의 찬가가 있다.[412] 이는 무한한 형태를 띠면서 화려함을 내보이는 자연을 상찬한다. 주관은 자신을 표출한다. 그러나 자신을 넘어서서 위대함과 심오함에 대한 환희를 시로 나타낸다.

두 번째 형태로 송가Ode가 있다. 이 자체가 파이안과 정확하게 분별되지는 않는다. 핀다로스의 송가는 송가의 본류를 이루며 이를 모방한 호라티우스[413] 및 클롭슈토크[414]의 송가만이 그 대열에 함께한다. 주관은 중요한 내용에 집중한다. 그렇다고 서사적 대상이 아니라 시인의 감정과 판타지가, 그리고 성찰이 그 내용을 이룬다. 서정시에서는 시인이 스스로 대상을 좌우할 수는 없다. 시인은 주관으로부터 자유롭지 않으며 객관 속으로 파고 들어갈 수 없다. 그러니까 객관적 심상이, 조형적인 서사적 심상이 출현하지는 않는다. 내용과 대비되는 시인 특유의 것이 여기서 특별한 현상으로 나타난다. 호메로스의 아킬레우스는 장엄한 반면, 핀다로스가 노래하는 영웅은 그다지 유명해지지 않았는데 이 시인의 내면에 솟구치는 충동을 묘사했기 때문이다. 호메로스는 격정에 사로잡혔으되 차분함을 유지한다. 호라티우스는 냉정하기까지 했다. 우리는 그의 작업물을 잘 알고 있는데, 그는 언제나 특정한 장치를 통해 사안에 다다갔다. [그런데] 이 장치를 제하고 보면 우리는 이 시인이 자기 자신을 드러내고 있음을 알 수 있다. 클롭슈토크의 예민하지만 그다지 심오하지는 않은 그 특징이 그의 송가에 표출된다. 그는 자민족에 서사적 시문학을 안겨 주고자 했다. 독일에 대한 그의 열망은 그다지 심오한 곳에 자리하지는 않았으나 매우 대단했다. 자유를 향한 프랑스의 행동에 대한 환호, [혁명의] 초창기에 있던 경악할 사건들에 대한 격분 등이 잘 나타나 있다. 《135》 어린 나이 때부터 성년기에 이르는 클롭슈토크의 개인사 전체가 매우 이례적이다.

가요는 부르기에 적합하도록 되어 있다. 이때 깊은 사상이 반드시 필요한 것은 아니다. 실러의 시가가 노래에 맞지 않은 것도 그 때문이다. 그의 시가에 맞춰 작곡하기가 어렵다. 가요는 참으로 많다. 초창기엔 누구나 위대하고 심오한 것을 만들어 내고자 했다. 그러나 문화의 발전에 따라 처음엔 진부하고 빈약하여 부족함이 많았던 가요 또한 제 꼴을 갖춰 나갔다. 괴테의 가요[415]에는 생동감이 있으며 그러면서도 의미가 있다. 많은 가요가 사교적 즐거움을 담고 있는데 여기에는 시문학적 가치가 있다고 할 수 없다. 지극한 다양성이 가요에 나타난다. 감수성이 풍부한 남부 민족들은 무언가로 분류하기 어려울 만큼 다양성을 지녔다. 어떻게 분류하든 한계가 있을 정도로 말이다. 소네트는 섬려하고 성찰적인 감각을 지녔다. 사려 깊은 반성이 동반된 동경으로 인해 운율 있는 소리[가락]가 반드시 수반된다. 그 감각은 비가Elegie에서 더 두드러진다. 이때 서사성이 간과되어서는 안 된다. 괴테의 「알렉시스와 도라」[416]가 그 점에서 걸작으로 꼽힌다.

통상적 가요는 시인이 한 대상을 접하면서 느낄 수 있는 그런 관심사에 대해 느낀 그것을 서술한다. 이런 형태에는 창조적 상상력은 부재하며 그 자체로 진부하다.

이런 가요들도 어쨌든 시문학에 속한다. 괴

테의 「환영과 이별」[417]에서도 판타지가 엿보이지 않지만 이것이 시문학이듯이 말이다. 「호수에서」[418] 또한 몽상에 빠졌다가 정신을 차리는 이야기다. 「정령의 인사」.[419] 『서동시집』에는 기술하려는 욕구는 더 이상 없고, 욕구를 넘어서 담대한 심정을 품은 정신의 자유가 나타난다. 판타지의 충족이 여기서 추구되는데 이는 호라티우스나 아나크레온[420]처럼 욕구의 자유나 표상의 충족 같은 그런 욕구의 충족은 나타나지 않는다.

실러의 가요 가운데 내용으로 온 마음을 사로잡는 심오한 것으로 담시가 있다. 깊은 사상이 내용을 이루며 한층 교육적이다. [운명이라는] 진중한 힘이 지배적이다. 「이비쿠스의 두루미」에서는 에우메니데스가 합창할 때 정점에 도달한 서정적 진지함이 나타나는데 고통을 겪는 이를 향하여 작용한 서정적 표현방식이 산출되며 인식된다.[421] 한 상황에 대한 불안 가득한 느낌의 어조가 불안에 짓눌린 목소리로 이루어진 음악[합창]을 통해 고조되면서 전율이 감돈다.

[c.] 극시

극시[희곡]는 시문학의 마지막 형태다. 극시야말로 모든 시문학의 총체성이자 가장 완벽한 시문학이니 말이다. 극시는 서정적 주관성을 내포하며 외적인 것에 대한 내용이 [인물의] 성격에 의해 포착되고 그 속에서 반영된다. 상황에 맞서는 의지의 반작용이 나타난다. 심정의 한 규정이 행위로 진행된다. 〈136〉

서정적인 내면이 의지를 지닌 정신을 통해 현실화된다. 서정적인 것이 행위로 이행한다. 성격과 연관 있는 한에서 일어난 사건만이 자리하는 서사시처럼 말이다. 자신을 현시하기 위해 만들어져 현상에 이르는 예술작품은 의지를 지닌 정신이 만들어 낸다. 소리 예술이 조각상과 결합되어 그 현상에 이른다. 주관은 말을 통해 자신을 외화한다. 단어가 있어 영혼이 깃든, 대화하는 조각상이 객관화된다. 〔단어가〕 하나의 특정한 방식으로 구연口演된다. 구연하는 인간은 조각상이나 회화와는 전혀 다른 표현력을 갖는다. 온갖 열정으로 파고들며 다른 인간 속에 자신의 영향을 명료하게 부여한다. 그런 까닭에 극시야말로 시문학의 최고 장르인 것이다. 상반된 권리를 지닌 정신적, 신적 위력이, 아버지 및 배우자에 대한 사랑과 국가에 대한 사랑이 근거에 놓인다. 그 모든 것이 여기에서 출발한다. 서정적인 것이 이로써 다시 근거가 된다. 그러나 의식으로 다가가며 개인을 통해 언표되고 실현된다. 이런 힘들은 장애가 발생하는 한층 특정된 상황과 더불어 충돌을 빚으며 실행의, 과오의 목적이 연루되는 일이 가시화된다.

그런 식으로 우리는 영혼이 깃든 조각상을 극시에서 목격한다. 우리는 극시를 읽으면서 판타지를 우리의 표상 앞으로 가져간다. 그러나 이런 정황은 매우 추상적이다. 읽는 것으로 그 사안은 그저 잠재되어 있는 것이 아니라 이미 표출된다. 결국 운동과 몸짓이 동반된 표상으로,[422] 다양한 감정으로, 표현된 내용으로 우리는 행동이 이루어진 온전한 형상을 얻는다. 그러나 여전히 예술의 측면에서는 추상적이다. 말하자면 걸작이 우리에게 말과 행동으로 제시된다면 그것은 일단 특색과 정확성을 갖춘 것이어야 한다. 어쨌든 말이 예술적으로 다루어질 수 있다면, 이는 정확하게 낭송됨으로써 음악성을 띨 수 있다. 그러나 정확성이 규정을 이루는 운동(몸짓)은 그 자체로 완결되어야 한다. 행위는 그렇게 무용으로 형성되며 그 다음에 극시는 총체성을 띤다. 그리하여 우리는 고대의 비극과 근래의 오페라에서 그 총체성을 얻는다. 고대 비극은 무용 및 노래와 결부되어 있다. 음악은 오직 합창[코러스]에서만 주된 것이었다. 대화

【그림 110】 희극가면 모자이크(늙은 노예) (2세기), 베를린 구 박물관.

의 비중은 소소하다. 우리 독일에서 무용은 다소 경박한 것이 되어 있지만 이 형식은 예술의 총체성을 위해 필요하다. 오페라에서는 내용에 대한 관심은 뒷전이고 음악과 무용이 지배적이기 때문에 감각적 향유가 지극히 큰 비중을 차지한다. 고대의 희극과 비극에서는 말이 지배적이다. 그리하여 배우들이 표정으로 말을 보완하는 경우는 적다. 소포클레스가 그랬듯 시민 자신이 연기를 하였기 때문이다. 따라서 행위가 그다지 열정적이지는 않았다. 얼굴에 가면을 쓰고서 말할 때 표정술이 그다지 동반되지 않기 때문에 더더욱 그러하다. 희극에 경우에는 배우들[423]이 교정되었다.[424] 〈137〉

따라서 극시의 상연이 가장 중요하다. 읽는 것만으로는 결코 충분치 않다. 좋은 극시는 필경 대중[관객]의 찬동을 낳고 이로써 그 영향력이 인지된다. 이 예술작품은 오직 상연되기 위해 만들어졌다. 출간보다 상연이 우선이어야 한다. 눈앞에는 대중이 있다. 읽히기 위한 극시만으로는 대중의 비난을 산다. 현장의 대중을 시인이 고려하여 극시에 인간적 관심사를 반영하여 그들의 찬동을 얻어야 한다. 어떤 상황이 있어야 하고 그럼으로써 우리는 이에 우리의 표상을 맞추어 나가면서 우리와 이 상황이 유리되지 않아야 한다. 근래의 시인들은 인물이 사적인 관심을 가지도록 했는데 그래서는 안 된다. 그런 개별화는 그 인물의 피상적인 형태만을 나타내거나 알레고리에 머문다. 인물은 생생해야 하고 행위는 이해 가능해야 한다. 개인의 생동감이 없다면 깊은 사유, 윤리적 시각, 깊은 감정 따위는 힘을 얻지 못한다.

의상이나 장식의 변경같은 외적인 조건은 앞선 장면에 따라 결정된다. 『오를레앙의 처녀』[425]나 『발렌슈타인』[426][427] 같은 위대한 작품은 모든 대중을 사로잡는다. 여기에 생동감이 있기 때문이다. 남부와 북부의 대중이 서로 다르긴 해도 그 위대함은 어느 곳에서든 힘을 발휘한다.

고전적인 것과 낭만적인 것의 차이에 대해서, 그리고 양자에 가장 적합한 소재에 대해서도 이미 언급한 바 있다. 운문화에 대해서도 이미 다룬 바 있다. 자연스러움이 가장 중요하다고 말하지만, 우리가 다루는 것은 예술작품이지 통상적이고 자연스러운 인간이 아니다. 운문이 동형성을 갖출수록 정열 가운데 분별이 생겨난다.

한 편의 극시는 그 자체로 통일성을 지녀야 한다. 그러나 그 통일성은 어떻게 성립하는가? 모든 것이 통일된 행위와 연관되어야 한다. 개체마다의 관심이 전체의 관심과 긴밀히 연관된다. 낭만적 형식에서도 여러 상황들이 다변화되기는 했다. 그렇지만 [통일성의] 부재不在에도 불구하고 종결이 현존하며 연관이 존재한다. 인간 정신에서 취한 어떤 상황에서 극시는 시작한다. 이 상황을 접한 인간은 윤리적 선택을 한다. 그런 식으로 하나의 전제가 존재한다. 이 전제는 앞선 상황의 결과물이다. 결론부는 일부 개인에게 새로운 상황이 형성되도록 구성된다. 그리하여 무언가 새로운 것이 출발한다. 그런 식으로 고대의 삼부작이 만들어진다.

극시는 여러 막幕으로 구성된다고 볼 수 있다. 만사가 그러하듯 그 사이에 휴지부가 있다. 행위의 본성상 세 개의 막이 필요하다. 제1막인 진입부에서 상황의 출현[428]이 이루어진다. 그러니까 소재가 잘 알려진 것이라면 그러한 것들을 출현케 할 수고가 덜어질 수 있다면 좋을 것이다. ⟨138⟩

그 출현 자체를 통해 [제2막에서] 관심사들의 충돌이 나타난다. 충돌은 생동감을 갖는다. 다른 편의 공격을 통해 차이가 생겨난다. 세 번째는 절정부로서 충돌이 최고도에 이르러 마침내 해소되지 않을 수 없다.

막이 총 다섯 개가 될 수도 있는데, 이 경우 한쪽 편의 출현이, 그리고 다른 편의 출현이 처음 세 막에 나타난 후 제4막에서 충돌이, 그리고 제5막에서 사건이 전개된다.

시간과 장소의 통일성의 경우, 아리스토텔레스는 후자에 대해서는 전혀 언급한 바가 없기 때문에 이 점에서 프랑스인들은 부정확했다. 시간은 통일성은 가져야 한다. 관객들에게 몇 년의 세월을 넘나들라고 요구하는 것은 무리다. 관객이 막의[429] 변화에 신경 쓸 겨를 없이 행위에 주목하도록 만드는 것이 훨씬 수월하다.

극시는 비극과 희극으로 나뉜다. 비극에서는 실체적 목적들이 충돌을 빚는데 특수한 목적은 대립을 감당할 수 있도록 되어 있다. 부모에 대한 자식의 사랑이야 보통의 상황에서는 아니겠으나 특정 상황에서는 충돌을 빚게 된다. 그러한 충돌의 전개가 주요한 작품들 속에 나타난다. 그러한 충돌은 위대한 내용을 통해 참된 관심을 유발해야 한다.[430]

한 인물이 자신에게 적합하지 않은 우연한 목적들이 충돌을 빚는 것이 희극이다. 희극에서의 충돌은 한 인물이 목적을 수행하려는 그 관심에 대한 무기력을 내보인다. 인색함과 풍요로움. ― 그렇듯 제한된 목적이 쾌에 대해 무기력하다면 전혀 견뎌 낼 수 없다. 그러한 개인이 눈앞의 것과 대립을 빚으면서 이에 연루된다. 비범하지 않은 인물이 위대한 목적을 품을 경우 이는 희극의 대상이 될 수 있다. 플라톤의『국가』에 나온 내용을 여성이 실행에 옮기도록 하는 격이다.[431]

충돌하는 개인을 통해 영원한 정의正義가 드러난다. 이러한 충돌은 개인마다의 관점이 갈려 서로 유지되지 못하게 한다. 이러한 양편의 편향성은 이들로서는 감당할 수 없기 때문에 한 인물의 몰락과 파멸이 있게 된다.

실체적 위력이 한 개인의 파토스를 형성한다. 고대에는 소포클레스가 그러한 입체적 인물을 구현했다. 확고하고 확실한 고요함만 이곳 저곳에 가득하고 여기에서 출발하여 극시의 관심을 향하게 되면 행위를 위해 추가되는 요소는 거의 없다. 이런 인물은 오히려 정체성을 띠며 그 파토스는 내적 동요 없는, 타인의 권리를 승인함 없는, 그 개인만의 확고한 규정이 된다.

3월 31일

근대의 예술작품에서는 반어적 성격이 발견된다. 성격의 무실함이 그 자체로 주요한 성격을 이루며 그 행동이 해체되어 파토스적인 것에 반하니 말이다. 고대에서는 빚어진 충돌이 종교 속에 자리하는 경우도 있었다. 아가멤논이 자신의 딸을 제물로 바친 상황이 이에 해당하는데, 우리에게는 생경하다. 행위하는 인물은 통상적 윤리 세계로부터 벗어난 영웅[주인공]으로서 모순 없이 평화를 구가하는 신들에 맞선다. 《139》

이 평화로운 세계는 합창으로 구현된다. 지도자들 사이에 빚어진 충돌에 빠지지 않는 민중이 합창단을 이룬다. 자신의 감정을 가린 채 민중은 행동 없는 [즉 관찰자의 시선을 지닌] 의식을 갖춘 채 그 지도자들을 만난다. 합창의 의미에 대해서는 많은 논의가 있었지만, 또 다시 살펴보아야 한다.[432] 그러나 사람들은 비극의 성격을 잘 알지 못했다. 행위에 대한 고요한 관찰 및 성찰이 합창단의 몫이다. 행위자의 일면성으로 인해 대중은 연극 내부에 빠져드는 반면 합창단은 이런 일면성을 허용하지 않는다. 그런데 개인의 목소리가 등장하면서 중단되는 이 합창을 비극의 근원으로 보아서는 안된다. 합창은 우연하게 역사적으로 발견되는 유물 같은 것이 아니며[433] 종종 번거롭고 불필요한 것이기도 하다. 영웅은 대중이라는 존재에 영향을 받는다. 무대의 장면은 현실에서 차용하며 합창을 통해 정신적인 면이 구현된다. 합창은 정신을 정신으로 감싼 하나의 조각상으로 존재한다. 전체의 참된 어조가 우리에게 존재하며, 이로써 합창은 반성하되 그 관찰이 객관적 법칙을 향하지는 않으며 그 판단이 기반을 이룬다. 다만 이 기반은 법이나 국가에 바탕을 두지 않으며 이상화될 수도 없다. 합창은 주관적 성찰을 수행하되 확고한 법칙이 그 대상은 아니다. 오히려 판타지를 통해 외화되는 내적 위력을 지닌 신을 소환한다. 개인의 파토스는 자신을 표출한다. 내면의 그 고통을 합창이 언표하며 신을 소환하는 것이다. 이로써 객관적으로 어떠한지가 정확하게 규정된다. 그러니까 합창은 행위하지 않으며, 『메시나의 신부』에서처럼 합창이 기여하는 일은 없다. 고대의 합창은 서정적이고 관심사로부터 떠난다. 고대는 이점에서 근대와 구분된다. 관심사로 인해 가장 중대한 인간 제물이, 즉 우리에게는 생경한 가족 제물이 있게 된다. 근대의 극시에서는, 가령 『햄릿』에서 오레스테스처럼 어머니에게 아들이 나타난다. 그런데 여기서는 전혀 정당하지 않은 범죄가 사악한 열정을 통해 저질러진다. 햄릿이 입체적인 성격을 갖지 못하고 흐리멍덩한 광란의 상태에 빠져 행위로 나아가지 못하는 이유도 여기에 있다. 의심이, 장애물이 그에게 닥친다. 그는 아름다우나 행동하려는 의지가 없다. 고대의 경우 서로에 대한 범죄가 나타나지 않는다. 반면 요즘은 범죄 행각이 다루어지고 궤변으로 범죄를 정당화한다. 고대의 경우 잘 형성된 실체적 법이 위력을 지닌 인간에게 의식화되었다. 고통받은 이와 그 고통을 추상적으로 함께할 뿐인, 고통스런 자의 파토스를, 법을, 국가의 형태를 충분한 자각 상태에서 공감하는 일이 누구나 갖춰야 하고 의식해야 할 공감이다. 인간은 동물의 고통도 함께할 수 있다. 그러나 이런 교감은 윤리적 공감과 다르다. 그래서 파토스는 말로 할 사안이 아니다. 실러에게는 넘쳐흘렀고 괴테에게는 많지 않았던 그 최고의 진지함인 것이다. ⟨140⟩

괴테에게서 나타나는 바와 같은 감동적이고 감정이 풍부한 그것은 극시의 요소가 아니다. 오직 심오함만이 파토스적이며 오직 파토스만이 작용을 일으킨다. 『에그몬트』⁴³⁴에서는 칸트와[435] 마키아벨[436] 사이에 무미건조하고 고요하게 논의되는 국가적 관심사가 나온다. 파토스가 냉철하게 숙고된 까닭에 그 장면이 어떠하든 상관이 없다. 『괴츠』⁴³⁷에는 기사도의 삶에 반하는 국가 질서가 파토스를 이루되 괴츠와 바이슬링겐 사이에 고요하게 이에 대해 논의가 이루어진다. 작용을 가하는 요소인 행위가 표출되지 않는다. 광범위한 성찰이 소리로 울려퍼지지 않는다.

충돌로 인한 분규는 그 양상이 다종다양하다. 양자의 일면성이 불식되면서 각자의 진정 국면을 이룬다. 이때 파토스의 실존 형태인 개인이 근거로 놓일 수 있으며 합창에 깃든 신들의 평화만이 남는다. 『안티고네』⁴³⁸의 마지막 장면에 등장하는 합창이 그러하다. 제우스의 그 무엇이 아닌 것은 없다.⁴³⁹

『안티고네』는 『엘렉트라』⁴⁴⁰에 비견될 만큼 고귀함의 면에서는 고대의 예술작품 중 으뜸이다. 안티고네는 가족 안에서 살면서 [동시에] 국가 안에서 산다. 그러면서 국가의 지배 아래 놓인다. 크레온은 국가의 관심사를 주장하면서 가족 관계에 폭력을 행사한다. 그러면서 완벽히 이성적인 면이 묘사된다. 직관을 통한 객관적 화해가 여기에 현상한다.⁴⁴¹ 이성이,

윤리적 정신이 만족을 얻는다. 이 예술은 대중적일 수 없다. 읽을 때의 직관적 생동감이 무대 위에서는 충분히 관심을 끌지 않기 때문이다.

결말은 슬프다. 일면성이 사라진 성격이 근거로 놓여 있기 때문이다. 그러나 이런 일은 주관이 자신의 일면성을 떠나되 그저 외면적일 뿐이며 이와 동시에 더 높은 힘이 등장한다. 그래서 『필록테테스』[442]에서는 이 인물이 네오프톨레모스[443]에 의해 구조되며 오디세우스의 꾀임에 빠진다. 이를 알아차린 필록테테스는 이제 오디세우스와 충돌하는데, 헤라클레스가 이를 해소한다.[444] 그래서 『에우메니데스』에서도 아폴론이 아테네 민중들에 의해 승인을 얻음으로써 슬픈 결말을 맺지 않는다.[445] 성격이 바뀐다는 것, 종교적 성찰에 따라 자신의 성격을 포기한다는 것은 근대적이다. 그래서 괴테는 『이피게니아』[446]를 근대적으로 바꾸었다. 즉 만사를 투쟁으로 귀착하는 대신 토아스의 마음이 움직이도록 했던 것이다.

그러니까 비극이라 해서 슬픈 결말이어야 하는 것은 아니다. 슬픈 결말을 목적으로 한다면 앞서 말한 것처럼 고전적인 것과 차별화되는 낭만성을 띤다. 조화를 통한 영원한 정의로움과 더불어 고대의 〔비극〕은 결말을 맺는다. 특수하게 규정된 위력이 근래의 비극에서 나타나는데, 주로 개인의 관심에 반하는 운명을 이루는 종교, 국가 권력 등이 나타난다. 황제와 대립각을 세운 발렌슈타인은 자신의 친구이자 황제의 심복인 피콜로미니에 의해 버림받으면서도 몰락한다. 마찬가지로 『도적떼』[447]에서는 자신을 파멸로 몰고 간 국가 권력에 대한 카를의 공격이 나온다. 또한 『괴츠』에서는 자신의 친구가 속한 진영인 확립적 질서에 반대하면서 그 친구를 배신한다. 그러나 양편 모두 자신이 딛고 신봉하는 질서에 굴복한다. 피콜로미니가 자신의 아들에 의해 고통을 겪었던 것처럼 말이다. 사랑이 주된 관심이다. 내면의 전개에 따라 몰락에 이른다. ⟨141⟩

오늘날의 극시 혹은 연극 상연의 주된 형식을 이루는 이런 관심으로 인해 내면의 분열이 일어난다. 요즘은 분명하게 슬픈 결말을 맺지는 않는다. 왜냐하면 우리는 그런 입체적 내면을 본 적이 없기 때문이다. 불행하게도 의무에 위반하는 소소한 권역에 연루되며, 결론에서는 악이 출현하며 용서 속에 반작용이 일어난다.

예술의 마지막 형식인 희극에서 예술의 해체가 이루어지며 예술의 내실 자체가 부정된다. 예술의 본질적 내용물은 고대의 비극이[448] 갖추고 있었다. 본질적 내용인 객관적 형상이 현상했던 것이다. 주관적 의지 속에 객관적 내용이 녹아들며, 주관의 확신이, 명랑함이, 그러니까 기탄 없이 모든 것을 자발적으로 감행하려는 마음이 관심사를 이루었다. 주관의 명랑함이 이제 사라진다. 그렇기 때문에 희극성은 오직 열등한, 특성 없는 인물에서만 가능하다. 위대한 것을 품는 진지함이 아닌 오직 주관적 관심사만이 이런 인물에 어울린다. 그래서 아리스토파네스의 경우 주관성의 명랑함이 들어 있고, 데모스[민중]의 의지가 갖는 고상함이 현상한다. 에우리피데스는 정당성을 얻고자 한다. 아리스토파네스는 진지하고, 명랑했으며 애국적이었다. 그래서 그는 민중의, 또한 신들의 어리석음을 나타내었다. 무구한 내적 확신이, 그 어리석음이 최고의 계획을 감행하다가 어리석은 짓을 한다. 그런 식으로 아리스토파네스에게 소크라테스는 그저 민중의 충동을 온전히 부추기는 우둔한 자였다.[449] 『구름』은 유쾌하면서도 또한 쓸쓸하기도 하다. 이런 대비는 국가를 창건하고자 하는 열망이 가득한 아낙네처럼 희극적일 따름이다. 정점에 있던 윤리 체제가 붕괴된다. 희극에서 예술은 그렇게 조형성[입체성]이 무실해지는 그런 극단에 이른다. 예술의 무실함이 근래 횡행하는 반어로 표출된다.

아리스토파네스는 그리스 예술의 몰락을 대변하는 징후다. 신과 국가의 모순이, 시민의 주관성이 그 속에 표출된다. 그리하여 우리는 예술의 결론에 도달하였다. ― 근래의 희극은 예술의 무실함에 깃든 어리석은 우연사들을 표한다. 중요한 실존에 깃든 참된 내실이 아니라 실속 없고 그릇된 것이 그 무실함 속에 나타난다. 『위선자』[450]와 같은 익살극[451]은 한층 부실하여 희극이라는 명칭을 부여할 자격이 없다. 종교적 경건함이 여기서 묘사되는데, 『수전노』[452]에서도 종교심에 기반을 둔 인색함이 조악한 열정으로 변모한 소유욕이 나타난다. 도덕적 충족이 끝에 다다랐다. 희극은 개인적 목적을 염두에 둔 계략을 전개 수단으로 사용한다. 무실한 것이 승리하는 한 희극은 열등하다. 열등한 아들, 하인 및 후견인을 기만하며 이런 인물들이 잘못된 관심과 선입견에 따라 움직임으로써 우연한 사건들 사이에 투쟁이 빚어지고 왜곡된 우연지사에 웃게 되며 그 목적이 누락되는 식으로만 희극적일 수 있다. 우리가 보기에 예술철학은 필수적인 것이 되었다. 우리가 예술 너머에 있는 까닭에 그러하다.

4월 2일　　　　　　　　　끝.

392

■ **미주**

[1] 예술작품의 개체성을: JH – "예술작품 개체(das Individuelle des Kunstwerks)를"

[2] 여기서 우리는 … 것이다: Li – "여기에 비로소 구체적 예술작품, 개별성, 개체(die Einzelheit, das Individuum)가 있다." / Ro – "세 번째로 우리는 예술작품의 특수한 형상들(besondere gestalten)을 고찰하고자 한다. 첫 번째는 구체적 예술작품이었고 두 번째는 예술작품의 형식(form) 전반이었다면 세 번째는 개체로서의 개별 예술작품들이다."

[3] 통일성: JH – "분류(Eintheilung)"

[4] 특수한 양태를(besondere Modifikation): Ro – "특정한 개체성들(bestimmte individualitäten)"

[5] 예술형식과 관계하면서 … 말이다: Ro – "예술작품의 계기들을 우리는 상징적, 고전적, 낭만적이라 불렀다. 그러니까 언급된 형식들과의 관계에 따라 예술작품의 형성 또한 상이하다. 다만 여전히 상이한 이 관계에 따라 예술형식들은 서로 상이하다."

[6] 양식이라 한다: Li – "이상적인 혹은 고전적인, 그리고 쾌적한 양식이라 한다."

[7] 진지한 양식이라 불렀다: Li – "엄격한 양식이라고 생각되었다."

[8] 억지로 꾸민 … 어색한: Ro – "부자연스럽고 서툰 면이 있으며 뻣뻣하고 불명료한"

[9] 여기서 헤겔은 엄격한/진지한 양식 → 이상적/고전적 양식 → 우아한/쾌적한 양식으로의 전 과정을 설명하고 있다.

[10] 화가의: JH – "회화의"

[11] 외적인 … 형식이다: Li – "이곳에서는 그 자체로는 주관〔주체〕이 아닌 외적 무기체가 주관을 마주하면서 관계한다.

[12] 소리의 추상성이다: Li / Ro – "소리의 추상성이며 음악 예술이다."

[13] 소리가 분절화되면: Li – "다섯 번째로는 분절화된 소리인 언어가"

[14] 표현할 질료로 … 것이다: Ro – "반면에 건축, 조각 및 회화에서는 질료가 순전히 외적이고 객관적이다. 조형 예술과 소리 예술의 근본적 관계가 바로 이러하다."

[I.] 건축술

[15] 인간에 의해 … 있다: Li – "인간은 일단 자연에 둘러싸여 있다고 말한다. 그러나 욕구에서 발원하는 것은 심미적 예술과 거리가 멀다."

[16] 인간이 처음 … 팠다: Ro – "인간이 한층 고상한 것을 처음 모방했고 움막도 지었다고들 한다. 그런가 하면 인간은 그 안에서 춤을 추었고 뜀도 뛰었다. 이런 식의 경험적 시작은 아예 논외로 하겠다."

[17] 건축이라고 하면 … 생각한다: Li – "건축이라 하면 우리는 가옥, 사원, 궁전 등과 같이 내부를, 공동체를 에워싸는 것을 떠올린다."

[18] 규정한 후에는 … 된다: Li – "규정한다면 일단 여기에서는 객관적 덮개와 주관의 분리가 생긴다."

[19] 이 시작에서 … 갖는다: Li – "우리는 이것이 통일성을 유지하는 지점에 가 있어야 한다. 여기에서 건축 예술은 다른 것의 의미를 가리키지 않고 자기 자신의 의미를 표현한다."

[20] 여전히 무기체적인 … 말이다: Li – "스스로 의미를 갖는다는 조각 작품의 규정을 건축은 아직 충족하지 못하니 말이다."

[21] 건축이 그 … 구분한다: Li – "어떤 의미와 그 현시가 분리된 것을 우리는 상징적인 것으로 보았다. 여기에서는 1) 상징적, 고전적 및 낭만적(고딕) 건축이 나온다."

〔[1.] 상징적 건축〕

[22] 에워싸는 것인 … 않다: Li – "상징적이다."

[23] 『창세기』 11:1-9 참조.

24 바벨탑에 대한 헤로도토스의 『역사』를 참조. Herodot: *Historien*. I 181, 5; 183, 1; 184, 1; III, 158 (Bd. 1, 164-169, 500f).

[25] 정방형의: Li – "길이가 각각 2슈타디온〔368미터〕인 장방형〔정방형〕의"

[26] 거대한 탑이 … 없었다: Li – "속이 비어 있지 않고 높이와 너비가 1슈타디온인 두꺼운 탑(θυργος στερεος)이 있었다."

[27] 입방체의 탑에는 … 있었다: Li – "하나의 입방체 위에 두 번째 입방체가 있고 그 다음에 다시 또 다른 것이 그 위에 놓이는 식으로 총 여덟 개가 있었고 빙 둘러 올라가는 길이 있었다."

[28] 9층에 해당한다.

[29] 여덟 번째 … 한다: Li – "꼭대기에 이르면 황금으로 된 탁자만이 놓여 있는 사원이 있었다. 거기에는 아무도 머물지 않았는데, 눈에 보이지 않는 신이 밤에 그 탁자에 앉아 휴식을 취했다 한다."

[30] 이 형태에는 … 않는다: Li – "따라서 거기에는 신상이 없었고 오직 추상화된 목적만이 있었다. 인간 형상이 자리할 곳은 없었으며 그런 표상의 단계에 진입하지 않았다."

[31] 수, 금, 화, 목, 토성.

[32] 형태: Li – "색채"

33 헤겔은 크로이처의 『상징과 신화(*Symbolik und Mythologie*)』(Bd. 1, 686f)를 참조하고 있다. 크로이처는 페르시아 및 메디아의 건축 기념물을 다루면서 헤로도토스의 『역사』(Herodot: *Historien*. I, 98 〔Bd. 1, 96-99〕)를 다음과 같이 인용한다. "데이오케스에 의해 건립된 … 에크바타나(Ekbatana)는 언덕 위에 테라스 형태로 지은 왕궁인데, 각각 다른 색료가 칠해진 일곱 개의 벽들이 차례대로 점점 높아진다. 고대의 소박한 상징적 심상계가 동원되어 일곱 행성과 관계 맺고 있음은 논박의 여지가 없다."

[34] 할 수 있다: JH – "해야 한다."

[35] 상세한: JH – "형식을 갖춘"

[36] 정신이 … 있다: Li – "자연의 생명력, 생식력은 일찍이 경배의 대상이 되었다. 링감(Lingam)에 대한 봉헌은 인도인에게는 일반화되어 있었다. 성소의 가장 내밀한 발굴지에는 링감 조형물이 있다." / Ro – "근래에 가능했던 엄청난 발굴지에 링감[윗줄에 멜란쿠스(Melanchus)라 적혀 있음]의 표상이 나타나 있다. 그러한 멜란쿠스는 이집트에서 그리스로 전파되었다."

[37] Meru: 고대 인도인들이 세계의 중심에 있다고 여긴 산. 수미산(須彌山)이라고도 한다.

[38] 기둥(Säule)이 다수 세워져 이루는 통로. 열주 혹은 주랑(柱廊)이라고도 한다.

[39] 이집트의 세소스트리스 3세(Sesostris III, BC 1882년경-1842년경 재위)를 가리키는 것으로 보인다.

[40] 코카서스 산맥 아래 흑해 연안 지역.

41 헤겔은 세소스트리스(Sesostris)의 이동에 대한 기사를 헤로도토스의 『역사』에서 참조하고 있다(Herodot: *Historien*. II, 102, 3-5; 106,1) (Bd. 1, 282f, 284f)

[42] 열주를 세소스트리스가 … 세워 놓았다: "열주에 관해 헤로도토스가 말하기를 세소스트리스가 이동 중에 건립하였다 한다."

[43] 인물은: 열주는

[44] 인도인: HJ – "유대인"

45 카를 리터(Carl Ritter, 1779-1859): *Die Vorhalle europäischer Völkergeschichten vor Herodotus, um den Kaukasus und an den Gestaden des Pontus.* Berlin 1820.

[46] Kybele: 신들의 어머니이자 풍요의 신이다. 이 여신의 숭배가 소아시아에서 그리스로 유입되어 그리스 신화의 레아와 동일시되었다.

[47] 바빌론 전설에 등장하는 바빌론의 창시자.

48 헤겔이 여기서 전거로 삼고 있는 기사는 플리니우스의 『박물지』이다(*Naturalis Historia*, Libri XXXI-XXXVII). 헤겔이 직접 본 것은 아마도 플리니우스의 책이 아니라 플리니우스의 『박물지』(Liber XXXVI, 14)를 언급한 크로이처의 책인 듯하다. "그러니까 에티오페아의 아들 메데아인 아우로렌스 덴 메데른(Sohn Aurorens den Medern)도 위성 도시들을 건설하였다. 메데아인 혹은 페르시아인인 미트라스는 태양의 도시 아에기프텐(온-헬리오폴리스)를 통치하였다. 거기서 오벨리스크를 건축하는, 말하자면 돌에 햇빛을, 그리고 이집트적이라 일컬어지는 상형문자를 새겨 넣는 꿈을 통해 상기되었다"(Creuzer: *Symbolik und Mythologie.* Bd. 1, 469). — 또한 다른 대목도 참조. "그러한 구조물에 〔가령〕 오벨리스크 따위의 이집트 것이 많다. 이 가운데 태양 빛이 말하자면 돌 속으로 파고든다. 플리니우스의 말에 따르면, 이는 문자, 그러니까 상형문자다"(Kehler 1826,《100》이하).

49 이에 대해서는 벨초니의 연구 기행문을 참조[Giovanni Battista Murray Belzoni (1778-1822): *Narrative of the operations and recent discoveries within the pyramids, temples, and excavations, in Egypt and Nubia.*] … 2 Bde. ³London 1822 (11820-1821) (dt.: Entdeckungsreisen in Ägypten 1815-1819: in den Pyramiden, Tempeln und Gräbern am Nil. Mit einer Geschichte der Ägyptenreisen seit dem 16. Jahrhundert von Ingrid Nowel. Köln ³London 1990 〔'1198'〕).

[50] 헤겔이 여기서 언급하는 스핑크스가 기자(Giza)에 있는 것을 뜻한다면 이 이탈리아인은 카빌리아(Giovanni Battista Caviglia, 1770- 1845)를 가리키는 것으로 보인다.

[51] 한 이탈리아인이 … 스핑크스: Li – "이탈리아의 카빌리아 대장이 사원 앞 포장도로에 세워진, 오히려 조각이라 할 만한 스핑크스 하나를 발견했다.

52 장 프랑수아 샹폴리옹(Jean Francois Champollion, 1790-1832): 프랑스 언어학자.

[53] 구멍: JH – "책"

[54] 다방면으로 향하는 … 하겠다: Li – "가장 단단한 섬장암으로 깎은 이 벽은 여러 길을 만들어 내며 그 벽면에는 상형문자가 있다. 〔…〕 아주 세밀한 상형문자가 거기에 무수하게 적혀 있다."

[55] 이 모든 … 않다: Li – "이것들 가운데 우연한 것은 없고 상징성을 갖는다."

56 Möris, Mörissee(이집트어, mer-wer): 일부 인공적으로 방둑을 세운 고대 이집트의 자연 호수. 범람하는 나일강 물을 저장하기 위해서 확장되었다.

[57] 이런 작품들에서 … 시작된다: Li – "탁월한 건축과 더불어 에워쌈(Umschließung)이라는 목적이 시작된다."

58 카르스텐 니부어(Carsten Niebuhr, 1733-1815): *Beschreibung nach Arabien und andern umliegenden Ländern*. 2 Bände. Kopenhagen, 1774-1777.

[59] 독일: Li – "게르마니아"

[60] 《48》 참조.

[61] 로마 시대에 제작된 이 대리석판은 현재 루브르 박물관에 소장되어 있다.

[62] 이 대리석은 … 발견되었다: Li – "파리에는 한 남자가 용 한 마리를 물리치는 장면이 저부조로 장식된 대리석판이 하나 있는데, 전갈이 생식기를 삭뚝 자르고 있다. 카피톨리니 언덕에 있는 굴길에서 이것이 발견되었다."

[63] 지극히 규칙적인 … 거물(巨物)이다: Li "그러한 피라미드는 완벽히 규칙적 형상을 하고 있어 단박에 포착된다. 단단한 암석을 깎아 만든 것이면서 엄청나게 큰 육각형의 조립체이기도 하다. 경탄할 만한 노동으로 우리를 놀라게 하는 죽은 결정체(Crystall)인 것이다."

64 스키타이의 군주 이단튀르소스(Idanthyrsos)가 전쟁을 하다가 자신이 정복한 나라로 퇴각하자 다리우스 1세는 그 이유를 물었고 이에 이단튀르소스는 다음과 같이 답했다. "우리 스키타인들은 그 어떤 도시에도, 그 어떤 경작지에도 연연하지 않는다. 정복해도 그만이고 망쳐 놓아도 그만이다. 너희들과의 전투에서도 우리는 그런 식이다. 너희가 정 원한다면 이곳으로 오겠지. 그렇게 되면 우리 조상들의 무덤이 있을까? 좋다! 그것을 찾아서 파괴해 보라. 너희가 차지하려 했던 것이 우리 조상들의 무덤인지 아닌지 알게 될 테다. 그러나 우리 생각에 그 무덤이 아니라면 우리는 너희들과의 전투를 피할 것이다"(Herodot: *Historien*. II, 127, 2-4 〔Bd. 1, 595〕).

[65] 지금의 산탄젤로성[Castel Sant'Angelo(로마)]을 가리킨다."

[66] 니치. 건물의 벽에서 오목하게 들어간 부분.

[67] 담과 열주가 … 띤다: Li – "담과 열주가 건축의 원소를 이루는데, 후자는 고전적 건축에서 필수적이다."

[68] 고통: JH – "중력"

69 여상주들은 여성의 형상을 띤 기둥으로서 그리스 및 이집트의 예술에서 종종 사용되었다.

70 헤겔은 트라야누스(Trajan, 53-117)의 사후 하드리아누스 황제가 그와 그의 부인 플로티나(Plotina)를 위해 113년에 완공한 사원에 유일하게 남아 있는 기둥을 염두에 두고 있는 듯하다. 이 기둥은 로마의 트라야누스 광장에 있다. 원래 약 29미터 높이였고 대리석으로 된 주두(株頭)가 있었으며 화강암 덩어리로 깎았다. 몸체를 두른 긴 나선형의 부조 장면은 다키아 전투(101/102; 105/106)에 관한 것이다. 내부로는 원형 계단이 꼭대기로 연결되어 있다. 황금 주춧대에는 황제의 유골이 안치되어 있었으며 그 위에는 트라야누스의 금동(金銅) 조형물이 놓여 있었다(1588년에 베드로 조형물로 대체되었음).

71 헤겔은 여기서 드농의 이 책을 전거로 삼고 있다. Baron Dominique Vivant De-non(1747-1825): *Voyage dans la basse et la haute Égypte pendant les campagnes du général Bonaparte*. Paris 1802 (dt.: *Reise in Nieder- und Ober-Ageypten, während der Feldzüge des Generals Bonaparte*. Aus dem Französischen übersetzt und mit einigen Anmerkungen begleitet von Dietrich Tiedemann, Berlin 1803; Mit Napoleon in Ägypten. 1798-1799. Hrsg. von Helmut Arndt, Tübingen 1978); heir bes. 216: "다종다양한 주두의 아름다움이 두드러진다. 이집트인들이 다른 민족으로부터 얻어 온 바가 아무것도 없다는 증거는 다음과 같다. 이집트인들의 주두를 조합하는 온갖 장식이 그 땅의 산물에서 취한다. 가령 연꽃, 야자수, 포도나무 가지, 골풀 등이 그것이다."

72 헤겔은 괴테, 모리츠 등과 함께 이 입장을 취한다. (Goethe, Von Arabesken 〔1789〕; 〔*Sämtliche Werke*. Bd. 13, 62-66〕) 카를 필립 모리츠(Karl Philipp Moritz, 1757-1793): *Vorbegriffe zu einer Theorie der Ornamente*, Berlin 1793, 특히 25-28. 보우터베크(1766-1828)와 바실리스 폰 람도르(1757-1822)의 아라베스크에 대해서는 강하게 반대한다. Friedrich Bouterwek: *Ästhetik*. Leipzig 1806, heir bes. Friedrich Wilhelm Basilius von Ramdohr: Caspar David Friedrich: *Bekenntniße*. Ausgewählt und hrsg. von Kurt

Karl Eberlein. Leipzig 1924, 354.

[2.] 고전적 건축술

[73] 인간을: JH – "인간의"

74 프리드리히 슐레겔이 실제로 이렇게 말했는지, 아니면 그의 형인 아우구스트 빌헬름 슐레겔이라든가 셸링이, 혹은 19세기 초의 다른 예술론자가 말했는지에 대해서는 논란의 여지가 있다. 어쨌든 프리드리히와 도로테아 슐레겔이 파리에 체류 중일 때(1802-1804) 프리드리히 슐레겔이 행한 첫 번째 강연 시리즈인 '독일 문학에 대하여("Vermischte Nachrichten und Bemerkungen". in: *Neue allgemeine deutsche Biblio-thek*. 1802/03)'의 다음 대목과 관련이 있다. "파리에 있던 프리드리히 슐레겔 씨는 이방인의 학당(Athenée des Etrangers)에서 철학 및 문학에 대한 독일어 강연을 하였다. 최근의 철학 및 미학강의에서 그가 청중에서 들려준 바와 같은 탁견을 저 강의에서도 청중에게 전했는지는 알려진 바가 없다. "사랑은 중력의 대항자이다"라든가 "건축은 얼어붙은 음악이다"라든가, 아니면 "에우리피데스가 개에게 갈기갈기 찢겨 죽었다고 하는 옛 작가들의 기록에 대해 사람들은 의심하지만 이는 사실하다. 왜냐하면 그는 그리스 비극을 개에게 가져다 주었으니 말이다" 같은 견해 말이다"(*Neue allgemeine deutsche Bibliothek*. Bd. 78, Stück 1, Berlin u. Stettin 1803, 206-207).

75 Goethe: *Von deutscher Baukunst*. Frankfurt 1773〔정확히는 1772년〕, 헤르더가 편집한 다음에 책에도 수록됨. *Von deutscher Art und Kunst*, Hamburg 1773. 괴테 자신이 다음의 책에 수록하였음. *Über Kunst und Altertum*. Bd. 4, Heft 3, 1824. '고딕(Gotik)'은 바사리(Vasari, 1522-1574)가 언명한 말이다. 바사리는 고트족을 (르네상스의 심미안으로서는) 야만스러운 중세 예술의 창시자로 보았다. 이는 잘못된 역사 이해였고 이는 수정되었으나 그 명칭 자체는 유지되었다. 헤겔은 괴테가 이 글에서 〔당시 독일 지역에 속했던〕 스트라스부르 대성당에 보낸 다음과 같은 찬사를 염두에 둔 것 같다. "이는 독일의 건축술이다. 이탈리아인 중 누구도 진심으로 이를 찬미할 자 없을 것이며 프랑스인들은 더더욱 그럴 수 없다"(Goethe: *Sämtliche Werke*. Bd. 13, 16-26, hier: 23). 1810년 프로이센의 건축가 싱켈(Karl Friedrich Schinkel. 1781-1841)이 기독교와 결부된 독일 건축을 고딕이라 부르면서 이 규정이 확대되었다. "새로움을 창출하는, 인류 전체를 완전히 다른 단계로 올려놓는 그런 기독교 이념은 마침내 이에 어울리는 진정한 민족인 독일인을 만났다. 이 민족은 고

대의 영향력에 무조건 사로잡히는 일 없이 특유의 자유 감각을 지닌 채 기존의 형태를 수용하면서도 자기들만의 정신계와 생활계를 산출하였다"(Dieter Kimpel und Robert Suckale: Die gotische Kathedrale. Gestalt und Funktion, in: *Funkkolleg Kunst*. Hrsg, von Werner Busch, Bd. 1. München 1987, 29-54, hier: 34).

[76] 고딕 건축에 … 그것이다: Li – "고딕 건축 부류를 아무도 예술로 볼 생각을 하지 않던 1773년 당시 괴테는 독일 건축술에 대한 논문을 썼다. 이는 스트라스부르 대성당의 건립자인 에르빈 폰 슈타인바흐에게 바치는 것이었다. 이런 안목이 표현되어 있었다. 여기서 괴테는 '기둥이 당신들의 마음에 와닿겠으나 나는 기둥으로 담을 두른 것이 맘에 들지 않는다. 기둥은 자유롭게 서 있어야 제격이다. 우리에게 기둥은 불필요하다. 사각형의 상자와 뚜껑이 있는 형태가 우리에게는 근간을 이룬다'라고 말한다.

77 제3부 미주 75번 참조.

78 이에 대해서는 히르트의 저작을 참조. Schriften *Die Baukunst nach den Grundsätzen der Alten*(Berlin 1809) Sowie *Die Geschichte der Baukunst bei den Alten* (4 Bde. Berlin 1821-1827). 목조 건축을 건축의 시작으로 기술한 비트루비우스(Vitruv, BC 1세기)에 대해서는 다음을 참조. *Vitruvii de architectura libri decem*(1487년 처음 출간. 1514년 독일어 번역), 특히 다음을 참조. *Vitruvii: De Architectura*. Liber secundus, 1. 여기서 비트루비우스는 태곳적 건축의 형태를 논한다. — 히르트와 마찬가지로 형태의 순수함에 대한 열망을 지닌 채, 목조에서 석조로 이행했다는 생각에 반대한 저자로는 아우구스트 빌헬름 슐레겔을 들 수 있다(이에 대해서는 특히 다음을 참조. A. W. Schlegel: Kunstlehre, hier: 148f).

[79] 고대 건축의 … 당했다: Li – "회화가 건축술의 조건을 이루는 부분도 있다. 비트루비우스는 목조 건축이 건축술의 원조라고 생각했다."

[80] 목조에는 문과 … 있다: HJ – "목조에서는 문, 기둥이 지탱물로 현상한다."

[81] 통로 앞 기둥들이: JH – "기둥 통로가"

[82] ἀμφιπρόστυλος: 이에 대해서는 『미학강의』 제3권 320쪽 참조.

[83] 들보(Balken)를: Li – "들보〔아키트레이브〕(Architrav)를, 혹은 대들보(Grundbalken)를"

[84] 그래서 받침대가 필요하다.

[85] 후면의 똑같은 … 부분이다: Li – "둥근 것은 벽을 이룰 수 없다. 그리하여 벽기둥(Pilaster)이, 즉 기둥의 부류에 속하는 평면적인 것이 벽을 조성하여 두른다."

400

86　이에 대한 언급이 비트루비우스에게서 발견된다(특히 다음을 참조. Vitruv: *De Archi-
tectura* Liber quartus).

[87]　벽감의 두 배였으나: JH – "이따금 벽감과 같은 크기였으나"

[88]　트라이글리프(Triglyph)는 도리스 양식에서 보이는 세 줄기의 세로 홈 장식이며,
메토프(Metope)는 도리스 양식에서 2개의 트라이글리프 사이에 끼어 있는 네모진
벽면이다.

[89]　궁륭 기술은 … 영역이었다: Li – "이런 것은 그리스인들에게서는 발견되지 않는
다. 마주하는 버팀대 사이에 쐐기돌이 중간에서 모든 것을 움켜쥐는 그 형태는
없는 것이다."

90　Aloys Hirt: *Die Geschichte der Baukunst bei den Alten*. Bd. 2, Berlin 1822, 104f: "가장
중요한 고안물 가운데 하나인 궁륭 기법은 로마인들이 시작하였다."

[91]　세네카, 『서한집(*Epistolae*)』, 90

[92]　여기에서 알 수 … 사실이다: Li – "고대의 것에 대한 애정이 출현함에 따라 온갖
둥근 아치에서 로마의 건축 방식을 발견하였고, 그 이후 로마 방식이 출현하였으
며 대개 고대의 것과 근대의 것이 함께 혼합되었다."

93　헤겔은 아마도 로마의 원로원이자 야전 사령관이었던 루쿨루스(Lucius Licinius Lu-
cullus, BC 117-56)를 가리키고 있는 듯하다. 루쿨루스의 화려한 파티, 그의 호사스
러운 빌라 및 정원이 유명하다.

[3.] 낭만적 건축술

[94]　현재 우리가 교회당이라 부르는 건물의 기원인 바실리카(basilica)는 사법(司法), 상
업 등의 목적으로 세워진 공회당이었다.

[95]　공회당 내부의 하층 높은 연단으로서 재판관이 있었던 곳을 가리켰는데, 이것이
교회의 사교좌(司敎座) 같은 것을 뜻하는 말로 전이되었다. 나중에 이곳은 성직자
와 제단만이 아니라 합창대도 거주하는 공간이 된다.

[96]　교회 건축의 중에 놓인 내진(內陣)에는 합창석과 제단이 놓인다.

[97]　이베리아 반도 북서부 지역.

[98]　헤겔은 여기서 고딕 건축의 아랍(무어)인 기원설을 언급하고 있다.

[99]　비의적인: Li – "상징적인"

[100]　내진은: Li – "신성한 장소인 내진은"

[101] 교회 건축의 중심부에 있는 주랑. 중랑(中廊)이라고 부르며 보통 신도석이 놓인다.

[102] 신랑(身廊)보다: Li – "공동체 구성원들이 있는 교회 신랑보다"

[103] 아이들은 공동체에 … 위해: Li – "공동체에 진입한다는 의미로"

[104] 내진을 가리킨다.

[105] 밖으로는 첨두아치가 보이고 안으로는 이른바 늑골(갈비뼈) 궁륭이 보이는 것이 고딕 성당의 전형적 특징이다. 궁륭의 모습은 마치 나뭇잎들이 아래로 떨어지는 느낌을 준다.

[II.] 조각

[106] 상징적 건축만이 … 연계된다: Li – "상징적 건축은 조각에 근접하였다."

[107] 정원을: Li – "건축을"

[108] 예술가는: Li – "정신은" / 이 문장의 주어는 생산하는 "예술가"보다 수용하는 "정신"으로 보는 게 타당할 듯하다.

[109] 조각의 대리석, 청동은 "기계적(mechanisch)" 성격을 띠는 추상적 소재인 반면, 회화에 이르면 색채를 통해 대상의 "특칭성(Partikularität)"이 표현된다."

[110] 3차원 공간.

[111] 순전한 빛과 … 현상한다: Li – "순전한 빛이, 가시성이, 일단 흰 대리석만으로도 그 비쳐남이 시작된다. 조각은 형태의 추상성을 포착한다. 이는 완전히 기계적 원소들 속에서 정신을 나타내는 기적이라 하겠다."

[112] 피디아스/페이디아스(Φειδίας, BC 5세기): 그리스 고전주의를 대표하는 조각가이자 건축가. 친구인 페리클레스가 집권한 후 아크로폴리스에 자리한 파르테논 신전의 재건축을 주도하였다. 제3부 미주 134번도 참조할 것.

[113] 중심점을: Li – "가장 중요한 시기를"

114 그리스 조각에 대해서는 다음을 참조. Winkelmann: *Geschichte der Kunst des Altert-hums* (1764), 156-164; Gesch. d. Kunst d. A., 156-162; 이집트 조각에 대해서는 다음을 참조. a. a. O. 40; *Gesh. d. Kunst d. A.*, 52.

[115] 이집트 … 빙켈만이다: Li – "80년 전에 빙켈만이 고대의 이상성을 환기했다. 그는 이집트와 그리스의 예술작품 권역을 숙지하고 있었다."

[116] 형성되었다: Li –"예술 애호가들의 관심을 끌었다."

[117] 우아한 매력: Anmut, Reiz und Grazie.

[118] 노동: Li - "작업"

[119] 움직이지 않아도 … 본다: Li - "유기체의 유동성이, 영혼이 깃든 표면이 눈에 현존한다. 이렇게 깃든 영혼이 눈에 띠는데 이는 가장 세심하게 다루었을 때 도달 가능한 경지다."

[120] 수치화 가능한 규정을 뜻한다. 가령 삼각형, 사각형 등의 밑변과 높이는 유리수(rational number)들의 비례 관계로 표현될 수 있는 반면, 원주와 지름의 비율, 즉 원주율(π)은 순환하지 않는 무한 소수로서 무리수에 해당한다. 이러한 무리수(irrational number)는 수리적 지성으로는 파악 불가능하다. 조각은 지성의 추상적 규정으로 표시할 수 없는 둥근 곡선을 구현한다.

121 Winkelmann: *Geschichte der Kunst des Alterthums*, 41f: "머리를 보면 눈은 평평하고 비뚤어져 있다. 전반적으로 그리스 입상에서처럼 눈이 깊지는 않다. 오히려 이마와 같은 지점에 있다. 그래서 눈썹을 상당히 날카롭게 보이게 하는 눈뼈도 평평하다."

[122] 눈꺼풀은: Li - "눈썹은"

[123] 얼굴은 달걀형의 … 띤다: Li - "그리하여 완벽한 달걀형은 아니다."

124 Winkelmann: *Geschichte der Kunst des Alterthums* (1764), 42, 181.

[125] 《54》쪽 참조.

[126] 그리스인의 경우 … 떨어트렸다: Li - "다이달로스가 처음으로 팔을 몸통에서 분리시켰다."

[127] 얼굴 옆모습. 빙켈만이 언급한 "그리스식 프로필"은 고대 조각에 나타났던 미의 이상을 근대인의 외형에 재현하는 방식으로 여겨졌다. 이에 부응하여 네덜란드의 의사이자 생리학자인 캄페르(P. Camper)가 이른바 "안면각(Gesichtswinkel)", 즉 콧구멍과 귀 및 콧구멍과 이마를 잇는 두 선이 이루는 각을 미의 척도로 제시하면서 저등한 동물과 가장 숭고한 그리스 신을 대비시켰다.

128 그리스 미술에서의 이마 형상에 대해서는 다음을 참조. Winkelmann: *Geschichte der Kunst des Alterthums* (1764), 180; 177; 그리스인들의 눈 형상에 대해서는 다음을 참조. 165, 179, 175-177; 이집트인들의 눈 형상에 대해서는 다음을 참조. a. a. O. 41f, 53.

129 헤겔은 여기서 캄페르(1722-1789)의 다음 책을 참조하고 있다. Petrus Camper:

Ueber den natürlichen Unterschied der Gesichtszüge in Menschen verschiedener Gegenden und verschiedenen Alters, über das Schöne antiker Bildsäulen und geschnittener Steine, nebst Darstellung einen neuen Art, allerlei Menschenköpfe mit Sicherheit zu zeichnen. Hrsg. von Adrian Gilles Camper. Übrtsetzt von S. Th. Soemmering. Berlin 1792.

130 요한 프리드리히 블루멘바흐(Johann Friedrich Blumenbach, 1752-1840): 동물학자이자 인간학자였으며 특히 비교해부학의 영역에서 활동하였다. 자신의 비교해부학 연구를 위해 어느덧 유명해진 그 해골 전시회를 기획하였다. 그의 주요 저작으로 다음의 것이 있다. *Handbuch der vergleichenden Anatomie und Psychologie* (1804) Sowie sein Handbuch der Naturgeschichte(111825).

131 제3부 미주 128번 참조.

132 제3부 미주 128번 참조.

[133] 제2부 미주 299번, 제3부 미주 157번 참조.

134 이 입상에서 복구된 부분은 턱이 아니고 오른쪽 팔과 오른손 손가락이다. 메디치 베누스의 턱(의 보조개)에 대한 빙켈만의 기록에 대해서는 다음을 참조. *Geschichte der Kunst des Alterthums*, 181. 복구된 손에 대해서는 같은 곳 182쪽 참조.

135 Vgl. Winkelmann: *Geschichte der Kunst des Alterthums*: "고대의 두상 가운데 귀보다 더 심혈을 기울여 작업한 곳은 없다. 아름다운 그 작업은 고대인들이 무언가를 첨가하거나 보완하지 않았다는 적나라한 증좌이다."

136 헤겔은 피디아스(Phidias, BC 460-430년경)의 〈올림피아의 제우스상〉(BC 432년 이전)를 말하고 있다. 스트라본(Strabo, BC 63년-기원후 20년경)이 자신의 책 『지리지(*Geographika*)』(Buch VIII, C 353 〔3.30〕)에서 이에 대해 언급하였으며 이를 모사한 주화가 남아 있다. 〈올림피아의 제우스상〉은 〈파르테논의 아테나(*Athena Parthenos*)〉에 이어 피디아스의 두 번째 대표작이다. 이 두 거대 입상은 황금과 상아로 마무리되어 있었다. 제우스상은 불가사의 중 하나로 꼽힌다. 후기 고대의 전승에 따르면 원본 작품들은 콘스탄티노플로 옮겨졌는데 이후 소실되었다. 올림피아의 제우스 거대 입상에 대해서는 플리니우스(Plinius. Naturalis historia. Liber XXXV, 55; Liber XXXVI, 18)와 파우사니아스(Pausanias, c. 110-c. 180, Beschreibung Griechenlands. 5, 11; 헤겔이 소유하고 있던 파우사니아스의 책으로는 Pausaniae Graeeiae descriptio. 3 Bde, Leipzig 1818. 또한 다음을 참조. *Il periegeta Pausanias. Descriptio Graeeiae.* Rec. Johann Heinrich Christian Schubert. 2 Bde. Leipzig 1870).

[137] 호메로스의 『일리아스』에서 유노[헤라]를 수식하는 표현으로 등장한다.

138 그리스 예술에 등장하는 여신의 유형에 대한 빙켈만의 정의에 대해서는 특히 다음을 참조. *Geschichte der Kunst des Alterthums*. Dresden 1764, 164-166. 조각에서 남성 신의 유형에 대해서는 다음을 참조. 같은 곳, 157-164. 주노의 프로필에 대한 [헤겔의] 언급은 주화에 나타나는 여성 및 남성 신의 유형에 대한 빙켈만의 설명에 의존하고 있는 듯하다. 같은 곳, 166.

139 디아나(Diana), 즉 아르테미스[에페소스(Ephesus)의 디아나]에 대해서는 헤시오도스(Hesiod: *Theogonie*. V. 14, 6f; V. 918, 74f)가 설명한 바가 있다. 아프로디테(Aphrodite)의 성격화에 대해서도 헤겔은 헤시오도스(*Theogonie*, V. 187-206; 20f)를 참조하였다.

[140] 이오니아의 에페소스에 있었다고 전해지는 아르테미스[디아나]의 신전은 고대의 주요 불가사의 중 하나로 꼽힌다. 아르테미스는 출산의 여신으로도 알려져 있다.

[141] 눈꺼풀의 경계가 … 보인다: Li - "그 눈은 감겨 있다."

[142] 바쿠스는 육욕에 … 구별된다: Li - "마르스는 호전적 젊은이고, 바쿠스는 술취한 호색한이다. 메르쿠리우스는 민첩하고 호리호리하다. 이들과 아폴론은 구별된다."

[143] 크레타 미궁에서 미노타우로스를 물리친 테세우스(Theseus)는 전쟁의 신 마르스에 비견되며, 메두사의 목을 벤 페르세우스(Perseus)는 거대한 왕뱀 피톤을 활로 쏘아 죽인 아폴론에 비견된다.

144] 한 개체로 … 있다: Li - "인도에서 유래하였다."

145 리벨트의 필기를 참조. *Libelt 1828/29*: "아킬레우스는 소녀의 옷을 입고 있어 소녀들과 분간이 되지 않았다. 따라서 그 차이는 두발 관습 같은 것에서 나왔다."

[146] 《36》 참조.

[147] 크레타의 공주 아리아드네(Ariadne)는 테세우스를 도와 미노타우로스를 죽이고 그가 미궁을 빠져나올 수 있게 도와 준 인물이다. 이집트의 여왕 클레오파트라 17세는 안토니우스의 패전 이후 옥타비아누스가 이집트로 진격해 오기 전 독사를 풀어놓아 자살하였다. BC 2세기에 제작된 〈잠자는 아리아드네〉가 1512년 교황 율리우스 2세에 의해 바티칸 궁의 벨베데레 정원에 설치되었다. 이 작품은 한동안 죽어가는 클레오파트라의 조각으로 알려졌는데, 이 작품에 등장하는 아리아드네의 상박(上膊)에 작은 뱀 같은 것이 있다. 『미학강의』 제2권, 416쪽 참조.

[148] 율법을 관장하는 티탄 여신.

149 사디야테스(Sadyattes) 1세는 리디아의 왕이었으며, 헤로도토스에 따르면 그리스 인들은 그를 미르실로스(Myrsilos)라 불렀다. 재위 기간에 대해서는 확실한 기록은 없고, 다만 BC 680년경 사망한 것으로 추정된다. 종교적으로 붙여진 그의 이름은 칸다울레스[Kansaules(KandaÜlhj)]였다. 전설에 따르면 칸다울레스는 자신의 부인 니시아(Nyssia)의 미모에 대한 자부심이 대단하여 메름나덴(Mermnaden) 왕조의 창건자 기게스(Gyges)에게 그녀의 벗은 몸을 보여 주었다. 이로 인해 원망을 품은 니시아는 기게스에게 자결을 하든지 아니면 칸다울레스를 죽이고 왕좌를 차지하든지, 둘 중에 하나를 택하라고 한다. 이에 대해서는 다음을 참조. Herodot: *Historien*. I, 8-13).

[150] 사랑의 신 아모르(Amor)를 다양하게 표현한 아기 모습의 신들. 그리스 신화로는 에로스를 대변하는 에로텐(Eroten)이 있다.

[151] 바쿠스 신을 섬기는 여사제, 여신도 혹은 바쿠스 축제 때 광란에 빠지는 여인들을 가리킨다. 그리스 신화로는 마이나데스(Μαινάδες)라 한다.

[152] 솔기 없는 … 있다든가: Li – "그리스 복식에는 면에 솔기가 없다."

153 헤겔은 크리스티안 다니엘 라우흐(Christian Daniel Rauch, 1777-1857)가 제작한 프로이센의 게르하르트 요한 다피르 샤른호르스트(Gerhard Johann David von Scharnhorst, 1755-1813) 장군의 입상을 언급하고 있다. 프로이센의 샤른호르스트 장군은 1822년 6월 18일 '벨-알리앙스 전투(Schlacht bei Belle-Alliance)'[워털루 전투]를 기념하여 뷜로프(Friedrich Wilhelm Freiherr von Bülow) 장군의 입상과 함께 베를린의 '노이에 바헤(Neue Wache)'에 세워졌다. 여기서 헤겔은 독일에서 베를린 고전주의가 표방했던 복식에 대한, 즉 실존한 인물 초상에서의 복식에 대한 동시대의 논쟁을 다루고 있다.

[154] 옷을 어떻게 걸쳐 놓을지를: Li – "가장 바람직한 중재안을 찾고자"

155 헤겔은 프랑스의 화가 자크루어 다비드(Jacques-Louis David, 1748-1825)의 그림을 염두에 두고 있는 듯하다.

[156] 나이 들어 노인이 되면서 점점 더 주변 사람을 의심하며 옷도 군복만 입고 잘 갈아입지 않아서 몸에 냄새가 났다고 알려진, 노년의 프리드리히 대왕을 속되게 칭하는 표현이다.

157 코스(Kos)의 혹은 〈크니도스(Knidos)의 베누스〉(로마, 바티칸)는 프락시텔레스(Praxiteles)의 작품이다. 원래 코스 섬의 시민들이 주문한 작품이었는데, 이들은 완전히

옷을 벗은 여신상을 감당할 수 없없고 이 작품의 소유권이 크니소스인들에게 넘어갔다. ― 이와 다른 유형인 〈메디치의 베누스〉와의 비교에 대해서는 다음을 참조. J. J. Winckelmann: *Geschichte der Kunst des Alterthums* (1764), 164f.

[158] 제2부 미주 299번, 제3부 미주 157번 참조.

159 여기서 언급되는 〈벨베데레의 아폴론(*Apollo von Belvedere*)〉은 레오카레스(Leochares)의 작품으로 보고 있는 청동상(BC 4세기)의 대리석으로 모사한 로마 왕정기 작품(로마, 바티칸)이다. 그것이 놓여 있는 장소인 벨베데레 정원의 이름을 따서 명명되었다. 빙켈만(1717-1768) 이 입상을 "파괴되지 않고 남아 있는 고대의 모든 예술작품들 가운데 최고의 이상"으로 간주하였다. 이 입상에 대한 설명으로는 다음을 참조. J. J. Winckelmann: *Geschichte der Kunst des Alterthums*(1764), 392- 394. hier: 392.

[160] 윌리엄 해츨리트(William Hazlitt, 1778-1830)가 「The Morning Chronicle」에 쓴 기사(7월 26일자)의 내용을 소개하고 있다.

[161] 말을 조련하는: Li ― "각자 말 한 마리를 갖고 있는, 뮌헨에 그 주조물이 하나 있는"

162 호토(Hotho)에 따르면 헤겔은 "로마의 몬테 카발로(*Monte Cavallo*)에 서 있는 두 점의 말 조련사, 즉 카스토르(Kastor)와 폴룩스(Pollux)를 표현한 거상"(『미학강의』 제2권, 433쪽)을 언급하고 있다. 이 작품은 퀴리날레 광장에 있는 디오스쿠리 분수대를 가리킨다.

[163] 〈말 조련사〉 혹은 〈디스쿠로이〉로 알려진 이 작품은 그리스 원본의 로마시대 복제품이다. 콘스탄티누스 목욕탕에 있던 것을 로마의 퀴리날레 광장에 설치하면서 〈몬테 카발로(Monte Cavallo)〉라고 불렸다. 당시에는 이 두 조각이 각각 피디아스와 프락시텔레스의 것으로 잘못 알려져 있었다.

164 Ovid: *Metamorphosen*. VIII, 372-377, 294f.

[165] 카스토르(Κάστωρ)와 폴룩스[그리스어로는 폴리데우케스(Πολυδεύκης)]는 '제우스의 아들[디스쿠로이(Διόσκουροι)]'로 불리는 쌍둥이 형제다. 62쪽도 참조할 것.

[166] 주지하듯이 소크라테스는 본격적인 철학자의 길로 접어들기 전에 석공(石工)이었다. 그의 작품이 아테네 성(城)의 입구에 놓여 있었다고 전해진다.

167 바티칸 미술관에서 관람 가능한 〈라오콘 군상(*Laokoon-Gruppe*)〉은 로마에 있던 고대의 대리석 조각이다. 이 작품은 발견된 이후부터 유럽의 미술사에, 그리스 미술의 의의에 대한 담론에 지대한 영향을 미쳤다. 이와 관련해서는 특히 레싱(Lessing)의 『라오콘, 혹은 회화와 시문학의 경계에 대하여(*Laokoon. oder über die Grenzen der*

Malerei und Poesie)』(1766), 조형예술에 대한 헤르더(Herder)의 논문(1768-1770), 괴테가 1798년에 『프로필렌(*Propyläen*)』에 실은 글 「라오콘에 대하여」, 아우구스트 빌헬름 슐레겔(A. W. Schlegel)의 『예술론(*Kunstlehre*)』(1801/02), 셸링(Schelling)의 『예나 미학강의(*Jena Ästhetikvorlesung*)』(1802/03) 등을 들 수 있다.

[168] 모두 소실되었으며 플리니우스의 『박물지(*Naturalis historia*)』에 언급된다. 〈원반 던지는 사람(Δισκοβόλος)〉과 더불어 미론의 대표작으로 꼽혔던 〈암소〉는 아크로폴리스에 있었다고 한다. 플루트를 부는 사티로스는 마르시아스(《33》 역자주 참조)를 가리키는 것으로 보인다.

169 Johann Wolfgang von Goethe: *Myrons Kuh.* in: Kunst und Altertum. II, l. 1818.

[170] 제3부 미주 136번 참조.

[171] überlebensgroß: 사람의 등신(等身)을 넘어서는

[172] 테바이 남쪽에 위치한 지역. 현재는 플라테에스(Πλαταιές)라 불린다.

173 앙투안 카트르메르 드 캉시(Antoine Quatremere de Quincy, 1755-1849): 프랑스의 고고학자, 저술가 및 미술사학자였다. 주요 저작으로 헤겔과도 관련이 있는 피디아스의 제우스상을 다룬 『올림피아의 유피테르(*Le Jupiter olympien*)』(1814)를 들 수 있다.

[174] 그네젠[Gnesen, 현재 폴란드 그니에즈노(Gniezno)]의 대성당 남문에는 12세기에 제작된 로마네스크 방식의 청동문이 남아 있다.

[175] 오닉스(Onyx)와 마노(Achat) 모두 석영을 비롯한 여러 물질이 명주실 더미처럼 겹겹이 쌓여 다채로운 색을 띠는 광물로서 공예품 세공에 주로 쓰인다. 줄마노 혹은 호마노(縞瑪瑙)라고도 불린다.“

[176] 브라운슈바이크 소재 안톤 울리히 대공 박물관(Herzog Anton Ulrich Museum Braunschweig)

[177] 아이밀리우스 파울루스(Lucius Aemilius Paullus Macedonicus, BC 229-BC 160). 로마의 군인이자 정치가. 마케도니아 전쟁을 이끌었다.

178 여기서는 이를 [즉 이상화된 그림을(idealische Bilder)] 오히려 “살아 있는 그림(lebende Bilder)”[활인화(活人畵)]으로 보아야 한다. 움직임 없이 뻣뻣한 인물에 대한 그림 내지 조형물을 뜻하는 살아 있는 그림(tableaux vivants)은 18세기 말에 유행했으며, 특히 이른바 고대 입상의 표현에, 여배우 해밀턴(Emma Hamilton, 1765-1815)의 몸짓에 자극받아 생겨났다. 이런 예술에 감탄했던 괴테가 『친화력(*Wahlverwandtschaften*)』(1809)에서 기술한 바가 이런 그림을 궁정의, 혹은 시민의 사교 유흥의 형식으로

정착하도록 만들었다. 이에 대해서는 다음을 참조. Birgit Jooss: *Lebendige Bilder, Zur körperlichen Nachahmung von Kunstwerken in der Goethezeit*, Berlin 1999; Sabine Folie/Michael Glasmeier; Tableaux Vivants. Lebene Bilder und Attitüde in Fotografie, Film und Video, Wien 2002.

[179] 《40》 삽화도 참조할 것.

[180] 낭만주의 시대에도 … 있다: Li – "미에 대한 감각은 모든 것에 생명을 불어넣는다. 근래의 조각은 한편으로는 종교적인 것을, 다른 한편으로는 대단할 것 없는 일상을 다루었다. 그 이후 조각은 초상에 치중하였는데, 가령 미켈란젤로는 돌아가신 그리스도를 조형하였다. 네덜란드〔현재 벨기에〕에는 대리석으로 된 마리아가 사랑하는 성모로서가 아니라 오히려 천상의 여왕으로 표현되어 있다. 알브레히트 뒤러도 자신의 여행기에 이에 대해 언급한 바 있다."

181 브레다(Breda)에 소재한 〈나소 백작 및 그의 부인 마리아 폰 바덴의 무덤(*Grabal des Grafen von Nassan und Seiner Gemahlin Maria von Baden in Breda*)〉은 헤겔의 시대에는 미켈란젤로(1475-1564)의 작품으로 잘못 알려졌던, 작자 미상의 작품이다. 이 작품에 대해 헤겔은 〔네덜란드 여행 중에〕 아내에게 1822년 10월 9일자 편지로 쓴 내용도 있다. (Brief Nr. 438, in: *Briefe*, Bd. 2, 358 이하)

[182] 낭만적인: Li – "낭만적인, 즉 근대의"

[Ⅲ.] 회화

[183] "형태 내로 […] 말이다: Li – [고전적] 이상을 자기 내 반성의 운동이, 그로 인해 전개된 것이 보완한다."

184] 하나의 차원이 […] 불안정해진다: Li – "내면화는 외면성에 대한 제한이다. 선이라는 차원에 제한이 가해짐으로써 그 자체로 불안정한 하나의 점이 된다."

[185] 회화는 격실에 […] 걸린다: Li – "프레스코 벽화는 오직 그곳에서만 가능하다."

[186] 고딕 건축술에서는 […] 사라진다: Li – "넓은 차단 벽면으로 이루어진 고딕 건축술의 벽면을 채울 필요가 있다. 벽의 드넓음은 그곳에 무언가를 채워 넣었을 때에 비로소 도드라진다. 스트라스부르 대성당처럼 부조(浮彫)들로 벽면을 채우기도 한다〔이에 대해서는 《92》 참조〕.

[187] 빛은 비단 […] 변한다: Li – "빛 자체만이 아니라 빛의 타자도 있다. 명암이라는

양자의 원리가 결합된 것이 색채다. 빛이 순수한 무색이라면 색채는 불투명한 어
두운 빛이다."

[188] 색채에 대한 헤겔의 논의는 뉴턴의 이론에 반대한 괴테의 색채론에 근거를 둔다.

[189] 앞서 언급된 회화의 세 규정은 다음과 같다. 1. 평면 2. 감상자와의 밀접한 관계
3. 명암과 색채

[190] 종교적 인물 […] 것이다: Li – "자립적 인물로 인정받으면서 공경의 대상이 되는
개별 조형물들이 있다. 마리아나 그리스도의 초상도 있다."

191 헤겔은 여기서 퀴겔겐(Gerhard von Kügelgen, 1772-1820)의 그림, 특히 〈탕자(Der ver-
lorene Sohn)〉 및 그리스도 그림을 언급하고 있다. 헤겔은 1820년 드레스덴의 전
시회에서 이것들을 관람한 후 이에 대해 비판한 바 있다. 이에 대해서는 다음을
참조. "Über von Kügelgens Bilder". in: Hegel: GW 15, 204-206. s. auch A. G.-Sie-
fert und G. Stemmrich: "Hegels Kügelgen-Rezension und die Auseinandersetzung um
den 'eigentlichen historischen Stil' in der Malerei" in: Welt und Wirkung von Hegels
Ästhetik. Hrsg. v. A. G.-Siefert und O. Pöggeler. Bonn 1986, 139-168.

[192] 면밀하게 살피면 […] 한다: Li – "기적을 행하는 조형물들은 본디 조각적이다. 그
것들은 천편일률적 모습을 한다. 그 조형물과 인간의 관계는 둔중하다. 조형물의
속성이 [인간과는] 무관하니 말이다. 심지어 지극히 추한 조형물도 있다."

[193] 조각 작업보다 […] 요구된다: Li – "회화에는 보다 많은 것이 요구된다. 근면한 작
업이, 정신이 투여되는 근면이 요구되는 것이다. 대상은 무한히 다양하게 확장
된다"

194 빌헬름 테르니테(Wilhelm Ternite, 1786-1871): 베를린의 궁정화가이자 왕립 회화관
의 감독관이었던 그는 1825년 초에 나폴리에 머물렀다. 거기에서 그는 포르티
치(Portici)와 폼페이에 보존된 헤르쿨라네움 (Herculaneum)과 폼페이의 그림 전체
를 모사할 기회가 있었다. 이 모사본 중 일부는 밑그림 스케치이고, 일부는 채색
화다.

[195] 헤르쿨라네움(Herculaneum): 이탈리아 에르콜라노에 있던 고대 도시. 서기 79년
8월 24일에 시작된 베수비오 화산 폭발로 인해 폼페이와 더불어 없어지고 지금
은 일부 유적만 발굴되었다.

196 이에 대해서는 다음을 참조. 라울-로셰트(Désiré Raoul-Rochette, 1789-1854), Cours
d'archéologie, Paris 1828.

[197] 《62》 참조.

[198] 행위(Handlung)는 플롯(plot), 즉 이야기의 전개를 뜻하는 말이기도 하다

[199] 시각: JH - "정확성"

[200] 규정 그 자체가: JH - "레싱(Lessing)의 규정은"

[201] 그렇지만 영혼을 […] 추상적이다: Li - "그러나 회화는 모든 것을, 뱀 한마리라도 지극히 정확하게, 시인으로서는 불가능한, 기껏해야 지치도록 묘사해서 겨우 그 일부만을 표할 수 있을 것까지 표할 수 있다는 특장을 갖는다. 고대인이 처한 상황을 설명하면서 회화의 시문학의 차이를 명제화한 레싱의 〈라오콘(Laokoon)〉을 참조하라."

[202] 《57》, 《107》 참조.

203 헤겔은 프란체스키니(Marco Antonio Francescini, 1648-1729)의 유화 작품 〈참회하는 막달레나 (Die büßende Magdalena mit ihren Frauen)〉(드레스덴 회화관, 1700-1705)을 떠올리고 있다.

[204] 앞 단락에서는 회화를 통해서 구체적 사물에 대한 적확한 묘사가 가능한 반면, 시문학에서는 그러한 광경을 언어를 통해 추상적으로 묘사할 수밖에 없다고 하였다. 그런데 이곳에서는 시인이 언어적 표현을 통해 서정성을 구체적으로 묘사하는 반면, 회화에서는 이러한 서정성이 추상적으로 묘사될 수밖에 없다고 한다.

205 화가의 "시적인 붓질"에서 시의 범형에 버금가는 "새롭고도 철저히 독자적인 색채시(色彩詩)"가 나온다는 것을 믿어도 좋다고 말하는 동시대의 예술비평(vgl. Carl Seidel: *Die schöne Künste in Berlin*. in: Kunst-Blatt. 1828, Heft 10, 221f)에 대해 헤겔은 반대한다.

[206] 아래에서는 "진부하고 무미건조"한 동시대의 작품들을 실례로 든다.

207 헤겔은 시를 주제로 한 뒤셀도르프 화파의 그림이 전시되었던 1828년 베를린 예술원의 전시회를 언급하고 있다. 당시 대다수의 비평가가 이 그림을 긍정적으로 보았던 반면 헤겔은 이 그림에 대해 의구심을 가졌다. 이에 대해서는 다음을 참조. A. G.-Siefert: *Die Kritik an der Düsseldorfter Malerschlue bei Hegel und den Hegelianern. in: Düsseldorf in der deutschen Geistesgeschichte. 1750-1850*, hrsg. von Gehard Kurz, Düsseldorf 1984, 263-283.

208 헤겔은 휘브너(Julius Hübner, 1806-1882)의 〈어부 소년과 닉세(Der Fischerknabe und

die Nixe)〉을 언급하고 있다. 괴테의 담시 Ballade 「어부(Fischer)」에 따른 이 그림은 1828년 베를린 전시회(현재 베를린 구 국립회화관)에서 전시되었다.

209 헤겔은 빌헬름 폰 샤도프(Wilhelm von Schadow, 1788-1862)의 〈미뇽(Mignon)〉(라이프 치히, 조형예술 박물관)을 언급하고 있다. 이 그림은 괴테의 『빌헬름 마이스터〔의 수업시대〕』에 등장하는 동명 인물과 관계가 있다.

210 헤겔은 카를 파르디난트 존(Karl Ferdinand Sohn, 1805-11867)이 그린 〈리날도와 아르미다(Rinaldo und Armida)〉(뒤셀도르프 쿤스트 팔라스트 미술관)를 언급하고 있다.

[211] 양치기: JH - "어부"

[212] 옴팔레와 헤라클레스 이야기(《97》 참조)에서 길쌈 도구는 옴팔레 혹은 여인에 대한, 사자 가죽은 헤라클레스 혹은 남성에 대한 알레고리로 사용된다.

213 조르조네(Giorgione, 1478-1510)의 〈라헬에게 인사하는 야곱(Jakob begrüßt Rahel)〉(드레스덴 알테마이스터 회화관, 현재는 팔마 베키오(Jacopo Palma Il Vecchio)의 것으로 확인되었음).

[214] 독일의 그림에서는 […] 있다: Li - "인물들 자체가 아름다운 형태를 띠고 있지 않으며, 건강미보다는 병약한 동경심만 있을 따름이다."

[215] 이내 지치며: Li - "이내 지치며 식자들에게만 유용할 뿐이다. 또한"

[216] 시대별 전시야말로 […] 것이다: Li - "시대별, 화파별로 정돈되지 않은 미술관의 전시는 의미가 없다. 역사적인 면이 우리의 관심을 끈다. 정체되어 있고 부자연스런 것에서 시작하여 예술의 생명을 포착한다. 의미가 이입된 표현에서, 행위가 부재한 것에 만족하는 데서 시작하여 행위의 충만함, 가상화의 마법으로 나아간다. 내용이 알찬 예술의 음악적 요소가 바로 이러하다. 가상화하는 예술이 가장 의미심장하다"

217 제2부 미주 267번 참조. 에우리스테스가 헤라클레스에게 부과한 열두 과업 가운데 호메로스는 케르베로스 잡아오기를 언급하고 있다. (Homer. *Ilias*. VIII, 368, 266f; Homer: *Odysse*. XI, 623, 320f) 헤시오도스(BC 8세기)는 네메아의 사자 사냥, 레르나의 히드라 사냥, 게리온의 황소떼 데려오기 등을 언급한다. (Hesiod: *Theogonie*. V. 332, 30f. V. 316, 28f.; V. 289-292, 26f) 열두 과업 전체가 처음 언급된 핀다로스(Pindar, BC 552년 혹은 518년-446년)의 「페이산드로스의 헤라클레이아(Hérákleia des Preisandros)」 (BC 7세기 혹은 BC 6세기)에서 비극 시인들이 12라는 숫자를 가져왔다.

[218] 충족이 달성되어 […] 마련이다: JH - "충족을 달성하게 한 노동은 내면화되어 사

람들이 스스로 극복하게 마련이다."

[219] 이런 노동이 […] 있다: Li – "분열의 최극단에 놓인 이런 노동이 그저 기계적으로 이루어지는 순전한 기도 혹은 미사처럼 들릴 수도 있다."

[220] 마리아의 남편 요셉

221 1517년 줄리아노 데 메디치 추기경〔교황 클레멘스 7세〕이 주문한 기념비적 작품 인 라파엘로의 〈그리스도의 변용〉을 가리킨다. 이에 대해서는 제1부 미주 96번 참조. 이 그림 제작에 라파엘로도 상당히 관여했다. 풍경과 더불어 변용의 장면 전체가 그의 작품이며 사도들의 무리 중에는 왼편의 대부분이 그의 손에서 나왔 다. 반면 나머지 부분은 그의 두 수제자인 조반니 페니(Giovanni Penni, 1488-1528)와 로마노(Giulio Romano, 1499-1546)가 공동 작업한 것으로 알려져 있다. 이 그림은 로 마의 바티칸 박물관에 소장되어 있다.

[222] 헤겔은 라파엘로의 그림(《29》 참조)을 예로 들면서 비가시적 가시화의 효과를 강 조하고 있다.

[223] 성부 및 그리스도의 회화적 표현에 대한 헤겔의 경계심에 대해서는 『미학강의』 제2권 46쪽 이하도 참조할 것.

[224] 만족스러운 특칭적인 […] 발견된다: Li – "티치아노, 라파엘로 등이 그린 유명한 그리스도 그림은 모두 특칭성을 표현한다"

225 다음을 참조. Rumohr: *Italienische Forschungen*. Bd. 1, 279f.

226 조토 디본도네(Giotto di Bondone, 1266?-1337): 이탈리아 화가.

227 베를린 박물관의 회화관(Gemäldegallerie)은 대부분 영국 상인인 솔리(Solly)의 컬렉 션을 기반으로 건립되었다.

228 코레조(Correggio). 원래는 안토니오 알레그리(Antonio Allegri, 1489-1534): 이탈리아 의 화가.

[229] "사연이 소소하고 […] 하다"의 원문은 "Klein, hölzern, eckig, falsch gebrochen sind die Falten"라고 되어 있다. 이를 직역하면 '주름이 작고, 딱딱하고〔목재로 된〕, 모 나고 잘못 접혀 있다' 정도가 된다. 여기서는 그림 속 이야기를 구성하는 방식이 서툴다는 점을 언급한 것으로 이해해야 할 것 같다.

230 페루지노(Perugino). 원래는 피에트로(Pietro di Cristoforo Vannucci, 1445/48-1523): 이탈 리아 르네상스 회화의 주요 인물이자 라파엘로의 스승이었다.

[231] 우리: 라파엘로

[232] 이 점에서 […] 올랐다: Li – "이런 점이 라파엘로를 통해 집대성되었다. 페드로 피로치노〔피에트로 페루지노〕의 제자인 그는 가장 드높은 경지로 올라가려는 동경을 품었으며 이에 도달하였다. 그런가 하면 형상에 대한 감각이 철두철미 포착되어 현시되었다. 그는 고대인의 이상을 모방하지 않고 그 속에 생명성을 불어넣었다."

233 티치아노 베첼리오(Tiziano Vecellio, 1476-1576).

[234] 라파엘로에게서 보이는 […] 것이다: Li – "라파엘로에게는 중간색만 있을 뿐이고 순수한 색은 아직 없는 것이다."

[235] 독일: "deutsch". 여기서 이 말은 독일만이 아니라 현재 네덜란드, 벨기에 지역을 모두 포괄한다.

[236] 현재의 벨기에 지역을 포함해서 생각해야 한다. 벨기에는 오스트리아, 프랑스, 네덜란드 등에 병합되었다가 이 강의가 실시된 이후인 1830년에 독립하였다.

[237] oberdeutsch: 직역하면 '고지(高地) 독일'이다. 독일은 남고북저(南高北低) 지형을 갖고 있다.

238 후베르트 반에이크(Hubert van Eyck, 1370?-1426)와 얀 반에이크(Jan van Eyck, 1390?-1441)는 네덜란드 화가들이다.

[239] 1432년에 이미 […] 완성했다: Li – "그 모든 것을 이탈리아인들이 받아들였다. 1432년 반에이크의 최고 걸작이 나왔다. 라파엘로는 15세기 말에야 태어났다."

240 아마도 여기서 헤겔은 반에이크 형제가 그린 소위 〈겐트 제단화〉(1432)의 한 면(상부)을 가리키는 것으로 보인다.

[241] 그렇기 때문에 […] 대신한다: Li – "무구한 경건함은 그 순박함에도 불구하고 무의미하다."

[242] 보았다: Li – "순박한 즐거움과 유쾌함 속에 색채 가상화의 마법이 스며들었다. 조악한 상황을 희극적으로 승화시켰다. 악의 면모가 잠시 드러나지만 한 개인의 존재가 갖는 특징이 되지는 않았다."

[243] 소묘(disegno)와 채색(colorito)은 회화적 표현의 가장 중요한 두 요소이다.

[244] 소묘도 그 자체로 […] 온전해진다: Li – "손의 능숙함을 통해 온 정신이 생겨난다. 그런 소묘화 자체는 지극한 경쾌함을 내보이는데, 가령 뮌헨에 소장된 알브레히트 뒤러의 복음서 그림이나 빈에 소장된 라파엘로 및 미켈란젤로의 선묘들이 그러하다."

[245] 습기 많은 […] 하는: "공기가 온화한 바다에 있는"

[246] 입술은 어두운 […] 갖는다: Li - "눈썹 자체는 어둡다. 이마의 형태를 완성하기 위해 거기에 빛을 비춘다. 이러한 충돌을 화가가 잘 조율해야 한다."

[247] 색은 불투명함을 통해 나타난다는, 그리고 원색(原色, Grundfarbe)들의 혼합으로 다른 색들이 나왔다는 헤겔의 설명은 기본적으로 괴테의 색채 이론에 근거를 두고 있다. 다만 원색에 적, 청, 황색 외에 녹색이 포함되는지 여부가 분명치 않다. 친우회판 미학강의는 물론 다른 베를린 강의 필기록을 살펴보면 녹색이 원색에 포함되는 경우도 있고 그렇지 않은 경우도 있다. 헤겔이 괴테의 이론을 원용한다는 입장에서 보면 녹색은 원색에 포함되지 않는다고 보아야 한다. 원색 이외에도 일부 몇 가지 색은 회화의 주요색(Hauptfarbe)에는 포함된다.

[248] 이는 색의 […] 한다: Li - "색채 자체에 대한 참된 해명은 괴테에 의해 이루어졌다. 하늘은 밤에 어둡고, 대기는 밝다. 이 밝음은 5개의 점들에 따른 변양이다. 황색은 하얗고 불투명한 매채를 관통해서 비쳐나온다. 가령 황옥 Topas은 어두운 것에 앞에 놓이면 청색으로 보이고 흰 것 뒤에 놓이면 황색으로 보인다. 그래서 어둡거나 하얀 구름에서 연기가 보이는 것이다. 적색은 영향력이 크다. 그래서 제왕의 색으로 특화되었다. 황색과 청색은 적색까지 상승할 수 있다. 따라서 밝음은 어두움을 관통하여, 또 어두움은 밝음을 관통하여 빛난다. 가장 순수한 단순 색들은 이러하다. 그밖의 색채는 이것들에서 나왔다."

[249] morbidezza: 인간의 살갗이 내보이는 부드러움을 뜻한다.

250 이에 대해서는 다음을 참조. 드니 디드로(Denis Diderot, 1713-1784): *Versuch über die Malerei. Übersetzt und mit Anmerkungen bgeleitet*: "살결의 느낌을 달성한 자는 이미 멀리 나아간 자이며, 이에 비하면 그밖의 것은 아무것도 아니다. 수천의 화가가 살결을 느끼지 못한 채 죽어 갔으며, 또 다른 수천은 그것을 느끼지 못하고 죽을 것이다"(Goethe: *Sämtliche Werke*. Bd. 13, 234).

[251] 살결에 비치는 […] 한다: Li - "금속의 광채(Glanz)에는 비쳐 나오는 것이 없고 그저 단순하게 빛이 난다. 이를 〔즉 비쳐 나오게 하는 일을〕 화가들은 광택칠〔유약칠〕(Lasiren)이라 하는데 원색 가운데 추출하여 밑바탕이 비쳐 나오게 한다. 옛 그림들은 건조하고 질박해 보인다는 점에서는 예술에는 이르지 못했다. 피부색을 위한 염료는 사용되지 않았다. 오직 〔화가의〕 기교에 의존하였다. 모자이크화는 색채의 규정들을 서로 배열하는 방식을 취한다. 로마의 모자이크화에는 15,000

개의 색차가 나타나며 완성된 형태로 수도원에 있다. 이를 통해서는 투명함이 산출되지 않는다. 어떻게 그려졌는지를 보여주지 않는다는 점에 광택의 비밀이 있다. 여기에서는 〔모자이크화의〕 병치가 사라지고 삼투되어 향기를 내품는다. 티치아노의 피부색은 특히 칭송할 만하다. 이 비쳐남 속에 물리적 깊이가 들어있다. 가까이 가면 한 면으로, 멀리 가면 다양한 차이들이 서로 통일체를 이루어 작용하면서 중간 색조가 밑바탕에 놓여 있는 것을 볼 수 있다. 음영을 통해 대상이 서로 관통하여 비치도록 한, 레오나르도 다빈치와 코레조의 음영 기법〔스푸마토〕이 이에 속한다. 모든 지점이 서로에게 영향을 주는 힘으로 작용한다. 모든 지점이 다른 지점 속에서 소멸한다."

[IV.] 음악

[252] 이와 관련해서는 칸트의 '미감적, 무관심적 관조'(『판단력비판』, 특히 §§1-5)를 떠올릴 필요가 있다.

253 이 대목은 이 1828/29년 강의 전체에 비추어 볼 때 다소 생뚱맞다. 이 대목은 기악(器樂)에, 보다 정확히는 18세기에 특히 빈악파(Wiener Schule, 하이든, 모차르트, 베토벤)가 발전시킨 소나타 형식에 해당한다.

[254] 예술가는: JH – "조각은" / Li – "회화는"

[255] 저 표출과 … 사라진다: Li – "추상적 자아만이 요구될 따름이다."

[256] 내가 그림에 … 이룬다: Li – "음악에서는 가장 내적인 것과 순전한 외화가 동일하다. 음악은 그 내용으로 인해 위력을 지닌다. 그저 소리 자체만을 말하는 게 아니다."

[257] 음악의 자극으로 … 된다: Li – "가장 내면의 것에 몰두하여 그 조화에 집중된다."

[258] 진동을 통해 조음(調音)된다: Li – "조음은 진동을 통해 이루어진다. 이는 공간적 병존의 부정이다."

[259] 조음의 본질에 대한 고찰은 1828/29년 강의에서는 매우 간략하게 언급되고 있다. 반면 『철학적 학문들의 백과사전』(1827, §§300-302)에는 훨씬 더 자세히 개진되어 있다.

[260] 공기가 진동한다: Li – "문제는 무엇이 그렇게 진동하도록 만드는가다. 이에 해당하는 것은 오직 공기 기둥(Luftsäule)뿐이다."

[261] 현(絃)이 있다: Li – "일정 길이의 질료〔현악기〕가 있다."

[262] 가죽, 종처럼 … 있다: Li – "면의 진동, 종, [글라스] 하모니카"

[263] 일정 길이가 … 있다: Li – "일정 길이만이 지속적 만족을 주는 최고의 조화를 이룬다."

264 "하모니카(Harmonika)"는 당시에 불리던 명칭이고, 오늘날에는 "글라스 하모니카 (Glasharmonika)" 불리고 있다. 이 악기는 1762년 프랭클린[(Benjamin) Franklin]에 의해 고안되었다.

[265] 단순한 내면성은 … 한다: Li – "단순한 길이는 단순하게 청취된다. 점의 외화가 선이다. 반면에 면으로 넓게 나는 소리는 물리적으로 청취의 규정에 적합하지 않다."

266 다른 악기에 비해 목소리가 더 훌륭하다는 주장은 『철학적 학문들의 백과사전』 (1827, §351)에서 발견된다.

[267] 양의 창자로 만든 현

268 볼프강 아마데우스 모차르트(Wolfgang Amadeus Mozart, 1756-1791): 헤겔은 그의 음악에, 그중에서도 오페라에 특별히 끌렸던 것 같다. 또한 그는 니콜라우스 폰 니센(Georg Nikolaus von Nissen)의 모차르트 전기(Wien 1828)를 갖고 있었다.

[269] 음악과 건축은 … 있다: Li – "동등한 [같은] 것이 반복되면서 외면적 지성 동일성을 이룬다. 이는 우리가 건축에서 목격했던 바다. 외면성의 단위는 동등성, 동일성이다. 이것이 바로 박자의 필연성이다."

[270] 단장격(短長格)[약강격(弱强格)]의: jambisch / 장단격(長短格)의: trochäisch

[271] Hexameter: 6보격(步格) 혹은 6운각(韻脚)

[272] 그래서 육보격에서도 … 존재한다: Li – "그래서 가사나 운각이 서로 교차하고 충돌하면서 시구에 리듬을 부여하며 양자가 어우러지되 리듬은 없을 수 있다."

[273] 프랑스인들이 그저 … 하였다: Li – "이탈리아인, 프랑스인, 영국인들은 그렇듯 지루하게 단조로운 일을 행하지 않는다."

[274] deklamatorisch: 낭독조의, 혹은 연설조의

275 게오르크 프리드리히 헨델(Georg Friedrich Händel, 1685-1759): *Der Messias*. 이 오라토리움(Oratorium)은 1741년에 작곡되어 1742년 더블린에서 초연되었다. 이전의 강의들에서 좀 더 분명하게 드러났지만 헤겔은 독일어 가사로 된 음악에 대해서는 덜 비판적이다.

[276] 가령 헨델의 … 있다: Li – "그 가운데 헨델의 『메시아』에는 장단격 리듬이 숨어 있다. 원본 가사는 영어지만 이 음악은 영국인보다 독일인의 맘에 더 든다."

277 음악의 음정이 숫자 관계로 표현될 수 있다는 발견은 남부 이탈리아에서 시작된 피타고라스(BC 575/70-500) 학파에 기원한다. 이와 관련하여 조화에 대해 상술한 것으로는 『철학적 학문들의 백과사전』(§300)을 참조하라.

[278] 8도 음정

[279] 다섯 진동수 … 진동수가: JH – "진동수가 4:5가 되면"

280 고대 그리스 음악의 조성이 중세 교회 음악의 형태가 변경될 때 (교회의 조성 양식에) 근거가 되었다. 그 뒤 1600년경에 출현한 장조 및 단조 조성의 체계화로 대체되었다. 헤겔의 강의는 그리스 저자, 특히 피타고라스, 플라톤, 아리스토텔레스 드 등에 힘입고 있다.

[281] 8개의 음만을: Li – "반음 없이 한 옥타브 안에 8개의 음만을"

[282] 다양한 진행이 이루어진다: Li – "3도 음정, 4도 음정, 5도 음정 등이 거기에 추가된다. 다(C)음은 마(e)음과 3도 음정을, 바(f)음과 4도 음정을 이루며, 마음이 으뜸음이면 사(G)음과 3도 음정을, 가(A)음과 4도 음정을 이룬다. 그런데 마음과 바음 사이는 반음이기 때문에 그 진행 방식이 다르며 상이한 성격이 부여된다."

[283] 이는 느낌의 소리다: Li – "느낌을 나타내는 소리로 분출된 것이다."

[284] 느낌이 … 있다: Li – "따라서 선율은 느낌을 근거로 삼는다."

[285] 만들어진다: Li – "만들어진다. 으뜸음은 남아 있으면서 나머지 음들은 이것과 조화를 이루면서 하나의 전체를 형성한다."

[286] 그래야: JH – "인간의 목소리는"

[287] 그래야 … 충만해진다: Li "목소리는 정신에 속하며 정념을, 일탈과 방만을 제어하여 내적인 지복과 충족을 요구한다."

[288] 여기서 헤겔은 종달새(Lerche)의 지저귐은 트레몰로처럼 반복적으로 떤다는 의미로 'trillern'이라 하고 나이팅게일(Nachtigall)의 지저귐은 하프의 줄을 때리고 친다는 의미로 'schlagen'이라 한다.

[289] 트레몰로처럼 … 이루어진다: Li – "그래서 선율을 통해 감각적 방식의 충족이 이루어진다. 예술은 감각적 매체를 통해 현시되어야 한다. 창공을 나는 종달새의 노래(Gesang)는 곧바로 향유되는 감각적 사건이다."

[290] 수난과 … 있는: Li – "수난과 환희가, 경건함과 비루함이 극도로 교차하는"

[291] 이렇듯 … 갖는다: Li – "영혼의 기도가, 수난이 극도로 진동할 때 아름다움이 인지될 수 있다."

[292] 찢어지는 … 말이다: Li – "찢어지는 감정을 그저 내지르는 일은 없다. 오히려 고통 자체가 아름다우며 참회하는 막달레나 마리아처럼 아름다움을 견지한다."

[293] 《73》, 《107》 참조.

[294] burlésco. 익살스러운 양식.

[295] 그녀처럼 … 않는다: Li – "익살스러운 악곡 중에 장식성과 우아함을 견지하며, 바보(Hanswurst)가 아니라 〔익살꾼인〕 아레끼노(Harleguin)가 등장한다."

[296] 여기서 "색조", "음조"는 모두 앞에서 '소리' 혹은 '음'이라고 번역했던 "Ton"의 번역이다. "음조"는 한 악곡의 소리들이 어우러지면서 생겨나는 특정한 분위기를 가리킨다.

[297] 최고의 … 반주 음악이다: Li – "가사가 관건일 경우라면 그 음악은 반주 음악이다."

[298] 음악이었다: Li – "음악이었다. 근대에 이르러 기악이 자립성을 획득했다."

[299] 동창과: JH – "오락과"

300 베를린 합창단(Berliner Singakademie)이 1827년에 전용 음악당을 갖기 전까지는 그라운(〔Carl Hienrich〕 Graun)의, 혹은 헨델의 오라토리오를 교회나 오페라 극장에서 공연하였다. 교회가 아닌, 그러니까 종교의 틀을 벗어난 전용 음악당에서 요한 세바스찬 바흐(Johann Sebastian Bach)의 『마태수난곡(*Matthäuspassion*)』이 헤겔의 제자인 멘델스존(Felix Mendssohn Bartholdy)의 지휘로 재연주되었다. 1829년 3월 11일에, 그리고 23일에 두 번 공연된 이 연주를 헤겔은 모두 관람한 것으로 알려져 있다. 3월 19일의 강의 중에 이에 대해 언급한 내용이 들어 있으니 아마도 첫 번째 공연과 관계가 있을 듯하다.

[301] 개신교도들에게는 … 가깝다: Li – "개신교에서는 음악이 예배에 앞선 제의에 이용되지 않았다. 오라토리오는 그저 교화 목적의 음악이었다. 반면에 가톨릭의 제의에서는 갖가지 성축일마다 낭송 음악이 다양하게 있다."

[302] 그 즐거움은 … 혼합이며: JH – "이는 산문과 음악이라는 이질적 하위 요소의 혼합이며"

[303] 그 즐거움은 … 무분별하다: 보드빌(vaudeville 〔경가극〕)이라는 오페레타(Operette 〔현가극〕)에 산문과 음악이 무분별하게 혼합되어 있다.

304 헤겔은 여기서 독일 음악의 또 다른 부류인 가극, 그러니까 당시에 오페레타라

불리던 것을 비판하고 있다. 오페레타는 샤를 시몽 파바르(Charles-Simon Favart, 1710-1792)가 파리에서 정착시킨 프랑스의 보드빌(Vaudeville[경가극])에서 개진된 것으로서 흥겨운 선율과 주고받는 대화의 혼합을 일컫는다.

[305] "가사가 … 한다: Li – "가사에 참된 내용이 들어있어야 한다. 훌륭한 자극제 역할을 하려면 말이다. 그렇지 않으면 작곡자의 그 예술 전체가 망가진다."

[306] 『미학강의』 제3권, 206쪽 참조.

[307] 아래에 등장하는 '소박성(Naivität)'을 염두에 두면 '반성적(reflektierend[성찰적])'은 실러가 말하는 '감상성(Sentimentalität)'과 관련이 있을 것이다.

[308] 낭만적 내용을 … 하겠다: Li – "근래의 낭만적 시문학의 가사 내용은 한편으로는 소박한 민중문학이다. 그러나 이내 그 속에 무언가를 비비꼬아 넣어 젠체하는 소박함임을 알 수 있다."

[309] 이 감정에 … 것이다: Li – "스며든 감정이 아닌 그저 감정의 겉치레다."

310 호프만(E. T. A. Hoffmann)은 이미 1816년에 베를린에서 라 모테 푸케([Friedrich de] la Motte Fouqué)를 대본으로 한 오페라인 『운디네(Undine)』를 상연하였다. 그러나 그 누구보다도 1821년 베를린에서 『마탄의 사수(Freischütz)』를 초연한 후 큰 성공을 거두고 나서 『오이리안테(Euryanthe)』(1824)와 『오베론(Oberon)』(1826) 등 독일 낭만주의 오페라를 정착시킨 베버(Carl Maria von Weber)를 언급할 수 있다.

[311] 근본적으로는: Li – "건실한"

312 Emanuel Schikaneder(1751-1812). 1791년 9월 30일 빈에 소재한 아우프 데어 비덴 극장(Theater auf der Wieden)에서 초연된 모차르트의 오페라 『마술피리(Zauberflöte)』 대본의 작가. 시카네더 자신이 새잡이 파파게노(Papageno)로 출연하였다.

[313] 시카네더는: Li – "빈 근교의 오페라단 감독이었던 시카네더는"

[314] 별다른 … 써 냈다: Li – "보통은 익살스러운 것을 썼지만 이 작품은 제 몸에 맞는 옷이었다. 모든 면에 판타지가 가득했고 열기가 넘쳤다. 섬세하면서도 중심을 잘 잡은 시문학이다."

315 크리스토프 빌리발트 글루크(Christoph Willibald Gluck, 1714-1787): 독일의 작곡가 헤겔의 지인 및 당시 사람들의 기록에 따르면 헤겔은 하우프트만(Anna Milder-Hauptmann)이 베를린에서 공연한 글룩의 오페라에 특별한 애정을 품었다.

316 피에트로 메타스타치오(Pietro Metastasio 혹은 Pietro Trapassi, 1698-1785): 이탈리아의 오페라 대본 작가이자 시인. 글룩의 수많은 오페라 가운데 다수가 메타스타시

오의 작품을 대본으로 한다.

317 음악가 푸치니(Niccolo Puccini)와 그의 대본 작가 마르몽텔(Marmontel)은 파리에 있을 때 글루크의 개혁에 강하게 반대하였다. 이 개혁은 극적인 내용을 선호하면서 선율보다는 레치타티보(recitativo)를 선호하는 방향성을 갖고 있었다.

[318] 위험성이 있다: Li – "위험성이 있다. 글루크의 음악 대본에 대한 샌더스(Sanders)의 탁월한 번역에서조차 오류가 없지 않다. 작곡가의 심장으로 건실한 느낌 자체를 느끼지 않으면 안 된다."

319 여기서 헤겔은 베버의 『마탄의 사수』를 염두에 두고 있는 듯하다. 첫 장면에서 사냥 대회이자 아가테(Agathe)와의 결혼[을 염두에 둔 날의] 전야(前夜)에 농부와 사냥꾼의 유쾌한 춤이 등장한 후 은연중에 [우승하지 못할 것 같은] 막스(Max)의 의혹이, 카스파르(Kaspar)의 성공적 복수가 등장한다. 달하우스는 호토판 미학의 구절(Hegel: *Werke*. 10.3, 205)에서 『마탄의 사수』에 대한 언급을 주목한다. 이에 대해서는 다음을 참조. Carl Dahlhaus: "Hegel und die Musik seiner Zeit", in: *Kunsterfahrung und Kulturpolitik im Berlin Hegels*. Hrsg. von. Otto Pöggeler und Annemarie Gethmann-Siefert, Bonn 1983, 342f.

[320] 아름다움이 이루는 … 나타난다: Li – "단순한 모티브가 부드럽게 전개되어야 한다. 이제 이와 동시에 느낌의 대조를 통해 효과를 높이려는 시도가 나온다. 가장 심각한 정념인 복수가 같은 음악에서 유쾌함, 축제 분위기 등과 더불어 있다. 이런 대조를 심중에 통합하는 것은 엄청난 일이지만 그럼에도 이런 대조는 아름다움이 이루는 조화에 반한다. 하나에서 다른 하나로 넘어갈 따름이다. / 회화의 경우 아름다움과 성격화의 대립은 각 계기가 모두 의미를 지닌 채 내적 통일성이 그 속에 스며드는 방식을 취한다. 음악의 경우 각 계기는 제각각 나뉘어 지극히 추상적인, 각각이 극단적으로 규정되는 성격화로, 폭력으로, 사악한 정념으로 나아갈 위험은 다소 적다. 음악이 전개되는 정황은 그 개개의 것을 그 자체로 확실하게 성격화하도록 허락하지 않는다. 따라서 음악에 대한 판단은 지극히 갈린다. 이탈리아 진영의 지도자격인 헨델은 선율을 선호하는 자신의 가수들과 더불어 의미를 창출하는 데 애를 먹었다. 그는 오페라 작곡을 포기하고 오라토리오에 집중하였다. (난외주: 오늘날 로시니에 대한 찬반이 분분한 것처럼 글루크 음악과 피치니([Niccolò] Piccinni) 음악에 대한 투쟁도 격렬했다. 그의 음악에는 감정이 풍부했으며 엄격한 독일적 성격에는 맞지 않았다. 로시니의 『도둑 까치』에 나오는 종교재판 장면에서 재판관이

더 없이 자유로운 선율로 노래한다.)"

[321] 내적으로, 그 자체만으로 완결되어 있다.

[322] 내용을 낚아채야 … 중단된다: Li – "음악이란 듣는 자가 결코 이를 수 없는 어떤 내용을 낚아채려는 수수께끼 풀이의 지속이다."

[323] 그런데 기악에서 … 주목된다: Li – "제삼의 주관성은 독자적으로 구성된 것으로서 실행하는 예술가의 주관성이다."

324 조아키노 안토니오 로시니(Gioachino Antonio Rossini, 1792-1868): 이탈리아의 오페라 작곡가. 당대의 논쟁에서 대다수 독일인들의 입장과는 달리 헤겔은 로시니에 대해 확고한 찬동의 의사를 밝힌다. 이탈리아 가수가 공연한 로시니의 작품[『세비아의 이발사(Il Barbiere di Siviglia)』, 『오텔로(Otello)』, 『세미라미데(Semiramide)』 등]을 헤겔은 빈과 파리에서 관람할 수 있었다. 로시니의 시대에는 실제로 가수들이 레치타티보를 자유롭게 변형하여 각종의 장식 및 카덴차를 변주하고 새로운 선율을 삽입하는 대신 무언가는 생략할 수도 있었다. 빈에서 헤겔이 부인에게 쓴 편지에 이런 시도에 대한 기록이 나온다. 『오텔로』의 공연을 본 후 헤겔은 다음과 같이 말한다. "〔…〕 노래함에 있어, 소리를 냄에 있어 그 어떤 오류도 없으며 읽어 내려가는 투도 없었소. – 오히려 한 인물이 온전하게 그 속에 드러났소. 가수들, 특히 포도르(Fodor) 씨는 제 색깔을 표현하는 법을 창출하였소. 오페라 음악에 못지 않게 예술가였으며 작곡가와 진배없었소"(Hegel: *Briefe*. Bd. 3, 56).

325 헤겔은 기존의 강의들에 비해 1828/29년 강의에서 훨씬 더 확실하게 노래를 능동적 창조물로, 가수를 능동적 창조자로 여기면서 여기서 주관성의 구체적 발현의 가능성을 보았으며, 더 나아가 이런 생각을 기악에도 적용하였다. 악기를 다루는 데 있어서 대가의 면모를 그저 기존의 생각대로 감정과는 무관하게 기술적 숙련을 통해서만 얻을 수 있는 것으로 보지 않는 것이다.

326 바이올린의 명연주를 들을 기회가 베를린에서는 적지 않았다. 1829년 3월과 6월 사이에 베를린에서는 니콜로 파가니니(Niccolò Paganini, 1782-1840)의 연주 여행이 있었는데 이때 헤겔도 관람하였다. 첫 번째 연주는 1829년 3월 4일에, 두 번째 연주는 3월 13일에 있었다. 1829년 3월 20일 강의록에 명연주에 대한 설명이 등장하는데 이는 암암리에 파가니니의 베를린 연주에 대해 설명한 것으로 해석할 수 있다. 이에 대해서는 다음을 참조. Alain Patrick Olivier: *Hegel et la musique*, Paris 2003, 78 이하.

422

[V.] 시문학에 관하여

[327] 통상적으로 무언가를 정의(定義)한다면 그것이 속한 유(類)를, 그리고 이 유에 속하는 다른 종(種)들과 그것의 차이를 언명하게 된다. 여기서 헤겔은 일상적으로 접하는 시문학 작품을 토대로 시문학의 본질을 정의하는 일의 어려움을 지적하고 있다.

[328] 정신성이 의식에 … 한다: Li – "시문학의 소재는 정신성이어야 한다."

[329] 무한한 풍부함이: JH – "무한한 소재가" / Li – "산문적인 것이"

330 아마도 헤겔은 "레오니다스의 무덤"이라고도 불리는, 테르모필레(Thermopyle) 전쟁 기념비의 비명을 말하는 듯하다. 전해지는 바에 따르면 여기에는 스파르타의 왕이자 지도자인 시모니데스(Simonides)의 경구가 있었다 한다. 시모니데스는 테르모필레의 협곡에서 약 천명의 병사와 함께 수적으로 압도적인 우위를 점한 페르시아 왕 크세르크세스(Xexes)를 막아서 온 힘을 다해 싸우다 전사하였다. 이 비명은 다음과 같은 글귀로 되어 있었다 한다. "낯선 이들이여, 스파르타인에게 전하라, 우리가 그들의 명을 수행하고 여기에 누워 있다고."

331 Vgl. Herodt: *Historien*, VII, 228.

[332] 포이에인(ποιεῖν)

[333] 포이에시스(ποίησις)

[334] 일상에서 벗어난다: Li – "이로써 산문에서는 다른 지반에 놓인다."

[335] 다수의 시문학 … 돌아갔다: Li – "괴테, 실러, 레싱은 처음엔 운문을 쓰지 않았으나 다시 운문으로 되돌아갔다."

[336] 예술작품을: Li – "리듬을"

[337] 사라져도 욕구가: JH – "사라질 때 손해가"

[338] 단장격(短長格)[약강격(弱强格)]의: jambisch / 장단격(長短格)의: trochäisch

339 Vgl. Johann Wolfgang von Goethe: *Die Braut von Korinth*. in: Goethe: *Werke*. Bd. 1, 268-273. (제2부 미주 263번 참조)

[340] Reim: 각운.

341 클롭슈토크(Klopstock)는 6운각(Hexameter)을 독일 시에 도입하여 이를 독일어 특유의 리듬 법칙에 적용하였다.

[342] 클롭슈토크를 소환하게 … 들린다: Li – "클롭슈토크의 『메시아(*Messiah*)』는 6운각

[343] 그 어떤 결합이든 간에 이에 대해: JH – "어떤 음절의 [결합] 방식이든 간에 이에 대해"

[344] 이 표제는 「고대의 형식에 다가가며」라는 시의 앞에 괴테가 덧붙인 것이다. 여기서 "주름"은 고대의 운율을 가리키는 듯하다.

345 Johann Wolfgang von Goethe: *Antiker Form sich nähernd*. in: *Sämtliche Werke*, Bd. 1, 347: "Stehn uns diese weiten Falten zu Gesichte, wie den Alten?"

[346] 검의 경우 … 체류한다: Li – "검(das Schwerdt)의 경우 사람들은 'e[-ㅔ]'에 이를 때 'schw'를 충실히 [발음]하기보다는 'a'에서 더 길게 체류한다."

[347] 역사에서 우리는 … 있다: Li – "그렇지만 'Gēhēt'[가다(gehen)의 3인칭 단수 현재형(geht)]에 이를 때 우리도 'gē'를 좀 더 길게 한다."

[348] 고대인의 경우 … 계기다: Li – "고대인은 자연적으로 지속하는 바에 따라 음절의 시간을 규정한다. 반면에 우리의 경우 의미가 그 일을 하고 어근이 의미를, 그러니까 실질적인 소리를 갖는다. 따라서 음절을 따라가면서 듣는 것에 귀가 아직 적응이 되지 않았다."

[349] 밀라노의 주교였던 성 암브로시우스(340?-397)는 찬가를 창작하여 서양 교회 음악의 토대를 구축한 인물이다.

350 Vgl. Ambroise de Milan: *Hymnes. Texte établi, traduit et annoté sous la direction de jacques Fontain*. Paris 1992; *Hymni latini antiquissimi*. Hrsg. von W. Bulst. Heidelberg 1956; A. S. Walpole: *Early Latin Hymns*. Hildesheim 1966 (Repr. der Ausg. Cambridge 1922)

351 Vgl. Augustinus: *Psalmas contra partem Donati*. in: *Migne, PL Tomus XLIII*(*Sancti Aurelli Augustini opera omnia. Tomus Nomus*). Paris 1865, 23-32.

[352] 요한 하인리히 포스(Johann Heinrich Voß, 1751-1826): 전원시 『루이제』의 저자이며 운율학자로서 호메로스의 두 서사시를 6운각의 독일어로 번역하였다.

353 헤겔은 포스(J. H. Voß)의 『독일어의 운율학(*Zeitmessung der deutschen Sprache*)』(Königsberg 1802)이라는 책을 둘러싼 논쟁을 언급하고 있다. 포스는 독일인들에게 그리스의 것과 유사한 운율 체계를, 그리고 그리스적 도식에 따라 시구를 재구조화할 것을 요구하였다.

424

[354] 여기에서의 정신적 ··· 나아간다: Li – “대립이 있으며 이에 반하는 무언가가 수행
된다. 주관의 측면으로 산출되어야 할 내적 목적이 있는데 여기에서 작용하는 정
신적 위력이 등장한다. 정신의 의욕과 정신의 작품의 관계가 형성된다.”

[355] 읽어서는 보이는 ··· 없다: Li – “시문학은 말로 해야 한다. 글로 작업해서 출판을
마쳤다 해도 그것만으로 그 말이 완벽하게 현존하지는 않는다.”

356 ‘눈이 먼 가수 호메로스’라는 유형화는 헤르더(Herder)에서 연원하였다. 다음을 참
조. “호메로스에 관해서 최근에는 다음과 같은 말이 나온다. 호메로스는 절대 실
존 인물이 아니며 여러 음유시인이 그 서사시를 지었기 때문에 이 시가는 결코
종결되지 않았다는 것이다. 이는 최고의 찬사다. 가수는 부재한다. 〔···〕 민족 차
원의 사안이, 한 민족의 시각을 객관화한 방식이 현시된다”(Hotho 1823, 295f).

[357] 호메로스로 대표되는 고대 그리스의 음유시인. 음송자. 가인(歌人).

1. 서사시

[358] 서사시는 그리스어로 ‘에포스(ἔπος)’인데 이는 곧 말, 시구, 이야기 등을 뜻한다.

359 피타고라스 이론에 대해 전해진 가르침은 요한 빌헬름 글라임(Johann Wilhelm
Gleim, 1719-1803)이 처음 번역하였다. 1775년 5월 『도이체 메르쿠어(*Teutsche Mer-
kur*)』에 게재하였다. *Die goldnen Sprüche des Pythagoras. Aus dem Griechischen,
nebst Anhang*, Halberstadt 1775; 그 이후 글렌도르프(Glendorf)가 편집한 책(Leipzig
1776; Halberstadt 1786)이 나왔다. Vgl. *Die Fragmente der Vorsokratiker*. griechisch und
deutsch von Hermann Diels. Hrsg. von Walter Kranz. Bd. 1. Berlin ¹⁷1974, 462-466.

360 아마도 헤겔은 데메트리오스(Demetrios von Phaleron)가 솔론(Solon)의 것이라 여긴
격언들을 언급하고 있는 듯하다.

[361] 이런 것들은 ··· 때문이다: Li – “이 자체가 추상적이다. 행위에서는 목적을 실행
하는 그 개인이 우선한다. 지역, 국각는 개인의 실존이 없다면 지역이나 국가는
그저 [추상적] 보편자에 불과하다.”

[362] 《42》 참조.

[363] 개인이 주요한 ··· 나타낸다: Li – “이런 행위는 우리가 보기에 저부조처럼 객관적
인 일을, 그 고요한 진전을 나타낸다.”

[364] 한다면 더 이상 ··· 되겠으나: JH – “하지만 이는 사실이 아니다. 시인은 있다. 다만”

[365] 『일리아스』에 대해 ··· 지적한다: Li – “연작시는 언제나 계속될 수 있다. 이 작품

은 카스토르와 폴룩스를 낳은 레다의 알에서 시작한다."

[366] 파트로클로스가 헥토르에게 죽임을 당한 후, 아킬레우스가 복수를 위해 전장에서 명예롭게 죽을 것을 다짐하는 장면이 등장하는 제18권을 가리킨다.

[367] 가령 오디세우스에게 반한 칼립소(Calypso)가 그를 붙잡아 두고 노예살이를 시켰으나, 아테네의 항의로 제우스가 헤르메스를 보내 칼립소에게 운명을 일러 주어 결국 칼립소가 오디세우스에게 귀향할 뗏목을 만들어 준 이야기가 있다.

[368] 외눈박이 티탄 폴리페모스에게 포도주를 권하여 곯아떨어지게 한 다음 그의 눈을 찌른 후 귀향길로 다시 나선 율리시스[오디세우스]의 이야기가 있다. 폴리페모스가 동굴에 막아놓은 바위를 치우기 위해 오디세우스가 꾀를 낸 것이었지만 이 일로 인해 폴리페모스의 아버지 포세이돈의 미움을 사 귀향길은 더욱 험난해졌다.

[369] Εὐρυσθεύς. 미케네의 영웅 페르세우스의 손자이자 미케네 및 티린스 왕국의 왕. 자신의 남편인 제우스와 알크메네 사이에 태어난 헤라클레스를 질투한 헤라는 원래 헤라클레스보다 늦게 태어날 에우리스테우스를 먼저 태어나게 하여 헤라클레스를 그의 종복으로 만들었다.

370 Homer: *Ilias*. VI, 371-499 (212-221).

[371] 헤겔은 『일리아스』의 이 장면이 내용상 매우 서정적일 수 있음에도 서사적["객관적"] 어조를 유지하고 있는 것에 주목한다. 이 모티브를 바탕으로 실러는 이른바 「헥토르의 노래(Hektorlied)」라 불리는 시를 쓴 바 있는데 그의 희곡 『도적떼(*Räuber*)』에 등장하여 유명해졌다.

[372] 헥토르와 안드로마케의 … 것이다: Li – "이에 대한 아름다운 사례로 우리는 실러의 시 「헥토르와 안드로마케」를 들 수 .있다. 가던 길에 자신을 보고 있는 헥토르를 발견한 안드로마케는 헥토를 잃게 되면 어떤 일이 벌어질지에 대해 느낌대로가 아니라 그 상황을 말한다. 헥토르도 같은 어조로 그녀에게 답한다. 자신이 전장터를 떠나면 트로이 사람들이 자신을 겁쟁이로 여길 것이라고 말이다."

373 Vgl. Friedrich Schiller: *Die Jungfrau von Orleans: Eine romanische Tragödie* (1801). II. 7, V.

[374] 개인을 추동하는 … 있다: Li – "오직 행위에 필요한, 제한성을 띤 개별 성격만이 구현된다."

[375] 《129》 참조.

[376] 제2부 미주 275번 참조.

[377] 여기서 말하는 "기계"란 '기계신'을 의미하는 것으로 보인다. 이에 대해서는 《77》 참조. 기원후 로마 제정기의 그리스 출신 작가인 루키아노스(Λουκιανός)에게 신은 더 이상 실체적 위력을 지닌 존재가 아니었다.

[378] 『일리아스』. I, 599 참조.

[379] 『오디세이아』. XI, 24-50 참조.

380 존 밀턴(John Milton, 1608-1674): 영국 작가.

381 제1부 미주 153번 참조.

[382] 클롭슈토크에게도 큰 영향을 미쳤던 밀턴의 서사시 『실락원』은 보트머에 의해 독일어로 번역되었다(John Miltons Verlust des Paradiese. Ein Helden-Gedicht. In ungebunde-ner Rede übersetzt, Frankfurt und Leipzig 1732).

383 피르도우시(Firdausi)(Abu I-Kasem Mansur; 931-1020): 1010년경 왕들의 책이라는 뜻의 『샤나메(Schach-Name)』를 완성하였다. 헤겔은 이를 성격화할 때 (자신이 소장한 목록에 포함된) 괴레스(1776-1848)의 이 책을 준거점으로 삼고 있다. Joseph Görres: *Das Handbuch des Iran aus dem Schah Nameh des Firdausi*. Berlin 1820.

[384] 이슬람교도인 그는 … 있다: 이슬람교도인 그는 페르시아 민족의 정신으로 나아갈 수 없었다. Vgl. 괴레스의 독일어 서적 참조. 실제 인물인지, 아니면 민족의 총화적 인격체인지 알 수 없다. 그리하여 성격의 개체성이 결여되어 있다.

[385] 유대교의 신비주의 사상

[386] 《59》 참조.

[387] 제2부 168번 참조.

[388] Zimber 혹은 Cimber. 게르만어 민족권에 속하는 사람들로 유틀란트(현 덴마크) 지역을 연원으로 한다.

389 여기서 헤겔이 무엇을 가리키는 것인지 불명확하다.

[390] 신화를: Li - "독일의 신화를"

391 Friedrich Gottlieb Klopstock(1724-1803): *Oden*. Bd. 1, Leipzig 1798.

392 헤겔은 아리오스토(1474-1533)의 이 책을 소장하고 있었다. Ludovico Ariosto: *Orlando furioso*, Venezia 1570.

393 명백히 헤겔은 낭만주의 시대에 최고 걸작인 미겔 데 세르반테스(1547-1616)의 이 책을 언급하고 있다. Miguel de Cervantes Saavedra: *El ingenioso Hidalgo Don Quixote de la Mancha*. 이와 관련하여 티크(1773-1853)의 다음 번역도 참조. Johann Ludwig

Tieck: *Leben und Taten des scharfsinnigen Edlen Don Quixote de la Mancha*. Berlin 1799-1801 (Neudruck nach der Ausgabe 1852/53 in 2 Bdn. Berlin 1982).

[394] 반어적 상상력이 … 발견된다: Li - "기사도는 아리오스토와 세르반테스를 통해 반어적 출구를 발견하였다."

395 제2부 미주 304번 참조.

[396] 《32》, 《76》 참조.

[397] 이런 소재로 … 있다: Li - "헤르더(Herder)의 로만체가 마치 진주 목걸이처럼 그 하나하가 온전하며 가장 사랑스럽다. 기독교적 기사도가 타소(Tasso)의 대상이 되었다."

398 제1부 미주 141, 169번 참조.

399 제2부 미주 15번 참조.

400 Johann Heinrich Voss: Luise. Ein ländisches Gedicht in drei Idyllen. Entstanden 1782-1794; 일부 작품이 먼저 발표된 후 1795년 제2판(Königsberg)이, 1807년에 최종판(Tübingen)이 나왔다.

401 제1부 미주 113번 참조.

[402] 호메로스의 이름으로 전승되었던, 호메로스 서사시를 패러디한 작품이다.

[403] 『개구리와 쥐의 … 된다: Li - "그 다음으로 소소한 서사적 그림인 로만체가 있다. 로만[소설]은 우리의 사적 삶에 대한 서사적 시가이며 이성다운 것이 필연성으로 형상화된다. 개인은 사랑과 같은 작은 권역에 제한된다.

2. 서정시

[404] Lied.

[405] 《33》 참조.

406 송가를 (기회시에 힙입은, 이를 근본적으로 개선한) 노래로 본 헤르더의 규정을 헤겔이 언급하고 있다. 이 해석에 해당하는 작품이 핀다로스(BC 522/518-446)의 『축승가 (*epinikion*)』다(Pindar: *Siegeslieder*. 〔Vgl. 113, 4-5,〕 6-349).

[407] 자마이카: JH - "자바"

[408] Maurowalachen 혹은 Morlaken. 현재 세르비아-크로아티아 국경 부근에 살던 사람들.

[409] διθύραμβος: 디오니소스 찬가

410 Päan, Päon(Παιών) 혹은 Paian(Παιάν). 경축가. 특히 그리스 신 아폴로의 명예를 기리는 노래.

[411] Παιάν: 아폴로 찬가.

412 제2부 미주 74, 79번 참조.

413 헤겔은 아마도 호라티우스의 『카르미나』를 언급하는 듯하다. 이는 찬미하고, 향연을 즐기고, 사랑할 때의 시가이자 일부 정치적인 내용도 담고 있다(Horaz: *Sämtliche Werke*, 6-209〔*Carmina*〕; 210-215〔*Carmen Saeculare*〕). 이 구절에 대한 아래의 다른 판본도 참조. *von der Pfordten 1826*, 242f.

414 제1부 미주 165번 참조.

415 민중가요를 수집한 헤르더는 슈트라스부르에 있던 괴테에게도 가요 작업을 독려하였고 1778/79년에 첫 번째 민중가요 모음집(『민중가요(*Volkslieder*)』)을, 그리고 『민중의 소리(*Stimme der Völker*)』라는 제목으로 재판(1807)을 출간하였다. 그는 괴테의 「들장미(*Heideröslein*)」와 「어부(*Der Fischer*)」도 이 목록에 포함했다. 그가 보기에 (나중의 낭만주의자가 보기에) 민중으로부터 나와 익명의 사람들에 의해 전승되었다는 사실 자체보다는 느낌의 직접적 표현이 본질적 요소였기 때문이다. *Cf.* Goethe: *Sämtliche Werke*, Bd. 1, 18; 116f.

416 Vgl. Johann Wolfgang von Goethe: *Alexis und Dora.* in: Schiller: *Musenalmanach für das Jahr 1797*, Tübingen 1797, 1-17.

417 J. W. v. Goethe: *Willkommen und Abschied.*

418 J. W. v. Goethe: *Auf dem See.*

419 J. W. v. Goethe: *Geistes-Gruß.*

420 아나크레온(Anakreon, BC c. 572-c. 488). 그리스 시인. 괴테의 후기작 『서동시집(*Divan*)』의 '술 따르는 노래(Schenkenlieder)'는 아나크레온 정신의 열정, 교양 및 유머가 결합되어 창출되었다.

[421] 「이비쿠스의 두루미」는 실러가 1797년에 쓴 사상시이다. 여기에는 운명으로 표상되는 문학의 힘이 인간에게 끼치는 영향이 형상화되어 있다. 경연대회에 참가하기 위해 코린토스로 가던 중 살해당한 고대 그리스의 시인 이비쿠스의 이야기를 소재로 한다. 죽어가던 시인은 두루미들에게 복수를 당부했고, 경연대회 도중 에우메니데스의 합창이 있을 때 두루미 떼가 하늘로 올랐다. 이 광경을 보고 있던 범인 중 한 명("고통을 겪는 이")이 공포심에 '이미쿠스의 두루미'라고 외쳤고, 이

로써 강연장에 있던 관객들이 범인을 알아채고 시인의 복수를 했다는 내용을 담
고 있다.

3. 극시

[422] 표상(Vorstellen)으로: Li – "현시(Darstellen)로"

423 Herder(*Conversations-Lexikon*. Freiburg im Breisgau 1855, Band 3, 318)에 따르면 "배우들
(Histriones)"은 다음과 같이 정의된다. "배우들(Histriones). 라틴어. 배우(Schauspieler).
혹은 행위자(Acteur). 무용 혹은 자세를 통해 다른 행위자 역할도 하였다. 로마인
들의 경우 배우들은 존경받는 신분이 아니었고 그들의 기예는 대개 노예나 그로
부터 해방된 자들이 맡았다."

[424] 배우들이 교정되었다: Li – "배우들의 평판이 좋지 않았다."

425 Vgl. Friedrich Schiller: *Die Jungfrau von Orleans* (Schiller: *Werke*. Bd. 9.)

426 Vgl. Friedlich Schiller: *Wallenstein* (Schiller: *Werke*. Bd. 8.)

[427] 실러의 『발렌슈타인』(1798-1799)은 「발렌슈타인의 처지(Wallensteins Lager)」, 「피콜
로미니(*Die Piccolomini*)」, 「발렌슈타인의 죽음(*Wallensteins Tod*)」으로 이루어진 삼부작
(*Trilogie*) 희곡이다.

[428] Exposition: 해설 혹은 설명, 현시(顯示)를 뜻하며 연극의 '발단' 내지 '서막'을 가리
키기도 한다.

[429] 막의: JH – "장소의"

[430] 그러한 충돌의 … 한다: Li – "이러한 충돌이 비극에서 전개된다. 정당성을 지닌
인물의 의지에서조차 이러한 충돌이 성립한다."

[431] 플라톤의 『국가』에 … 격이다: Li – "아리스토파네스(Aristophanes)는 여성들이 새로
운 국가를 건설하게 한다."

432 제1부 미주 129번 참조.

[433] 같은 것은 아니며: JH – "같은 것에 불과하며"

434 Johann Wolfgang von Goethe: Egmont (1788). in: Goethe: *Werke*. Bd. IV.

[435] 칸트와: JH – "섭정과"

[436] 네덜란드를 지배했던 스페인 국왕 펠리페 2세와 알바 공작 페르난도 알바레스
레 톨레도에 맞서 자유를 얻고자 투쟁한 실존인물 에흐몬트(에그몬트) 백작 라모
랄 반 가베르의 삶을 형상화한 작품이다. 극 중에서 펠리페 2세는 네덜란드에 자

신의 누이 마르가레테 폰 파르마와 그녀의 조언자 마키아 벨을 파견하였다.

437 J. W. v. Goethe: *Götz von Berlichingen mit der eisernen Hand. Ein Schauspiel (1773)*, in: Goethe: *Werke*, Bd. IV, 73-175.

438 Vgl. Antigone (Sophokles: *Tragödien*, 65-117).

439 실제로는 『트라키스 여인들(ΤΡΑΓΩΙΔΙΑΙ)』의 종결부와 관련된다. Vgl. Sophokles: *Trachinierinnen*, N. 1278: κοὐδὲν τούτων ὅ τι μὴ Ζεύς.

440 Vgl. Sophokles: Antigone; Elektra.

441 헤겔은 다음 구절을 가리킨다. Sophokles: *Antigone*, 450-457 (Sophokles: *Tragödien*, 84-85)

442 Vgl. Sophokles(BC c. 497-c. 406): *Philoktetes* (409). 로젠크란츠(Rosenkranz)의 기록에 따르면 헤겔은 소포클레스의 작품을 독일어로 번역하는 일에 몰두하였으나 현재는 남아 있지 않다(Karl Rosenkranz: *G. W. F. Hegel's Leben*. Berlin 1844, 11).

[443] 아킬레우스의 아들

444 소포클레스의 『필록테테스』 마지막에 헤라클레스가 등장하여 필록테테스가 어디로 떠날지를 결정해 준다(Schuß-Szene V. 1409-1445 〔Sophokles: *Tragödien*, 342f〕).

445 Vgl. Aischylos: *Eumeniden*. 헤겔은 아이스킬로스(Aischylos)의 『오레스테이아 (Ὀρέστεια)』에서 묘사한 의무들 사이의 갈등을 언급하고 있다. 가령 아폴론이 오레스테스에게 아버지 아가멤논에 대한 복수를 하라고 명하는 장면[『코이포로이(Choephore / Weihgußträgerinnen)』, V. 269-305 〔Aischylos: *Tragödien und Fragmente*. 130-133〕]이나 복수와 어머니의 명예 사이에서 겪는 갈등(Weihgußträgerinnen, V. 306-478 〔Aischylos: *Tragödien und Fragmente*. 132-143〕)을 참조. 아울러 오레스테스의 변론(*Weihgußträgerinnen*. V. 1027-1033, 1053f〔Aischylos: *Tragödien und Fragmente*, 180f〕)을, 또한 의무를 다함에 따라, 즉 모친을 살해함에 따라 에리뉘에스가 복수를 다짐하게 된 장면(*Eumeniden*. 198-231 〔Aischylos: *Tragödien und Fragmente*, 198-201〕)을 참조.

[446] 제1부 미주 124번 참조.

[447 Schiller: *Die Räuber*. Ein Schauspiel. Frankfurt/Leipzig(Korrekt: Stuttgart) 1781 (Schiller: *Werke*. Bd. 3).

[448] 비극이: JH – "희극이"

449 헤겔은 아리스토파네스의 『구름』(BC 423년 디오니소스 제전에서 초연됨)을 가리키고 있다. *Wolken*. V. 222ff, 627ff. (Aristophanes: *Sämtliche Komödien* 〔Vgl. 144, 15-16〕, 120ff,

137ff).

450 헤겔은 몰리에르의 『위선자(*Le Tartuffe*)』(〔1667〕 Paris 1825)를 소유하고 있었고 파리 체류 중인 1827년 9월에 마르 부인(Mademoiselle Mars)의 공연을 관람했다. Vgl. Hegel: *Briefe*. Bd. 3, 196.

[451] Lustspiel: 희극(κωμῳδία, Komödie)을 독일어로 번역한 말이자 바로크 이후 특정 유형의 희극 및 가르키기도 한다.

452 Molière: *L'Avare*. Paris 1668.

이 책에서 자주 인용된 저작들은 다음과 같다.
(헤겔 소장 도서 가운데 경매에 오른 저작은 "(*)"로 표시한다):

Aristoteles: *Opera omnia* — *Aristotelis Opera omnia*. Basilae, 1531.

Aischylos: *Tragödien und Fragmente* — Aischylos: *Tragödien und Fragmente*. Griechisch-Deutsch. Hrsg. und übers. von Oskar Werner. München 1988 ([1]1959).

Aristophanes: *Sämtliche Komödien* — Aristophanes: *Sämtliche Komödien*. Übers. von Ludwig Seeger. Hrsg. von Hans Joachim Newiger. München 1976.

Creuzer: *Symbolik und Mythologie* — Georg Friedrich Creuzer: *Symbolik und Mythologie der alten Völker. besonders der Griechen*. 6 Bde. Leipzig/Darmstadt [2]1819-1822 ([1]4 Bde. Leipzig/Darmstadt 1810-1812).

Euripides: *Sämtliche Tragödien* — Euripides: *Sämtliche Tragödien und Fragmente*. griechisch-deutsch. 6 Bde. Übers. von Ernst Buschor. Hrsg. von Gustav Adolf Seeck. München 1972-1981.

Goethe: *Sämtliche Werke* — Johann Wolfgang von Goethe: *Sämtliche Werke*, unveränderter Nachdruck der Bände 1-17 der Artemis-Gedenkausgabe zu Goethes 200. Geburtstag am 28. August 1949. Hrsg. von Ernst Beutler. 18 Bde. Zürich [3]1979 ([1]1950).

Goethe: *Werke* — Johann Wolfgang von Goethe: *Werke*. Hamburger Ausgabe in 14 Bänden. Hrsg. von Erich Trunz. Hamburg 1948ff; München [12]1981ff.

Hafis: *Der Diwan* — *Der Diwan Mohammed Schemsed-din Hafis*. aus dem Persischen zum erstenmal ganz übersetzt von Joseph von

Hammer-Purgstall. 2 Bde. Stuttgart/Tübingen 1812 (Reprint Hildesheim/New York 1973).

Hegel:
Gesammelte Werke

Georg Wilhelm Friedrich Hegel: *Gesammelte Werke*. in Verbindung mit der Deutschen Forschungsgemeinschaft herausgegeben von der Rheinisch-Westfälischen Akademie der Wissenschaften. Hamburg 1968ff.

Hegel:
Bhagavad-Gita

G. W. F. Hegel: *Über die unter dem Namen Bhagavad-Gita bekannte Episode des Mahabharata von Wilhelm von Humboldt*. in: G. W. F. Hegel: *Berliner Schriften 1818-1831*. Hrsg. von Johannes Hoffmeister. Hamburg 1956, 85-154.

Hegel: *Briefe*

Briefe von und an Hegel. Hrsg. von Johannes Hoffmeister und Friedhelm Nicolin. 4 Bde. Hamburg 1969-1981.

Hegel: *Enzyklopädie 1827*

Enzyklopädie der philosophischen Wissenschaften im Grundrisse [1827]. Hrsg. von Wolfgang Bonsiepen und Hans-Christian Lucas. G. W. F. Hegel: *Gesammelte Werke*. Bd. 19. Hamburg 1989.

Hegel:
Solger-Rezension

G. W. F. Hegel: *Solger-Rezension*. Solger's nachgelassene Schriften und Briefwechsel (aus den *Jahrbüchern für wissenschaftliche Kritik*). in: *Schriften und Entwürfe II (1826-1831)*. unter Mitarbeit von C. Jamme. Hrsg. von F. Hogemann, *Gesammelte Werke*. Bd. 16, 77-128.

Hegel: *Werke*

Georg Wilhelm Friedrich Hegel's Werke. vollständige Ausgabe durch einen Verein von Freunden des Verewigten. 18 Bde. Berlin 1832-1845.

Herodot: *Historien*

Herodot: *Historien*, griechisch und deutsch. Hrsg. von Josef Feix. 2 Bde. München ³1980 (¹1963).

Homer: *Ilias*

Homer: *Ilias*. griechisch und deutsch. übers. von Hans Rupé. München/Zürich ¹⁰1994 (¹1948).

Homer: *Odyssee*

Homer: *Odyssee*. griechisch und deutsch. übers. von Anton Weiler. München/Zürich [10]1994 ([1]1955).

Horaz:
Sämtliche Werke

Horaz: *Sämtliche Werke*. lateinisch und deutsch. Hrsg. von Hans Färber und Wilhelm Schöne. München/Zürich 1993.

Hotho 1823

Vorlesungen über die Philosophie der Kunst. Berlin 1823. Nachgeschrieben von Heinrich Gustav Hotho. Hrsg. von Annemarie Gethmann-Siefert. G. W. F. Hegel: Vorlesungen. Ausgewählte Nachschriften und Manuskripte. Bd. 2. Hamburg 1998.

Kant: Kritik der
Urteilskraft

(*) Immanuel Kant: *Critik der Urtheilskraft*. Berlin und Lindau, 1790.

Kehler 1826

Philosophie der Kunst oder Aesthetik. Nach Professor Hegel im Sommer 1826 (Mitschrift Friedrich Carl Hermann Victor von Kehler; Ms. Universitätsbibliothek, Jena). Hrsg. von Annemarie Gethmann-Siefert und Bernardette Collenberg-Plotnikov unter Mitarbeit von Francesca Ianelli und Karsten Berr. München 2004.

Lessing: Werke

Gotthold Ephraim Lessing: *Werke*. Hrsg. von Herbert G. Göpfert in Zusammenarbeit mit Karl Eibl. Helmut Göbel, Karl S. Guthke. Gerd Hillen, Albert von Schirnding und Jörg Schönert. 8 Bde. München 1970-1979.

Libelt 1828/29

Ästhetik nach Prof. Hegel im Winter Semester 1828/29 (Mitschrift Karol Libelt; Ms. Jagiellonische Bibliothek, Krakau).

Platon: Werke

Platon: *Werke in acht Bänden*. griechisch und deutsch. Hrsg. von Gunther Eigler. Darmstadt 1977.

Rumohr: Italienische
Forschungen

(*) Carl Friedrich von Rumohr: *Italienische Forschungen*. Bd. 1-2. Berlin 1827.

Schiller: Werke

Friedrich Schiller: *Werke*. Nationalausgabe, hrsg. im Auftrag der Nationalen Forschungs-und Gedenkstätten der klassischen deutschen Literatur in Weimar und des Schiller-Nationalmuseums in Marbach von Lieselotte Blumenthal und Benno von Wiese, Weimar 1943 ff.

Schlegel: Kritische Ausgabe
Kritische Friedrich-Schlegel-Ausgabe. Hrsg. von Ernst Behler unter Mitwirkung von Jean-Jacques Anstett und Hans Eichner, Bd. 8. Paderborn/München/Wien 1975.

Shakespeare: Sämtliche Dramen
William Shakespeare: *Sämtliche Dramen nach der 3.* Schlegel-Tieck-Gesamtausgabe von 1843–1844. 3 Bde., Bd. 1: Komödien, München ⁸1996; Bd. 2: Historien. München 1993; Bd. 3: Tragödien. München ⁶1996 (München ¹1967).

Sophokles: Tragödien
Sophokles: *Tragödien.* Hrsg. und mit einem Nachwort versehen von Wolfgang Schadewaldt. Zürich/Stuttgart 1968.

von der Pfordten 1826
Philosophie der Kunst. 1826. Nachgeschrieben durch P. von der Pfordten (Ms. Staatsbibliothek Preußischer Kulturbesitz, Berlin), hrsg. von Annemarie Gethmann Siefert, Jeong-Im Kwon und Karsten Berr, Frankfurt a.M. 2004.

Winckelmann: Geschichte der Kunst des Alterthums
Johann Joachim Winckelmann: *Geschichte der Kunst des Alterthums.* Dresden 1764.

부록

에두아르트 가에르트너, 〈베를린의 노이베 바헤〉(1833), 베를린 구 국립 미술관.

하이만의 이 필기 노트는 단 하루도 강의에 불참한 바 없이 현장에서 기록한 총 142쪽 분량의 원고다. 강의가 끝난 직후에 (혹은 이후 어느 시점에) 하이만은 강의한 날짜를 해당 원고의 여백에 일일이 기입하였다. 한 학기 동안 진행된 강의 전체의 해당 날짜가 모두 기록된 미학강의 필기록으로는 그의 노트가 유일하다. 또한 하이만은 강의 전반부(《51》까지, 그리고 《89》)에는 해당 강의의 핵심 내용을 표제화하여 여백에 삽입하였으며, 이와는 별도로 원고 상단부에 (아마도 목차 항목을 의도했을 것으로 보이는) 별도의 표제를 (《20》까지) 다소 장황하게 기입하였다. 이 책의 편집자(Olivier & G.-Siefert)가 이 장황한 표제를 추려 목차로 항목화하였는데, 본 번역서에서는 이 표제로 구성된 목차 부분을 간명하게 재구성하였다. 원래의 목차 항목은 본문에 박스 처리된 부분을 통해 확인할 수 있다.

하이만이 작성한 원고의 상태는 다른 것들에 비해 매우 말끔하며 원고에 수정하거나 추가한 사항도 거의 없다. 다만 표기된 단어를 해독하는 과정에서 편집하는 자의 판단에 따라 그 이해가 상당히 달라진다. 이를 고려하여 번역자는 이 책의 편집자가 해독한 내용과 비평본의 편집자(Jaeschke & Hebing)가 해독한 내용이 상이한 사항 가운데 언급할 만한 가치가 있는 것을 선별하여 역자의 주석으로 달아 놓았다. 아울러 비평본에 함께 실려 있는 리벨트(Li), 롤랭(Ro), 익명 필기자(As) 등의 필기 가운데 의미 있는 것도 추가하였다. 아울러 역자가 주석을 작성할 때 비평본의 방대한 주석[1]이 큰 도움이 되었음을 밝힌다.

번역 대본에는 없는 다수의 사진 자료를 책의 본문에 수록하였다. 그 가운데 헤겔이 강의에서 언급하는 작품도 있지만 상당수는 독자의 이해를 돕기 위해 직간접적으로 연관되는 사항을 역자가 소개한 것이다. 번역 작업이 한창이던 2023년 여름에 역자는 독일에 체류하고 있었다. 과거 유학생 시절에도 기회가 있을 때마다 이곳저곳 여행하면서 박물관, 궁전, 공연장 등을 찾아다녔지만 이번 체류 동안은 이 번역서에 도판을 수록할 계획을 갖고 독일 내의 도시는 물론이고 유럽의 여러 주요 도시를 다녔다. 촬영 미숙으로 부득이 퍼블릭 도메인 자료로 대체한 것들도 있다. 수록하고 싶은 훨씬 더 많은 자료가 있었지만 과유불급過猶不及을 떠올리며 적절한 선을 유지하였다. 학술 서적에 원래 수록되지 않은 사진 자료를 역자가 자의적으로 수록해도 좋은지 의문을 가질 수도 있을 테다. 강의 당시 생생하게 전해졌을 헤겔의 음성이 거칠게 문자화된 결과물을 처음 접하는 독자에게 내용을 잘 전달하고자 하는 역자의 고민을 헤아려 주시길 바란다. 반대로 구절구절 헤겔이 언급하는 방대한 작품에 대한 시각화 자료가 좀 더 많았으면 좋았겠다고 생각하는 독자도 있을 법하다. 도판을 실마리 삼아 이 책에서 헤겔이 언급하는 작품의 면면을 직접 찾아 나가면서 예술사에 대한 견문을 넓혀 가시길 바란다.

헤겔의 강의 원고 및 수강생의 필기록을 바탕으로 호토가 편집한 『미학강의』보다 이 책과 같은 개별 필기록이 신빙성 면에서 더 가치가 있다는 주장이 근래 헤겔 미학 연구의 주요 방향을 설정해 왔다. 하지만 이런 진본성을 근거로 하여 강의 필기록을 절대시할 수도 없다. 어차피 필기록은 헤겔이 직접 쓰고 검토한 글이 아니라 강의 현장에서 헤겔이 읽어 내려가는 내용을 급하게 옮겨 적어 다듬은 기록이다. 진본성으로 말하자면 헤겔이 베를린에서 강의하던 당시 헤겔 자신이 직접 출간한 저서에 등장하는 예술 관련 언급[2]이 갖는 진본성을 이겨 낼 수 없다. 헤겔 미학 연구의 원자료를 둘러싼 갑론을박에 대해 이 자리에서 본격적으로 언급하지는 않겠다. 다만 이에 관한 역자의 생각을 밝히자면, '무엇을 읽는가?'보다는 오히려 '어떻게 읽는가?'가 관건이 아닐까 한다. 헤겔의 철학적 사유에 천착하되 예술사 및 예술 이론에 대한 소양을 쌓는 일에 소홀함이 없도록 함은 물론이고 호토의 편집본과 수강생의 필기 노트를 균형감 있게 견주어 가며 헤겔의 예술 사유에 대해 탐사해 나가는 도정에 이 번역서가 조금이나마 기여하는 바가 있기를 소망한다.

연구자의 길을 걷는 주변의 분들에게 '번역 작업을 하느니 그 공력을 논문 작업에 쓰겠다'라는 말씀을 종종 듣는다. 번역 작업에 착수한 이래 이에 투여된 시간과 노력을 감안하면 논문 몇 편은 썼겠다 싶은 생각이 들기는 했다. 그럴 때마다 이 책이 번역되어야 할 필요를, 헤겔이 베를린에서 행한 네 차례 미학강의의 원자료를 최소한 하나씩 우리말로 번역하는 작업이 완료되어야 할 필요를 떠올렸다. 혼자의 결심으로는 선택하기 쉽지 않은 이 길을 갈 수 있도록 이 책의 번역과 출간을 권유해 주신 권정임 교수님께 감사의 말씀을 드린다. 많지 않은 출간의 경험으로 한 권의 책이 나오기까지 얼마나 많은 조력과 후원이 요구되는지를 잘 알고 있다. 잘 팔릴 만한 책은 아닐지라도 읽을 만한 책이라면 출간되도록 힘써 주시는 세창출판사 이방원 사장님, 그리고 김명희 이사님께 깊은 사의를 표한다. 이 책의 번역 과정은 헤겔 미학의 세세한 면모를 역자 자신도 차근차근 확인해 나가는 과정이기도 했다. 그러다 보니 좌고우면하기를 거듭하였다. 그 과정에서 여러 가지 혼란을 겪었을 텐데도 언제나 인

내심을 갖고 적절한 제안을 주신 편집자 박은창, 배근호 선생님께도 감사하다. 적어도 예술에 대한 사유에 있어서는 헤겔이 칸트나 피히테보다 괴테에게 진 빚이 훨씬 더 크다는 것을 이번 번역을 통해 새삼 깨닫게 되었다. 문맥을 따라가지 못하고 가로막힐 때마다 역자가 갖고 있지 못한 새로운 시각으로 돌파할 수 있도록 여러 차례 역자를 도운 독문학자 조성희 교수께도 감사를 표한다.

글을 박제화된 문자로만 받아들이지 않고 그 속에 여전히 살아 숨 쉬는 생명을 포착하기 위해 강의자에게, 기록자에게, 무엇보다 글을 읽는 자신에게 쉼 없이 의문을 던지는 읽기가 헤겔 미학 연구에 반드시 필요함을 믿는다.

2025년 2월 어느 혹한의 한낮, 疑問堂에서

역자 씀

442

■ 미주

[1]   Hegel, *GW*, Bd. 28,4., S. 1225-1565.

[2]   『철학 백과 개요』의 재판(1827) 및 3판(1830)의 '절대적 정신'의 "예술"(§§ 556-563)
      항목을 가리킨다. 3판을 대본으로 다음 번역서에 이 항목의 우리말 번역이 수
      록되어 있다. 헤겔, 『정신철학』, 박병기·박구용 옮김, 울산대학교출판부, 2000,
      465-472쪽. 또한 미학강의를 위해 헤겔이 쓴 글이 한두 페이지 정도 남아 있다.
      Hegel, "Zur Ästhetik", *GW*, Bd. 18, *Vorlesungsmanuskripte II (1816-1831)*, hrsg. v. W.
      Jaeschke, 1995, S. 113-117.

표지　Anselm Feuerbach. *Das Gastmahl (nach Plato), zweite Fassung* (1871/74).
ⓒ Staatliche Museen zu Berlin, Nationalgalerie (Alte Nationalgalerie).

그림 1　Leo von Klenze: *Ideale Ansicht der Akropolis und des Areopag in Athen* (1846). Neue Pinakothek (München).

그림 2　Franz Theodor Kugler: *Hegel während einer Vorlesung* (1828). ⓒ Staatliche Museen zu Berlin, Kupferstichkabinett.

그림 3　Franz Krüger: *Parade auf dem Opernplatz in Berlin* (1824/30). ⓒ Staatliche Museen zu Berlin, Nationalgalerie (Alte Nationalgalerie).

그림 4　Hiëronymus II Francken: *Het kabinet van kunstliefhebber* (1874). Koninklijke Musea voor Schone Kunsten van België. (photo by author)

그림 5　Georg Wilhelm Friedrich Hegel: *Encyklopädie der philosophischen Wissenschaften im Grundrisse. Zweite Ausgabe* (1827). Das Museum Hegel-Haus Stuttgart. (photo by author)

그림 6　Immanuel Kant: *Critik der Urtheilskraft. Erste Ausgabe* (1790). Aus dem Besitz von Friedrich Schiller. Schiller - Nationalmuseum, Marbach am Neckar. (photo by author)

그림 7　William Hogarth: *The Painter and his Pug* (1745). Tate Britain, London. (photo by author)

그림 8　*Kniefall des Dompredigers Bake und des Diakons Matthias Decenius vor Tilly auf dem Magdeburger Domplatz* (19C). ⓒ Staatliche Museen zu Berlin. Kupferstichkabinett.

그림 9　Julius Hübner: *Der Anschlag von Luthers 95 Thesen* (1878). Lutherhaus Wittenberg. (photo by author)

그림 10　Martin Luther: "Ein feste Burg ist unser Gott," in: *Geistliche Lieder aufs neue*

444

gebessert zu Wittenberg. Klugsches Gesangbuch. Zweite Ausgabe (1533). Lutherhaus Wittenberg. (photo by author)

그림 11 Frans Hogenberg: *The Calvinist Iconoclastic Riot of August 20, 1566* (1588). British Museum, London.

그림 12 Raffaello Sanzio: *Parnaso* (1510/11). Musei Vaticani, Città del Vaticano.

그림 13 Joseph Brodmann: Hammerfluegel aus dem Besitz Carl Maria von Webers (c. 1810). Musikinstrumenten-Museum, Berlin (photo by author).

그림 14 Statue einer Göttin. (Römische Kopie, Original: c. B.C. 420) Glyptothek, München. (photo by author)

그림 15 Rembrandt van Rijn: *De Nachtwacht* (1642). © Rijksmuseum (Amsterdam).

그림 16 Bartolomé Esteban Murillo: *Häusliche Toilette* (1670/75). © Bayerische Staatsgemäldesammlungen – Neue Pinakothek München.

그림 17 Bartolomé Esteban Murillo: *Trauben- und Melonenesser* (1645). © Bayerische Staatsgemäldesammlungen – Neue Pinakothek München.

그림 18 Antonio Allegri da Correggio, or Parmigianino(Girolamo Francesco Maria Mazzola): *Portrait d'un jeune homme dint la tête est appuyée sur la main* (1584). Musée du Louvre, Paris.

그림 19 Friedrich Overbeck: *Vittoria Caldoni*. © Staatliche Museen zu Berlin. Kupferstichkabinett.

그림 20 Raffaello Sanzio: *Trasfigurazione di Gesù* (1518/20). Musei Vaticani, Città del Vaticano.

그림 21 Pierre-Narcisse Guérin: *Clytemnestre hésitant avant de frapper Agamemnon endormi. À gauche, Égisthe en train de la pousse* (1817). Musée du Louvre, Paris. (photo by author)

그림 22 William-Adolphe Bouguereau: *Orestes Pursued by the Furies* (1862). Chrysler Museum of Art, Norfolk (USA).

그림 23 Jean-Baptiste Pigalle: *Merkur* (1748). Bode Museum, Berlin. (photo by author)

그림 24 Bertel Thorvaldsen: *Merkur som Argusdræber* (1819/22). Thorvaldsens Museum, København. (Danmark)

그림 25 Giuseppe Maria Crespi: *Das Sakrament des Abendmahl* (c. 1710). Gemäldegalerie Alte Meister, Dresden. (photo by author)

그림 26 Lucas Cranach der Ältere, L. C. der Jüngere und Werkstatt: Predella, Reformationsaltar (1547/48). Wittenberger Stadtkirche St. Marien. (photo by author)

그림 27 Carlo Crivelli: *Thronende Maria mit dem Kind, die Schlüsselübergabe an den Apostel Petrus und mit den Heiligen* (c. 1488). Gemäldegalerie Alte Meister, Dresden. (photo by author)

그림 28 Hendrik de Clerck: *Les Noces de Thétis et de Pélée avec Apollon et le concert des Muses ou Le Festin des dieux* (1600-20), Musée du Louvre, Paris.

그림 29 Peter Paul Rubens: *Ixion, roi des Lapithes, trompé par Junon qu'il voulait séduire* (1615). Musée du Louvre, Paris.

그림 30 Ischtar tor (c. B.C. 6C). Pergamonmuseum, Berlin. (photo by author)

그림 31 Albrecht Dürer: *Vier Apostel: Hll. Johannes Ev. und Petrus / Vier Apostel: Hll. Markus und Paulus* (1526). Alte Pinakothek, München.

그림 32 Grabstein mit dem Gott Mithras (c. 2/3C), Römisch-Germanisches Museum, Köln.

그림 33 Ivory plaque showing Rāma and Laksmana (A.D. 16/17C). British Museum, London (photo by author).

그림 34 Shiva Linga (A.D. 8C). British Museum, London. (photo by author)

그림 35 Mumienkartonagen (B.C. 1850-A.D. 3C), Neues Museum, Berlin. (photo by author)

그림 36 Widderstatue des Gottes Amun, Pharao Amenophis III. Schützend (c. B.C. 1358), Neues Museum, Berlin. (photo by author)

그림 37 Moritz von Schwind, *Der Sängerkrieg auf der Wartburg* (1854). © Staatliche Museen zu Berlin. Kupferstichkabinett.

그림 38 Statue des Meleager (Römische Kopie, 1C). Altes Museum, Berlin. (photo by author)

그림 39 Peter Paul Rubens: *Leda mit dem Schwan* (c. 1598/1600). Gemäldegalerie Alte Meister, Dresden. (photo by author)

그림 40 *Satyr mit dem Knaben Dionysos* (Römische Kopie) (Original: c. B.C. 310). Glyptothek, München. (photo by author)

그림 41 Μαγική σφαίρα (A.D. 2/3C), Μουσείο Ακρόπολης, Athens (photo by author).

그림 42 Ἀπολλώνιον (B.C. 4C). Δελφοί. (photo by author).

그림 43 Nicolas Poussin: *Jupiter als Kind, von der Ziege Amalthea genährt* (c. 1639). Gemäldegalerie, Berlin. (photo by author).

그림 44 Ἄρειος Πάγος [Areopagus]. Athens (photo by author).

그림 45 Statue des Apollon Lykeios (c. 140, Römische Kopie). Altes Museum, Berlin. (photo by author)

그림 46 Antonio Allegri da Correggio: *Jupiter und Io* (1531/32). Kunsthistorisches Museum, Wien.

그림 47 Bartolomé Esteban Murillo: *The Adoration of the Shepherds* (c. 1668). The Wallace Collection, London (photo by author).

그림 48 *Venere de' Medici* (B.C. 2-1 C), Gallerie degli Uffizi (Florence) © Sailko.

그림 49 Giovanni Francesco Susini: *Paris raubt Helena* (1626). Gemäldegalerie Alte Meister, Dresden. (photo by author)

그림 50 Karl Friedrich Schinkel, *Mittelalterliche Stadt an einem Fluß* (1815), Alte Nationalgalerie, Berlin.

그림 51 Pieter Bruegel de Oude: *Großer Turmbau zu Babel* (1563). Kunsthistorisches Museum, Wien.

그림 52 Karyatiden des Erechtheion (c. B.C. 420/406). Athens. (photo by author).

그림 53 Colonna Traiana (113). Rome. @ NikonZ7II.

그림 54 Lawrence Alma-Tadema: *Phidias Showing the Frieze of the Parthenon to his Friends* (1868). Birmingham Museum and Art Gallery.

그림 55 Würzburger Residenz (18C). (photo by author)

그림 56 Παρθενών (c. B.C. 447/432). Athen. (photo by author)

그림 57 Ναός Αθηνάς. Athen. (photo by author)

그림 58 Βιβλιοθήκη του Αδριανού. Forum Romanum. (photo by author)

그림 59 Tympan de la porte centrale de la façade occidentale de Notre-Dame de Strasbourg. (photo by author)

그림 60 Αθηνά Παρθένος (2C). Εθνικό Αρχαιολογικό Μουσείο. (photo by author)

그림 61 Aphaia Tempel von Aigina (c. B.C. 6/5C). Modell. Glyptothek, München. (photo by author)

그림 62 Anton Raphael Mengs: (Porträt der Antonia Minor?) Sog. *Iuno Ludovisi* (1C). Abguss eines Marmorkopfes (18C). Skulpturensammlung, Dresden. (photo by author)

그림 63 Balthasar Permoser: *Herkules und Omphale* (c. 1700). Gruenes Gewölbe, Dresden. (photo by author)

그림 64 Büste des Antinoos (c. 130/140). Altes Museen, Berlin. (photo by author)

그림 65 Christian Daniel Rauch: *Scharnhorst-Denkmal* (1819/22). Berlin. @ Doris Antony

그림 66 *Apollo del Belvedere* (Roman copy of an original created between 330 and 320 B.C.). Musei Vaticani, Città del Vaticano. (photo by author)

그림 67 Fontana del Monte Cavallo. Quirinale (Rome). (photo by author)

그림 68 *Laocoön* (B.C. 2/1 C). Musei Vaticani, Città del Vaticano. (photo by author)

그림 69 *Mucca da mirone* (B.C. 460/440). Musei Capitolini, Rome.

그림 70 *Standing bull* (c. 1800). The Wallace Collection, London. (photo by author)

그림 71 Siegesgöttin auf Himmelsglobus. Sog. *Victoria von Calvatone* (161/165, Römische Kopie). Altes Museum, Berlin. (photo by author)

그림 72 Benvenuto Cellini: Sog. Saliera (1540/43). Kunsthistorisches Museum, Wien.

그림 73 Mantuanisches Onyxgefäß (c. 54). Herzog Anton Ulrich Museum, Braunschweig. (photo by author)

그림 74 Hans Georg Kobenhaupt & François Guichard: Fußschale aus Jaspachat (c. 1610/35). Herzog Anton Ulrich Museum, Braunschweig. (photo by author)

그림 75 Andrea del Verrocchio: *Incredulità di san Tommaso* (1467/83). Orsanmichele, Florence. (photo by author)

그림 76 Michelangelo Buonarroti: *Madonna di Bruges* (1498/99). Onze-Lieve-Vrouwekerk, Brugge.

그림 77 Praalgraf van Engelbrecht II van Nassau (1530). Grote Kerk Breda. (photo by author)

그림 78 Römische Karneol-Gemme. *Hektor und Andromache vor dem Tor von Troja* (1C) © Staatliche Museen zu Berlin, Antikensammlung.

그림 79 Gerhard von Kügelgen: *Der verlorene Sohn (Kopie nach Gerhard von Kügelgen)* (1820). © Gemäldegalerie Alte Meister (Dresden).

그림 80 *Isis with Horus the Child* (c. BC 680/40), Walters Art Museum (USA).

그림 81 Rafaello Sanzio: *Die Sixtinische Madonna* (1512/13). Gemäldegalerie Alte Meister, Dresden.

그림 82 Marco Antonio Franceschini: *Die büßende Magdalena* (1677/78). © Gemäldegalerie Alte Meister (Dresden).

그림 83 Julius Hübner: *Der Fischerknabe und die Nixe* (1827/28). © Staatliche Museen zu Berlin, Nationalgalerie (Alte Nationalgalerie).

그림 84 Friedrich Wilhelm von Schadow: *Mignon* (1828). Museum der bildenden Künste, Leipzig. (photo by author)

그림 85 Karl Ferdinand Sohn: *Rinaldo und Armida* (1828). Museum Kunstpalast, Düsseldorf.

그림 86 Peter Paul Rubens: *The Rape of the Sabine Women* (1635/40). The National Gallery, London. (photo by author)

그림 87 Jacopo Palma Il Vecchio: *Jakob und Rahel* (c. 1524/25). Gemäldegalerie Alte Meister, Dresden. (photo by author)

그림 88　Hendrick van Balen I: *Das Urteil des Paris* (1600). Gemäldegalerie, Berlin. (photo by author)

그림 89　Guido Reni: *Christus mit der Dornenkrone* (1636/37). Gemäldegalerie Alte Meister, Dresden. (photo by author)

그림 90　*Apsismosaik aus der Kirche San Michele in Africisco zu Ravenna* (um. 545/546). © Staatliche Museen zu Berlin, Skulpturensammlung und Museum für Byzantinische Kunst (Bode Museum).

그림 91　Giotto di Bondone: *Crucifixion* (c. 1310). Gemäldegalerie, Berlin. (photo by author)

그림 92　Karl Friedrich Schinkel. *Berlin. Altes Museum am Lustgarten. Perspektivische Ansicht am Lustgarten* (vor 1825). © Staatliche Museen zu Berlin, Kupferstichkabinett.

그림 93　Fra Angelico: *Madonna van nederigheid* (c. 1440). Rijksmuseum, Amsterdem. (photo by author)

그림 94　Tiziano Vecellio. *Der Zinsgroschen* (c. 1516). Gemäldegalerie Alte Meister, Dresden.

그림 95　Rogier van der Weyden. *St. Columba-Altar. Anbetung der Könige* (c. 1455). © Bayerische Staatsgemäldesammlungen – Alte Pinakothek München.

그림 96　Hubert & Jan van Eyck: *Het Lam Gods* (c. 1420/32). Sint-Baafskathedraal van Gent. (photo by author)

그림 97　Gerard Dou: *Der verlorene Faden* (1660/65). © Gemäldegalerie Alte Meister (Dresden).

그림 98　Jan Steen: *Streit beim Kartenspiel* (1664/65). © Staatliche Museen zu Berlin, Gemäldegalerie.

그림 99　Giovanni Antonio Canal (gen. Canaletto): *Piazzetta und Bacino di San Marco* (c. 1736/38). © Bayerische Staatsgemäldesammlungen – Alte Pinakothek München.

그림 100　Jacob van Ruisdael: *De molen bij Wijk bij Duurstede* (c. 1668/70). Rijksmuseum, Amsterdam.

그림 101 Gerard ter Borch (II): *Väterliche Ermahnung* (1654). © *Staatliche Museen zu Berlin, Gemäldegalerie.*

그림 102 Carl Friedrich Tzschiederich: Kesselpauke (1769). Musikinstrumenten-Museum, Berlin. (photo by author)

그림 103 Glasharmonika (c. 1820). Germanisches Nationalmuseum, Nürnberg. (photo by author)

그림 104 *Der Messias von Georg Friedrich Händel. Erstausgabe in Mozarts Bearbeitung Messiah (KV 572)* (1803), Händel-Haus Halle. (photo by author)

그림 105 Positiv mit 4 Registern (c. 1600), Musikinstrumenten-Museum, Berlin. (photo by author)

그림 106 Figur der Commedia dell'Arte. *Harlekin mit Spiegel* (18C), Herzog Anton Ulrich Museum, Braunschweig. (photo by author)

그림 107 Emanuel Schikaneder als der erste Papageno. Aus dem Titelblatt der Erstausgabe des Librettos der Zauberflöte.

그림 108 Benozzo Gozzoli, *Battesimo di Agostino* (1465). Chiesa di Sant'Agostino a San Gimignano.

그림 109 Thomas Lawrence: *Homer Reciting his Poems* (1790), Tate Britain, London. (photo by author)

그림 110 Mosaik mit Komödienmaske (Alter Sklave) (2C). Altes Museum, Berlin.

그림 111 Eduard Gaertner. *Die Neue Wache* (1833). © Staatliche Museen zu Berlin, Nationalgalerie (Alte Nationalgalerie).

인명

[ㄱ]

게스너, 살로몬(Gessner, Salomon) 105

겔레르트, 크리스티안 퓌르히테고트(Gellert, Christian Fürchtegott) 181

괴테, 요한 볼프강 폰(Goethe, Johann Wolfgang von) 12, 105, 111, 116, 117, 125, 126, 158, 182, 183, 189, 210, 226, 227, 232, 308, 373, 381, 389, 390

글루크(Gluck, Christoph Willibald) 360

[ㄴ]

노발리스(Novalis, Georg Philipp Friedrich Freiherr von Hardenberg) 84

뉴턴, 아이작(Newton, Isaac) 123

[ㄷ]

단테 알리기에리(Dante Alighieri) 378

데모크리토스(Democritus) 285

[ㄹ]

라퐁텐, 장 드(La Fontaine, Jean de) 181

레싱, 고트홀트 에프라임(Lessing, Gotthold Ephraim) 180, 181, 305, 366

렘브란트 하르먼손 판 레인(Rembrandt Harmenszoon van Rijn) 92

로시니, 조아키노 안토니오(Rossini, Gioacchino Antonio) 362

롱기누스(Longinus) 10, 171

루모어, 카를 프리드리히 폰(Rumohr, Carl Friedrich von) 76, 77, 86, 91, 94-96, 130

루키아노스(Λουκιανός) 211, 374

뤼케르트, 요한 미하엘 프리드리히(Rückert, Johann Michael Friedrich) 232

리터, 카를(Ritter, Carl) 272

[ㅁ]

마르몽텔, 장 프랑수아(Marmontel, Jean-François) 360

메타스타시오, 피에르토(Metastasio, Pietro) 360

모차르트, 볼프강 아마데우스(Mozart, Wolfgang Amadeus) 351

무리요, 바르톨로메 에스테반(Murillo, Bartolomé Esteban) 93

미론(Μύρων) 310

밀턴, 존(Milton, John) 375

[ㅂ]

바퇴, 샤를(Batteux, Charles) 10

베르길리우스, 푸블리우스(Vergilius, Publius) 158, 187, 374

보트머, 요한 야코프(Bodmer, Johann Jakob) 116, 375

볼프학파(Wolffische Schule) 3, 17

블루멘바흐, 요한 프리드리히(Johann Friedrich Blumenbach) 295

빙켈만, 요한 요아힘(Johann Joachim Winckelmann) 86, 94, 159, 161, 294, 297, 305

[ㅅ]

산치오, 라파엘로(Sanzio, Raffaello) 56, 97, 129

살루스티우스, 가이우스(Sallustius, Gaius) 211

샹폴리옹, 장 프랑수아(Champollion, Jean-François) 273

세네카, 루시우스 안나이우스(Seneca, Lucius Annaeus) 211

세르반테스, 미겔 데(Cervantes, Miguel de) 229, 377

세소스트리스(Σέσωστρις) 272

셰익스피어, 윌리엄(Shakespeare, William) 11, 106, 109, 117, 128, 188, 225-227, 230, 366

셸링, 프리드리히 빌헬름 요제프 폰(Schelling, Friedrich Wilhelm Joseph von) 83

소크라테스(Σωκράτης) 391

소포클레스(Σοφοκλῆς) 108, 115, 187, 359, 384, 387

슐레겔, 카를 빌헬름 프리드리히 폰(Schlegel, Karl Wilhelm Friedrich von) 84, 127, 158, 167, 221

스코파스(Σκόπας) 310

시카네더, 요한 에마누엘(Schikaneder, Johann Emmanuel) 360

실러, 요한 크리스토프 프리드리히 폰(Johann Christoph Friedrich von Schiller) 81, 105, 111, 125, 189, 209, 226, 359, 373, 382, 389

[ㅇ]

아그리파 메네니우스(Agrippa Menenius) 182

아나크레온(Ἀνακρέων) 382

아리스토텔레스(Ἀριστοτέλης) 10, 24, 187, 386

아리스토파네스(Ἀριστοφάνης) 182, 211, 391

아리오스토, 루도비코(Ariosto, Ludovico) 229, 377

아우구스티누스(Augustinus) 369

아이스킬로스(Αἰσχύλος) 196

암브로시우스(Ambrosius) 369

에버하르트, 요한 아우구스트(Eberhard, Johann August) 10

에우리피데스(Εὐριπίδης) 111, 196, 197, 202, 222, 390

엔니우스, 퀸투스(Ennius, Quintus) 211

엥겔, 요한 야코프(Engel, Johann Jacob) 10

오비디우스, 푸블리우스(Ovidius, Pūblius) 183, 188, 369

오시안(Ossian) 188, 376

유베날리스, 데키무스 유니우스(Iuvenalis, Decimus Iunius) 211

이솝(Aesop) 108, 181

[ㅈ]

작스, 한스(Hans Sachs) 119

질레지우스, 앙겔루스(Silesius, Angelus) 170

제욱시스(Ζεῦξις) 5

졸거, 카를 빌헬름 페르디난트(Solger, Karl Wilhelm Ferdinand) 85

[ㅊ]

첼리니, 베벤누토(Benvenuto Cellini) 310

[ㅋ]

칸트, 이마누엘(Kant, Immanuel) 78

캄페르, 페르투스(Camper, Pertus) 295

캥시, 앙투안 크리소톰 콰트르메르 드(Quincy, Antoine-Chrysostome Quatremère de) 309

코르네유, 피에르(Corneille, Pierre) 109

클롭슈토크, 프리드리히 고틀리프(Klopstock, Friedrich Gottlieb) 116, 232, 233, 367, 375, 377, 379, 380

[ㅌ]

타소, 토르콰토(Tasso, Torquato) 117

타키투스, 푸블리우스 코르넬리우스(Tacitus, Publius Cornelius) 211

토르발센, 베르텔(Thorvaldsen, Bertel) 96

투키디데스(Θουκυδίδης) 187

티크, 요한 루트비히(Tieck, Johann Ludwig) 85, 127

[ㅍ]

파우사니아스(Παυσανίας) 117, 196, 308

파울루스, 루키우스 아이밀리우스(Paullus, Lucius Aemilius) 312

파트라르카, 프란체스코(Petrarca, Francesco) 233

페펠, 고틀리프 콘라드(Pfeffel, Gottlieb Konrad) 181

포스, 요한 하인리히(Voß, Johann Heinrich) 369

폴리클레이토스(Πολύκλειτος) 310

프락시탈레스(Πραξιτέλης) 310

플라우투스, 티투스 마키우스(Plautus, Titus Maccius) 211

플라톤(Πλάτων) 39, 125, 187, 199, 200, 387

피갈, 장 밥티스트(Pigalle, Jean-Baptiste) 107

피디아스(Φειδίας) 290, 292, 298, 306, 309

피르다우시(Ferdowsi) 376

피타고라스(Πυθαγόρας) 372

피히테, 요한 고틀리프(Fichte, Johann Gottlieb) 83

핀다로스(Πίνδαρος) 108, 370, 379, 380

[ㅎ]

하이네, 하인리히(Heine, Heinrich) 158

하피스(Hafis) 232

헤로도토스(Ἡρόδοτος) 177, 182, 198, 270, 272, 302, 364

헤시오도스(Ἡσίοδος) 36, 198

헨델, 게오르크 프리드리히(Händel, Georg Fri-
    deric) 353, 360

호라티우스, 퀸투스(Quintus Horatius) 380,
    382

호메로스(Ὅμηρος) 36, 95, 102, 110, 113, 128,
    158, 187, 188, 198, 206, 224, 365, 369,
    373, 374, 376, 380

호프만 에른스트 테오도어 아마데우스(Hoff-
    mann, Ernst Theodor Amadeus) 110

홈, 헨리(Home, Henry) 10

히르트, 알로이스(Hirt, Aloys) 17, 280

히펠, 테오도어 고틀리프 폰(Hippel, Theodor
    Gottlieb von) 227

작품 및 용어

[ㄱ]

『국가(Politeia)』 199, 387

〈그리스도의 변용(Verklärung Chriti)〉 97

『그리스 조형예술의 역사(Geschichte der bilden-
    den Künste beiden Griechen)』 18

[ㄴ]

『니벨룽겐의 노래(Nibelungenlied)』 112, 377

[ㄷ]

『도적떼(Die Räuber)』 390

[ㄹ]

〈라오콘(Laokoon-Gruppe)〉 307

『라이네케의 여우(Reinhart Fuchs)』 182

『로미오와 줄리엣(Romeo and Juliet)』 85

『루이제(Luise)』 378

『리어왕(The Tragedy of King Lear)』 224

[ㅁ]

『마술피리(Zauberflöte)』 360

『마탄의 사수(Der Freischütz)』 82

「마호메트의 노래(Mahomets Gesang)」 189

〈메디치의 베누스(Venere de' Medici)〉 222,
    298, 305

『메시나의 신부(Braut von Messina)』 388

『메시아(Messiah)』 353

『목가집(Gessners Idyllen)』 105

「목동의 비가(Schäfers Klagelied)」 227

미(das Schöne) 3-5, 13-18, 23, 26, 75, 77-81,
    169, 212, 216, 267, 279, 295-297, 321,
    364

미학(Ästhetik) 3, 23, 45, 83

[ㅂ]

『발렌슈타인(Wallenstein)』 385

『방랑하는 천사(Geistreiche Sinn- und Schlußrei-
    me aus dem Cherubinischen Wandersmanne)』

170

〈벨베데레의 아폴론(Apollo von Belvedere)〉
　　305, 312

[ㅅ]

『상승노선의 이력서(Lebensläufe nach Aufstei-
　　gender Linie)』 227

『서동시집(West-Östlicher Divan)』 116, 232,
　　382

『수전노(L'Avare)』 392

『시편』 171

『신곡(Divina Commedia)』 378

[ㅇ]

『안티고네(Antigone)』 108, 203, 389

『알라르코스(Alarcos)』 221

「알렉시스와 도라(Alexis und Dora)」 381

〈암소(Kuh)〉 307

『에그몬트(Egmont)』 389

『에스더(Esther)』 119

『엘렉트라(Electra)』 389

『예술과 고대에 대하여(Kunst und Altertum)』
　　280, 308

『오디세이아(Odysseus)』 198, 213, 223

『오를레앙의 처녀(Die Jungfrau von Orleans)』
　　385

『위선자(Le Tartuffe)』 392

「이별(Der Abschied)」 233

『이탈리아 연구(Italien Forschungen)』 76

『일리아스(Illias)』 108, 110, 223, 372, 373

[ㅈ]

「정령의 인사(Geistes-Gruß)」 382

[ㅋ]

「코린트의 신부(Die Braut von Korinth)」 210,
　　366

『콜로노스의 오이디푸스 (Ödipus auf Kolonos)』
　　117

킴베르(Zimber/Cimber) 376

[ㅌ]

『타우리스의 이피게니아(Iphigenie auf Tauris)』
　　108, 118, 119, 390

『템페스트(The Tempest)』 226

「툴레의 왕(Der König von Thule)」 226

[ㅍ]

『파우스트(Faust)』 189

[ㅎ]

『햄릿(Hamlet)』 111, 230, 388

「헤르만과 도로테아(Hermann und Dorothea)」
　　106, 378

『헨리 4세(King Henry IV)』 189

『헨리 8세(King Henry VIII)』 189

「호수에서(Auf dem See)」 382

「환영과 이별(Willkommen und Abschied)」 382

저자(강의자) 게오르크 빌헬름 프리드리히 헤겔

Georg Wilhelm Friedrich Hegel, 1770-1831

독일 관념론을 대표하는 사변 철학자. 현실 속의 이성을 개념적으로 인식하기 위한 철학적 방법론 및 논리(이념)-자연-정신을 아우르는 철학적 체계를 구상하였다. 슈투트가르트에서 태어나 이곳에서 학창 시절을 보냈다. 튀빙겐 신학교에서 수학한 뒤 가정교사 시절을 거쳐 예나 대학에서 본격적으로 연구자의 길을 걷기 시작하였다. 자신의 첫 번째 주저 『정신현상학』을 출간한 뒤 「밤베르크 신문」의 편집장을 역임하였다. 그 후 뉘른베르크의 에기디엔 김나지움의 교장이 되었는데, 이곳에서 그는 중등교육 과정을 위한 강의안을 작성하였으며 형이상학 주저 『논리의 학』을 출간하였다. 이후 하이델베르크 대학의 교수가 되었고 자신의 철학 체계를 공표한 『철학적 학문을 위한 백과사전 개요』를 출간하였다. 1818년 피히테의 후임으로 베를린 대학의 교수가 되었으며 『법철학 강요 혹은 자연법 및 국가학 개요』를 출간하였다. 베를린에서 그는 자신의 철학 체계의 개요 및 세부 분과에 관한 여러 강의를 하였다.

필기자 아돌프 하이만 Adolf Heimann, 1809-1874

고전문학자 및 독문학자. 현재 폴란드에 해당하는 포즈난에서 태어나 라이프니츠 및 베를린에서 수학하였다. 헤겔의 논리학(형이상학), 자연철학, 종교철학, 철학사 강의는 물론 그의 미학강의를 수강하였다. 1833년 투키디데스를 주제로 박사 학위를 받고 영국으로 건너가 런던 칼리지 대학 교수가 되었다. 그의 1828/29년 겨울학기 헤겔 미학강의 노트를 호토가 확보하여 자신이 편집한 『미학강의』에 반영하였다. 그의 1830/31년 겨울학기 헤겔 역사철학 강의 노트도 단행본으로 출간되었다.

편집자 알랭 패트릭 올리비에 Alain Patrick Olivier

낭트 대학교의 철학 교수로 재직 중이다. 독일 하겐 대학과 프랑스 팡테온-소르본 대학에서 박사 학위를 취득하였고 푸아티에 대학에서 교수자격취득 논문을 썼다. 독일철학, 교육철학은 물론 예술철학, 특히 헤겔 미학에 대해 많은 연구 성과를 내고 있다.

편집자 안네마리 게트만-지페르트 Annemarie Gethmann-Siefert

현재 헤겔 미학 학계를 대표하는 철학자. 독일 보쿰 대학에서 박사 학위 논문과 교수자격취득 논문을 썼으며 독일 하겐 대학의 교수를 역임하였다. 헤겔 미학의 원자료에 대한 문헌비평적 연구에 매진하여 수많은 성과를 남겼다.

번역자 박정훈

서울대학교 미학과 학부 및 석사과정을 마친 후 독일 프라이부르크대학교 헤겔 철학을 주제로 박사 학위를 받았다. 현재 서울대학교 미학과에 재직하면서 근대미학사 및 독일 근현대 예술철학의 주요 주제를 연구·교육하고 있다.

저서로는 *Moral, Religion und Geschichte. Untersuchung zum neuzeitlichen Sittlichkeitsbegriff in Hegels 〈Phänomenologie des Geistes〉*(Königshausen & Neumann, 2016), 『미와 판단: 칸트의 〈판단력비판〉 "미 분석" 강의』(세창출판사, 2017), 『역사를 바꾼 100책』(공저, EBS BOOKS, 2023) 등이 있으며, 역서로는 『미와 예술: 철학적 미학 입문』(브리기테 셰어 지음, 미술문화, 2016), 『철학이 본 예술』(게오르크 W. 베르트람 지음, 세창출판사, 2017), 『미학』(공역, 베네데토 크로체 지음, 북코리아, 2017) 등이 있다. 헤겔 철학에 관해서는 다음의 논문을 썼다. 「개념과 역사: 헤겔 〈정신현상학〉의 체계론적 위상」(2014); 「헤겔 철학에서 "세계사"의 체계론적 규정」(2015); 「예술의 역사와 종교의 역사: 헤겔 철학 체계에서 절대정신과 세계사의 연관」(2015); 「이성의 현실과 이성의 역사적 현실: 헤겔 법철학에서 이성과 현실의 문제」(2016); 「후마누스와 장미십자가: 괴테와 헤겔이 본 종교와 예술」(2018); 「헤겔 미학에서 예술과 사유」(2024).